Annedore Prengel

Pädagogik der Vielfalt

Schule und Gesellschaft
Band 2

Herausgegeben von

Franz Hamburger
Marianne Horstkemper
Wolfgang Metzler
Klaus-Jürgen Tillmann

Annedore Prengel

Pädagogik der Vielfalt

Verschiedenheit und Gleichberechtigung in Interkultureller, Feministischer und Integrativer Pädagogik

3. Auflage

Bibliografische Information Der Deutschen Bibliothek
Die Deutsche Bibliothek verzeichnet diese Publikation in der Deutschen Nationalbibliografie;
detaillierte bibliografische Daten sind im Internet über <http://dnb.ddb.de> abrufbar.

1. Auflage 1993
2. Auflage 1995
3. Auflage Januar 2006

Alle Rechte vorbehalten
© VS Verlag für Sozialwissenschaften/GWV Fachverlage GmbH, Wiesbaden 2006

Lektorat: Stefanie Laux

Der VS Verlag für Sozialwissenschaften ist ein Unternehmen von Springer Science+Business Media.
www.vs-verlag.de

Das Werk einschließlich aller seiner Teile ist urheberrechtlich geschützt. Jede Verwertung außerhalb der engen Grenzen des Urheberrechtsgesetzes ist ohne Zustimmung des Verlags unzulässig und strafbar. Das gilt insbesondere für Vervielfältigungen, Übersetzungen, Mikroverfilmungen und die Einspeicherung und Verarbeitung in elektronischen Systemen.

Die Wiedergabe von Gebrauchsnamen, Handelsnamen, Warenbezeichnungen usw. in diesem Werk berechtigt auch ohne besondere Kennzeichnung nicht zu der Annahme, dass solche Namen im Sinne der Warenzeichen- und Markenschutz-Gesetzgebung als frei zu betrachten wären und daher von jedermann benutzt werden dürften.

Umschlaggestaltung: KünkelLopka Medienentwicklung, Heidelberg
unter Verwendung einer Collage von Artemis Herber
Druck und buchbinderische Verarbeitung: MercedesDruck, Berlin
Gedruckt auf säurefreiem und chlorfrei gebleichtem Papier
Printed in Germany

ISBN 3-531-14622-X

Für Hanno Schmitt

Inhalt

Vorwort von Otto Dann 7

I. Einleitung 11
1. Problemstellung 11
2. Bildungspolitische Aktualität des Themas 18

II. Zur Theorie und Geschichte von Gleichheit und Verschiedenheit 29
1. Zur Semantik von Gleichheit und Verschiedenheit 29
2. Zu Geschichte der Bedeutung von Gleichheit und Verschiedenheit 33
3. Aktuelle Prämissen zu Fragen radikaler Pluralität 48
4. Zur Frage gleichberechtigter Beziehungen: Differenz, Intersubjektivität und Dialog 53
5. Anerkennungstheorie und Funktionen des Bildungssystems 60

III. Interkulturelle Pädagogik 64
1. Vorbemerkungen 64
2. Hierarchisierung von Differenzen: biologischer und kultureller Rassismus 70
3. Assimilationspädagogik 74
4. Pädagogischer Universalismus: heimlicher Eurozentrismus? 77
5. Pädagogischer Kulturrelativismus: Die unmögliche Anerkennung der Anderen? 82
6. Interkulturelle Pluralität in der Erziehung oder Universalismus versus Relativismus – eine falsche Alternative im interkulturellen Diskurs 87

IV. Feministische Pädagogik 96

1. Vorbemerkungen 96
2. Zur Tradition der Geschlechterhierarchie in der Geschichte der Erziehung 99
3. Zur Pädagogik der übergangenen Geschlechterdifferenz 110
4. Zur Pädagogik der Gleichstellung 112
5. Den Lebensweisen von Frauen Wert verleihen 116
6. Androgynitätspädagogik 125
7. Zur Unbestimmbarkeit von Weiblichkeit 128
8. Pluralität in der Feministischen Pädagogik oder Gleichheit versus Differenz – eine falsche Alternative im feministischen Diskurs 131
9. Die neue Geschlechtslosigkeit: Postfeminismus? 135

V. Integrationspädagogik 139

1. Vorbemerkungen 139
2. Behinderung als ‚Minderwertigkeit' 145
3. Sonderpädagogik: Besondere Förderung durch Spezialisten und Spezialeinrichtungen 149
4. Normalisierung 155
5. Integrationspädagogik 158
6. Trauerarbeit – Abwehr, Aggression und Akzeptanz in der Auseinandersetzung mit Behinderung 164

VI. Perspektiven von Verschiedenheit und Gleichberechtigung in der Bildung 167

1. Durch welche besonderen Stärken und Schwächen zeichnet sich jede neue pädagogische Bewegung aus? 167
2. Strukturelle Gemeinsamkeiten der neuen pädagogischen Bewegungen 171
3. Annäherung an einen demokratischen Differenzbegriff oder: Versuch, Erkenntnisse aus drei pädagogischen Reflexionsfeldern zusammenzudenken 181
4. Elemente einer Pädagogik der Vielfalt 184

VII. Literaturverzeichnis 197

Danksagungen 236

Vorwort von Otto Dann

Gleichheiten und Unterschiede erkennen und formulieren zu können, dieses Grundvermögen menschlichen Denkens prägt auch gesellschaftliches Verhalten stärker als uns bewußt ist. Für die Identität unserer Gemeinschaftsformen – von der Gruppe bis zur Nation – spielen gleiche geschichtliche Erfahrungen, gemeinsame Interessen und Ziele, aber auch Abgrenzungen von anderen eine konstitutive Rolle. Sie werden programmatisch formuliert, wenn es darum geht, den sozialpolitischen Grundkonsens, die fundamentalen Rechtsvorstellungen oder die Erziehungsziele einer Gemeinschaft zu benennen. Auch wenn Gesellschaften, Klassen, Nationen sich ihrer Identität bewußt werden und gegenüber den bestehenden sich durchsetzen wollen, berufen sie sich auf Gleichheiten neuer Art. In dieser emanzipatorischen Funktion hat der Gleichheitsbegriff seine bisher größte Wirkung gehabt.

Mit der naturrechtlich fundierten Theorie der Menschenrechte und dem Konzept der Staatsbürgernation wurden in der europäischen Neuzeit zwei fundamental neue Dimensionen gleichheitlichen Denkens erschlossen: die Idee einer universalen Gleichheit aller Menschen in ihrem Recht auf Leben und ihrer Würde als Mensch und die Konzeption der modernen Demokratie, die auf der menschenrechtlich fundierten Gleichberechtigung aller Mitglieder der Nation beruht. So konnte ‚Gleichheit' zu einem obersten Wertbegriff in den Katalogen der Menschen- und Bürgerrechte werden, die den modernen Staatsverfassungen zugrunde gelegt wurden. Eine jede gesellschaftliche Gruppe, die um ihre Gleichberechtigung kämpfte, konnte sich darauf berufen. Kein anderer Leitbegriff war wie der der Gleichheit dazu geeignet, traditionale Gesellschaftsstrukturen aufzubrechen, Privilegien in Frage zu stellen und emanzipatorische Bewegungen zu legitimieren.

Der große Erfolg dieser Bewegungen, der bis heute anhält, hat auch unser Bild von der Gleichheitsidee und ihrer Wirkung weitgehend geprägt. In Rousseaus berühmtem zweiten Discours werden die Verschiedenheiten innerhalb der Gesellschaft nicht mehr als Teil eines legitimen Ordnungssystems gesehen, sondern in zugespitzter Form als ‚Ungleichheit' benannt, als negative Abweichung von einer guten, gleichheitlichen Ordnung. Die Geschichte menschlicher Gesellschaften konnte nun als eine Geschichte zunehmender sozialer Ungleichheit neu geschrieben werden, und der Kampf gegen Ungleichheiten wurde zum Programm einer jeden emanzipatorischen Bewegung und Reformpolitik. Alexis de Tocqueville war wohl der erste, der eine irreversible egalitäre Tendenz zum Charakteristikum der modernen, im Zeichen der Demokratie stehenden Gesellschaften erklärt hat.

Mit der Übernahme von Tocquevilles suggestiver These von der egalitären Tendenz ist die gesellschaftspolitische Diskussion jedoch mehr und mehr in eine prekäre Falle entwicklungsgeschichtlicher Argumentation und eine Aporie der sozialphilosophischen Wertorientierung hineingeraten. Denn unsere Gesellschaften sind in den vergangenen zwei Jahrhunderten offensichtlich nicht gleichheitlicher geworden. Trotz des Aufstiegs sich emanzipierender Bevölkerungsgruppen blieben große Unterschiede zwischen den gesellschaftlichen Schichten bestehen, bzw. setzten sich wieder durch, wenn sie – wie im Nachkriegsdeutschland – durcheinandergeraten waren. Und das größte, dem Egalitarismus zugeordnete Experiment, das des kommunistischen Sozialismus – so das jüngste Erfahrungsbeispiel dieser Reihe – ist in sich zusammengebrochen. Im Gefolge dieser Erfahrungen sind auch die Hoffnungen auf eine gerechtere Welt und einen gesellschaftlichen Frieden, die sich stets mit dem Kampf gegen Ungleichheiten verbanden, nicht in Erfüllung gegangen. Eine jede Gleichstellung weckte Unzufriedenheit bei anderen und rief neue Rechtsansprüche hervor. So hat die Rechtsprechung im Zeichen des Gleichheitsprinzips nicht zu einer egalitären Gesellschaft geführt, sondern in scheinbar paradoxer Weise dazu, daß den Verschiedenheiten individueller Verhältnisse stärker Rechnung getragen wurde.

Das moderne Gleichheitsprinzip steht damit auch zweihundert Jahre nach seiner Durchsetzung noch immer in einem ambivalenten Licht, und die Auseinandersetzungen um seine Legitimität und seinen Erfolg dauern an. Für sich emanzipierende Bevölkerungsschichten und Gesellschaften sowie für eine reformorientierte Rechtspolitik ist es nach wie vor die unverzichtbare Leitidee und darüber hinaus das Herzstück einer jeden sich modern verstehenden Gesellschaftstheorie. Daher ist es andererseits auch das bevorzugte Angriffsziel konservativer Positionen, die sich auf ihren Realismus berufen. Auf eine plakative Alternative zugespitzt, steht die progressive Utopie im Sinne des ‚Tagtraums' gegen den ‚Realismus' der Konservativen. Ist damit ein Grunddilemma des ‚Projekts der Moderne' bezeichnet, vielleicht sogar dessen Scheitern?

Wenn die Alternativen der Gleichheitsdiskussion so ins Grundsätzliche extrapoliert werden, wie das im Zeitalter der Emanzipations- und Klassenkämpfe und in der Epoche des ideologisch versteinerten Ost-West-Gegensatzes von Supermächten sich eingespielt hatte, scheint es in der Tat kaum einen Ausweg aus jenem Dilemma der Moderne zu geben. Oder war hier im Zuge der Konfrontationen nur zu hoch gereizt worden? Im praktischen Umgang mit den Gleichheitsgeboten demokratischer Verfassungen hat sich in den vergangenen Jahrzehnten in vielen Bereichen des gesellschaftlichen Lebens bereits eine Einsicht durchgesetzt, die in der philosophisch-logischen Reflexion des Gleichheitsproblems seit längerem geläufig war: Gleichheit und

Verschiedenheit dürfen nicht als Alternativen, nicht als reale Gegensätze gedacht werden.

Der Begriff der Gleichheit bezeichnet nicht eine konkrete Realität, sondern ein bestimmtes Verhältnis zwischen Personen oder Gegenständen, die grundsätzlich verschieden voneinander sind: sie sollen in einer bestimmten Hinsicht als gleich betrachtet oder behandelt werden. Bei der Durchsetzung und Verwirklichung von Gleichheit geht es also nicht um die Herstellung eines Zustandes, sondern um eine bestimmte Sichtweise und Behandlung der Wirklichkeit. Deren Erfolg wird davon abhängen, in welchem Maße auf die grundsätzliche Verschiedenheit der gleich zu Behandelnden Rücksicht genommen wird. Daß Gleiches gleich und Verschiedenes verschieden zu behandeln sei, hat sich daher in der Rechtsprechung als allgemeine Formel bei der Anwendung des Gleichheitssatzes herausgebildet. Das bedeutet jedoch: nur im konkreten Fall kann entschieden werden, wo eine Gleichbehandlung stattfinden soll und wo der Verschiedenheit Rechnung zu tragen ist.

Mit zunehmender Erfahrung in der Anwendung und Ausgestaltung der verfassungsrechtlichen Gleichheitsregeln ist die Einsicht gewachsen, daß Gleichheit und Verschiedenheit innerhalb einer jeden Gesellschaft nebeneinander bestehen. Konservative Abwehrhaltungen gegen einen vermeintlichen Egalitarismus greifen daher ebenso zu kurz wie Emanzipations- und Reformstrategien, die sich dem Kampf gegen Ungleichheiten verschreiben und den Blick für die sozialen und humanen Verschiedenheiten verlieren. Wesentlich sensibler und ungeschützter gegenüber einem solchen ideologiegeleiteten Verhalten gegenüber dem Prinzip der Gleichbehandlung sind heute gesellschaftliche Bereiche wie der der Bildung, der weniger durch Normierungs- und Kontrollinstanzen geregelt ist als z.B. das Rechtsleben. Die Nationsbildung, dieser umfassendste Bildungsprozeß einer Gesellschaft, der in Deutschland erneut als Aufgabe ansteht, bietet in seiner bisherigen Geschichte viele Beispiele für die Problematik politischer Gleichstellung und Homogenisierung, die zerstörend in individuelle Lebenswelten und regionale Kulturen eingreifen. Wo sich jedoch eine Nation von unten her aufbaut, geht es um das Zusammenfinden einer Gesellschaft zu einer Solidargemeinschaft, die ihren Individuen und Gruppen beides gewährt: Gleichberechtigung wie auch Anerkennung ihrer Verschiedenheit.

»Gleichheit ist ein Verhältnis, worin
Verschiedenes zueinander steht.«
(Wilhelm Windelband, 1910)

I. Einleitung[1]

1. Problemstellung

Mädchen und Jungen, behinderte und nichtbehinderte Menschen, Angehörige verschiedener Kulturen, Subkulturen und Gesellschaftsschichten: Ihnen allen steht Bildung zu. All den verschiedenen Kindern, Jugendlichen und Erwachsenen in ihren je unterschiedlichen Lebenslagen sollen die Einrichtungen des Bildungswesens gerecht werden. Im breiten Spektrum schulischer und außerschulischer Bildungsinstitutionen[2] fallen Grundschulen auf, weil sie seit ihrer Enstehung in der Weimarer Republik nahezu alle diese verschiedenen Kinder einer jeden zur Einschulung anstehenden Generation aufnehmen. Lehrerinnen und Lehrer der Grundschulen[3] haben darum wohl mehr als jede andere pädagogische Berufsgruppe Erfahrungen mit einer Pädagogik der vielfältig zusammengesetzten Lerngruppen gemacht und die verschiedensten Unterrichtskonzepte dafür entwickelt. Sie praktizieren immerzu gleichzeitig ihre je besonderen Formen der Geschlechtererziehung, der Interkulturellen Pädagogik, der Regel- und Sonderpädagogik. Im Sekundarbereich läßt sich das gleiche sagen, für jene Gesamtschulen, die binnendifferenziert-integrativ arbeiten. Diese in der alltäglichen Schulpädagogik realisierte Vielschichtigkeit findet kaum eine Entsprechung in der pädagogischen Theoriebildung und den damit einhergehenden erziehungswissenschaftlichen Diskursen.

In der gegenwärtigen bildungspolitischen Situation waren es demgegenüber vor allem drei unabhängig voneinander arbeitende ‚pädagogische Bewegungen', die die Verschiedenheit von Kindern und Jugendlichen auf neue Weise thematisiert haben:

---

1 Die erste Fassung dieser Studie wurde im Herbst 1989 abgeschlossen, berufliche und persönliche Gründe führten dazu, daß die erste Auflage erst 1993 publiziert wurde. Der Text wurde vor dem Erscheinen aktualisiert. Von der in der Zwischenzeit erschienenen einschlägigen Literatur wurden, um den Rahmen des Buches nicht zu sprengen, nur solche aktuellen Werke aufgenommen, die sich zur Einführung eignen oder die für die Fragestellung der Arbeit besonders interessant sind. Die zweite Auflage erscheint, von geringfügigen Änderungen abgesehen, unverändert.
2 Vgl. Annedore Prengel: Verschiedenheit und Gleichberechtigung in der Sozial- und Sonderpädagogik, in: Sozialmagazin 10/1992, 34-41.
3 Vgl. Annedore Prengel: Verschiedenheit und Gleichberechtigung in der Grundschulpädagogik, Ms. Paderborn 1989a.

1. die Interkulturelle Pädagogik,[4] als pädagogischer Beitrag zur ‚multikulturellen Gesellschaft',
2. die Feministische Pädagogik,[5] als pädagogischer Beitrag zur Neugestaltung des Geschlechterverhältnisses,
3. die Integrative Pädagogik,[6] als pädagogischer Beitrag zur Nichtaussonderung von Menschen mit Behinderungen.

Ich spreche von ‚pädagogischen Bewegungen', weil alle drei pädagogischen Richtungen im Kontext sozialer Bewegungen stehen und jeweils einen komplexen Arbeitszusammenhang bildungspolitischer, wissenschaftlicher und pädagogisch-praktischer Aktivitäten hergestellt haben. Daß diese drei Konzepte vergleichsweise wenige Berührungspunkte haben, ist nicht erstaunlich, denn sie sind unabhängig voneinander an unterschiedlichen gesellschaftlichen Orten entstanden: in der Frauenbewegung, in Gruppen von Eltern mit behinderten Kindern und bei Gruppen und Einzelpersonen gegen Ausländerfeindlichkeit.

Die drei pädagogischen Bewegungen thematisieren jeweils spezifische pädagogische Fragestellungen, jede widmet sich einer besonderen Problematik; zugleich haben sie wesentliche strukturelle Gemeinsamkeiten. Das ist eine zentrale These dieser Arbeit. Einen erziehungswissenschaftlichen Diskurs über diese These gibt es nach meiner (notwendig beschränkten) Kenntnis nicht. Das ist das Wagnis dieser Arbeit. Dennoch gewinnt diese Frage in der pädagogischen Praxis und bildungspolitischen Programmatik – weit über die

---

4 Zur Einführung: Georg Auernheimer (Hg.): Einführung in die Interkulturelle Erziehung, Darmstadt 1990; ders.: Handwörterbuch zur Ausländerarbeit, Weinheim und Basel 1984a; Ernst Karger/Helga Thomas: Ausländische Schülerinnen und Schüler, in: Recht der Jugend und des Bildungswesens 2/1986, 103-116. Literaturübersicht in: Marianne Krüger-Potratz: Interkulturelle Erziehung, Ausländerpädagogik und Vergleichende Erziehungswissenschaft – Anmerkungen zu einer neuen Sicht auf ein altes Forschungsfeld, in: Vergleichende Erziehungswissenschaft, 17/1987b, 116-127.
5 Zur Einführung: Marianne Horstkemper/Luise Wagner-Winterhager (Hg.): Mädchen und Jungen – Männer und Frauen in der Schule, in: Die Deutsche Schule, 1. Beiheft 1990; Elke Nyssen/Bärbel Schön: Traditionen, Ergebnisse, Perspektiven feministischer Schulforschung, in: Zeitschrift für Pädagogik 6/1992, 855-871; Dale Spender: Frauen kommen nicht vor. Sexismus im Bildungswesen, Frankfurt 1985; Annedore Prengel/Pia Schmid/Gisela Sitals/Corinna Willführ (Hg.): Schulbildung und Gleichberechtigung, Frankfurt 1987c; detaillierte Literatur in: Brigitte Schultz/Christina Weber/Christiana Klose/Pia Schmid: Frauen im pädagogischen Diskurs. Eine interdisziplinäre Bibliographie 1984-1988, Frankfurt 1989; Sabine Emmert/Christiana Klose/Kirsten Langmaack/Pia Schmid/Brigitte Schulz (Hg.): Frauen im interdisziplinären Diskurs. Eine interdisziplinäre Bibliographie 1988-1993, Frankfurt 1993.
6 Zur Einführung: Hans Eberwein (Hg.): Behinderte und Nichtbehinderte lernen gemeinsam. Handbuch der Integrationspädagogik, Weinheim und Basel 1993, zuerst 1988. Helga Deppe-Wolfinger/Annedore Prengel/Helmut Reiser: Integrative Pädagogik in der Grundschule, Bilanz und Perspektiven der Integration behinderter Kinder in der Bundesrepublik Deutschland 1976-1988, München 1990. Einen aktuellen Überblick geben die verschiedenen Beiträge zum Thema ‚wohnortnahe Integration' in: Die Grundschulzeitschrift 58/1992, 6-31

Grundschule hinaus – ganz augenscheinlich an Bedeutung.[7] Darauf deutet schon der Umstand hin, daß in bildungspolitischen Programmen, Reden und Schriften in letzter Zeit die drei genannten pädagogischen Arbeitsfelder häufig in einem Atemzug als aktuelle Aufgaben benannt werden oder auf den gleichen Tagungen in getrennten Vorträgen behandelt werden.[8]

Diese Arbeit macht es sich zur Aufgabe, an einem Bildungsverständnis mitzuwirken, das der Entwicklung einer Pädagogik der Vielfalt[9] verpflichtet ist. Sie möchte damit einen Beitrag leisten zur Demokratisierung des Geschlechterverhältnisses[10], zur Entfaltung kulturellen Reichtums und zum Respekt vor Individualität in der Erziehung. Ulf Preuss-Lausitz hat zentrale Werte solcher Erziehung zur demokratischen Vielfältigkeit umrissen: »Verantwortungsgefühl für die Natur [...]; die Anerkennung des Abweichenden als bereichernd; die Intoleranz gegenüber der Intoleranz und die Toleranz gegenüber dem Fremden; die Friedensfähigkeit als persönliche Haltung in Konflikten und als politische Orientierung; das Aushalten der Spannung von Individualität (der eigenen Freiheit nach Wahl) und der sozialen Verantwortung.«[11]

Folgende für ein neues Bildungsverständnis maßgeblichen Zusammenhänge werden nach meiner Überzeugung in der vorliegenden Studie belegt und in ihrer pädagogischen Relevanz erschlossen: Gemeinsam ist den Frauen, den Behinderten und den Angehörigen marginalisierter Kulturen in der bürgerlichen Gesellschaft die historische Erfahrung von Etikettierung und Diskriminierung, mit der sie dem bürgerlichen Subjekt als das ganz ‚Andere' gegenübergestellt wurden. Mit den Fragen nach dem Verhältnis zwischen

---

7   Eine Annäherung an diese Fragestellung stellt zum Beispiel der Aufsatz von Astrid Albrecht-Heide: »Männliche Helden – weibliche Tränen« dar, in welchem die Bedeutung der »Kolonisation« für die psychische Befindlichkeit sowohl der Frauen als auch der Angehörigen unterdrückter Kulturen angesprochen wird (in: Christian Büttner/Aurel Ende: Die Rebellion der Mädchen, Weinheim und Basel 1986, 51-64). Eine Studie zur dreifachen, geschlechts-, kultur- und behinderungsspezifischen Ausgrenzung legte Birgit Warzecha vor: Ausländische verhaltensgestörte Mädchen im Grundschulalter. Eine Prozeßstudie über heilpädagogische Unterrichtsarbeit, Frankfurt 1990.
8   Vgl. z.B. Dieter Wunder: Politik der Bildungsreform – Überlegungen zu den Möglichkeiten einer linken Volkspartei, in: Braun/Wunder 1987, 246f. Diese Tendenz spiegelt z.b. das Programm der Jahrestagung 1989 der Gemeinnützigen Gesellschaft Gesamtschule, vgl. Gesamtschulkontakte: Tagungsprogramm, in: Zeitschrift der gemeinnützigen Gesellschaft Gesamtschulkontakte 1/1989, 12.
9   Vgl. Ulf Preuss-Lausitz: Die vielfältige Schule für alle Kinder, in: Behinderte in Familie, Schule und Gesellschaft, 2/1982b, 14-20; ders.: Auf dem Weg zu einem neuen Bildungsbegriff in: Otto Hansmann/Winfried Marotzki (Hg.): Diskurs Bildungstheorie I: Systematische Markierungen, Weinheim 1988a, 401-418 und ders.: Die Kinder des Jahrhunderts. Zur Pädagogik der Vielfalt im Jahr 2000, Weinheim und Basel 1993.
10 Barbara Schaeffer-Hegel: Die verborgene Bildung der Frauen – Plädoyer für ein offensives Bildungskonzept, in: Argument Sonderband 148, 1988b, 19; Barbara Schaeffer-Hegel hat in diesem Artikel die grundsätzliche gesellschaftliche Bedeutung der »Wiederentdeckung des ‚Weiblichen'«, der in den kulturellen Traditionen der Frauen praktizierten Lebensweisen für die Entwicklung eines neuen Bildungsverständnisses aufgezeigt.
11 Preuss-Lausitz 1988a, 415.

Behinderten und Nichtbehinderten, dem Verhältnis zwischen den Geschlechtern und dem Verhältnis zwischen verschiedenen Kulturen werden aus drei unterschiedlichen Interessenlagen und Perspektiven der Erkenntnis aber auch drei existentielle Dimensionen jeder Lebensgeschichte thematisiert. Allen drei Erkenntnisperspektiven ist gemeinsam, daß sie sich darum bemühen, bestehende hierarchische Verhältnisse nicht zu reproduzieren, sondern in der Erziehung am Abbau von Hierarchien zu arbeiten. Indem sie sich gegen Behindertendiskriminierung, Frauenfeindlichkeit und Ausländerfeindlichkeit, auch Rassismus, wenden, sind sie einer emanzipatorischen Pädagogik verpflichtet. Sie stellen neue Antworten auf die alte Frage nach der Herstellung des ‚Anderen' und nach der Emanzipation von in herrschenden Aussagesystemen der bürgerlichen Gesellschaft ‚Anderen' zur Diskussion.

‚Anders' leben müssen oder wollen ist mit schmerzlichen Erfahrungen verbunden, mit ‚unten sein', ‚schlecht sein', ‚weniger wert sein'. ‚Anderssein' heißt manchmal auch idealisiert, das heißt die schlechte Wirklichkeit verdeckend überhöht werden. Welche Wege gibt es aus den leidvollen Situationen der unterlegenen ‚Anderen' herauszufinden? Der sich zunächst anbietende und deshalb am meisten versuchte Weg, den Einschränkungen des Unten-Seins zu entrinnen, kommt aus der Überlegung: wenn ich so werde, wie die, denen es besser geht, dann wird es auch mir besser gehen; ich muß meine Andersheiten abstreifen, um aus der schlechten Lage herauszukommen.

‚Anders' oder ‚gleich', ausgeschlossen oder emporgekommen sein – pädagogisches Denken ist zutiefst in dieses Dilemma verstrickt und hat im Laufe seiner Geschichte viele unterschiedliche Lösungsversuche entwickelt.[12]

Es hat Menschen zum ‚Anderssein' erzogen und zum Annehmen ihres ‚Andersseins' und zum Sichfügen in die unteren und randständigen Positionen gedrängt und sie mit Hilfe von Idealisierungen getröstet und versöhnt. Pädagogik hat auch alle Anstrengungen unternommen, Menschen all das beizubringen, was das Verlassen der unteren Positionen und die Teilhabe an gesellschaftlichen Privilegien ermöglichen sollte.[13]

Rahel Varnhagen (1771-1833) und ihre Biographin Hannah Arendt gaben diesem Dilemma einen treffenden Namen: ‚Paria oder Parvenu?'[14] Die Paria-

---

12 Vgl. als erziehungsgeschichtlich außerordentlich überzeugende Darstellung: Heinz-Joachim Heydorn: Ungleichheit für alle. Zur Neufassung des Bildungsbegriffs. Bildungstheoretische Schriften, Frankfurt 1980.

13 Etwas vereinfachend kann man behaupten, daß die traditionelle Erziehungsgeschichtsschreibung, wenn auch zum Teil nur unausgesprochen, einer solchen Auffassung von Erziehung unkritisch verhaftet ist. Zur kritischen Forschungsperspektive der Erziehungsgeschichte vgl. jetzt: Ulrich Herrmann: Historische Bildungsforschung und Sozialgeschichte der Bildung. Programme – Analysen – Ergebnisse, Weinheim 1991.

14 Hannah Arendt führt uns dieses Dilemma am Beispiel der Judenassimilation in ihrer Rahel-Varnhagen-Biographie sehr scharf vor Augen: »In einer im großen ganzen judenfeindlichen Gesellschaft – und das waren bis in unser Jahrhundert hinein alle Länder, in denen Juden lebten – kann man sich nur assimilieren, wenn man sich an den Antisemitismus assimiliert. Will man ein normaler Mensch werden, akkurat so wie alle anderen, so bleibt

Position nehmen Menschen ein, die ihre alte Zugehörigkeit nicht aufgeben und damit zugleich in untergeordneten, entwerteten und randständigen Stellungen verharren. Die Parvenu-Haltung hingegen versucht sich daraus zu befreien und vom Ort der Unterdrückung aufzusteigen durch Abstreifen alles dessen, was an das ‚Anderssein' erinnert und Aneignung alles dessen, was den Bessergestellten vorbehalten ist.

Beide Möglichkeiten sind auf unterschiedliche Weise mit Verzicht verbunden. Von den im Bildungswesen Arbeitenden kommt niemand an diesem Dilemma vorbei, alle haben sich gewollt oder ungewollt mit der Frage auseinanderzusetzen, welcher Verlust und welcher Gewinn mit dem Verharren in alten Lebenswelten oder den Anstrengungen der Befreiung daraus verbunden sind. Ebenso wie die Pädagogik steckt die Mehrheit der Kinder und Jugendlichen selbst in diesem Dilemma. Wie reagiere ich als Pädagogin zum Beispiel auf Wünsche von Mädchen, sich für ein glückliches Familienleben, für's Kinderkriegen und Liebe zum Lebenspartner zu entscheiden oder wie ein Junge leben zu wollen; auf Wünsche von Kindern ausländischer oder minoritärer Herkunft, mit Menschen ihrer Nationalität oder Gemeinschaft zu leben oder so schnell wie möglich von Angehörigen der herrschenden Kultur nicht mehr unterscheidbar zu sein; auf Wünsche behinderter Kinder nach Integration oder auf Lernen und Leben mit ihresgleichen und wie reagiere ich auf die komplexen Mischungen aus beiden Tendenzen?

Eine Hauptfragestellung dieser Arbeit zielt darauf, welche Alternativen zum Dilemma ‚Paria oder Parvenu' entwickelt werden können. Kann pädagogisches Handeln der geschlechtlichen, kulturellen und individuellen Verschiedenheit der Menschen gerecht werden? Wie kann Pädagogik dabei das demokratische Prinzip der Gleichberechtigung verwirklichen?

Diese Studie ist in insgesamt sechs Kapitel gegliedert:

Nach dem unmittelbar anschließenden bildungspolitischen Teil der Einleitung geht es im zweiten – interdisziplinären – Schritt darum, theoretische Entwürfe (u.a. Theorie und Geschichte des Gleichheits- und Differenzbegriffs, Philosophie der Pluralität, Intersubjektivitätstheorie), die das Dilemma von Heterogenität und Angleichung thematisieren, auf ihren Erkenntniswert für das hier umrissene pädagogische Problem und Funktionen des Bildungssystems hin zu analysieren (Kapitel II).

In den nächsten drei Kapiteln sollen die drei aktuellen pädagogischen Bewegungen, die Interkulturelle Pädagogik, die Feministische Pädagogik und die Integrationspädagogik daraufhin untersucht werden, welche Vorschläge

---

kaum etwas anders übrig, als alte Vorurteile mit neuen zu vertauschen. Tut man dies nicht, so wird man unversehens ein Rebell – ‚ich bin doch ein Rebell' und bleibt ein Jude. Assimiliert man sich aber wirklich mit allen Konsequenzen der Verleugnung des eigenen Ursprungs, des Solidaritätsbruchs mit denen, die es nicht oder noch nicht geschafft haben, so wird man ein Lump.'« Hannah Arendt: Rahel Varnhagen. Lebensgeschichte einer deutschen Jüdin aus der Romantik, München und Zürich 1981, 208.

zum Durchkreuzen des ‚Paria oder Parvenu' – Dilemmas sie machen können (Kapitel III-V).
Das letzte, VI. Kapitel soll den Ertrag der interdisziplinären Analysen und der Durchgänge durch drei pädagogische Arbeitsfelder bündeln. Dafür sollen die spezifischen Stärken und Schwächen jeder der drei Bewegungen sowie ihre strukturellen Gemeinsamkeiten herausgearbeitet werden, um zuletzt Elemente einer Allgemeinen Pädagogik der Vielfalt entwerfen zu können.

In Bezug auf die Argumentationsweise und Darstellungsform dieser Arbeit ist mir noch folgender Zusammenhang wichtig: Die Methode dieser Studie entspricht der Aufgabenstellung und theoretischen Zuordnung. Während des Durchgangs durch die Reihe der verschiedenen Vorschläge, die Antworten auf die Frage nach der Gestaltung des Spannungsverhältnisses von Gleichheit und Differenz enthalten, wurde unübersehbar, daß auch die jeweiligen Lösungsvorschläge sich nicht auf die Alternativen ‚richtig' oder ‚falsch' reduzieren lassen oder gar in eine Hierarchie der mangelhaften bis sehr guten Lösungen einordnen lassen. In der Auseinandersetzung mit den einzelnen pädagogischen Entwürfen und historischen und philosophischen Überlegungen wird jeweils herausgearbeitet, was diese leisten und was sie nicht leisten, um damit die spezifischen Möglichkeiten und Grenzen jedes Vorschlags sichtbar zu machen. Möglichkeiten und Grenzen bedingen sich gegenseitig. Gerade weil ein Begriff, eine Kategorie, eine Theorie die ihr gemäßen Aussagen ermöglicht, ist sie für anderes verschlossen; darum kann sie immer nur Baustein, Fragment, nicht die Lösung als ein ideales Ganzes sein.

Die Frankfurter Schule hat Denk- und Schreibweisen hervorgebracht, die sich auch bei der Arbeit an der hier zur Diskussion stehenden Fragestellung als den zu analysierenden Texten angemessen herauskristallisiert haben. Diese Studie stellt sich darum in den Kontext der Kritischen Theorie. Diese Zuordnung ist gemeint als Anknüpfen an die Tradition vor allem einiger Theoreme Adornos und Horkheimers und gegenwärtiger Vertreterinnen der Kritischen Theorie, so Jessica Benjamins, Ute Guzzonis und Axel Honneths (vgl. Kapitel II), sowie der erziehungswissenschaftlichen kritisch-konstruktiven Theorie Wolfgang Klafkis.

In seiner Bilanz der erziehungswissenschaftlichen Theorieentwicklung seit den siebziger Jahren konstatiert Eckard König »eine deutliche Annäherung unterschiedlicher theoretischer Konzepte«[15] – eine Feststellung, die auch für diese Untersuchung gilt. Pädagogik der Vielfalt ist zuallererst der Demokratie und dem emanzipatorischen Bildungsideal der Mündigkeit verpflichtet, sie ordnet sich der Kritischen Theorie zu und bezieht empirische und geisteswissenschaftliche Traditionen mit ein – eine theoretische Orientierung,

---

15 Eckard König: Bilanz der Theorieentwicklung in der Erziehungswissenschaft, in: Zeitschrift für Pädagogik 6/1990, 931.

die Wolfgang Klafki[16] bereits 1971 begründet hat. Für die Frage nach Heterogenität in der Bildung ist heute die Verbindung demokratischer Prinzipien der Moderne mit pluralitätstheoretischen Einsichten des Postmodernismus unerläßlich – ist doch Pluralität eines der zentralen Themen der Postmoderne.[17]

Für eine Reihe der demokratischen Bildungsprinzipien verpflichteten Pädagoginnen und Pädagogen wird das Ergebnis der Postmodernerezeption erstaunlich sein: ermöglicht sie doch Antworten auf die hier anstehenden Fragen, die völlig im Gegensatz stehen zu den üblichen Vorurteilen, für die ‚postmodern' vor allem synonym ist mit ‚modisch', ‚beliebig' und ‚irrational', Antworten, die ethisch, radikaldemokratisch und als vernünftig transparent sind!

Werden Positionen der Kritischen Theorie mit solchen der Postmoderne verknüpft[18], so vertieft sich demokratisches Denken in der Dimension der Pluralität. Freilich kann es keineswegs Aufgabe dieser Studie sein, eine Auseinandersetzung mit der Postmoderne insgesamt leisten zu wollen – ich ziehe lediglich einige Differenz- und Heterogenitätstheoreme heran und überprüfe und modifiziere sie im Hinblick auf das demokratietheoretische Problem egalitärer Differenz.

Albrecht Wellmer sagt über Adornos Dialektik, und in der Denkweise dieser Aussage sollen in dieser Studie Erkenntnisse erarbeitet werden, sie sei „nicht eine Dialektik des Ja oder Nein, sondern eine Dialektik des Ja *und* Nein, eine verstehende Dialektik. Auch hier ist die Wahrheit das Resultat einer Destruktion von Unwahrheiten, aber kaum eine Gegenstimme gibt es, der nicht ein partielles Recht, ein *Moment* der Wahrheit zugestanden wird, nicht als eine zum Schweigen gebrachte Stimme, sondern als Baustein einer Wahrheit, die als in sich dialektisch gedacht ist."[19] Im Hinblick auf die (im ersten

---

16 Wolfgang Klafki: Erziehungswissenschaft als kritisch-konstruktive Theorie: Hermeneutik – Empirie – Ideologiekritik, in: Zeitschrift für Pädagogik 3/1971, 351-385.

17 Eine ähnliche Form der Verknüpfung wird – fußend auf der amerikanischen ‚Critical Pedagogy' nach Aronowitz und Giroux – vorgeschlagen von Gita Steiner-Khamsi: Postmodernismus kann nur unter der Voraussetzung zum Verständnis von Schule als kulturpolitischer Sphäre beitragen, daß die Erzieherinnen und Erzieher die grundlegenden theoretischen Einsichten des Postmodernismus verknüpfen mit strategischen modernistischen Elementen, welche zur Herstellung einer radikalen Demokratie in der Schule gebraucht werden.»Die ‚Critical Pedagogy' nimmt gegenüber postmodernistischen Theorien eine ähnliche Position ein, wie der feministische Postmodernismus. Sie verfolgt eine politisierte Form des Postmodernismus, das heißt, sie geht zunächst von einer postmodernistischen Forschungsperspektive aus; danach stellt sie diese in den Rahmen eines modernistischen Projekts nach mehr Gerechtigkeit und Demokratie« (Gita Steiner-Khamsi: Multikulturelle Bildungspolitik in der Postmoderne, Opladen 1992, 204f).

18 Eine solche Verknüpfung leistet zum Beispiel auch Nancy Fraser in ihrem Artikel mit dem bezeichnenden Titel: Falsche Gegensätze, in: Seyla Benhabib u.a. (Hg.): Der Streit um Differenz, Frankfurt 1993, 64-84; weitere Beispiele in Kapitel II.

19 Albrecht Wellmer: Sperrgut. Ludwig Wittgenstein/Theodor W. Adorno: Schwierigkeiten der Rezeption samt Nähe und Ferne, in: Frankfurter Rundschau 5.8.1989, ZB 3.

Absatz dieser Einleitung eingenommene) Ausgangsperspektive einer Lehrerin und einer Gruppe von Kindern, wie sie zum Beispiel an einem ersten Schultag aufeinandertreffen, läßt sich dieser Gedanke mit Eckard König noch einmal zuspitzen: Für die verschiedenen theoretischen und pädagogischpraktischen Ansätze, die in dieser Arbeit auf ihren Beitrag zu einer Pädagogik der Vielfalt hin untersucht werden gilt,»daß (darauf hat bereits Kuhn hingewiesen) im Grunde jede in einer wissenschaftlichen Konzeption formulierte alternative Konstruktion der Wirklichkeit bestimmte Probleme lösen kann, bestimmte Probleme aber ungelöst läßt oder aber überhaupt nicht in den Blick rückt. Vergleich von Theorien kann damit nicht im Hinblick auf Kriterien wie ‚wahr' und ‚falsch' erfolgen, sondern letztlich nur im Blick auf praktisches Handeln: wie weit eine Theorie (und das gilt gerade für die Erziehungswissenschaft) pädagogisches Handeln nicht nur verläßlich, sondern auch im Blick auf ethische Maximen wie die Forderung nach Mündigkeit zu leiten vermag«[20].

2. Bildungspolitische Aktualität des Themas

Die Herausbildung der neuen Impulse zur Gestaltung des Verhältnisses von Gleichheit und Differenz wird erst im Zusammenhang der Geschichte des Bildungswesens[21] der Bundesrepublik verständlich. Die neuen pädagogischen Bewegungen, Feministische Pädagogik, Interkulturelle Pädagogik und Integration der Behinderten, kommen deutlich nach der Blütezeit der Bildungsreform auf und sind ohne diese nicht denkbar.[22] Die vorliegende Arbeit

---

20 König 1990, 931.
21 Eine zusammenfassende Geschichte des Bildungswesens der Bundesrepublik gibt es bisher noch nicht. Ein Überblick mit Strukturdaten und weiterführender Literatur findet sich in: Christoph Führ: Schulen und Hochschulen in der Bundesrepublik Deutschland (Studien und Dokumentationen zur deutschen Bildungsgeschichte, Bd. 39), Köln und Wien 1989; vgl. auch Arbeitsgruppe am Max-Planck-Institut für Bildungsforschung: Das Bildungswesen in der Bundesrepublik Deutschland. Ein Überblick für Eltern, Lehrer, Schüler (aktualisierte und erweiterte Neuausgabe) Reinbek 1984; Horst Weishaupt/Manfred Weiß/Hasso von Reccum/Rüdiger Hang: Perspektiven des Bildungswesens der Bundesrepublik Deutschland. Rahmenbedingungen, Problemlagen, Lösungsstrategien (Gesellschaft und Bildung Bd. 12), Baden-Baden 1988; Klaus Rodax (Hg.): Strukturwandel der Bildungsbeteiligung 1950-1989. Eine Bestandsaufnahme im Spiegel der amtlichen Bildungsstatistik (Wege der Forschung Bd. 645), Darmstadt 1989; Ludwig von Friedeburg: Bildungsreform in Deutschland. Geschichte und gesellschaftlicher Widerspruch, Frankfurt 1989.
22 Wie jeweils zu Anfang der Kapitel III – VI ausführlich belegt, zeigen sich erste Ansätze der neuen pädagogischen Bewegungen jeweils Ende der siebziger Jahre, ihre größere Verbreitung geschieht, wie gesagt völlig unabhängig voneinander, aber doch relativ zeitgleich im Lauf der achtziger Jahre. Wie etwa die Publikationen des Deutschen Bildungsrates dokumentieren, waren die in den neuen pädagogischen Bewegungen zur Debatte stehenden

ist hervorgegangen aus pädagogischer Theorie und Praxis der alten Bundesrepublik, ihre Aussagen kommen aus westdeutscher Perspektive. Die Analyse der Gestaltung des Spannungsverhältnisses von Heterogenität und Egalität in der Pädagogik der DDR bzw. der neuen Bundesländer in der Wende und danach muß in einer eigenen Untersuchung geleistet werden.[23]

In der Geschichte des Bildungswesens der Bundesrepublik lassen sich rückblickend und vereinfachend drei große Phasen der Gestaltung des Verhältnisses von Gleichheit und Differenz ausmachen.

(1) Nach Kriegsende wurde das sogenannte dreigliedrige Schulsystem mit 4-jähriger Grundschule und darauffolgend Volksschule, Realschule und, in einigen Bundesländern nach Geschlechtern getrennt, Gymnasium sowie einem daneben existierenden in sich hochdifferenzierten Sonderschulsystem entgegen weitergehenden Reformansätzen errichtet.[24] So setzte sich relativ ungebrochen jene schulische und gesellschaftliche Hierarchien rechtfertigende Auffassung durch, nach welcher die zwischen Menschen angenommenen Unterschiede eine Rangordnung zwischen ihnen legitimieren. Intelligenz und Leistungsfähigkeit wurden gesellschaftlichen Schichten und Gruppen mehr oder weniger direkt zugeordnet. Dadurch wurden unterschiedlicher Schulbesuch, unterschiedliche Abschlüsse, Ausbildungen und Berufspositionen erklärt und gerechtfertigt. »Das deutsche Schulsystem [der Nachkriegszeit –

Fragen und Probleme in diesem wichtigsten Reformgremium überhaupt noch nicht präsent. Vgl. auch Führ 1989, 144. Immerhin hat der deutsche Bildungsrat in seinem Gutachten »Zur Förderung Behinderter und von Behinderung bedrohter Kinder und Jugendlicher« von 1973 bereits ein Votum für die Integration behinderter Kinder abgegeben, mit zunächst außerordentlich geringer Resonanz, bedenkt man, daß erst 1976 die erste integrative Klasse an einer Regelschule eröffnet wurde und daß zehn Jahre später in der ganzen Bundesrepublik insgesamt 50 integrative Klassen an Regelschulen eingerichtet waren. Vgl. Annedore Prengel: Statistische Daten aus Integrationsprojekten 1976-1986, in: Deppe-Wolfinger/Prengel/Reiser: 1990, 35f. Zur Bedeutung des Bildungsratsgutachtens von 1973 vgl. Jakob Muth: Integration von Behinderten. Über die Gemeinsamkeit im Bildungswesen, Essen 1986, besonders 31ff.

23 Vgl. dazu Marianne Krüger-Potratz: Anderssein gab es nicht – Ausländer und Minderheiten in der DDR, Münster 1991. Vgl. auch Fußnote 1 und den letzten Absatz der Einleitung.

24 Vgl. als Überblick auch über die unterschiedliche Besatzungspolitik mit weiterführender Literatur: Manfred Heinemann (Hg.): Umerziehung und Wiederaufbau. Die Bildungspolitik der Besatzungsmächte in Deutschland und Österreich (Veröffentlichungen der Historischen Kommission der Deutschen Gesellschaft für Erziehungswissenschaft, Bd. 5), Stuttgart 1981. Als Einzelstudie: Maria Halbritter: Schulreformpolitik in der britischen Zone von 1945-1949 (Studien und Dokumentationen zur deutschen Bildungsgeschichte, Bd. 13), Weinheim und Basel 1979. Wolfgang Klafki: Restaurative Schulpolitik 1945-1950 in Westdeutschland. Das Beispiel Bayern, in: ders.: Aspekte Kritisch Konstruktiver Erziehungswissenschaft: Ges. Beiträge zur Theorie-Praxis-Diskussion, Weinheim und Basel 1976, 253-299. Klaus-Peter Eich: Schulpolitik in Nordrhein-Westfalen 1945-1954 (Düsseldorfer Schriften zur neueren Landesgeschichte und zur Geschichte Nordrhein-Westfalens, Bd. 20), Düsseldorf 1987. Hans-Werner Fuchs/Klaus-Peter Poschl: Reform oder Restauration? Eine vergleichende Analyse der schulpolitischen Konzepte und Maßnahmen der Besatzungsmächte 1945-1949, München 1986.

A.P.] kann als Überbleibsel einer ständisch organisierten Gesellschaft gedeutet werden.«²⁵

Zusätzlich gab es bis in die siebziger Jahre und zum Teil bis heute an vielen Orten noch weitere Formen separierender Schulen: so etwa getrennte Schulen für Mädchen und Jungen, für katholische und evangelische Kinder. Während diese Formen der Separierung nach und nach bis auf Ausnahmen aufgelöst wurden, wurde gleichzeitig eine andere Form der Separierung ausgebaut: das Sonderschulwesen, das in sich wiederum mehrfach gegliedert ist und dessen Schülerzahlen bis weit in die achtziger Jahre noch angewachsen sind.²⁶

Obwohl von Anfang an Realschulen und Gymnasien stetig wachsenden Zulauf hatten, gab es doch ungebrochen Tendenzen, nach denen vor allem Arbeiterkinder, aber auch Landkinder, katholische Kinder und Mädchen wesentlich seltener die höheren Bildungsgänge absolvierten.²⁷

(2) Die Bildungsreform der sechziger und siebziger Jahre stellte die Selbstverständlichkeit schulischer und gesellschaftlicher Hierarchien mit dem Postulat der Chancengleichheit radikal in Frage.²⁸ Für die Reformer war es ein zutiefst undemokratischer Zustand, daß nur ganz wenige Abiturienten Arbeiterkinder waren und noch weniger studieren konnten. Das zentrale Interesse der Bildungsreform bestand darin, das Bildungswesen für Arbeiterkinder gerechter zu machen und das hieß vor allem, sie in größerer Zahl an der höheren Bildung teilnehmen zu lassen.²⁹

---

25 Gertrud Nunner-Winkler: Chancengleichheit und individuelle Förderung, Stuttgart 1971, 56.
26 Vgl. Ulf Preuss-Lausitz: Sonderschule – Schule in der Krise?, in: Hans-Günther Rolff u.a. (Hg.): Jahrbuch der Schulentwicklung, Bd. 4, Weinheim 1986, 102-124.
27 Aus heutiger Sicht ist es wieder lohnend, die fundamentale Kritik von Georg Picht im Original zur Kenntnis zu nehmen. Vgl. Georg Picht: Die deutsche Bildungskatastrophe, Analyse und Dokumentation, Olten und Freiburg i. Br. 1964.
28 Zum zeitlichen Ablauf der Bildungsreform: »Wir meinen, daß die Schulreform 1964 ihren Aufschwung nahm, daß sie um 1970 einen Höhepunkt erreichte und daß sie seit 1972 mehr und mehr gegenüber restaurativen Tendenzen in die Defensive geriet.«, Klaus Klemm/Hans-Günther Rolff/Klaus-Jürgen Tillmann: Bildung für das Jahr 2000, Frankfurt 1985, 15. Vgl. auch die Zeittafel ebd., 16f. Vgl. auch Klaus Hüfner/Jens Naumann: Konjunkturen der Bildungspolitik in der Bundesrepublik Deutschland, Bd. I: Der Aufschwung (1960-1967), Stuttgart 1977. Klaus Hüfner/Jens Naumann/Helmut Köhler/Gottfried Pfeffer: Bd. II: Hochkonjunktur und Flaute: Bildungspolitik in der Bundesrepublik Deutschland 1967-1980, Stuttgart 1986.
29 Vgl. mit den entsprechenden empirischen Daten: Hans-Günther Rolff unter Mitarbeit von Elke Nyssen: Sozialisation und Auslese durch die Schule, 5. überarbeitete und erweiterte Auflage, Heidelberg 1972. Für die nachfolgende Entwicklung: Luitgard Trommer-Krug unter Mitarbeit von Lothar Krappmann: Soziale Herkunft und Schulbesuch. Eine Zusammenstellung von Daten aus der amtlichen Statistik und aus empirischen Untersuchungen über die soziale Herkunft von Schülern an Allgemeinbildenden Schulen, in: Max-Plank-Institut für Bildungsforschung, Projektgruppe Bildungsbericht: Bildung in der Bundesrepu-

Dieses bildungspolitische Interesse traf sich mit dem ökonomischen Interesse an einer größeren Zahl gut ausgebildeter Fachkräfte.[30] Aufgrund dieser beiden unterschiedlichen Triebfedern, der demokratischen und der ökonomischen, konnte sich ein – bei aller politischen Gegensätzlichkeit zwischen fortschrittlichen und konservativen Kräften erstaunlich breiter – gesellschaftlicher Konsens[31] herausbilden, der erst die ganze Schubkraft der Bildungsreform mit ihrer Blütezeit um 1970 ermöglicht hat.

Ausbau der Vorschulerziehung, Grundschulreform, kontinuierliche Steigerung des Schüleranteils eines Jahrgangs in Realschulen und Gymnasien, Einrichtung von Gesamtschulen, Ausbau des Sonderschulwesens, Ausbau der Aus- und Weiterbildungsmöglichkeiten, Verlegung der Volksschullehrerausbildung an die Universitäten – all dies sind Maßnahmen, die vom diagnostizierten »Bildungsnotstand« durch »Ausschöpfung der Begabungsreserven« zur »Bildungsexpansion« geführt haben.

»In gut dreißig Jahren (1952-1983) ist der Schüleranteil in der Volks- bzw. Hauptschule um mehr als 40 Prozentpunkte gefallen, in den ‚weiterführenden' Schulen ist er spiegelbildlich um den gleichen Anteil gestiegen.«[32] Dabei steigerte sich allerdings der Anteil der Arbeiterkinder an den Abiturienten insgesamt nur wenig, in Gesamtschulen immerhin überdurchschnittlich.[33] Die Bildungsbenachteiligung von Mädchen,[34] von katholischen Kindern und Landkindern ging stark zurück. Dennoch spielen regionale Unterschiede auch heute noch eine unübersehbare Rolle.

(3) Für das Verständnis der in den achtziger Jahren aufkommenden neuen bildungspolitischen Vorstellungen ist es hilfreich, das Leitmotiv der Bildungsreform, das im Begriff der »Chancengleichheit« am deutlichsten zum Ausdruck kommt, in seinen bildungspolitischen und pädagogischen Konsequenzen einer näheren Betrachtung zu unterziehen.

---

blik Deutschland. Daten und Analysen, Bd. 1: Entwicklung seit 1950, Stuttgart 1980, 216-281.
30 Mit weiterführender Literatur: Jens Naumann: Entwicklungstendenzen des Bildungswesens der Bundesrepublik Deutschland im Rahmen wirtschaftlicher und demographischer Veränderungen, in: ebd., 21-102.
31 Die CDU/CSU hielt zwar an der traditionellen Gliederung des Schulsystems fest, befürwortete aber eine zweijährige Eingangsstufe an weiterbildenden allgemeinbildenden Schulen. Im Gegensatz zur SPD lehnte sie zwar die Einführung integrierter Gesamtschulen als Regelschulen ab, entsprach aber dem Vorschlag des deutschen Bildungsrates, die Vorzüge und Mängel in einem Versuchsprogramm erproben zu lassen. Vgl. die knappe Darstellung in Hüfner u.a. Bd. II, 1986, 63ff.
32 Klemm/Rolff/Tillmannn 1985, 83.
33 Als allgemeinen Überblick: Fritz Joachim Weiss: Schulabgänger aus der Sekundarstufe II mit Hochschulreife 1970 bis 1984, in: Rodax 1989, 142-165. Zu Arbeiterkindern 307 und 315.
34 Als Überblick: Geschlechtsspezifische Entwicklung und Analyse der Bildungsbeteiligung, in: ebd., 169-218.

»Chancengleichheit für alle« und »Förderung des einzelnen gemäß Neigung und Fähigkeit«[35] waren die globalen Ziele, über die ein breiter gesellschaftlicher Konsens herrschte.[36] Drei verschiedene Auffassungen von Chancengleichheit lassen sich entsprechend der politischen Positionen erkennen: »In konservativer Sicht bedeutet Chancengleichheit, daß Bildung und beruflicher Status aufgrund der Fähigkeiten von Individuen zugewiesen werden sollen, wobei diese Fähigkeiten als relativ unveränderlich betrachtet werden.«[37] Bildungspolitische Konsequenz ist ein institutionell stark differenziertes Bildungssystem, in dem es für einige ‚natürliche' Begabungen aus unteren und mittleren Schichten Hochbegabtenförderung gibt.[38] In liberaler Sicht kann Chancengleichheit erreicht werden, wenn ökonomische, geographische und institutionelle Barrieren der Leistungsfähigkeit beseitigt werden, Maßstab sind dabei universalistisch gedachte Kriterien, wie der als meßbar angenommene Intelligenzquotient.[39] Daraus folgt die Forderung der Angleichung örtlicher und regionaler Versorgung mit Bildungseinrichtungen und die gleichmäßige Ausstattung aller Bildungseinrichtungen mit Lehrpersonal und Sachmitteln.[40] Das radikal-demokratische Verständnis der Chancengleichheit hebt sich von dieser Position ab; es soll im folgenden genauer betrachtet werden, da es für den die Konzeption der die Bildungsreform bestimmenden Kreise sozialdemokratisch und gewerkschaftlich orientierter Pädagogen trotz aller Unterschiede zentral war.

Diese Reformer begriffen sich als Teil der seit der Aufklärung und der Französischen Revolution geführten Auseinandersetzungen um gesellschaftliche Gleichheit.[41] Sie beriefen sich auf die Menschenrechte und verwiesen auf das Grundgesetz der Bundesrepublik, vor allem Art. 3,2, der in Wirklichkeit nicht eingelöst sei. Sie gewannen ihre Überzeugungskraft aus dem Skandalon des Ausschlusses der Arbeiterkinder aus den privilegierten Bildungsgängen. Denkt man ihre Analysen und Forderungen konsequent weiter, so

---

35 Deutscher Bildungsrat Nr. 42, 1969, 9.
36 Nunner-Winkler 1971, 1.
37 Walter Müller/Karl-Ulrich Mayer: Chancengleichheit durch Bildung, in: Deutscher Bildungsrat Bd. 42, Stuttgart 1976, 25.
38 Ebd., 25.
39 Ebd., 25.
40 Hans-Günther Rolff: Chancengleichheit, in: Dieter Lenzen (Hg.): Enzyklopädie Erziehungswissenschaft Bd.1, Stuttgart 1983, 362.
41 Rang bezieht sich auf den Entwurf von Lepeletier von 1790; vgl. Adalbert Rang: Historische und Gesellschaftliche Aspekte der Gesamtschule, in: Zeitschrift für Pädagogik 14/1968, 1-20; Stübig diskutiert die Bedeutung der Entwürfe von Condorcet und Lepeletier für die Bildungsreform, vgl. Frauke Stübig: Erziehung zur Gleichheit. Die Konzepte der »education commune« in der Französischen Revolution, München 1978; dies. 1989). Auch Nunner-Winkler bezieht sich in ihrer Einleitung auf Kant und die Französische Revolution (1971, 1). Rolff stellt in seinem Handbuchartikel zum Begriff der Chancengleichheit die amerikanische und die französische Menschenrechtserklärung als Ausgangspunkt des Kampfes um Chancengleichheit dar (Rolff 1983, 361).

wäre ein demokratisches Bildungssystem, das im Sinne des Grundgesetzes niemanden benachteiligen würde, erst verwirklicht, »wenn alle Klassen, Stände und Gruppen genauso in den Einrichtungen weiterführender Bildung, wie in der Gesamtbevölkerung vertreten wären«[42]. Chancengleichheit entspricht also dem Modell der perfekten Mobilität.[43] »Bejaht man das politische Ziel, Kinder sollen nicht aufgrund ihrer Herkunft von vornherein ungleiche Chancen haben, so bedeutet dies, daß Chancengleichheit erreicht wäre, wenn Unterschiede zwischen großen sozialen Gruppen sich nicht mehr in den Bildungs- und Berufschancen von Kindern auswirken würden. Empirisch entspricht diese Definition der Chancengleichheit dem Modell statistischer Unabhängigkeit nach Herkunft (bzw. Geschlecht, Rasse, Religion).«[44] Bildung und Status sind gesellschaftlich knappe Güter, auf die aber alle Kinder dasselbe Anrecht haben sollen, daraus folgt die Konsequenz, daß für unterprivilegierte Kinder höhere Aufwendungen gemacht werden müssen. Diese Definition von Chancengleichheit wird der Erfüllung von Artikel 3 des Grundgesetzes gleichgesetzt.[45]

Das so verstandene Ziel der demokratischen Chancengleichheit konnte also nur erreicht werden durch Fördermaßnahmen in allen genannten Zweigen des Bildungswesens. Kompensatorische Erziehung sollte die ungünstigen soziokulturellen Sozialisationsbedingungen in unteren Bevölkerungsschichten, die als Bildungsbarrieren erkannt worden waren, ausgleichen und den benachteiligten Kindern zur Entfaltung ihres Begabungspotentials verhelfen. »Chancengleichheit verwirklichen heißt, jedem Individuum die Chance geben, daß seine genetisch verankerte Potentialität sich durch geeignete Umweltherausforderungen aktualisieren kann. Aktualisierte Leistungsfähigkeit (unter der Voraussetzung entsprechender Leistungsbereitschaft) ist dann Basis für Ausbildungserfolg, damit für Berufserfolg, Einkommenschancen und Sozialprestige.«[46]

Das Leitmotiv der Bildungsreform und seine weitestgehende institutionelle Konsequenz, die Gesamtschule, formulierte sich als Gegenbehauptung zu konservativ-ständischen Bildungslegitimationen, die zugleich biologistisch argumentierten. Konservativ-biologistisch bedeutete in diesem Zusammenhang: Unterschichtkinder sind von Natur aus minderbegabt, darum können sie nur die Volksschule besuchen; und darum ist es gerecht, ja konsequent, wenn sie nur Berufe mit geringem Einkommen und Prestige ausüben. Gegen diese Denkfigur setzte die Majorität der Reformer ihr in der Tradition der Aufklärung liegendes Denken und das Postulat der Chancengleichheit. Demnach sind Unterschichtkinder genauso begabt wie alle anderen, aber durch

---

42 Klemm/Rolff/Tillmann 1985, 29.
43 Müller/Mayer, 1976, 25.
44 Müller/Mayer, 1976, 27.
45 Müller/Mayer, 1976, 27.
46 Nunner-Winkler 1971, 122.

das Milieu benachteiligt. Darum können sie bei guter Förderung genauso erfolgreich weiterführende Schulen besuchen wie die Kinder der Mittel- und Oberschicht. Sie können also genauso intelligent und leistungsfähig sein und haben damit berechtigte Ansprüche auf privilegierte Positionen. Nunner-Winkler hat darum letztendlich recht, wenn sie feststellt: »Als letzter Bezugspunkt für Chancengleichheit erweist sich also die genetische Anlage des Individuums.« Sie bleibt im Grunde die »einzig als legitim erachtete(n) Basis für Statuserwerb«[47].

Diese Beobachtung gilt für die konservative, die liberale und die radikaldemokratische Interpretation der Chancengleichheit, sie unterscheiden sich darin, daß sie unterschiedliche Häufigkeit, Streuung und Entwicklungsbedingungen der Begabung annehmen. Die konservative Position nimmt an, Begabung ist, einmal angeboren, unverändert vorhanden. Die radikal-demokratische Position nimmt an, das angeborene Begabungspotential könne sich nur durch optimale Umweltbedingungen entfalten, die den Unterschichtkindern durch kompensatorische Erziehung erst geboten werden müssen. Die liberale Position steht dazwischen, wenn sie eher allen die gleichen Ressourcen zur Verfügung stellen will.

Pointiert formuliert läßt sich sagen: die auf Begabung und ihrer Entfaltung durch Förderung beruhende Leistungsfähigkeit ist die bildungspolitisch konsensfähigste Formel im Hauptstrom des fortschrittlichen Spektrums. Nach wie vor wird die Steigerung der Abiturientenquote als wichtigster Erfolgsmaßstab der Bildungsreform angesehen.[48] Das gleiche gilt bei der Beurteilung von einzelnen Gesamtschulen.[49]

Fortschrittliche Bildungspolitik war von der Einheitsschule[50] bis zur Bildungsreform insofern indirekt an biologistisch-konservative Denkweisen gebunden, als sie sich unter den Zwang stellt, deren zentrale Legitimationsstrategie zu widerlegen, so, als ob es darum ginge zu beweisen, daß Arbeiterkinder genauso intelligent sind wie die Kinder privilegierter Schichten.

Für die Analyse der Entstehungsbedingungen der neuen pädagogischen Bewegungen nach der Blütezeit der Bildungsreform wurde die Tatsache wichtig, daß bereits auf der Höhe der Bildungsreform das der Chancengleichheit zugrunde liegende Konkurrenzprinzip deutlich gesehen worden ist. Aus der internationalen Diskussion wurden durch Übersetzungen wichtige französische und amerikanische Analysen zur Chancengleichheit bekannt. Bourdieu und Passeron verweisen in der Bundesrepublik schon 1971 darauf, wie sehr

---

47 Nunner-Winkler 1971, 122.
48 So z.B. bei Wolfgang Klafki: Zur pädagogischen Bilanz der Bildungsreform in: Die deutsche Schule 74/1982, 339-352; Klemm/Rolff/Tillmann 1985.
49 Jörg Schlömerkemper: Integration der Versager. Zur sozialen Interaktion zwischen Versagern und Erfolgreichen, in: Vierteljahresschrift für Heilpädagogik und ihre Nachbargebiete 1988, 322-326.
50 Vgl. als Überblick Helmut Sienknecht: Die Einheitsschule. Geschichtliche Entwicklung und gegenwärtige Problematik, Weinheim/Berlin/Basel, 1968.

die soziale Herkunft trotz aller formaler Gleichheit ausschlaggebend für alle Bildungsgänge sei. Zwischen den kulturellen Gewohnheiten der privilegierten Schichten und den Anforderungen des Bildungswesens bestehe eine Affinität, aus der die Autoren schließen: »Für Kinder von Arbeitern, Bauern, Angestellten und Einzelhändlern bedeutet Schulbildung immer zugleich Akkulturation.«[51] Jencks plädiert aus amerikanischer Sicht dafür, auf dem Arbeitsmarkt die Einkommensunterschiede zu verringern, da selbst die beste Bildung für alle keine Gleichheit der Lebensbedingungen herstellen könne, solange große Teile der Bevölkerung keine oder nur schlecht bezahlte Arbeitsplätze finden können. Er machte hierzulande 1973 bereits deutlich, daß Bildungsreformen die Benachteiligungen des Lebens der unteren Schichten unter den Bedingungen von Armut nicht aufheben können.[52] Beide Analysen bezeichneten Chancengleichheit als ‚Illusion'. Die hier vorgestellte Kritik der Chancengleichheit ist vor allem Gesellschaftskritik, sie ist selbstverständlich auch hoch bedeutsam für das Bildungswesen.

Die Forderung nach Chancengleichheit kann nach diesen Analysen bezeichnet werden als die Forderung, alle Kinder miteinander in den Wettbewerb um die knappen privilegierten Positionen treten zu lassen. Demokratisch-fortschrittlich daran ist erstens, daß überhaupt erst einmal der formal gleiche Zugang für die meisten[53] möglich ist und zweitens, daß mit kompensierenden Fördermaßnahmen die (sub-)kulturellen Benachteiligungen vermindert werden. Aber sie lassen sich damit nicht aufheben. Schule ist nach wie vor eine ‚monokulturelle' Mittelschichteinrichtung, in der die Mehrheit der Kinder ihre (sub-)kulturellen Erfahrungen und Haltungen verlernen müssen, wenn sie erfolgreich sein wollen.

Der Kritik von Bourdieu/Passeron und Jencks folgte selbstverständlich eine entsprechende Rezeption im erziehungswissenschaftlichen Diskurs,[54] ohne daß diese entsprechende bildungspolitische Konsequenzen zur Folge gehabt hätte. Innerhalb dieser Kritik von Chancengleichheit scheint mir die Position von Andreas Flitner[55] ziemlich einmalig und für das Verständnis der neuen pädagogischen Bewegungen aufschlußreich. Flitner kommt in seiner Analyse zu dem Schluß, daß das reformierte Bildungswesen die gleichsetzende Gerechtigkeit überbetont, die unterscheidende Gerechtigkeit hingegen vernachlässigt habe. In dieser zentralen Aussage trifft sich Flitners Analyse mit denjenigen der neuen pädagogischen Bewegungen. Für die neuen pädagogischen

---

51 Pierre Bourdieu/Jean-Claude Passeron: Die Illusion der Chancengleichheit, Stuttgart 1971, 40.
52 Christopher Jencks: Chancengleichheit, Reinbek 1973.
53 Ich spreche von den »meisten« und nicht von »allen« Kindern, weil, wie bereits gesagt, die Sonderschülerinnen und Sonderschüler ausgegrenzt blieben.
54 Vgl. die entsprechenden Rezeptionen in der Zeitschrift für Pädagogik. Die Nachweise im Gesamtregister Jg. 1-30, (1955-1984), 264.
55 Andreas Flitner: Gerechtigkeit als Problem der Schule und als Thema der Bildungsreform, in: Zeitschrift für Pädagogik 1/1985, 1-26.

Bewegungen läßt sich sagen daß sie, jede auf ihre besondere Weise, wie Andreas Flitner davon ausgehen, daß die unterscheidende Gerechtigkeit in den Mittelpunkt bildungspolitischer Forderungen gestellt werden muß. Die Bedeutung der Integrationspädagogik, der Feministischen Pädagogik und der Interkulturellen Pädagogik für ein Bildungskonzept, das neben der gleichsetzenden auch die unterscheidende Gerechtigkeit beachtet und damit die Prinzipien der Bildungsreform einen Schritt weiterentwickelt, möchte ich nun zunächst als Abschluß dieses einführenden Kapitels in aller Kürze (vgl. ausführlich Kap. III, IV, V) skizzieren.

Die Integrationspädagogik kritisiert die Bildungsreform, weil sie behinderte Kinder nicht berücksichtigte, im Gegenteil: während der Blütezeit der Bildungsreform wurden das separierende Sonderschulwesen ausgebaut und mehr Kinder als je zuvor in Sonderschulen eingewiesen, ohne daß sich nennenswerte Zweifel geregt hätten.[56] Die Bildungsreform förderte nur solche Schülerinnen und Schüler, deren Schulversagen durch kompensatorische Erziehung als behebbar angesehen wurde, alle anderen Behinderten hätten diesem Ziel im Wege gestanden, da sie nicht in die leistungshomogene Jahrgangsklasse hätten eingefügt werden können. Sie hätten auch die zentrale Legitimationsfigur der Bildungsreform durchkreuzt, in der es darum ging zu beweisen, daß die Kinder der unteren Schichten, wenn man sie nicht hindert, ebenso leistungsfähig sind, wie Kinder des Bürgertums. Genauso verhielt es sich bereits in der Einheitsschulbewegung in der ersten Hälfte des 20. Jahrhunderts.[57]

Die Feministische Pädagogik kritisiert die Bildungsreform, obwohl die Mädchen als die eigentlichen Gewinner dieser Phase bezeichnet worden sind.[58] Ihre Beteiligung an den allermeisten Bildungsgängen erhöhte sich erheblich. Mädchen weisen mit Ausnahme des naturwissenschaftlichen Bereichs ebensogute, häufig wesentlich bessere Schulnoten auf als Jungen. Die feministische Kritik der Bildungsreform beinhaltet im wesentlichen folgende Aspekte:[59] Die guten Schulleistungen der Mädchen haben keinen entsprechenden Berufserfolg zur Folge, die untergeordnete schlechtbezahlte Stellung der Frauen im Beruf bleibt nach wie vor bestehen. Die bereits vor der Bil-

---

56 Preuss-Lausitz 1986; Muth 1986; Führ 1989, 141-144.
57 Es ist in diesem Zusammenhang sicher kein Zufall, daß die aktuellste und bemerkenswerteste historisch-systematische Aufarbeitung der Bildungsreform durch den für die Bildungsreform mitverantwortlichen ehemaligen Hessischen Kultusminister (Ludwig von Friedeburg: Bildungsreform in Deutschland, Frankfurt 1989) trotz einer überaus differenzierten Sichtweise kein Kapitel über Sonderschulen enthält. Den höheren Mädchenschulen ist immerhin ein Abschnitt gewidmet.
58 Rodax 1989, 171; Klemm/Rolff/Tillmann 1985.
59 Für die folgende Darstellung zusammenfassend: Sigrid Metz-Göckel: Licht und Schatten der Koedukation. Eine alte Debatte neu gewendet, in: Zeitschrift für Pädagogik 4/1987, 455-474; Rita Süssmuth: Abgedrängt in die Subkultur? Junge Frauen zwischen Arbeitslosigkeit und Selbsthilfe, in: Mitter/Swift 1985; vgl. auch Spender 1985.

dungsreform einsetzende Koedukation von Mädchen und Jungen hat in wesentlicher Hinsicht nicht zu mehr Gleichheit der Geschlechter geführt, denn unter der Oberfläche der gemeinsamen Erziehung hält sich mit großer Hartnäckigkeit teils bewußt teils unbewußt ein heimlicher Lehrplan der Geschlechtererziehung, der die koedukativ unterrichteten Mädchen sogar gegenüber ihren Mitschülerinnen in Mädchenschulen benachteiligt. Dieser heimliche Lehrplan fördert die Dominanz der Jungen durch die Interaktionen der Lehrkräfte, die Auswahl der unterrichtsrelevanten Themen, die Gestaltung der Medien und Materialien und die Struktur der Institution Schule. Die pädagogischen Analysen und Konzepte der Bildungsreform waren nicht geeignet, den Beitrag der Bildungsinstitutionen zur geschlechtsspezifischen Sozialisation zu erfassen.

Aus der Sicht der Interkulturellen Pädagogik wird deutlich, daß der Bildungsreform Fragen der Kulturdifferenz noch nicht zum Problem geworden waren, allerdings wurde der monokulturelle Charakter der Schule mit seinen Auswirkungen auf die subkulturellen Abweichungen bereits deutlich gesehen. Vereinzelt kam es zu Forderungen nach Anerkennung solcher subkulktureller Differenzen, etwa durch Aufgreifen der Dialektsprache im Deutschunterricht der Gesamtschulen. Solche Versuche scheiterten aber. Die Interkulturelle Pädagogik machte inzwischen mit Nachdruck bewußt, daß Pädagogik mit Angehörigen verschiedener Kulturen zu tun hat und daß bisher unreflektiert die Normen und Werte der dominierenden Kultur einschließlich der zugehörigen Höherwertigkeitsvorstellungen weitergegeben wurden.[60]

Diese Kritik der neuen pädagogischen Bewegungen an der Bildungsreform steht in Zusammenhang mit dem im ersten Teil dieser Einleitung dargestellten Dilemma von ‚Paria und Parvenu'. Auch die Bildungsreform hat im Sinne dieses Dilemmas für diejenigen, die nicht der vorhandenen Schulkultur entsprachen, keine Alternative zur Paria-Position entwickeln können. Aber auch die Parvenu-Position wurde in ihrer Widersprüchlichkeit realisiert: Unter der Oberfläche einer äußerlichen Anpassung an die vorherrschende Schulkultur mußten die abweichenden Momente verdrängt werden. Wie bereits oben abgedeutet, leitet sich das Erkenntnisinteresse dieser Arbeit aus dem Wunsch her, Alternativen zur Logik des ‚Paria oder Parvenu' aufzuzeigen. Es geht um die Entwicklung eines erweiterten Bildungsbegriffs, der den historisch und biographisch gewordenen individuellen, geschlechtlichen und kulturellen Verschiedenheiten der Menschen gerechter werden kann und gleichzeitig dem politischen Ziel der Gleichberechtigung verpflichtet ist. Die Verknüpfung einer solchen Pädagogik der Vielfalt mit einer Pädagogik der Gleichberechtigung ist ein Versuch, für die mit der Pädagogik der Chancen-

---

60 Vgl. Volker Nitzschke (Hg.): Multikulturelle Gesellschaft – multikulturelle Erziehung, Stuttgart 1982; Renate Nestvogel: Kann die Aufrechterhaltung einer unreflektierten Mehrheitskultur eine Aufgabe öffentlicher Erziehung sein?, in: Zeitschrift für Pädagogik, 23. Beiheft 1988, 39-49.

gleichheit verbundenen Konkurrenz- und Ausgrenzungsprobleme neue Lösungsperspektiven zu durchdenken.

Seit der Wiedervereinigung gewinnt die Pädagogik der Vielfalt als Alternative sowohl zu Hegemonie-, als auch zu Paria- oder Parvenupositionen eine zuvor gar nicht absehbare Aktualität und Dringlichkeit: West- und Ostdeutsche müssen lernen, sich in ihren je besonderen historisch-kulturellen Gewordenheiten kennenzulernen und zu respektieren. Gemeinsam müssen beide Seiten darüberhinaus daran arbeiten, auch in globaler Hinsicht[61] eine Kultur der Akzeptanz von Heterogenität, der demokratischen Gleichberechtigung von Menschen in verschiedenen Lebenslagen und mit verschiedenen Lebensweisen zu entwickeln und zu pflegen. Die vorliegende Arbeit versteht sich als eine Beitrag dazu.

---

61 Vgl. dazu sowie zum Problem des Rechtsradikalismus in Deutschland auch Kapitel II, 2. u. 5.

II. Zur Theorie und Geschichte von Gleichheit und Verschiedenheit

Gleichheit und Verschiedenheit sind interdisziplinäre Begriffe, die in unterschiedlichsten gesellschaftlichen und wissenschaftlichen Feldern Anwendung finden. Als solche sind sie, auch wenn sie in dieser Arbeit als genuin bildungstheoretische Begriffe verwendet werden, nur im Kontext ihrer Wechselbeziehungen mit allgemeinen gesellschaftlichen Entwicklungen zu verstehen. Die Rollen, die solche Begriffe in einzelnen wissenschaftlichen Disziplinen und gesellschaftlichen Bereichen spielen, waren selbstverständlich immer auch historischer Veränderlichkeit unterworfen. Deshalb werden in diesem Kapitel, nach einer einleitenden begrifflichen Selbstverständigung, im zweiten Abschnitt historische Aspekte von Gleichheit und Differenz untersucht. Über die begriffsgeschichtliche Bestimmung hinausweisend, werden im darauffolgenden Abschnitt aktuelle philosophische Diskussionen zur Dialektik von Gleichheit und Differenz daraufhin befragt, welche Impulse sie einer Pädagogik der Vielfalt geben können. Anschließend stehen Intersubjektivitätstheorien im Mittelpunkt, da sie zum Verständnis der Bedingungen von Beziehungen zwischen verschiedenen Subjekten beitragen können. Schließlich wird im letzten Teil die Theorie intersubjektiver Anerkennung im Hinblick auf die Funktionen des Bildungssystems, vor allem auf die Probleme der Selektionsfunktion, diskutiert.

1. Zur Semantik von Gleichheit und Verschiedenheit

Die nachfolgende Selbstverständigung über die inhaltliche Bedeutung von ‚Gleichheit' und ‚Verschiedenheit' möchte das Bedeutungsfeld und damit die Aussagemöglichkeiten und Aussagegrenzen beider Begriffe abstecken. Dabei möchte ich auf der grundlegenden Bestimmung beider Begriffe aufbauen, wie sie von Wilhelm Windelband im ersten Jahrzehnt dieses Jahrhunderts formuliert wurde:»Gleichheit ist ein Verhältnis worin Verschiedenes zueinander steht.«[1] An dieser Formulierung fällt auf, daß beide für unser Thema

---

1 Wilhelm Windelband: Über Gleichheit und Identität, Heidelberg 1910, 8. Windelbands grundlegende philosophische Erkenntnisse sind in die historischen und rechtstheoretischen Arbeiten von Dann, Gerhard, Menne, Radbruch eingegangen.

zentralen Begriffe in einem Definitionssatz vorkommen; jeder Begriff kann ohne den anderen nicht definiert werden. Beide Begriffe sind in einem Abhängigkeitsverhältnis aufeinander bezogen: Gleichheit kann nicht bestimmt werden ohne Verschiedenheit. Die Existenz von Verschiedenheit ist Voraussetzung für das Feststellen von Gleichheit. Umgekehrt verhält es sich auf den ersten Blick nicht so: Der Begriff Verschiedenheit spricht die gegebene Mannigfaltigkeit der Welt, der Personen und Sachen, sowie deren unaufhörliche Veränderlichkeit an; er beschreibt eine Welt, in der sich jedes Blatt vom anderen unterscheidet. Solche umfassende Verschiedenheit entzieht sich der definierenden Bestimmbarkeit. Unter welchen Bedingungen es dennoch möglich ist, Verschiedenheit präzise zu fassen, soll zur Sprache kommen, nachdem zunächst der Gleichheitsbegriff weiter präzisiert worden ist.

(1) Immer wenn Aussagen über Gleichheit gemacht werden, kann nicht von einzelnen Personen oder Sachen die Rede sein. Gleichheit bezeichnet keinen Sachverhalt an einzelnen Gegenständen, sondern Beziehungen zwischen mehreren Gegenständen, die sich auf irgendeine Weise voneinander unterscheiden.[2] »Gleichheit ist immer nur Abstraktion von gegebener Ungleichheit.«[3]

Eine Gleichheitsaussage gilt stets nur partiell und in einer bestimmten Hinsicht. Die verglichenen Dinge sind in einigen Merkmalen gleich und in anderen verschieden. »Es kann also schon vom Begriff und seinem Gehalt her keine ‚völlige' Gleichheit geben. Die Rede davon wäre in sich widersprüchlich, ‚völlige' Gleichheit würde nicht mehr Gleichheit, sondern Identität bedeuten. Gleichheit kann auch nie ‚absolut' sein, denn sie ist eine Gleichheit von Verschiedenen.«[4]

Gleichheit bezeichnet also eine Form der Übereinstimmung zwischen Verschiedenen. Sie steht in Beziehung zu anderen Formen der Übereinstimmung, wie beispielsweise Identität und Ähnlichkeit. In Abgrenzung zur Gleichheit meint Identität die Übereinstimmung eines Gegenstandes mit sich selbst in allen seinen Merkmalen. Im Identitätsbegriff kommt die weitestgehende Form der Übereinstimmung zum Ausdruck, sie kann in der Formel a=a gefaßt werde. Diese in der Logik entwickelte Vorstellung von reiner Identität gibt es in der Wirklichkeit nicht, da alle realen Dinge in ständiger Veränderung begriffen sind.[5] Wenn wir dennoch von Identität sprechen, so tun wir dies aufgrund der Annahme einer als wesentlich erachteten Konstanz,

---

2   Vgl. die für diese Studie zentrale Arbeit von Otto Dann: Gleichheit und Gleichberechtigung. Das Gleichheitspostulat in der alteuropäischen Tradition und in Deutschland bis zum ausgehenden 19. Jahrhundert, Berlin 1980.
3   Gustav Radbruch: Rechtsphilosophie, Stuttgart 1950, 126. Vgl. auch Ute Gerhard: Menschenrechte auch für Frauen – der Entwurf der Justiz Olympe de Gouges, in: Kritische Justiz 2/1987, 127-140 und dies.: Gleichheit ohne Angleichung, München 1990.
4   Dann 1980, 18.
5   Albert Menne: Identität, Gleichheit, Ähnlichkeit, in: Ratio 4/1962, 48.

z.B. einer Person, die sich in anderen, für wesentlich erachteten, Momenten unterscheidet, in diesem Sinne sprechen wir von einer identischen Person, deren Identität alle Lebensphasen vom Neugeborenen bis zum Greisenalter umfaßt.[6] Ähnlichkeit betrifft wie Gleichheit verschiedene Gegenstände, die annähernd übereinstimmen.

(2) Wenn wir in alltäglichen und wissenschaftlichen Zusammenhängen von Verschiedenheit sprechen, stellen wir ebenfalls eine Beziehung zwischen Personen, Gegenständen, Sachverhalten usw. her. Da wir, wie gesagt, die real existierende umfassende Verschiedenheit, die Mannigfaltigkeit, nicht mit unserer Wahrnehmung zu fassen, geschweige denn auf den Begriff zu bringen vermögen, nehmen wir Verschiedenheit immer auf eingeschränkte Weise zur Kenntnis. Auch die Feststellung von Verschiedenheit geschieht in eingegrenzter Hinsicht, sie unterliegt der Auswahl eines Merkmals und ist Folge eines impliziten Vorgangs des Vergleichens. Wenn wir z.B. feststellen, daß die Sprachen verschiedener Ethnien sich unterscheiden, so geht in diese Aussage die Feststellung ein, daß es sich bei dem, wovon die Rede ist, jedesmal um Sprachen handelt. Wir haben Verschiedenheit festgestellt im Hinblick auf das gleiche Merkmal. Ohne die Gleichheit eines Kriteriums, auf das wir uns beziehen, sind genaue Aussagen über Verschiedenheit nicht möglich.

Der Begriff der Verschiedenheit spricht qualitative Differenzen[7] an, er ist abzugrenzen von quantitativen Differenzen, die mit dem Begriff der Ungleichheit konnotiert sind.

Eine Hilfe, Verschiedenheit im Sinne qualitativer Differenz genau zu bestimmen, gibt der Begriff der Inkommensurabilität. Dieser ist ursprünglich ein mathematischer Begriff. Die mathematische Herleitung kann verständlich machen, was den Begriff für die Beschreibung menschlicher Verhältnisse produktiv macht. »Als inkommensurabel bezeichnet man Strekken, die nicht ganzzahlige Vielfache einer gemeinsamen Grundstrecke darstellen, anders ausgedrückt: deren Verhältnis keine rationale, sondern eine irrationale Zahl ergibt. Der klassische Fall ist die Diagonale des Quadrats im Verhältnis zur Seite, ein anderer das Verhältnis von Umfang und Radius des Kreises.«[8] Das mathematische Modell des Inkommensurablen veranschaulicht, daß es möglich ist, auf klare Weise von Verschiedenheit zu sprechen. »Inkommensurabilität besagt keineswegs, daß toto coelo Verschiedenes vorläge. In den genannten Beispielen handelt es sich ja jedesmal um Strecken. Nur unter Maß-

---

6 Windelband 1910, 21.
7 Zum Gebrauch der Begriffe Gleichheit – Differenz; Gleichberechtigung – Verschiedenheit vgl. auch: Historisches Wörterbuch der Philosophie, Bd. 2, Darmstadt 1972, Sp. 235f: »Im Zusammenhang mit dem deutschen Idealismus erhielt das Wort Differenz die Bedeutung von ‚Nicht-Identität' und wird [...] verwendet teils im Sinne von Distinktion, vor allem aber auch im Sinne von Vielheit begründender Verschiedenheit.«
8 Wolfgang Welsch: Unsere postmoderne Moderne, Weinheim 1987, 267. (Zur grundlegenden Bedeutung dieses Buches s.u.).

bzw. Erzeugungsgesichtspunkten sind sie grundverschiedenen Typs. Und diese Verschiedenheit ist ihrerseits präzis darstellbar – was sie freilich keineswegs aufhebt, sondern eindringlich zur Erscheinung bringt. Die Entdekkung von Wurzel 2 macht Diagonale und Seite nicht kommensurabel, und die Entdeckung von PI führt nicht zur Quadratur des Kreises, wohl aber geben sie dem Bwußtsein der Inkommensurabilität Klarheit und Stabilität. Die Inkommensurabilität betrifft immer nur ein bestimmtes Prinzip der jeweiligen Phänomengruppen – jenseits davon mögen sie etliches gemeinsam haben. Nur in diesem einen Punkt haben sie nichts gemeinsam, und dies zu verkennen ist gerade so falsch wie nur noch dies zu sehen und die sonstigen Übereinstimmungen zu ignorieren.«[9] Es wäre falsch zu sagen, »zwischen Diagonale und Seite des Quadrats bestehe keinerlei Vergleichbarkeit. Was immer auf Geraden zutrifft, trifft auf diese beiden ja gewiß zu. Unvergleichbarkeit (Unübersetzbarkeit bzw. Inkommensurabilität in diesem Sinn) besteht nur in einer Hinsicht: bezüglich der Länge. Darin aber besteht sie nicht vorläufig und scheinbar, sondern in der Tat vollständig«[10].

(3) Der Begriff der Verschiedenheit benennt also nach unserer Definition qualitative Differenzen im Sinne von Inkommensurabilität. Er steht im Gegensatz zu all jenen anderen Möglichkeiten, angesichts der Mannigfaltigkeit der Welt Unterscheidungen zu treffen, die diese Mannigfaltigkeit als Hierarchien zu systematisieren, als Dualitäten zu polarisieren bzw. von einem Prinzip abzuleiten versuchen. Die Kategorie der Verschiedenheit markiert damit eine Distanz zum monistischen Denken. Dualistische Welterklärungen neigen dazu, sich monistisch aufzulösen, indem sie Polarität in Hierarchie überführen.

Der Monismus[11], die Einheitslehre, für die alles einheitlich und von einer Grundbeschaffenheit ist, zeigt sich in jenen typischen Denkfiguren,[12] mit denen die Einheitlichkeit von zu beschreibenden unterschiedlichen Phänomenen hergestellt werden kann: Mit Komparativbildungen werden Unterschiede als graduelle Steigerungsformen, als quantitatives Mehr oder Weniger vom Selben gefaßt. Komplementbildungen polarisieren Differenzen als sich wechselseitig ergänzende. Analogiebildungen sprechen über ein Phänomen nach

---

9 Ebd., 268.
10 Ebd., 269.
11 Vgl.: W. Holsten/R. Lorenz: Monismus, in: Kurt Galling (Hg.): Die Religion in Geschichte und Gegenwart. Handwörterbuch für Theologie und Religionswissenschaft, Tübingen 1960, 1099-1102; H. Hillermann/A. Hügli: Monismus, in: Joachim Ritter/Karlfried Gründer (Hg.): Historisches Wörterbuch der Philosophie, Darmstadt 1976, 132-136.
12 Diese Denkmuster bilden zugleich Hierarchien, indem jeweils der eine Aspekt eines Komparativs oder einer Analogie als der primäre, wertvollere übergeordnete behauptet wird. In solchen Hierarchisierungen, in welche Höherwertigkeitsvorstellungen und Diskriminierungen eingehen, zeigt sich der monistische Charakter von dualistischen Welterklärungen, auch wenn sich der Monismus ausdrücklich im Gegensatz zum Dualismus artikuliert hat (vgl. die beiden soeben genannten Artikel zum Monismus).

dem Muster der Aussagen zu einem anderen Phänomen. Durch Negation können Differenzen zum Verschwinden gebracht werden, zu ihren vielfältigen Aussagemöglichkeiten gehören die Behauptungen von Leere, Nichts, Negativität und Rätselhaftigkeit sowie das Verdrängen, Verleugnen, Ignorieren und Totschweigen von Differenzen.[13] Die logischen Mittel des Monismus sind verknüpft mit emotionalen Vorgängen des Bewertens in Höherwertigkeitsvorstellungen einerseits und Diskriminierungen andererseits.

Die für die Pädagogik der Vielfalt wesentliche Einsicht aus dieser Begriffsklärung ist, daß sowohl Gleichheit als auch Verschiedenheit ausschließlich in der Lage sind, Aussagen über ein partielles Verhältnis, nie die generelle Beziehung mit allen Aspekten zu machen. Darum ist es erforderlich, einen Maßstab des Vergleichens, die Hinsicht, in welcher etwas gleich oder verschieden sei, zu bestimmen. Es muß ein ‚tertium comparationis' klar definiert werden.[14]

Die Festlegung des vergleichsentscheidenden Merkmals obliegt dem Urteil der Menschen, es existiert nicht etwa unabhängig schon vor einem menschlichen Urteil. Nur urteilende Subjekte können darüber entscheiden, welches Kriterium als tertium comparationis bei einem Vergleich Gültigkeit haben soll. Damit hängt es von Standpunkten und Gesichtspunkten von Personen ab, wie sie vergleichsentscheidende Kriterien auswählen, ihre Gültigkeit hat keinen objektiv wahren Grund, sondern kann immer auch umstritten sein, da unterschiedliche Personen ganz unterschiedliche Aspekte als wesentlich erkennen.[15]

2. Zu Geschichte der Bedeutung von Gleichheit und Verschiedenheit

Gleichheit und Differenz waren und sind in der europäischen politischen Geschichte zentrale Begriffe, wenn es um die Legitimation gesellschaftlicher Ungleichheit ging und geht; sie waren und sind aber auch zentral für die Legitimationsstrategien von Emanzipationsbewegungen.

So wurden in den Entwürfen konservativer politischer Theorien Frauen, Angehörige der unteren Gesellschaftsschichten und stigmatisierter (Sub-)Kulturen und Ethnien sowie marginalisierte Gruppen wie Behinderte und

---

13 Vgl. Prengel: Gleichheit und Differenz der Geschlechter. Zur Kritik des falschen Universalismus der Allgemeinbildung, in: Zeitschrift für Pädagogik, Beiheft 21, Weinheim und Basel 1987a, 221-230. Vgl. die grundlegende Auseinandersetzung Luce Irigarays mit den »überkommenen Verfahren« des Monismus als des »Apriori des Selben«: »Analogie, Vergleich, Symmetrie, dichotomische Opposition etc.« Luce Irigaray: Speculum. Spiegel des anderen Geschlechts, Frankfurt 1980, 32.
14 Windelband 1910, 8f.; Dann 1980, 17f.
15 Dann 1980, 18.

Kranke von Macht, Besitz, Bildungsprivilegien und weiteren Rechten ausgeschlossen.[16] Diese ungleiche Verteilung von Rechten, Vermögen und Bildung wurde ontologisierend gerechtfertigt mit dem ‚natürlichen' Wesen der Menschen. In den Begründungen konservativer europäischer Theorien – das zeigt wider Erwarten die historische Analyse[17] – ist unverzichtbar: nur diejenigen Menschen, die sich gleichen, können auch dem gleichen Stand angehören.

Die bedeutsame Rolle, die Ungleichheit im undemokratischen Denken spielt, ist allgemein bekannt. Unterschiede zwischen Menschen bedeuten zugleich Über- und Unterordnung; Menschen, die sich unterscheiden, müssen unterschiedliche gesellschaftliche Rangpositionen einnehmen. Entscheidend für undemokratische Denkstrukturen in all ihren Variationen ist, daß aus Unterschieden Rangordnungen gebildet werden. Undemokratisches Denken vollzieht Hierarchisierung[18], wenn es von Gleichheit und Differenz spricht.

Demokratisches Denken vor allem seit der Französischen Revolution setzt dagegen: Die Menschen sind von Natur aus gleich geboren, also stehen ihnen auch gleiche Rechte zu. Unterschiede zwischen Menschen sind in diesem Denken an die zu überwindende gesellschaftliche Hierarchie gekoppelt. Zahlreiche Emanzipationsbewegungen fordern bisher universelle Gleichheit als herzustellenden gesellschaftlichen Zustand und in dieser Zukunftsvorstellung ist für Unterschiedlichkeit kein Platz, da sie als zu eng an die zu überwindende Ungleichheit gebunden empfunden wird. Der Gedanke an menschliche Unterschiede findet lediglich Raum in den Begriffen der Freiheit und des Pluralismus, denen zwar eine große Bedeutung zukommt, die aber in ihrer liberalistischen Verkürzung sofort wieder problematisch und angreifbar werden.

Ein grundsätzliches Problem, auf das wir mit der Fragestellung dieser Arbeit stoßen, ist die Tatsache, daß der Gedanke der Differenzen zwischen Menschen im konservativen Denken an zentraler Stelle explizit betont wird,

---

16 Vgl. Seyla Benhabib/Linda Nicholson: Politische Philosophie und die Frauenfrage, in: Pipers Handbuch der politischen Ideen, Zürich 1987, 513-562.

17 Ich stütze mich bei derartigen generalisierenden Feststellungen immer auf die in ihrer Art einzigartigen Arbeiten von Otto Dann: Gleichheit, in: Otto Brunner/Werner Conze/Reinhart Koselleck (Hg.): Geschichtliche Grundbegriffe, Historisches Lexikon zur politisch-sozialen Sprache in Deutschland Bd. 2, Stuttgart 1975, 997-1046 und Dann, 1980.

18 Als Beispiele für solch undemokratische Thematisierung sei hier verwiesen auf die Schrift von Georg Weippert: Das Prinzip der Hierarchie, Hamburg 1932. In der Gegenwart hat zum Beispiel Marieluise Christadler die hierarchisierende Funktionalisierung von Unterschieden bei der »Nouvelle Droite« in Frankreich nachgewiesen. Vgl. dies.: Die »Nouvelle Droite« in Frankreich, in: Iring Fetscher (Hg.): Neokonservative und »Neue Rechte«. Der Angriff gegen Sozialstaat und liberale Demokratie in den Vereinigten Staaten, Westeuropa und der Bundesrepublik, Frankfurt 1983, 163-215. Vgl. auch die umfassende Konservativismusanalyse von Martin Greiffenhagen: Das Dilemma des Konservatismus in Deutschland, Frankfurt 1986.

während im Hauptstrom europäischer demokratischer Denktradition kein eigenes emanzipatorisches Konzept von Verschiedenheit ausgebildet wurde. Der historische Rückblick zeigt, daß sich Emanzipationsbewegungen nicht in der soeben zum Zweck der Klärung hergestellten Deutlichkeit von konservativen Tendenzen trennen lassen. Emanzipationsbewegungen stellen typischerweise universelle Gleichheitsforderungen auf, politisch konkrete Gleichheitsrechte verlangen sie aber häufig nur für die eigene Gruppe oder einen abgetrennten Geltungsbereich.[19] Hinter der universalistischen Forderung verbirgt sich dann nur ein partikulares Interesse an politischer Realisierung, das sich anscheinend nur als universelles legitimieren läßt. Andere Gruppen werden ausgeschlossen, sei es unausgesprochen, sei es ausgesprochen mit den oben genannten konservativen Argumentationsweisen. So schleicht sich in demokratische Politik die konservativ-ständische Legitimation von benachteiligender Ungleichheit ein. Genau das passierte ja der weißen Mittelschicht-Frauenbewegung auch: Sie spricht universell von Frauen, bezieht sich aber in Wirklichkeit auf die Frauen der eigenen kulturellen Lebensweise.[20]

Zur Vermeidung von Fehlurteilen und zur inhaltlichen Präzisierung wird es im Rahmen dieser Arbeit deshalb notwendig, von verschiedenen Gleichheitsbegriffen zu sprechen: einem konservativen, hierarchielegitimierenden, gruppeninternen Gleichheitsbegriff und einem demokratischen, von seiner Absicht her hierarchieauflösenden, universellen Gleichheitsbegriff. Hinzu kommen die Mischungen aus diesen beiden Begriffen, wenn eine gesellschaftliche Gruppe sich einer über ihr stehenden angleichen und sich von einer unter ihr stehenden absetzen will.

Wie bereits angedeutet, findet sich ein demokratischer Begriff der Differenz oder Verschiedenheit nicht in den begriffsgeschichtlich erschlossenen, europäischen historischen Hauptströmungen, wie sie von Dann analysiert wurden. Eine solche demokratische Auffassung von Verschiedenheit zu entwickeln, ist eine Aufgabe, die sich zur Zeit immer drängender stellt. Diese Problemstellung könnte eine neue Auffassung von Gleichheit hervorbringen. Der Begriff der Gleichberechtigung bringt diese Variante der Gleichheit, die sich als Bedingung der Möglichkeit von Vielfalt versteht, genau auf den Begriff.[21]

---

19 Diesen Rückschluß lassen die Forschungen von Otto Dann zu, vgl. die weiter unten dazu gemachten Ausführungen.
20 Katharina Oguntoye/May Opitz/Dagmar Schultz (Hg.): Farbe bekennen. Afro-deutsche Frauen auf den Spuren ihrer Geschichte, Frankfurt 1992.
21 Die spezifischen Formen der Transformation, die der bürgerliche Gleichheitsbegriff durch die Arbeiterbewegung und die Frauenbewegung erfahren hatte und die sich in beiden Bewegungen durch die Verwendung des Begriffs »Gleichberechtigung« manifestierten, analysiert Otto Dann folgendermaßen: »Der Charakter des modernen Gleichheitsprinzips als einer Universalie modernisierender Entwicklungen beruht demnach darauf, daß ‚Gleichheit' hier erstmals nicht nur eine Formel für die Erlangung von neuen Rechtsprivilegien einer aufsteigenden Schicht war, sondern tendenziell auf alle Schichten bezogen wurde und

Im Zentrum dieser Arbeit steht die Auseinandersetzung mit modernen europäischen Vorstellungen von Gleichheit und Differenz und ihre Weiterentwicklung in der aktuellen gesellschaftlichen Situation. Ein ausführlicher Rückblick in vormoderne Epochen würde den Rahmen dieser Arbeit sprengen. Dennoch sollen (in 9 Punkten zusammengefaßt) kürzere Hinweise auf antike und mittelalterliche Hintergründe moderne Entwicklungen verstehen helfen.

(1) Antike Traditionen bilden die Grundlage späterer Fassungen des Gleichheits- und Differenzverständnisses in der europäischen politischen Geschichte.[22] Auf sie wurde sich bis heute immer wieder berufen. Für das antike Griechenland faßt Dann sie wie folgt zusammen: »In einem Zeitraum von 200 Jahren lassen sich von einem ständischen über einen demokratischen bis hin zu einem sozialistisch anmutenden Begriff die wichtigsten Stufen einer Demokratisierungsbewegung im Spiegel von Gleichheitsbegriffen verfolgen.«[23]

Grundlage dieser Entwicklung ist eine seit dem 7. Jahrhundert sich durchsetzende Theoriebildung, in welcher von der Vielfalt der Einzelerscheinungen abstrahiert und ein allgemeines Prinzip der Gleichheit konstruiert wurde. Dieser Abstraktionsprozeß kam in einzelnen Bereichen auf ähnliche Weise zum Ausdruck: »in der Philosophie durch die Erhebung der Gleichheit zum obersten Prinzip des Kosmos, seiner Ordnung und Gerechtigkeit; in der Medizin durch die Vorstellung vom Gleichgewicht der Körperkräfte; schließlich in der Mathematik, wo Euklid am Ende des 4. Jahrhunderts als Ertrag der bisherigen Entwicklung seinen ‚Elementen' eine Reihe von Gleichheits-Axiomen voranstellte«[24].

Die Herausbildung des Identitätsbegriffs[25], also die Bedeutung des Mit-Sich-Selbst-Gleich-Bleibens, der Konstanz eines Gegenstandes unter Ver-

---

sich damit gegen alle Privilegierungen richtete. Von der Gleichheitsparole im Dienste des sozialen Aufstiegs bürgerlicher Eliten zur Gleichberechtigung aller – so kann diese universale Tendenz des Gleichheitsprinzips als Moder-nisierungsformel zusammengefaßt werden. Diese Tendenz wäre jedoch nur halb erfaßt, wenn sie allein im Sinne einer quantitativen Erweiterung verstanden würde; entscheidend ist ebenso deren qualitative Ausdehnung über das Rechtsleben hinaus auf alle Basisbereiche des gesellschaftlichen Lebens.« Dann 1980, 252f.

22 Die folgenden Ausführungen schließen sich eng an an die oben bereits gewürdigten Arbeiten von Dann, die für die pädagogische Diskussion bisher noch nicht erschlossen wurden. Nachweise werden dabei nur bei Zitaten geliefert.
23 Dann 1980, 32.
24 Ebd., 32.
25 Die Problematik des frühen Identitäts- und Gleichheitsprinzips in der griechischen Polis ist verschiedentlich herausgestellt worden: So zum Beispiel in der Dialektik der Aufklärung von Horkheimer und Adorno in ihrer Gewaltförmigkeit, von Sohn-Rethel und Müller in ihrer Verknüpfung mit der ökonomischen Funktion des Geldes und Warentauschs, von Heinrich in ihrer Abwehrfunktion gegen Veränderlichkeit, Endlichkeit und die zweigeschlechtliche Begrenztheit des Lebens. Vgl. Alfred Sohn-Rethel: Warenform und Denkform, Frankfurt 1978; Rudolf Wolfgang Müller: Geld und Geist. Zur Entstehungsgeschich-

nachlässigung seiner Veränderlichkeit in der Zeit, ist Voraussetzung des Gleichheitsbegriffes, der die Übereinstimmung mehrerer Gegenstände postuliert. Im 5. Jahrhundert erreichte in der griechischen Polis die Entwicklung der Demokratie einen solchen Höhepunkt, daß Dann die Bedeutung des politischen Prinzips der Gleichheit als ebenso grundlegend einschätzt wie im Frankreich des 18. Jahrhunderts.»Diese Entwicklung wurde von einer Grundanschauung getragen, die bis heute für unser Rechtsdenken konstitutiv geblieben ist: der Überzeugung, daß allein das Verhältnis der Gleichheit den Inbegriff eines gerechten Verhältnisses zwischen rechtsfähigen Menschen darstellt, daß somit ‚Gleichheit' als das Kriterium von Recht und Gerechtigkeit zu gelten hat. In der Gleichheit der Waagschalen als Symbol der Gerechtigkeit kommt diese Grundanschauung zum Ausdruck [...].«[26]

Bemerkenswert ist, daß um 400 v. Chr. durch Chaleas von Chalkedon, zusammen mit dem Versuch, Gleichheitsforderungen auch auf sozioökonomische Verhältnisse auszudehnen, Forderungen nach gleicher Erziehung für alle Bürger aufgestellt wurden. Bemerkenswert ist auch, daß durch die Sophisten, die ja Ausländer waren, eine Vorform der naturrechtlichen Gleichheit konzipiert wurde. Sie stellten erstmals die These auf,»daß die Menschen trotz ihrer unübersehbaren individuellen und sozialen Unterschiede unter dem Gesichtspunkt einer übergreifenden Naturbetrachtung untereinander gleich sind«[27].

Gleichheit ist in der griechischen Polis also keineswegs universell gemeint, sondern gilt nur für die Vollbürger. Der weitaus größte Teil der Bevölkerung ist von den Gleichheitsrechten ausgeschlossen, so die Sklaven, die zugewanderten Freien und damit auch die Ausländer und alle Frauen. Für Frauen hatte die Entwicklung zur Demokratie in der griechischen Polis eine ganz andere Bedeutung als für Männer: Die Rechte der Frauen, über Eigentum zu verfügen und u.a. durch ihre Fortpflanzungskraft hohes Ansehen zu genießen, wurden schrittweise abgebaut.

Die Problematik des Zusammenhangs von Gleichheit und Differenz kommt in den Widersprüchen der Aussagen von Plato und Aristoteles bereits voll zum Tragen, ihre Demokratiekritik wurde über Jahrhunderte bis weit in die Moderne einflußreich. Sie entwickelten die Lehre von der naturgegebenen Ungleichheit der Menschen, hier geht es (im Sinne der nach Aristoteles ‚geometrisch' genannten Gleichheit) darum, daß ein ungleiches Verhältnis in einem Bereich auch in weiteren Geltungsbereichen durch Analogieschlüsse gewahrt wird. »Es war nun«, so faßt Dann zusammen, »mit Hilfe des Be-

---

te von Identitätsbewußtsein und Rationalität seit der Antike, Frankfurt/New York 1981; Klaus Heinrich: Dahlemer Vorlesungen, tertium datur. Eine religionsgeschichtliche Einführung in die Logik, Frankfurt 1981; Max Horkheimer/Theodor W. Adorno: Dialektik der Aufklärung, Frankfurt 1979.
26 Dann 1980, 32.
27 Ebd., 38.

griffs von der geometrischen Gleichheit möglich, auch ungleiche und hierarchische Verhältnisse als gleich und gerecht zu bezeichnen«[28].

Die genannten antiken Denker formulierten als erste die Dichotomien, die zur Legitimation von Herrschaft aller Art in der europäischen Neuzeit als ein Grundmuster maßgeblich wurden. Die eine Seite ist rational, stark und vorausschauend, die andere Seite irrational ängstlich, nicht vorausplanend und der Sphäre der sinnlichen Vielfalt, des Werdens und Vergehens verhaftet.[29]

Dieses Grundmuster der Rechtfertigung von Hierarchie und Herrschaft kehrt in Variationen in konservativen Argumentationen bis in die Gegenwart wieder. Es gewann seit Ende des 18. Jahrhunderts im Zuge der Konstituierung der bürgerlichen Gesellschaft u.a. in der Lehre vom Wesen der ‚Geschlechtscharaktere' und im Sozialdarwinismus neue Gestaltung und so durchschlagenden Einfluß, daß es erst im 20. Jahrhundert an Überzeugungskraft eingebüßt hat. In diesem Grundmuster werden hierarchische Beziehungen zwischen ganz unterschiedlichen Teilen der Bevölkerung mit dem Mittel der Komplementbildung beschrieben und begründet. Diese Komplementbildungen zentrieren sich um Begriffe von Rationalität und Aktivität auf der herrschenden ‚starken' Seite und spiegelbildlich dazu, um Irrationalität und Passivität auf der unterlegenen ausgebeuteten ‚schwachen' Seite.

Gleichheit und Differenz sind hier Elemente eines binär gefaßten Monismus. Gleichheit begründet die interne Zusammengehörigkeit auf jeder Seite. Gleichheit fundiert auch die Herrschaft der einen Seite über die andere, indem sich die eine Seite als die bestimmende setzt und die andere als in ihrer Beschaffenheit von diesen Setzungen abgeleitete unterstellt. Die Komplementbildungen antiker Tradition gehören zur Struktur des hierarchiebildenden Monismus. Gleichheit und Differenz dienen dieser Einheitslehre. Die Auseinandersetzungen um Gleichheit in der antiken Demokratie sind Auseinandersetzungen zwischen Männer-Eliten, sie dienen auch der Festigung ihrer Herrschaft über die ‚Anderen', die Frauen und Sklaven.

Die zunächst demokratisch erscheinenden Momente bei Plato und Aristoteles können bei näherem Hinsehen diese Behauptungen nicht entkräften. Ihre klassischen Formulierungen über Gleichheit, Gerechtigkeit und Freiheit beziehen sich nur auf den kleinen Kreis einer Oberschicht von Gleichen.

---

28 Ebd., 41.
29 Vgl. Benhabib/Nicholson 1987, 526; Barbara Schaeffer-Hegel: Vater Staat und seine Frauen über den Beitrag der politischen Philosophie zum Ausschluß der Frauen aus der Politik, in: Aus Politik und Zeitgeschichte, Beilage zur Wochenzeitung ‚Das Parlament', B42/1988, 20-42. In diesem Aufsatz findet sich ein Überblick über Ausgrenzung der Frauen aus dem »Allgemeinen« der okzidentalen politischen Philosophie mit weiterführenden Literaturangaben, u.a. auch zu den Differenzen zwischen Platon und Aristoteles sowie eine Auseinandersetzung mit in Platons Werk vorfindlichen egalitären Vorstellungen, die nicht etwa die Gleichstellung der Frauen intendieren (vor allem 21f).

Die Emphase des Aristoteles für Vielfalt und Pluralität der Vernunftformen[30] hindert ihn nicht daran, zwischen Herren und Sklaven, zwischen Männern und Frauen streng zu hierarchisieren. Frauen sind eben keine völlig rationalen Lebewesen, es mangelt ihnen an Logos.[31] Die Vielfalt der Vernunftformen ist ausschließlich einer kleinen Gruppe angesehener machtvoller Männer zu eigen. Sie bezieht sich nicht etwa auf die Anerkennung unterschiedlicher Fähigkeiten, die von jeweils anderen gesellschaftlichen Gruppen entwickelt wurden. Den anderen gesellschaftlichen Gruppen wurde vielmehr ausdrücklich die Beherrschung des Logos abgesprochen.

(2) Eine weitere große europäische Epoche mit hierarchiebildender Verwendung des Gleichheitsgedankens war das Mittelalter. Im Mittelalter war Gleichheit ein ‚gruppeninterner Identifizierungsbegriff'. »Gleich bedeutete standesgleich.« Bei diesem Verständnis von Gleichheit »wurde die gegebene Sozialordnung vorausgesetzt, ihre Abgrenzung nicht überschritten, sondern bestätigend festgehalten [...]. Als das Natürliche und Vernünftige galt eine Ordnung der gestuften Rechte und Vollkommenheiten«[32]. Der Adel war von der übrigen Bevölkerung als ein Stand von ‚Gleichen' getrennt. In der Mittelalterlichen Ständelehre wurde gegenüber Adel und Klerus die gesamte übrige Bevölkerung »als laboratores abgegrenzt und als personae minores gewertet«.[33] Die Feststellung sowohl von Gleichheit als auch von Differenz dient ausschließlich dem streng hierarchischen Ordo-Gedanken.[34] ‚Diversitas' gliedert die festgefügte Rangordnung.

Trotz der überwältigenden Dominanz der Hierarchien im antiken und mittelalterlichen und frühneuzeitlichen Denken gab es immer wieder auch bedeutende Gegenströmungen, z.B. in den frühchristlichen Gemeinden, in den mittelalterlichen Protestbewegungen, in der Reformation und den Bauernkriegen. Diese Kämpfe gegen Unterwerfung haben ihre historisch je besonderen Bedingungen und unwiederholbaren Eigencharaktere, die keinesfalls übersehen werden dürfen. Für alle Kämpfe läßt sich aber dennoch sagen, daß es ihnen – auf epochenspezifisch unterschiedliche Weise – auch um Gleichheitspostulate, deren Realisierung sowie deren Einschränkung und Zurücknahme ging. In einigen dieser Gegenströmungen kommt Gleichheit so sehr allen, den verschiedenen Individuen und Gruppen, zu, daß bereits die heute aktuelle Pluralität anklingt. Beispielsweise bildete in frühchristlichen Gemeinden der Glaube an die Gleichheit aller Menschen vor Gott, seien es Frauen oder Männer, Arme oder Reiche, Juden oder Römer, Kinder oder Erwachsene, Gesunde oder Kranke die Grundlage der Gleichberechtigung der

---

30 Lyotard und Welsch brachten diese Aspekte des Werks des Aristoteles in jüngster Zeit wieder in die Diskussion, vgl. dazu den folgenden 3. Abschnitt in diesem Kapitel.
31 Benhabib/Nicholson 1987, 526; Dann 1980, 39.
32 Alle Zitate Dann 1975, 1004.
33 Dann 1980, 60.
34 Dann 1980, 64.

Gemeindemitglieder im Leben der Gemeinschaft. So einflußreich der Gedanke der unterschiedslosen Stellung aller Menschen vor Gott, auch in späteren historischen Phasen war, er wirkte sich im frühen Christentum ausschließlich im Gemeindeleben aus, im weltlichen Leben blieben die sozialen Ungleichheiten entsprechend der biblischen Vorgaben unangetastet. In spätantiken und frühmittelalterlichen Gesellschaften kam eine bestimmte Lösung für diesen Widerspruch zum Tragen: In Verknüpfung mit platonischen Vorstellungen des Dualismus von Körper und Geist und des hierarchisch abgestuften Kosmos gewann das Hierarchie- und Ordodenken, dem Differenz-Begriffe wie ‚diversitas' und ‚disparitas' eingefügt waren, die Oberhand. »Das Christentum trat nicht mehr als Kritiker dieser Gesellschaft auf, sondern konstruktiv als deren Theoretiker.«[35]

Christliche Gleichheits- und Differenzvorstellungen beinhalten eine grundsätzliche Problematik: Das Christentum ermöglicht den gleichen Zugang zu Gott für alle Menschen, wie unterschiedlich sie auch seien, und eröffnet damit eine wahrhaft universelle Gemeinsamkeit, an der neben Frauen und Sklaven auch Kinder und Kranke, also im gesellschaftlichen Leben nicht rechtsfähige Personen teilhaben. Solche Gleichheit der Verschiedenen geht über die Gleichheits- und Gerechtigkeitsvorstellungen der Griechen und Römer hinaus.[36] Allerdings hatte der universelle Charakter der Gleichheitsvorstellungen im frühchristlichen Menschenbild, wie bereits angedeutet, keinen Einfluß auf die Gesellschaft außerhalb der Gemeinde. Er verlor zudem langfristig auch in der herrschenden kirchlichen Lehre dermaßen an Bedeutung, daß bereits Ernst Troeltsch resümieren konnte: »Das Christentum wird immer instinktiv sich ablehnend verhalten gegen alle Gleichheitsideen trotz seiner nahen Verwandtschaft mit ihnen.«[37]

(3) Für die Frage nach Konzepten der Verschiedenheit, die die Gleichheit der Verschiedenen anerkennen, ohne sie in eine hierarchische Ordnung zu bringen und ohne bestimmte Gruppen von Menschen auszuschließen, ist das Gedankengut des frühen Christentums dennoch hoch bedeutsam: Findet sich hier doch in der europäischen Tradition in einem eingegrenzten sozialen Terrain ein sehr weitgehendes Bild gleichberechtigten, gemeinschaftlichen Zusammenseins aller verschiedener Menschen.

Der Einfluß dieser urchristlichen Gleichheitsvorstellungen war während des Mittelalters immer präsent. Dieses zeigt etwa die kirchengeschichtliche Tradition und blutige Verfolgung häretischer Gruppen in der Tradition des Urchristentums (u.a. Waldenser, Albigenser, Katharer).

Nach Dann hatten derartige Rückgriffe auf frühchristliche Gleichheitstraditionen keine realistische Politik für eine gerechtere Gesellschaftsordnung

---

35 Dann 1980, 58.
36 Dann 1980, 58.
37 Ernst Troeltsch: Die Soziallehren der christlichen Kirchen und Gruppen, Tübingen 1912, 65; zitiert nach Dann 1980, 59.

zur Konsequenz, da sie zu sehr in radikal-utopischen Gleichheitsvorstellungen verfangen waren.[38]

Trotz dieser skeptischen Einschätzung von Dann scheint es mir kein Zufall, daß in der aktuellen Literatur und Philosophie im Spätmittelalter, wie in einem fernen Spiegel, Bilder des Bunten, Vielartigen, Zufälligen und Unerklärlichen gesucht werden, »denn damals erblühte die zuvor mühsam errungene Einheit zunehmend in Vielfalt«[39].

(4) Auch in der Phase der Reformation und der Bauernkriege wurden Gleichheitsforderungen, gepaart mit dem Ruf nach gleichem Recht und Anerkennung für Verschiedenheit, mit großer Dringlichkeit erhoben. In ihnen artikulierten sich vor allem antihierarchische kirchliche und dörflich-genossenschaftliche Bewegungen mit frühchristlichen Argumenten der Gleichheit vor Gott. In der Theorie der Reformatoren wurden allerdings auch diese Traditionen schließlich durch die Reduktion ihres Geltungsbereichs auf das ‚geistliche Reich Christi' eingeschränkt. »Damit haben sie das in eine Krise geratene ständisch-feudale Gesellschaftssystem theologisch wieder legitimert und zu dessen Stützung beigetragen. Der bleibende Ertrag aus der Gleichheitsdiskussion der 1520er Jahre kam allein den adligen und bürgerlichen Herrschaftsschichten zugute, die mit Hilfe der reformatorischen Gleichheitsthese sich von der Bevormundung durch die römische Kirche freimachen und den priviligierten Status des Klerus beseitigen konnten.«[40]

Im Kontext der Bauernkriege taucht die Artikulation eines Verschiedenheits-Postulats auf, in welchem die Gleichwertigkeit verschiedener Berufe gefordert wird. Im »Dialogus zwischen Petrus und einem Bauern (1523)« wird die »Gleichwertigkeit der bäuerlichen Arbeit mit der aller anderen Berufe hervorgehoben und zu einem Konzil der Bauern aufgerufen«[41].

Diese historischen Beispiele lassen deutlich werden, wie gerade die Welt religiöser Vorstellungen, Empfindungen und Symbolik dazu geeignet gewesen ist, Wünsche aller Menschen mitteilbar zu machen.[42] Die historischen Beispiele belegen aber andererseits auch die historische Tatsache, daß radikale und universell gemeinte Gleichheit gleichsam hinter dem Rücken der Beteiligten in nur partiell und partikular gültige Gleichheit verdreht und verkürzt wurde.

(5) Dieser Prozeß wird in der vom Bürgertum bestimmten neuzeitlichen Epoche besonders augenfällig. Dabei wurde zunächst die naturwissenschaftliche

---

38 Dann 1980, 72.
39 Welsch 1987, 59; vgl. den Abschnitt »Anwendungsfall: Plaisierspiegel Mittelalter«, 57-59.
40 Dann 1980, 84.
41 Arnold Berger: Die Sturmtruppen der Reformation, Leipzig 1931, 205ff, zitiert nach Dann 1980, 77.
42 Weitere Literatur z.B. Alfred Lorenzer: Das Konzil der Buchhalter. Die Zerstörung der Sinnlichkeit, Frankfurt 1981.

Grundlegung, die vor allem durch Descartes mit seiner ‚Mathesis universalis' ausformuliert wurde, maßgeblich. Die Vorstellung, daß alles natürliche Geschehen in gleichförmig-gesetzmäßigen Bewegungsabläufen geschähe und daß diese sich regelhaft wiederholenden Ereignisse systematisch erforschbar seien, wurde auf alle Wissensgebiete übertragen.[43]

Der Einfluß des unbegrenzt universalisierenden naturwissenschaftlichen Denkens ließ alle einmaligen, individuellen, regionalen oder epochalen Besonderheiten zu Teilen vereinheitlichender universalisierender Denksysteme werden.

Universalistisches Einheits- und Ausschließlichkeitsdenken in den Natur- und Sozialwissenschaften bestimmt den Hauptstrom der neuzeitlichen Moderne. Dieser mündet in die Moderne des 20. Jahrhunderts – mit einem paradigmatischen Wandel in den Naturwissenschaften: mit Relativitätstheorie und Unschärferelation.[44]

Gegen die Reduzierungen einer allem zugrundeliegenden instrumentell-naturwissenschaftlichen Rationalität gab es im neuzeitlichen Denken spätestens um die Mitte des 18. Jahrhunderts aufklärerische Gegenbewegungen (vor allem in moralischen und ästhetischen Theorien, bei Rousseau als berühmtes Beispiel). Diese stellten ihrerseits aber allesamt ebenfalls universalistische Ansprüche auf und initiierten Auseinandersetzungen, die insgesamt zur permanenten Steigerung neuzeitlicher Erkenntnismöglichkeiten führten.[45]

(6) Der Skandal neuzeitlichen Denkens zeigt sich klar im Gleichheitsbegriff der Vertragstheorien, denen bei aller innerer Differenzierung und Unterschiedlichkeit gemeinsam ist, daß sie von universeller Gleichheit sprechen und dennoch letztendlich nur die kleine Gruppe besitzender männlicher Bürger meinen.[46] Die im Sinne des Naturrechts als Menschenrecht konzipierte Gleichheit diente kaum dem Ziel einer allgemeinen menschlichen Emanzipation, sondern mit der Abschaffung der Adelsprivilegien und der Herstellung der formalen Gleichheit vor dem Gesetz vor allem den partikularen Interessen des Bürgertums.[47]

Die Legitimation für die Gleichstellung der Bürger wurde ganz wesentlich hergeleitet aus dem Vernunftbegriff. Die durch Bildung vervollkommnete Vernunft des Bürgers befähigte diesen zur Kontrolle der inneren und äußeren Natur. Sein Geist war das Medium, sich aus dem Verhaftetsein ans Materielle, Kreatürliche, aus den Tatsachen des Lebens, dem Geborenwerden,

---

43 Dann 1980, 89.
44 Vgl. Welsch 1987.
45 Vgl. Welsch 1987.
46 Vgl. den Überblick bei Barbara Schaeffer-Hegel: Die Freiheit und Gleichheit der Brüder. Weiblichkeitsmythos und Menschenrechte im politischen Diskurs um 1789, in: Astrid Däuber-Mankowski/Ulrike Ramminger/Valesca Thielsch (Hg.): 1789-1989. Die Revolution hat nicht stattgefunden, Tübingen 1989.
47 Dann 1980, 225f.

dem leiblich Existieren, dem Sterbenmüssen zu erheben.[48] Dieser Geist wurde als männlich imaginiert und gehörte zum Bild des besitzenden bürgerlichen Subjekts.

Der monistische Einheitszwang universalistischen Denkens führte, wo dies sich überhaupt auf andere als die genannte bürgerliche Männergemeinschaft bezog, zu ihrer Beschreibung in – den antiken Texten entlehnten – polarisierenden Begriffen. Foucault[49] nennt diese monistische Polarisierung eine zwischen Normalität und Pathologität, mit deren Hilfe die gesellschaftliche Existenz der unterschiedlichen Menschen, der Blick auf andere, aber auch auf sich selbst strukturiert wird. Er hat die Wirkungen dieser Spaltung am Beispiel des Wahnsinns konkretisiert. Karin Hausen hat, indem sie das Konzept der ‚Polarisierung der Geschlechtscharaktere' aufdeckte, die Wirkungsweise monistisch-universalisierenden Denkens für die Deutung des Geschlechterverhältnisses herausgearbeitet. Die Zuschreibungen, die für das Judentum gelten sollten, stammten ebenfalls aus den Polarisierungen monistisch-universalisierenden Denkens.[50] Die Angehörigen der nicht-okzidentalen Gesellschaften wurden als ‚Wilde' dem normalen Europäer entgegengestellt.[51]

(7) Die verstehenden, mit begriffsgeschichtlichen Forschungen gestützten Überlegungen möchte ich trotz der Gefahr allzu großer Vereinfachungen in folgende These einmünden lassen: die abendländische politische Philosophie von der Antike bis zu den bürgerlichen Revolutionen entwirft Modelle der Einigung zwischen Gleichen – zwischen männlichen Einzelnen, die als isolierte, autonome Persönlichkeiten miteinander in Beziehung treten. Die neuzeitlichen Vertragstheorien schlagen die Regulierung ihrer Beziehungen vor allem vor, um wechselseitigen Schädigungen vorzubeugen.[52] Alle anderen gesellschaftlichen Gruppen hatten keinen Anteil an dieser Gleichheit. Die politisch erfolgreichen Gleichheitsvorstellungen in den sich entwickelnden modernen Demokratien stellen in Wirklichkeit zunächst Mischungen aus demokratischer und ständischer Gleichheit dar. Von den universell formulierten Gleichheitsrechten sind über lange Zeit große Gruppen der Bevölkerung ausgeschlossen, so z.B. in den USA die indianischen Ureinwohner, die schwarzen Sklaven, die Frauen, im revolutionären Frankreich die unteren Stände und die Frauen.

---

48 Heinrich 1981; Evelyn Fox-Keller: Liebe, Macht und Erkenntnis, München 1986; Hartmut Zinser: Der Mythos des Mutterrechts. Verhandlungen von drei aktuellen Theorien des Geschlechterkampfes, Frankfurt 1981.
49 Michel Foucault: Überwachen und Strafen. Die Geburt des Gefängnisses, Frankfurt 1976, 387, 395 und ders.: Wahnsinn und Gesellschaft. Eine Geschichte des Wahns im Zeitalter der Vernunft, Frankfurt 1969.
50 Vgl. Reinhard Rürup: Emanzipation und Antisemitismus. Studien zur »Judenfrage« der bürgerlichen Gesellschaft, Frankfurt 1987.
51 Vgl. Urs Bitterli: Die »Wilden« und die »Zivilisierten«. Grundzüge einer Geistes- und Kulturgeschichte der europäisch überseeischen Begegnung, München 1976.
52 Gerhard 1987.

Im Verlaufe des 19. Jahrhunderts wurden einerseits diese monistisch-universalistischen Traditionen in Bezug auf weitere gesellschaftliche Fragestellungen erweitert. Andererseits reklamierten mehr und mehr gesellschaftliche Gruppen die bürgerlichen Gleichheitsforderungen auch für sich, u.a. die Juden, die Arbeiter, die Frauen. Sie formten sich, wenn auch gegen Widerstände, u.a. durch Bildung zu auch im Sinne des herrschenden Vernunftbegriffs vernunftfähigen Mitgliedern der Gesellschaft. Bei den Behinderten, der neben den Frauen und den Angehörigen von anderen Kulturen im Rahmen dieser Arbeit wichtigen Gruppe, ist zu differenzieren. Einige Gruppierungen kämpften um ihre bürgerliche Emanzipation durch Bildung, wie zum Beispiel die Gehörlosen, und das gilt natürlich auch für viele Einzelne.[53] Für geistig Behinderte lag diese Form der Emanzipation nicht im Bereich des Denkbaren, sie galten darum auch bis in die sechziger Jahre dieses Jahrhunderts als nicht bildbar und schulunfähig.

Marx hatte als einer der ersten den partikularen Charakter des universell formulierten bürgerlichen Gleichheitsideals erkannt. Sein Einfluß trug mit dazu bei, daß in der Arbeiterbewegung die Bedeutung des Gleichheitspostulats zurückging.[54]

Dennoch war die Emanzipation der Arbeiter und der Frauen bis zur endlichen Durchsetzung der gleichen Bürgerrechte von der Gleichheitsforderung, die sich immer mehr in Richtung der Forderung nach Gleichberechtigung entwickelte, geprägt.

Die politischen Gegner einer Emanzipation der Frauen, der Arbeiterklasse, der Juden und anderer Kulturen und Ethnien bedienten sich der konservativen Argumentationsmuster, in welchen sie immer auf's Neue die Erhaltung von Mannigfaltigkeit und Vielfalt als Elemente gesellschaftlicher Hierarchie beschworen.[55] Im 19. Jahrhundert wurden diese Argumente durch die sozialdarwinistische Konkurrenzkampfideologie noch zusätzlich gestützt.[56]

Demgegenüber findet sich zur gleichen Zeit, wenn auch relativ vereinzelt, der Gedanke der Gleichheit von Verschiedenen. So wurde bereits in der Paulskirche gefordert: »Alle Volksstämme des deutschen Bundesstaates haben das gleiche Recht auf völlig freie volkstümliche Entwicklung, auf den Gebrauch und Anwendung ihrer Sprache.«[57]

---

53 Hier ist zu erinnern an den blinden Dichter und Pädagogen Gottlieb Konrad Pfeffel, vgl.: Badische Landesbibliothek (Hg.): Gottlieb Konrad Pfeffel. Satiriker und Philanthrop (1736-1809), Karlsruhe 1986.
54 Karl Marx: Das Kapital, Marx Engels Werke, Berlin 1961, Bd. 23, vgl. auch Dann 1980, 225f.
55 Dann 1980, 217, 215, 206. Dann weist auf die Rolle, die Ernst Moritz Arndt in der Paulskirche in diesem Zusammenhang spielt, hin.
56 Dann 1980, 215ff.
57 Dann 1980, 209. Die Aussage stammt von dem Polen Bocek, vgl. Franz Wigard (Hg.): Stenographischer Bericht über die Verhandlungen der deutschen Konstituierenden Nationalversammlung, Frankfurt 1848-49, 207 (zitiert nach Dann).

Die alte Frauenbewegung war in ihren unterschiedlichen Fraktionen von unterschiedlichen Gleichheits- und Differenzvorstellungen geprägt.[58] Am Ende dieser hier selbstverständlich nur in Hauptstadien und pauschal skizzierten Entwicklung tritt der Begriff der Gleichheit immer mehr zurück und geht in den neuen Gedanken der Gleichberechtigung über. Für die politisch-sozialen Auseinandersetzungen hat diese Veränderung zur Folge, daß nicht mehr relativ allgemein eine Anerkennung von Gleichheit postuliert, sondern der Kampf um die Realisierung konkreter Rechte in den Mittelpunkt gestellt wurde.[59]

In der Gründungsphase der Bundesrepublik hat Elisabeth Selbert erfolgreich um die grundgesetzliche Verankerung von Gleichberechtigung genau in diesem Sinne gekämpft.[60] In der heutigen feministischen Theoriebildung findet eine fundierte Auseinandersetzung um die Gleichberechtigung der Frauen statt, in welcher es – in den Worten von Ute Gerhard – um ‚Gleichheit ohne Angleichung' geht.[61]

(8) Die neuen pädagogischen Bewegungen, in denen es u.a. um die gleichberechtigte Entfaltung vielfältiger Potentiale geht, geben sich, wenn wir den Blick auf andere Felder des Wissens und gesellschaftlicher Realität erweitern, als zugehörig zu einem breiten Spektrum kultureller Entwicklungen des 20. Jahrhunderts zu erkennen. Theorien der Vielfalt sind Theorien des 20. Jahrhunderts, gegenüber den einflußreichen neuzeitlichen Theorien der Einheit vollzogen sich in ihnen grundlegende Veränderungen.

Ausgangspunkte dieser Veränderungen sind neue Erkenntnisse in den Naturwissenschaften, wie z.B. die Relativitätstheorie.[62] Selbst in den Naturwissenschaften gilt nun die Relativität der Erkenntnis und die Veränderbarkeit des Erkenntnisobjekts selbst durch den Erkenntnisprozeß.

---

58 Vgl. Margit Twellmann: Die deutsche Frauenbewegung. Ihre Anfänge und erste Entwicklung (Bd.I), Quellen 1843-1889 (Bd. 2). Marburger Abhandlungen zur politischen Wissenschaft Bd. 17/I-II, Meisenheim am Glan 1972; Barbara Greven-Aschhoff: Die bürgerliche Frauenbewegung in Deutschland 1894-1933, Göttingen 1981; Elke Frederiksen (Hg.): Die Frauenfrage in Deutschland. 1865-1915. Texte und Dokumente, Stuttgart 1981.
59 Vgl. das Kapitel »Gleichheit und Gleichberechtigung« in Dann 1980, 248-255.
60 Vgl. Barbara Böttger: Das Recht auf Gleichheit und Differenz. Elisabeth Selbert und der Kampf der Frauen um Art. 311 Grundgesetz, Münster 1990.
61 Vgl. Ute Gerhard: Gleichheit ohne Angleichung. Frauen im Recht, München 1990; Ute Gerhard/Mechtild Jansen/Andrea Maihofer/Pia Schmid/Irmgard Schultz (Hg.): Differenz und Gleichheit. Menschenrechte haben (k)ein Geschlecht, Frankfurt 1990; Hessische Landeszentrale für politische Bildung (Hg.): Freiheit – Gleichheit – Schwesterlichkeit. Männer und Frauen zur Zeit der Französischen Revolution, Wiesbaden 1989.
62 »So besteht eine grundlegende Übereinstimmung des postmodernen Denkens mit Basisinnovationen der szientischen Moderne dieses Jahrhunderts«, Welsch 1987, 187; siehe auch die grundlegende philosophische und naturwissenschaftliche Literatur zu diesem Zusammenhang ebd; vgl. auch Douglas R. Hofstaedter: Gödel, Escher, Bach – ein Endloses Geflochtenes Band, Stuttgart 1985.

Das Prinzip der Vielfalt ist wirksam in der modernen Literatur und Malerei und in der postmodernen Architektur. Vielstimmigkeit findet sich schon in den späten Werken von Joyce und strukturiert die Romane von Faulkner oder Virginia Woolf. Die in der postmodernen Architektur für die Lebenspraxis und ihre Ästhetik Realität gewordene Vielfalt findet in der Architekturtheorie derart prägnant und grundsätzlich gültige Formulierungen, daß sie für andere Konzepte der Vielfalt aussagekräftig werden können.[63]

Wenn Vielfalt ein in vielen Lebensbereichen und Wissensgebieten sich ausbreitendes Prinzip der Kultur unserer Gegenwart ist, so ist die Phase der Jahrhundertwende[64] mit ihrer pessimistischen Stimmung eine Phase der

---

63 Beispiele für solche Formulierungen aus der Architekturtheorie sind: »Eine Architektur wirklicher Pluralität [...] ist freilich nicht allein dadurch schon gelungen, daß sie Vielheit aufrechterhält. Sie muß darüber hinaus das Problem bewältigen, wie ohne Negation der Vielheit gleichwohl auch Einheit erreicht werden kann. Mit der Zusammenstellung beliebiger Vielheiten ist es nicht getan. Das Differente muß auch zueinander passen oder aufeinander bezogen sein.« (Welsch 1987, 119)
Zur Kennzeichnung architektonischer Elemente wird der Begriff der »Sprache« als Metapher verwendet: »Stirling [Architekt der 1984 fertiggestellten Staatsgalerie Stuttgart – A.P.] gelingt es, die Unterschiedlichkeit zu wahren und doch Zusammenhang zu schaffen, indem er die diversen Sprachen so einsetzt, daß sie nicht neutral und ‚sprachlos' nebeneinander verharren, sondern in Austausch und Auseinandersetzung eintreten, miteinander kommunizieren. Stirling inszeniert das konfliktvolle Zusammentreffen verschiedener Sprachen, die einander kommentieren, bestreiten, umdeuten, ergänzen, ohne daß eine einzige den Sieg davontrüge oder für das Ganze pertinent wäre. Es entsteht ein Dialog der Sprachen – ohne Metasprache.« (ebd., 119)
Neben der Mehrsprachigkeit gilt als zweite Bedingung architektonischer Pluralität, »daß die Sprachen miteinander in Kontakt treten, daß eine Auseinandersetzung zwischen ihnen entsteht, die von Erläuterung, Übersetzung und Steigerung bis zu Kollision, Kritik und Negation reichen kann«. (ebd., 120) Verschiedenheit ist hier also »weder Systemabfall noch bloßes Beiwerk, sondern für die entstehenden Gebilde konstitutiv und für deren Erfassung essentiell« (ebd., 121); vgl. zur theoretischen Entfaltung dieses Gedankens als soziale Vielfalt den folgenden Abschnitt 3 in diesem Kapitel.

64 Dieser scheinbar in der Tradition des Kulturpessimismus stehende Befund hat in den letzten Jahren eine sehr kontroverse Interpretation erfahren. Vgl. beispielsweise zu den Deutungen und Reaktionen auf die veränderte Welt in der bildenden Kunst: Bernd Witte: Walter Benjamin – Der Intellektuelle als Kritiker: Untersuchungen zu seinem Frühwerk, Stuttgart 1976 oder jüngst: Christoph Asendorf: Ströme und Strahlen. Das langsame verschwinden der Materie um 1900, Gießen 1989. Einen relativ kurzen, aber informativen Überblick der differenzierten historischen Strömungen bietet Carona Hepp: Avantgarde. Moderne Kunst, Kulturkritik und Reformbewegungen der Jahrhundertwende, München 1987. Die Reformpädagogik gehört in den Zusammenhang dieser kulturellen Veränderungen der Jahrhundertwende. Ulf Preuss-Lausitz hat auf die widersprüchlichen Aussagen der Autorin des einflußreichen Buches »Das Jahrhundert des Kindes« (zuerst 1900), Ellen Key, hingewiesen, die einerseits die Individualität von als »befreit« gedachten Kindern idealisiert, andererseits »Krüppel« rigoros ausgrenzt (Preuss-Lausitz 1986, 107). Um den Rahmen dieser Arbeit nicht zu sprengen, muß dieser kurze Hinweis auf ein hochbrisantes Problem der Geschichte der Reformpädagogik genügen. Die Widersprüche der Reformpädagogik machen

Trauer um die verlorene Einheit im Weltbild der vorherrschenden Kultur Europas. Insofern die Vorläufer des aktuellen Vielfaltsdenkens den Verlust der sinnstiftenden Einheit beklagten, waren sie noch an sie gebunden.[65]

(9) Das Resumee aus der historischen Analyse läßt erkennen, daß demokratische Traditionen überwiegend mit dem Leitbild eingeschränkter Gleichheit verbunden waren. Sie tradieren damit unfreiwillig oder auch gewollt die Einschränkung demokratischer Rechte gegenüber den in der gesellschaftlichen Hierarchie weit unten angesiedelten Gruppen.

Demgegenüber finden sich universelle, das heißt ohne Ausgrenzung bestimmter gesellschaftlicher Gruppen konzipierte Gleichheitsvorstellungen, relativ selten. Auffällig ist bei ihnen, daß sie nur in einem eingeschränkten Bereich, Handlungs- oder Lebensraum Geltung hatten oder haben sollten.[66]

Gleichheitsvorstellungen ohne Ausgrenzungen implizieren die Akzeptanz gleichwertiger Differenzen und gehen damit über die Gleichheitsvorstellungen, die nur für Gleichartiges gelten und Abweichendes ausgrenzen, qualitativ hinaus. Gleichheit als Gleichwertigkeit des Differierenden stellt damit erst die Einlösung der mit dem universell formulierten, aber nur reduziert gemeinten Gleichheitsbegriff verbundenen Versprechungen dar.

Historisch stellen jene seltenen Gleichheitsentwürfe, die die Gleichwertigkeit des Verschiedenen beabsichtigen,[67] die wenigen Ansätze dar, in denen Verschiedenheit demokratisch gedacht wurde. Sie bilden eine Gegenbewegung zum historisch in Europa und mittlerweile immer mehr auch weltweit übermächtigen Hauptstrom der Einfügung und Verschmelzung des Vielfältigen mit hierarchischen Stufen und Rängen in monistischen Ordnungssystemen.

Die Macht dieser gedanklichen Legierung von Differenzvorstellungen mit den Elementen hierarchischer Systeme ist aus historischen Gründen nach wie vor so überwältigend, daß demokratische Differenztheorien selten sind und daß die wenigen existierenden Theorien dieser Art starken Anfeindungen und

---

einmal mehr die Notwendigkeit deutlich, Individualität und Vielfalt als demokratische Kategorien zu entwickeln, die sich nicht hierarchisch elitär in Dienst nehmen lassen.
65 Vgl. Welsch 1987, 50.
66 Wie an mehreren Stellen dieser Arbeit, so wird auch hier deutlich, daß die von mir bewußt nicht ausgeklammerten historischen Aspekte meines Untersuchungsgegenstandes oft leider nur ganz allgemein und z.T. nicht ins Detail gehend untersucht werden können. So wäre an dieser Stelle beispielsweise eine eingehende Analyse literarischer Utopien sicherlich sehr erhellend. Vgl. zum Beispiel die umfangreichen Vorarbeiten von Michael Winter: Compendium Utopiarum. Typologie und Bibliographie literarischer Utopien, 1. Teilband: Von der Antike bis zur deutschen Frühaufklärung, Stuttgart 1978. Diese Arbeit hat für den genannten Untersuchungszeitraum allein 153 klassische Utopien erschlossen. Vgl. auch Rolf Schwendters internationalen Überblick über Versuche der Gestaltung anderer Lebensformen: Rolf Schwendter: Theorie der Subkultur, Frankfurt 1978.
67 Vgl. Nr. 2. dieses Abschnitts.

Anschuldigungen als undemokratisch, irrational und dergleichen ausgesetzt sind. Zugleich aber beginnt in der Gegenwart das Phänomen der Verschiedenheit eine Schlüsselrolle zu spielen, dieser Prozeß ist Gegenstand des folgenden Abschnitts.

3. Aktuelle Prämissen zu Fragen radikaler Pluralität

Der Zusammenhang von Verschiedenheit und Gleichberechtigung findet gegenwärtig im Konzept radikaler Pluralität zu seiner Gestalt.[68] »Dabei ist

---

68 Verschiedenheit wurde ein Schlüsselbegriff erst in der zweiten Hälfte des 20. Jahrhunderts. In den letzten Jahrzehnten wuchs seine Bedeutung an vielen gesellschaftlichen Orten unabhängig voneinander. Theoreme der Verschiedenheit spielen selbstverständlich auch in früheren Epochen eine große Rolle, stehen aber nicht im Mittelpunkt. Für die Gegenwart liegen inzwischen einige Titel zur Verschiedenheit, darunter die grundlegende, bereits vielfach erwähnte Monographie von Wolfgang Welsch »Unsere postmoderne Moderne«, vor. Mit diesem Buch ist es Wolfgang Welsch gelungen, jenseits aller diffusen feuilletonistischen Postmoderne-Diskussionen, den Charakter der aktuellen Phase der Moderne, die mit »Postmoderne« bezeichnet wird, präzise herauszuarbeiten und ihn philosophisch und kunsttheoretisch zu belegen: die Option für Pluralität (zur Kritik an Welsch vgl. das Ende dieses Abschnitts). Vgl. auch den von Heinz Kimmerle herausgegebenen Sammelband: Das Andere und das Denken der Verschiedenheit, Akten eines internationalen Kolloquiums, Amsterdam 1987. Bezeichnenderweise trafen im Amsterdamer Kolloquium Vertreterinnen und Vertreter der Kritischen Theorie und des Poststrukturalismus aus der Bundesrepublik und aus Frankreich zusammen, um ihre jeweiligen Ansätze einer Philosophie der Differenz zur Diskussion zu stellen.
An dieser Stelle ist noch hinzuweisen auf die Post-Moderne-Diskussion in der Erziehungswissenschaft, wie sie zum Beispiel in der Zeitschrift für Pädagogik 1/1987 oder auf der Jahrestagung der Deutschen Gesellschaft für Erziehungswissenschaft 1988 in Saarbrücken geführt wurde. In diesen Diskussionen spielt die in dieser Arbeit im Anschluß an Welsch vorgestellte Pluralitätskonzeption keine vergleichbare Rolle, obwohl sich vielerlei andere Bezugspunkte finden, so z.B. in den Einschätzungen von Jürgen Oelkers zu den kulturellen Entwicklungen seit der Jahrhundertwende. Vgl. ders.: Die Wiederkehr der Postmoderne, in Zeitschrift für Pädagogik, 1/1987, 21-40. Ansonsten ist Dieter Lenzen nur zuzustimmen, wenn er gegen die übliche erziehungswissenschaftliche Ablehnung ‚postmoderner' Gedanken sagt: »Solcherart Befürchtungen speisen sich aus der Auffassung, die ‚Postmodernen' planten gwissermaßen die Abschaffung der Aufkärungsverpflichtung zugunsten von von Indifferenz.« Im Gegensatz dazu geht es Lenzen »indessen nicht um eine Liquidations-Programmatik für die Pädagogik, sondern um ein Ernstnehmen poststrukturalistischer Analyseergebnisse«, ders., in: Zeitschrift für Pädagogik, 1/1987, 41-60. Als Überblicksartikel interessant ist auch Dietrich Benner/Karl-Franz Görtemeyer: Postmoderne Pädagogik: Analyse oder Affirmation eines gesellschaftlichen Wandels, in: Zeitschrift für Pädagogik 1/1987, 61-82; vgl. auch Heinz Hermann Krüger (Hg.): Abschied von der Aufklärung. Perspektiven der Erziehungswissenschaft, Opladen 1990. Diese Hinweise auf die erziehungswissenschaftliche Postmoderne-Diskussion müssen im Rahmen dieser Arbeit genügen, da es hier nicht um die Auseinandersetzung mit dem Phänomen der Postmoderne insgesamt, sondern lediglich um eine Rezeption ihrer m.E. einzigartigen Erkenntnisse zur Frage der Pluralität geht. (Vgl. dazu auch die theoretische Zuordnung in der Einleitung.)

Philosophie der begriffs-paradigmatische Ort einer Umstellung, die allenthalben geschieht.[69]

Pluralität in der Pädagogik ist, wie die in der Einleitung dargestellte Entwicklung von der Bildungsreform zu den neuen pädagogischen Bewegungen zeigte, eine gegenwärtig bewußt gewordene genuin pädagogische Herausforderung. Wie in der Pädagogik haben sich an vielen Orten der Gesellschaft Fragen der Pluralität als zentral herausgestellt. Bevor die Formen der Pluralität der Pädagogik – der Interkulturellen Pädagogik, der Feministischen Pädagogik, der Integrationspädagogik – in den Kapiteln III. – V. dieser Arbeit behandelt werden, sollen in diesem Kapitel nun philosophische Überlegungen, die zur Arbeit an den Fragen der Pluralität klärend beitragen können, vorgestellt werden.

Radikale Pluralität bildet sich aus der unhintergehbaren Eigenart differenter Lebensweisen und Wissens- und Denkformen, diese genießen jede in ihrer Eigenart hohe Wertschätzung. Indem aber jedem dieser Entwürfe das gleiche Recht auf Eigenart zukommt, wird das Gleichheitspostulat durch die Anerkennung von Verschiedenheit eingelöst. Die aus der Entfaltung des Verschiedenen auf der Basis gleicher Rechte, also aus egalitärer Differenz sich bildende Pluralität realisiert auf radikale Weise Demokratie. Sie ist der Vision der Gerechtigkeit verpflichtet und ihre Anstrengungen sind ethisch motiviert. Von der Position radikaler Pluralität aus, ist nicht etwa alles beliebig möglich und gleichgültig betrachtbar, sondern sie stellt klare Kriterien der Urteilsbildung zur Verfügung: Alle jene Tendenzen, die monistisch, hegemonial, totalitär die Gleichberechtigung der Differenzen zu zerstören trachten, können aus pluraler Sicht nur bekämpft werden. Insofern ist Vielfalt nicht verwechselbar mit positionsloser Beliebigkeit, sie realisiert sich vielmehr erst in klarer Stellungnahme gegen herrscherliche Übergriffe. Die Wertschätzung von Pluralität bedeutet nicht eine Haltung der Indifferenz sondern der Wertschätzung von Differenz!

Pluralität kristallisierte sich in Absetzung vom Einheits-Denken heraus. Die Unmöglichkeit, das Ganze zu Denken, war unübersehbar geworden. Ist diese Einsicht einmal gewonnen, so ist es nicht schwer, die reale Partikularität jedes sich als universalistisch behauptenden Ganzheitskonzepts aufzudecken.

Die Plausibilität von Vielfalt und die Mängel des Einheits-Denkens werden verständlich in einer Schlüsselerfahrung der Pluralität (die von Welsch ganz in aufklärerischer Tradition mit Hilfe der Licht-Metapher veranschaulicht wird): »daß ein und derselbe Sachverhalt in einer anderen Sichtweise sich völlig anders darstellen kann und daß diese andere Sichtweise doch ihrerseits keineswegs weniger ‚Licht' besitzt als die erstere – nur ein anderes. Licht, so erfährt man dabei, ist immer Eigenlicht. Das alte Sonnen-Modell – die eine Sonne

---

69 Welsch 1987, 320.

für alles und über allem – gilt nicht mehr, es hat sich als unzutreffend erwiesen [...]. Fortan stehen Wahrheit, Gerechtigkeit, Menschlichkeit im Plural«[70].
Diese Schlüsselerfahrung machen, heißt Abschied nehmen vom Glauben an die Möglichkeit der Welterklärung in einem Gesamtsystem, heißt die lange Reihe Totalität beanspruchender Gedankengebäude nicht fortsetzen zu wollen. Dieser Abschied kann zugleich eine beglückende Befreiung hin zur Anerkennung des Eigenlebens und Eigenwertes der einzelnen Bereiche und der Tatsache, daß diese niemals vollständig erfaßt werden können, sein.

»Daher vermag man zwar Komplexionen in einzelnen Sachverhalten aufzudecken und auch ganze Bereiche transparent zu machen, aber ein Gesamtsystem kommt nicht in Sicht, sondern wird, je genauer man die Verhältnisse untersucht, desto unwahrscheinlicher. Licht wird nicht im Ganzen, sondern nur in einzelnen Zonen. Und dabei sind die Lichtsorten von Zone zu Zone verschieden. Das eine große Licht gibt es nicht. Und die vielen Lichter sind von vielen Schatten begleitet.«[71]

Jean François Lyotard[72], einer der Begründer der Philosophie der Differenz, postuliert radikale Pluralität im Sinne absoluter Heterogenität.[73] Zwischen den heterogenen Bereichen, die wie Inseln voneinander getrennt sind kann es nach Lyotard keine Gemeinsamkeit geben. Es geht vielmehr darum, daß sich die Philosophie zum Anwalt des Heterogenen macht, das nicht einfach da ist, sondern immerzu neu zu entdecken und zu seiner Sprache und zu seinem Recht zuzulassen ist. Dieser Prozeß ist immer unvollendet und wir müssen uns dieser Begrenztheit bewußt sein.

Welsch, der sich in wesentlichen Punkten seiner Pluralitätsphilosophie auf Lyotard stützt, kritisiert ihn in seinen Isolation verabsolutierenden Heterogenitätsbehauptungen: »Die Pointe liegt ja in der These, daß die Anprüche des Heterogenen absolut gleiche Legitimität hätten. Damit nimmt aber der (vorgeblich) reine Heterogonist in seinem Telos eine Identität massivster Art in Anspruch, wie er sie sonst allenthalben dementiert.«[74]

Der Diskurs zwischen Welsch und Lyotard läßt die allem demokratischen Differenzdenken immanente Gültigkeit des Gleichheitsprinzips klar hervortreten. Erst in Verbindung mit der Wertschätzung für Heterogenität wird Gleichheit wirklich uneingeschränkt gültig. Erst so kann sie ihre befreiende Wirkung entfalten. Die starke Stellung der Gleichheitsbehauptung in Lyotards Denken, die hier zum Vorschein kommt, zeigt, daß in umfassender Gleichberechtigung eine Annäherung an den Anpruch des universellen Gleichheitspostulats geschieht.

---

70 Ebd., 5.
71 Ebd., 309f.
72 Jean François Lyotard ist der exponierte Vertreter der Postmoderne in Frankreich, der in all seinen Schriften dafür eintritt, dem Heterogenen Gerechtigkeit widerfahren zu lassen, also eine für ihn eigenartige Verbindung zwischen linker demokratischer Tradition und postmoderner Theorie begründet. Vgl. Walter Reese-Schäfer: Lyotard zur Einführung, Hamburg 1980.
73 Jean François Lyotard: Der Widerstreit, München 1987.
74 Welsch 1987, 312.

Die égalité der Französischen Revolution, zur Zeit ihrer politischen Propagierung verstümmelt und reduziert und doch die Hoffnungen aller weckend, wird hier wie nie zuvor in ihr Recht eingesetzt.[75]
Die Anerkennung der Verschiedenheit auf der Basis gleicher Rechte kann nie abgeschlossen, nie vollständig sein – eine solche Vorstellung käme der Behauptung der Erfaßbarkeit von Totalität gleich. Das Wissen um diese Unvollständigkeit und Begrenztheit setzt vielmehr einen Prozeß in Gang, in dem die Aufmerksamkeit für Unbekanntes auch immer anderes Verschiedenes bewußt werden lassen kann.

Aufgrund dieser Offenheit ist das Vielheitskonzept strukturell dem Einheits-Denken überlegen. »Es ist das Ganzheitskonzept.«[76] Das ‚Ganze' ist eine Idee, »die regulativ die Begrenztheit aller Diskurse, Konzeptionen, Lebensformen wahrzunehmen und die Existenz unterschiedlicher Erfüllungsmöglichkeiten zu beachten gebietet. Nicht ein substanzielles Absolutes, sondern die Möglichkeit und Wirklichkeit anderer Diskurse depotenziert die unsrigen. Die Idee des Ganzen ist allein prohibitiv und regulativ ausmünzbar. Sie besagt: Achte auf die Vielheit anderer wirklicher und möglicher Diskurse; schließe diese nicht aus, denn genau dadurch würdest Du das Ganze, das Du so zu erreichen meinst, definitiv verfehlen; es ist aber auch gar nicht zu erreichen, denn es ist von anderer Art; es kann nur in der Struktur offener Ganzheit gewahrt und gedacht werden; jedes geschlossene Ganze wäre ja notwendigerweise gegen anderes geschlossen und damit schon nicht mehr das Ganze«[77].

Bewußtheit der Unvollständigkeit und Vorläufigkeit, ja Neugierde für das Unbekannte sind die bewegenden Gründe für die Prozeßhaftigkeit der Pluralität, die um ihre ständige Veränderung weiß, ohne ein festes Ziel angeben zu wollen. Eine andere Form der Verbindung bei gleichzeitiger prinzipieller Unerreichbarkeit der Ganzheit, liegt im Gedanken solcher Übergänge, die nicht Differenzen nivellieren.

Wolfgang Welsch geht über den Gedanken der atomistisch isoliert voneinander existierenden Diskurse mit seinem Konzept der transversalen Vernunft, das Übergänge zwischen den heterogenen Zonen erlaubt, hinaus. Transversale Vernunft stellt das Vermögen dar, zwischen verschiedenen Sinnsystemen und Realitätskonstellationen wechseln zu können. Die Subjekte des Paradigmas der Pluralität sollen nicht herrscherlich und vielheitsscheu, sondern übergangsfähig und vielheitsfähig sein.[78]

---

75 Aus meiner Sicht ist dies die unvermeidliche Konsequenz, die aus dem Postulat gleichberechtigter Heterogenität zu ziehen ist, auch wenn sich poststrukturalistische Autoren teilweise ausschließlich auf den gewaltförmigen Einheitszwang des Gleichheitsprinzips in kritischer Absicht beziehen. (Vgl. dazu auch Kapitel IV, Abschnitt 8.)
76 Welsch 1987, 63.
77 Ebd., 62f.
78 Ebd., 295ff.

Beim Versuch, das Konzept der transversalen Vernunft auf die lebensweltliche Praxis hin zu durchdenken, wird meines Erachtens allerdings offenbar, daß es in Welschs Entwurf immer noch zu allmächtig gedacht wird. Sicher ist es hochaktuell und bereichernd, sich in verschiedenen Sinnsystemen bewegen zu können. Aber die Akzeptanz von Heterogenität beinhaltet ja gerade die Erkenntnis, daß diese Möglichkeiten einer freien Bewegung zwischen ihnen begrenzt sind. Hier, meine ich, zeigen sich die Folgen eines Mangels an kritischer Auseinandersetzung mit den Konzeptionen pluraler Vernunft vor allem nach Aristoteles und Kant bei Welsch, die von ihm (neben anderen) als Vorläufer heutiger Pluralität vorgestellt werden. Die Philosophen der europäischen Tradition, das lehren die für implizite Ausgrenzungen hochsensiblen feministischen Analysen, entwerfen verschiedene Vernunfttypen, die aber allesamt gedacht werden als Kompetenzen eines Menschentypus: des Philosophen. Unkritisiert bleibt, daß die Mehrheit der anderen Menschen, Frauen, Sklaven, Besitzlose etc. ohnehin von diesem vernünftigen Vermögen ausgeschlossen sind. Welsch vernachlässigt die Frage nach den möglichen Beziehungen zwischen verschiedenen Subjekten, die – und in dieser Erkenntnis liegt die Fruchtbarkeit des Heterogenitäts-Theorems – gerade nicht ohne weiteres wechselseitig in andere Sinnsysteme einsteigen können, eben weil sie verschieden, inkommensurabel sind.

Das Konzept der Pluralität bei Wolfgang Welsch wird mit seiner ‚transversalen Vernunft' vor allem als abstrakt philosophische Theorie durchgeführt. Der Zusammenhang zur gesellschaftlichen Realität wird immer wieder behauptet und ausführlich vorgestellt und analysiert auf dem Hintergrund ästhetischer Theorien im Bereich der Architektur sowie der Literatur und Malerei. Die Herausforderung, die das Miteinander verschiedener Individuen und Gruppen darstellt, all die ungelösten Fragen des Geschlechterverhältnisses, der multikulturellen Gesellschaft, des Zusammenlebens von Behinderten und Nichtbehinderten, bleiben unerwähnt.[79] So ist es denn auch nicht verwunderlich, daß die Psychoanalyse, die Ethnopsychoanalyse, Dialog-Theorien und andere Theorien, die sich um die Verhältnisse zwischen Menschen bemühen, in Welschs Ansatz keine Rolle spielen. Die immer wieder von ihm geforderte und eingelöste Genauigkeit, die ‚Zuschärfung' der Analysen, z.B. in der Architekturtheorie[80], wo verschiedene Typen der Pluralität exakt ausdifferenziert werden, kann im Gegensatz zu solcher Lapidarität im Umgang mit der

---

79 Bei Welsch wird lediglich oberflächlich und in schlechter Beliebigkeit, die an anderen Stellen scharf zurückgewiesen wird, mal erwähnt, daß heute viele Formen ehelichen und nicht-ehelichen Zusammenlebens der Geschlechter selbstverständlich seien (ebd., 194). Vgl. auch die berechtigte Kritik von Krüger an der mangelnden Berücksichtigung ökonomischer Aspekte bei Welsch, die allerdings den produktiven Seiten dieser Theorie nicht gerecht wird und die Kontinuitätslinien, die Welsch zwischen Moderne und Postmoderne zieht, unterbewertet. Heinz Herrmann Krüger: Erziehungswissenschaft im Spannungsfeld von Kontinuitäten und Zäsuren der Moderne, in: Krüger 1990, 10f.
80 Ebd., 87ff, 194.

Heterogenität zwischen Menschen nur Ansporn sein, auch hier Verhältnisse sorgfältig begrifflich zu klären.

Dennoch regt Wolfgang Welsch, und hierin liegt seine bereichernde Wirkung für die Pädagogik der Vielfalt, die Wertschätzung radikaler Pluralität an. Der Bezug zum Beispiel zur Integrationspädagogik mit ihrer Emphase für heterogene Lerngruppen, die auch schwermehrfach, also geistig und körperlich behinderte, Kinder nicht ausschließt, liegt auf der Hand.

Es ist die Aufgabe des folgenden Abschnitts, die Theorie der Pluralität als Theorie der gleichberechtigten Beziehungen zwischen verschiedenen Menschen, als Intersubjektivitätstheorie oder Dialog-Theorie zu entwikkeln. Im weiteren Verlauf dieser Studie geht es damit um die Suche nach Theorien, die die Heterogenität von Menschen in ihren individuellen und kollektiven Lebensweisen nicht harmonistisch glätten, aber zugleich fragen, wie Übergänge, Beziehungen, Kommunikation zwischen den Verschiedenen gestaltet sein könnte. In der Einleitung war ja die Schulklasse als Ausgangssituation unserer Fragestellung vorgestellt worden, in welcher die Verschiedenen zusammen sind und ohnehin kommunizieren. Welche Erkenntnisse kann eine Theorie bereitstellen für eine nicht totalitäre, Heterogenität respektierende Kommunikation? – Dieser Frage gilt die Suche.[81]

4. Zur Frage gleichberechtigter Beziehungen: Differenz, Intersubjektivität und Dialog

Eine Theorie der Heterogenität, die der Fragestellung dieser Arbeit unverzichtbare Impulse gegeben hat, findet sich in den schon in den siebziger Jahren entstandenen Schriften von Luce Irigaray[82], in welchen sie wesentliche

---

81 Theorien, die Heterogenität als unüberschreitbar ansehen, werden darum hier nicht weiter diskutiert (das Problem fand lediglich Erwähnung als Teil der Auseinandersetzung zwischen Lyotard und Welsch). Für die interessante Diskussion der Autopoiesis-Theorie muß an dieser Stelle ein weiterführender Literaturhinweis genügen: Regine Reichwein: Die Funktionalisierung des Verdrängten im Konzept der Autopoiese, in: Gestalt-Therapie, 1/1989, 30-46.

82 Luce Irigaray ist französische, ursprünglich aus der Lacan-Schule hervorgegangenen Psychoanalytikerin und Philosophin. Ihr Werk muß unterteilt werden in eine erste Phase, die ich mit ‚Kritik des Identitätsprinzips‘ umschreiben möchte und eine zweite Phase, die mir als Versuch der ‚Identifizierung von Weiblichkeit‘ erscheint. Sie ist in ihrer ersten Phase die feministische Vertreterin der poststrukturalistischen Theorie. Ihr Hauptwerk aus dieser Zeit ist das 1974 in Paris erschienene Buch »Speculum de l'autre femme«, deutsch 1980 in der Übersetzung von Xenia Rajewski, Gabriele Ricke, Gerburg Treusch-Dieter und Regine Othmer unter dem Titel »Speculum. Spiegel des anderen Geschlechts«. In diesem Buch zeigt sie auf die ihr eigene Weise in ‚spielerischer Wiederholung‘ und zugleich mit hoher theoretischer Präzision wie das ‚phallozentrische Gesetz des Selben‘ die abendländischen Diskurse der Philosophie und der Psychoanalyse durchzieht. Frühere kleinere Texte er-

Elemente des im vorangehenden Abschnitt vorgestellten Modells radikaler Pluralität vorwegnahm. Im Unterschied zu den letztgenannten Theorien, die sich schwerpunktmäßig auf Vernunfttypen beziehen, befaßt sich Irigaray mit Heterogenität menschlicher Lebensweisen. In ihrer Argumentation, geschärft durch den anderen Blick derer, die in monistischen Systemen sich stets nur als abgeleitet-unterstellte Partikularität wiederfinden und auf die Universalismen auf kränkende Weise immer irgendwie nicht passen, schreibt Luce Irigay über die Heterogenität der Geschlechter. Wesentliche Erkenntnisse dieser Schriften lassen sich auf die anderen in dieser Studie behandelten Formen von Heterogenität übertragen.

Ausgangspunkt ihrer Theorie ist die Erkenntnis, daß jede Theorie des Subjekts einem Geschlecht, dem Männlichen, entsprochen hat. Die menschliche Zweigeschlechtlichkeit wurde im Patriarchat theoretisch aufgehoben, indem alle Fragen der Geschlechterdifferenz dem ‚Gesetz des Selben'[83] unterworfen wurden.

Irigaray macht diese Struktur u.a. am Beispiel von Platons Höhlengleichnis und der Freudschen Theorie der Weiblichkeit sichtbar. Sie deckt die vereinheitlichenden Wirkungen des Gleichheitsprinzips in all jenen dualistischen Komparativen, Komplementen, Symmetrien und Analogien auf, die ins Spiel kommen, sobald von Weiblichkeit die Rede ist. Die Philosophin und Psychoanalytikerin hat damit den unterdrückerischen, letztlich totalitären Charakter des Einheitsdenkens und seine verheerenden Auswirkungen auf das Verhält-

---

schienen auf deutsch vor allem im Merververlag, zu Einführung eignet sich das Bändchen »Das Geschlecht, das nicht eins ist«, Berlin 1979. Neuere Interviews und Vorträge finden sich in dem ebenfalls von Xenia Rajewski übersetzten Sammelband »Zur Geschlechterdifferenz«, Wien 1987. Angesichts der Bedeutung des Werkes von Luce Irigaray innerhalb des Spektrums der zeitgenössischen französischen Philosophie ist es immer wieder außerordentlich irritierend zu bemerken, wie wenig sie in hiesigen Rezeptionen dieser Denkrichtung wahrgenommen wird. So findet sie z.B. keine Erwähnung bei Welsch (1987). In den neueren Publikationen, die nach dem »Speculum« erschienen, sowie in Irigarays Vorträgen in jüngster Zeit läßt sich eine meines Erachtens verhängnisvolle Entwicklung zur Idealisierung von Weiblichkeit, der Hierarchisierung der Beziehungen zwischen Frauen und der unreflektierten Entwertung verschiedener weiblicher Lebensweisen feststellen, die in krassem Gegensatz zur Favorisierung von Heterogenität und Nicht-Identifizierbarkeit des Weiblichen, wie sie im »Speculum« und den frühen Interviews vertreten wurden, feststellen. Diese Arbeit stützt sich darum auf Luce Irigarays frühe Texte, die sich dadurch auszeichnen, daß sie gegen biologistische und ontologisierende Weiblichkeitsvorstellungen vehement Stellung beziehen. Die Verweise auf weibliche Körpererfahrungen sind in den frühen Schriften immer zu verstehen als Verweise auf kulturell bedingte und veränderliche Körpererfahrungen! Die hochproblematischen Tendenzen in Luce Irigarays jüngeren Texten können allerdings der Bedeutung ihrer früheren Werke keinen Abbruch tun. Wir sind hier vielmehr damit konfrontiert, daß auch die Lebenswerke feministischer Wissenschaftlerinnen nicht zu glättende Brüche, Widersprüche und Unvereinbarkeiten aufweisen. Sie entziehen sich damit jeder Idealisierungsmöglichkeit.

83 Vgl. Irigaray 1980, 169f.

nis der Geschlechter aufgedeckt, und in immer neuen Facetten durchgearbeitet.

Aus diesen Analysen folgten auch Konsequenzen für feministische Theorie und Politik, nämlich die Ablehnung des Versuchs, zu sagen, was Weiblichkeit sei. Jede Definition des Weiblichen wäre unweigerlich von den herrschenden männlichen Standards abhängig und sei es, indem das Gegenteil zu ihnen behauptet würde, in der Negation. Ihre Möglichkeiten, heterogene Weiblichkeit zu denken, lagen darum in der »Rückkehr an den Ort der Unterdrückung ohne sich darauf reduzieren zu lassen«[84] und im freien Experiment mit neuen Entwürfen, ohne dabei Leitbilder aufstellen und Ziele angeben zu können.

In neueren Texten hat Irigaray hingegen begonnen, über Weiblichkeit zu sprechen, die Scheu zu sagen, was Weiblichkeit sein könnte, ist verschwunden. Die Rede von Weiblichkeit darf m.E. aber nicht, wie dies jetzt durchaus bei Irigaray vorkommt, hinter die Kritik teleologischer Leitbilder und verabsolutierender Definitionen zürückfallen. Es muß immer klar bleiben, daß die Existenzweisen der Geschlechter, wie alle menschlichen Existenzweisen, kulturell bedingt und historisch veränderlich sind, es gilt ihre kulturell sich wandelnden Eigenarten bewußt zu machen und mitzuteilen. Geschlechterdifferenz ist, wie alle in dieser Arbeit zur Diskussion stehenden Differenzen kulturelle Differenz.

Das was Frauen praktizieren, wenn sie von der Erlebnisweise der Frauen sprechen, entspricht dem, was Lyotard mit ‚Widerstreit' meint, dem Differenten Gerechtigkeit widerfahren zu lassen, indem es zur Sprache kommen darf und damit Existenzberechtigung erhält.[85] (Selbst-verständlich wäre es aus der Sicht der Pluralitätstheorie darum völlig falsch, damit den Anspruch zu erheben, Gültiges für alle Erfahrungen der Frauen oder gar für ihre Zukunft festzuschreiben.)

Es gibt Tendenzen im ‚Speculum', die andeuten, daß so zwischen Frauen und Männern Beziehungen zwischen Verschiedenen möglich werden[86], ansonsten bleibt Luce Irigaray bei der Entfaltung der Differenzen, ohne an Übergänge zu denken.

Zusammenfassend und verallgemeinernd läßt sich sagen, daß die Theorie von Luce Irigaray (in ihrer frühen Phase) für die in dieser Studie zur Diskussion stehenden Fragen grundlegend war, weil sie als eine der ersten Aufmerksamkeit weckte für die Bedeutung der vereinheitlichenden Wirkungen des Gleichheitsprinzips, der zwischenmenschlichen Heterogenität, der Symbolisierung verdrängter Lebensweisen, der Nicht-Definierbarkeit des ‚Anderen' – Aspekte, die für alle in dieser Arbeit zur Diskussion stehenden Differenzen zwischen Menschen zentral sind.

---

84 Vgl. Irigaray 1979.
85 Vgl. z.B. Lyotard 1987.
86 Irigaray 1980, 63.

Eine Philosophin, die für die hier zur Diskussion stehenden Fragen andere Akzente setzt, da sie sich in zentralen Teilen ihres Werkes mit den Bedingungen menschlicher Beziehungen befaßt – in der Tradition der Kritischen Theorie stehend – ist Ute Guzzoni.[87] Sie gibt für die theoretische Fundierung einer Pädagogik der Vielfalt entscheidende Hinweise, weil sie, indem sie die Strukturen von Beziehungen zwischen Menschen, die verschieden sind, theoretisch durchdenkt, über die Beiträge von Welsch und Irigaray hinausgeht. In Anlehnung an Adorno formuliert Ute Guzzoni ihren Begriff der Nicht-Identität. Diese steht »für das wesentliche Anderssein, das jedes einzelne als ein unverwechselbares Dieses in all seinem Hier und Jetzt, in seinen mannigfachen Bezügen und Verhältnissen von jedem Anderen unterscheidet und es allem Anderen gegenüber ein Fremdes sein läßt«[88]. Das Anderssein ist nicht identifizierbar, sondern nur aspekthaft und perspektivisch erfaßbar.[89]

Die Anerkennung der Verschiedenheit, die sogar den Charakter des Fremden hat, meint aber nicht Getrenntheit. Im Gegenteil, bei Ute Guzzoni finden wir Aussagen zu den Beziehungen, die die wechselseitig füreinander Anderen miteinander haben. Verschiedenheit findet statt in einem »Raum möglicher Gemeinsamkeit«, in einer »gemeinsamen Welt«. Zu dieser kontextuellen Gemeinsamkeit kommt die »Einheit des Wechselbezugs«, die kommunikative Gemeinsamkeit hinzu.[90] Anderssein ist nicht bedrohlich, sondern weckt den Wunsch nach Kommunikation. Gerade weil die oder der Andere anders ist, brauchen wir Kommunikation.[91]

In der Wechselbeziehung zwischen Verschiedenen wird das Anderssein belassen, der andere wird nicht unter die Wünsche und Bilder des einen subsumiert,[92] es werden nicht die gleichen Handlungserwartungen unterstellt. Beide Seiten treten in einen offenen Prozeß ein, dessen Ausgang ungewiß ist, dessen Ziele unbestimmbar sind. In diesem prozeßhaften Wechselbezug aber ändert sich Jedes in der Kommunikation mit dem Anderen. Bei Ute Guzzoni findet sich in ihrer Beschreibung des ‚Wir' wie bei Welsch der Gedanke radikaler Pluralität, die aus der Anerkennung der Differenz entsteht. Es ist die Möglichkeit der Ganzheit, derer wir dennoch nie total habhaft werden können, die nur offen für Erweiterung und Veränderung gedacht werden kann. »Die Differenz zwischen Ich-Du-Beziehung einerseits und Wir andererseits ist schwer zu fassen, weil ja keineswegs ein phänomenaler Unterschied zwischen beiden bestehen muß. In einer und derselben Interaktion kann ich mich als Ich und Du, oder aber Uns als Wir erfahren, wobei diese letztere Erfah-

---

87 Das für diese Arbeit wichtigste Buch von Ute Guzzoni ist »Identität oder nicht. Zur Kritischen Theorie der Ontologie«, Freiburg/München 1981.
88 Guzzoni 1981, 21.
89 Guzzoni 1981, 267, 269f.
90 Guzzoni 1981, 21.
91 Guzzoni 1981, 343.
92 Guzzoni 1981, 58.

rung die erstere voraussetzt. Denn das Wir ist keine Identität, kein Allgemeines jenseits der Einzelnen. Vielmehr kann es als konkrete Allgemeinheit verstanden werden, und d.h. als eine Allgemeinheit, die nicht über, sondern aus den Einzelnen ist. Die abstrakte Allgemeinheit des allgemeinen Subjekts ist die einer repräsentativen Identität des in jedem Einzelnen identischen Subjektcharakters. Das allgemeine Subjekt ist das Identische in jedem einzelnen Subjekt. Das Wir dagegen ist kein Identisches, sondern ein Gemeinsames aus untereinander Nicht-Identischen, die sich aufeinander einstellen und miteinander etwas anfangen.«[93]

Die bisher in den voranstehenden Abschnitten dieser Arbeit philosophisch durchdachten Möglichkeiten der wechselseitigen Bedingtheit von Verschiedenheit und Gleichberechtigung können nun noch einmal konkreter auf menschliche Beziehungen bezogen werden. Radikale Pluralität erlaubt es, die existentiellen Beziehungen zwischen Frauen und Männern, Müttern und Kindern, Vätern und Kindern, Beeinträchtigten und Gesunden und zwischen Angehörigen verschiedener Kulturen zu analysieren und als nichthierarchische Beziehungen zu denken und auszugestalten.

Der Dialog zwischen Mutter oder Vater und kleinem Kind ist existentiell bestimmender Ausgangspunkt jeder Lebensgeschichte. Dieser Dialog findet statt zwischen in vielen entscheidenden Hinsichten verschiedenen Menschen, da Erwachsene und sehr kleine Kinder auf völlig verschiedene Weise ihren Part im Dialog artikulieren. Dennoch kann dieser Dialog ohne Anerkennung des Menschseins und der Befriedigungs- und Glücksansprüche beider Seiten nicht gut gelingen.

Es ist kaum noch möglich, die Beziehung zwischen Mutter oder Vater und Kind in Begriffen der Gleichheit zu charakterisieren und das noch nicht einmal wegen der tiefen Abhängigkeit des Kindes, sondern wegen der Differenz der Situationen und Bedürfnisse beider Seiten. Es ist kaum eine größere Differenz zwischen Menschen denkbar, als die zwischen Mutter bzw. Vater und sehr kleinem Kind, zugleich aber kann die Beziehung einer erwachsenen Person zu einem Säugling eine der intensivsten und nahesten Beziehungen im menschlichen Leben überhaupt sein.

Der italienische Pädiater Milani-Comparetti[94] hat die Kommunikation zwischen Eltern und Kind als einen Dialog analysiert und erforscht, der glei-

---

93 Guzzoni 1981, 358.
94 Vgl.: Adreano Milani-Comparetti: Grundlagen der Integration behinderter Kinder und Jugendlicher in Italien, bearbeitet von Helmut Reiser, in: Behindertenpädagogik 3/1987, 227-234; Jutta Schöler: Die Arbeit von Milani-Comparetti und ihre Bedeutung für die Nicht-Aussonderung behinderter Kinder in Italien und in der Bundesrepublik Deutschland, in: Behindertenpädagogik 1/1987, 2-16.
    Adreano Milani-Comparetti war über viele Jahre der Leiter eines italienischen kinderneurologischen Zentrums, wo er die frühen, auch pränatalen Interaktionen erforschte. Seine bedeutsamen Leistungen liegen in der Entwicklung eines Beratungskonzepts für Eltern behinderter Kinder, in dessen Zentrum die Akzeptanz der Behinderung durch Trauerarbeit

chermaßen von zwei Seiten geführt wird. Milani-Comparettis Forschungen bedeuten nach meiner Überzeugung gewissermaßen eine empirische Bestätigung der oben angeführten allgemeinen Dialogtheorien. In seinen pädiatrischen und pädagogischen Handlungsvorschlägen waren Ausgangspunkte immer die Eigenaktivität des Kindes und der Dialog zwischen Kind und Erwachsenen.

Im Sinne einer solchen Auffassung der frühkindlichen Situation sind mit den oben dargestellten theoretischen Konzepten radikaler Pluralität und Interaktion zwischen wechselseitig Anderen philosophische Zugänge geschaffen worden, die überhaupt erst an die Struktur dieser bestimmendsten aller menschlichen Beziehungen heranreichen können.

Adreano Milani-Comparetti betont auf neue Weise die unhintergehbare Eigenaktivität kleiner Kinder vom pränatalen Stadium an. Die Motorik kleiner Kinder in der Zeit vor und nach der Geburt ist eine Äußerungs- und Einwirkungsform, mit der sie wie mit einer Sprache ihre ureigensten Impulse der Umwelt mitteilen. Zentral ist dabei die Bewertung der motorischen Mitteilungen als Aktivitäten im Gegensatz zu ihrer Erklärung als Reaktionen auf Reize aus der Umwelt im Stimulus-Response-Modell. Im letztgenannten, das medizinische Denken bestimmenden Modell werden Kinder nur in ihrer Reaktionsweise auf Einwirkungen von außen, also in völliger Abhängigkeit wahrgenommen. Um sich von diesem Erklärungsansatz abzusetzen und die schöpferische Qualität der kindlichen Äußerungen zu betonen, nennt Milani diese ‚Vorschläge‘ und die Fähigkeit zu solch kreativer Aktion ‚proponetische Kompetenz‘.[95]

Im Zusammensein mit behinderten und nichtbehinderten Kindern geht es darum, diese Vorschläge wahrzunehmen und darauf zu reagieren. Solche Reaktionen können bestätigende Widerspiegelungen und Antworten sein, Milani nennt sie ‚Gegen-Vorschläge‘. Natürlich enthalten die Gegenvorschläge auch die schöpferischen aktiven Impulse des Gegenübers des Kindes, sind nicht nur Reaktionen. Wesentlich ist aber, daß sie auf dem Wahr- und Ernstnehmen der Vorschläge des Kindes beruhen und auf diese eingehen und nicht

---

stand, so daß schließlich das Bekämpfen des ‚Übels‘ Behinderung durch Übungsprogramme und Sondermaßnahmen aufgegeben werden konnte und dem Kind ein Aufwachsen in Normalität und ohne Aussonderung erlaubt wurde. Milani-Comparetti war ein psychoanalytisch orientierter Pädiater, der begonnen hatte, internationalen Einfluß auf die Pädiatrie, auch in der Bundesrepublik zu gewinnen. 1984 konnte ich an einem mehrtägigen Workshop, den er in der Frankfurter Universität leitete, teilnehmen, was eine besonders wertvolle Erfahrung war, da seine Auffassungen nur in einigen Aufsätzen mit eher fragmentarischem Charakter erschienen sind. Leider kam es wegen seines überraschenden Todes nicht mehr zu seiner in Frankfurt geplanten Gastprofessur.

95 Adreano Milani-Comparetti/Ludwig O. Roser: Förderung der Gesundheit und der Normalität in der Rehabilitation – Voraussetzungen für die reale Anpassung behinderter Menschen, in: M. Wunder/U. Sierck (Hg.): Sie nennen es Fürsorge – Behinderte zwischen Vernichtung und Widerstand, Berlin 1982a, 80.

etwa auf das Kind im Sinne eines bestimmten beabsichtigten Ziels einwirken sollen.

Aus Vorschlag und Gegenvorschlag entwickelt sich ein Kommunikationsprozeß, den Milani im Bild seiner ‚Dialog-Spirale' veranschaulicht. Darin bringt er zum Ausdruck, daß Dialoge sich ständig verändern und so eine schöpferische Entwicklung zwischen beiden in Gang kommt, deren Verlauf zuvor nicht abzusehen ist, da von beiden Kreativität ausgehen kann.

Milani-Comparetti bringt die Bedeutung des kreativ – eigenaktiven Einwirkens des Kindes auf seine Umgebung, seine Mitteilungsversuche an seine Umgebung, in die Diskussion. Seine Dialog-Spirale aus Vorschlag und Gegenvorschlag aber ist aus der Sicht einer feministisch akzentuierten Pluralitätstheorie um die Betonung zweier Momente zu ergänzen: erstens das Wohlbefinden der Mutter, ihre Fähigkeit und ihr Recht für ihr Wohlergehen zu sorgen. Dieses Moment kann zwar als im Bild der Dialog-Spirale enthalten angenommen werden, wird aber nicht eigens betont. Das Eigenrecht der Mutter, um ihrer selbst willen zu leben und zu handeln, ist kaum je zum Bestandteil idealer Mütterlichkeit erklärt worden.[96] Die Mutter-Kind Beziehung wird üblicherweise ganz im Sinne des Einheitsparadigmas aufgefaßt, sei es, daß sie einem außerhalb der Beziehung festgelegten Erziehungsziel zu dienen hat, sei es, daß die Symbiose, die Einheit zwischen beiden betont wird, sei es, daß das Wohl nur des Kindes von Belang ist und das Wohlergehen der Mutter, sofern daran überhaupt gedacht wird, nur diesem Ziele dienen darf.

Eine Frau, die sich ihr ureigenes Existenzrecht zugestehen kann, ist natürlich auch in der Lage, sich abzugrenzen dem Kind gegenüber sowie dem Kind Grenzen zu setzen. Solche Fähigkeiten der Abgrenzung müssen als das zweite unerläßliche Moment der Dialog-Spirale gelten, obwohl es von Milani selbst nicht explizit betont wurde.

»Um Menschen zu werden, müssen wir von denen anerkannt werden, die uns als Kleinkinder versorgen.«[97] Mit diesem Satz bringt Jessica Benjamin eine zentrale Erkenntnis der psychoanalytischen Entwicklungstheorie[98] zusammenfassend auf den Begriff. Solche Anerkennung ist Anerkennung der Einzigartigkeit eines jeden Kindes sowie seiner Abgegrenztheit und Besonderheit als Kind, durch die es sich von den Erwachsenen, die es versorgen, ganz und gar unterscheidet. Auch wenn wir am Lebensanfang die Anerken-

---

96 Vgl. Jessica Benjamin: Die Fesseln der Liebe: Zur Bedeutung der Unterwerfung in erotischen Beziehungen, in: Feministische Studien 2/1985, 29 und dies.: Die Fesseln der Liebe, Psychoanalyse, Feminismus und das Problem der Macht, Frankfurt 1990.
97 Ebd., 10.
98 Sowohl Milani-Comparetti als auch Benjamin berufen sich vor allem auf Arbeiten von Donald W. Winnicott. Vgl. ders.: Von der Kinderheilkunde zur Psychoanalyse, Frankfurt 1983 und ders.: Familie und individuelle Entwicklung, Frankfurt 1984. Für die Thesen dieses Abschnitts sind u.a. noch folgende psychoanalytische Arbeiten von Bedeutung: Daniel Stern: Mutter und Kind, Stuttgart 1979 und Francoise Dolto: Zwiesprache von Mutter und Kind, München 1988.

nung so sehr brauchen, wie nie mehr später, ist unser Lebensglück in allen Altersstufen von Anerkennung abhängig.[99]

5. Anerkennungstheorie und Funktionen des Bildungssystems

Für den Entwurf einer Pädagogik der Vielfalt ist aus dem Spektrum der Kritischen Theorie noch Axel Honneths[100] sozialphilosophische Theorie der Anerkennung hilfreich. Aus der Sicht dieser Theorie kann das Verhältnis der Pädagogik der Vielfalt zu den Funktionen des Bildungssystems geklärt werden. Im Rekurs auf Ernst Bloch[101] unterscheidet Honneth zwischen *Sozialutopien*, die sich vor allem auf Abschaffung des menschlichen Elends und *Naturrecht*, das sich vor allem auf Abschaffung der menschlichen Erniedrigung richtet. In der letztgenannten – normativen – Theorie der wechselseitigen Anerkennung wird die Integrität menschlicher Subjekte in Abhängigkeit von der Zustimmung und Achtung durch andere Personen gesehen, weil sie durch Beleidigung und Mißachtung verletzt werden kann.[102] »Handlungsfähige Subjekte«, so Honneth im Anschluß an Hegel, Mead und Jessica Benjamin, »verdanken der Erfahrung der wechselseitigen Anerkennung die Möglichkeit, eine positive Selbst-beziehung auszubilden: ihr praktisches Ich ist, weil es nur aus der Perspektive der zustimmenden Reaktionen von Interaktionspartnern sich selber zu vertrauen und zu achten lernt, auf intersubjektive Beziehungen angewiesen, in denen es Anerkennung zu erfahren vermag«[103]. Um zu einer geglückten Selbstbeziehung gelangen zu können, sind menschliche Wesen auf die intersubjektive Anerkennung ihrer Fähigkeiten und Leistungen angewiesen, »bleibt eine solche Form der sozialen Zustimmung auf irgendeiner Stufe der Entwicklung aus, so reißt das in der Persönlichkeit gleichsam eine psychische Lücke auf, die in den negativen Gefühlsreaktionen der Scham oder der Wut, der Kränkung oder der Verachtung nach Ausdruck sucht«[104].

Honneth unterscheidet drei Formen der Anerkennung: emotionale Achtung (Liebe), rechtliche Anerkennung sich selbst und anderen gegenüber (gleiche Rechte) und wechselseitige Anerkennung zwischen soziokulturell unter-

---

99 Vgl. Benjamin 1990.
100 Axel Honneth: Integrität und Mißachtung. Grundmotive einer Moral der Anerkennung, in: Merkur 501/1990, 1043-1054 und ders.: Kampf um Anerkennung. Zur moralischen Grammatik sozialer Konflikte, Frankfurt 1992.
101 Ernst Bloch: Naturrecht und menschliche Würde, Frankfurt 1961.
102 Vgl. Honneth 1990, 1044.
103 Honneth 1990, 1048.
104 Honneth 1990, 1052.

schiedlich individuierten Personen (Solidarität bzw. egalitäre Differenz). Diese These kann nun noch einmal pluralitätstheoretisch zugespitzt werden, so daß explizit wird, daß Anerkennung auch inkommensurabler Erlebnisweisen, die in ihrer Wahrheit nicht ineinander aufgehen, gemeint ist. Die anzuerkennenden Menschen sollen hier nicht mehr als ‚Menschen überhaupt'[105], sondern in ihrer historisch konkreten Einzigartigkeit und Besonderheit anerkannt werden.[106]

Pädagogische Institutionen haben beschränkte gesellschaftliche Einflußmöglichkeiten, so können sie ökonomisches Elend nicht beseitigen. Die Möglichkeit, eine eigene ‚Sphäre der Gerechtigkeit'[107] zu schaffen aber liegt in ihrer Verantwortung. *Das* gesellschaftlich wertvolle Gut, das Schulen und andere pädagogische Einrichtungen aus eigener Machtbefugnis und eigenen Ressourcen zu verteilen haben, heißt ‚intersubjektive Anerkennung' jeder einzelnen Person in ihrer je einmaligen Lebenslage.

Aus der Sicht einer funktionalen Interpretation des Schulsystems hat die Dominanz der Selektionsfunktion im Schulsystem selbst systematisch und regelmäßig zur Mißachtung eines Teils der Kinder und Jugendlichen (im Sinne Honneths) geführt und so längst große persönliche und gesellschaftliche ‚Lücken aufgerissen': die homogen konzipierte Jahrgangsklasse[108] der Regelschule produziert vorhersehbar, ja gezielt geplant, Erfahrungen der Mißachtung und Entwertung für all jene Schülerinnen und Schüler, die in ihren Leistungen unter der gedachten Mitte des Durchschnittsniveaus liegen. So deutet Klaus Hurrelmann die zunehmende Gewalt von Jugendlichen gegen Ausländer als Resultat von Statusängsten vor allem bei jenen – deklassierten – Jugendlichen, die Schwierigkeiten mit der Schule haben.[109] Schule ist in der gegenwärtigen gesellschaftspolitischen Situation dazu herausgefordert, die vorherrschende Pädagogik der Mißachtung dem leistungsschwächeren Drittel ihrer Klientel gegenüber aufzugeben und eine anerkennende Pädagogik für alle zu entwickeln. Um die Aufgaben der Qualifikation und Sozialisation angemessener erfüllen zu können, ist die Selektionsfunktion viel stärker nach außen zu verlagern. Schulorganisatorisch entsprechen dieser Forderung eher die sechsjährige Grundschule und die integrierten Gesamt-

---

105 Andrea Maihofer: Rekonstruktion von Gilligans Thesen zu einer ‚weiblichen' Moralauffassung als Kritik herrschender Moral, in: Kulke/Scheich 1992, 136.
106 Die Unterscheidung zwischen unterschiedlichen Formen der Anerkennung ist, wie der Abschnitt ‚Elemente einer Pädagogik der Vielfalt' im Schlußkapitel konkretisiert, im Hinblick auf ihre alltägliche Gestaltung aufschlußreich.
107 Michael Walzer: Sphären der Gerechtigkeit: Ein Plädoyer für Pluralität und Gleichheit, Frankfurt 1992.
108 Schon 1969 stellte Karlheinz Ingenkamp in seiner Habilitationsschrift das Versagen der Jahrgangsklasse fest! Karlheinz Ingenkamp: Zur Problematik der Jahrgangsklasse, Weinheim/Berlin/Basel 1969.
109 Klaus Hurrelmann: Der politische Protest des ‚unteren Drittels'. Gedanken über die Ursachen der Gewalt gegen Ausländer, in: Pädagogik 2/1993, 39-44.

schulen, aber in jeder Schulform sind Annäherungen an eine Pädagogik der Anerkennung möglich! Sozialpolitisch können die verheerenden Statusängste u.a. nur durch die Schaffung von Ausbildungsplätzen, durch existentielle Grundsicherung (Mindesteinkommen)[110] und gerechtere Verteilung der vorhandenen Erwerbsarbeit vermindert werden. Schulpädagogisch sind aber pädagogische Interventionen nötig und hoch wirksam!

Eine solche Pädagogik steht nicht im Gegensatz zur qualifikatorischen Modernisierung. Das hat Helmut Reiser eindrucksvoll für die Integrationspädagogik beschrieben, und das gilt meines Erachtens ähnlich für die Feministische und die Interkulturelle Pädagogik: »Für die Qualifikationsfunktion entwirft die integrative Erziehung Qualifikationen, die zur Zukunftssicherung der Gesellschaft beitragen, und die jene Qualifikationen, die im herkömmlichen Schulsystem erworben werden, in ihrer Fähigkeit zur Zukunftssicherung übertreffen; durch das didaktische Konzept des handlungsorientierten binnendifferenzierenden Unterrichts in heterogenen Lerngruppen werden tendenziell folgende Fähigkeiten stärker entwickelt: die eigenen Fähigkeiten und Fertigkeiten realistisch einschätzen und positiv besetzen (Selbstwert), sich in wechselnden Arbeitssituationen mit unterschiedlichen Personen zurechtfinden und einsetzen (Flexibilität), Gesamtabläufe, die über längere Zeiträume und mit mehreren Teilnehmern konzipert sind überblicken (Übersicht), die eigenen Interessen und Entwicklungen wahrnehmen und gestalten (Selbständigkeit), für andere Personen mit unterschiedlichen Eigenheiten und für gemeinsame Vorhaben Aufgaben übernehmen (Verantwortung), sich abgrenzen und durchsetzen innerhalb eines kooperativen Rahmens (Durchsetzungsfähigkeit). Die Liste der in Klammern gestellten Begriffe liest sich wie eine Zielvorgabe eines Trainings für Führungskräfte der Wirtschaft. Es handelt sich um persönlichkeitsorientierte basale Arbeitsfähigkeiten, die in wachsendem Maße für immer mehr abhängig Beschäftige benötigt werden.«[111] Nach Reiser findet hier eine Modernisierung der Grundausbildung statt, die die Schule anbietet.

Zusammenfassend läßt sich sagen, Pädagogik der Vielfalt versteht sich als Pädagogik der intersubjektiven Anerkennung zwischen gleichberechtigten Verschiedenen. Indem sie Mißachtung im Bildungswesen zu vermeiden sucht, fördert sie persönliche Bildungsprozesse, sowie Qualifikations- und Sozialisationsprozesse und wirkt den schädlichen Folgen des im Bildungssystem vorherrschenden Selektionsprinzips entgegen.

Zum Verständnis der Aufgaben der Pädagogik der Vielfalt stellen die in diesem Kapitel vorgestellten Differenz-, Pluralitäts- und Intersubjektivitätstheorien die theoretischen Grundlagen bereit. Die im Mittelpunkt der folgen-

---

110 Vgl. Ulrich Mückenberger/Claus Offe/Ilona Ostner: Das staatlich garantierte Grundeinkommen – ein sozialpolitisches Gebot der Stunde, in: Krämer/Leggewie 1989, 247-278.
111 Vgl.: Helmut Reiser: Überlegungen zur Bedeutung des Integrationsgedankens für die Zukunft der Sonderpädagogik, in: Deppe-Wolfinger/Prengel/Reiser 1990, 303.

den drei Kapitel stehenden pädagogischen Vorschläge der Interkulturellen Pädagogik, der Feministischen Pädagogik und der Integrationspädagogik können gedeutet werden als Versuche intersubjektiver Anerkennung im Bildungswesen, dabei stellt sich die Frage, wie intersubjektive Anerkennung durch Bildung gestaltet sein könnte. Der Arbeit an dieser Frage ist dann das letzte, VI. Kapitel gewidmet.

III. Interkulturelle Pädagogik

1. Vorbemerkungen

Interkulturelle Pädagogik versucht der Tatsache Rechnung zu tragen, daß unser Bildungswesen von Angehörigen verschiedener Kulturen und Ethnien besucht wird. Sie thematisiert damit das Verhältnis zwischen der deutschen Mehrheitskultur und den Angehörigen so unterschiedlicher Gruppen wie den Arbeitsemigranten aus Mittelmeerländern, den asylsuchenden Flüchtlingen aus vorwiegend überseeischen Ländern, den osteuropäischen Aussiedlern sowie den alteingesessenen Ethnien der Sinti und Roma und der im Faschismus verfolgten und vernichteten jüdischen Gemeinde.

Im Bildungswesen der Bundesrepublik wurden Fragen der Multikulturalität zunächst im Kontext der Arbeitsmigration wichtig, seit in den sechziger Jahren zahlreiche Menschen aus dem südeuropäischen Ausland als Arbeiterinnen und Arbeiter in die Bundesrepublik kamen. Zu Anfang der neunziger Jahre[1] haben die kulturellen Differenzen zwischen den politisch wiedervereinigten Ost- und Westdeutschen, die Zuflucht suchenden Flüchtlinge und die Ausbrüche rechtsradikaler Gewalt Fragen der Multikulturalität zu einem zentralen gesellschaftlichen Problem in Deutschland werden lassen, das neue pädagogische Antworten erfordert.

Die Diskussion um Ausländerpädagogik bzw. Interkulturelle Erziehung schlug sich seit Anfang der siebziger Jahre in einer mittlerweile kaum mehr zu überblickenden Menge an Literatur nieder.[2] Leider erscheinen eine Reihe,

---

1 Vgl. Daniel Cohn-Bendit/Thomas Schmid: Heimat Babylon. Das Wagnis der multikulturellen Demokratie, Hamburg 1992.
2 Hervorragende Einführungen liefert, wie in der Einleitung bereits bemerkt, die Arbeiten von Georg Auernheimer 1992 und 1984a. Sein Handwörterbuch von 1984 gibt unter etwa 120 Stichwörtern über Daten und Fakten sowie theoretische und politische Zusammenhänge, versehen mit einschlägigen Literaturangaben, Auskunft. Angesichts der Fülle der Einzelstudien und -materialien zur Ausländerpädagogik und Interkulturellen Pädagogik wird in dieser Studie eine Auswahl an Texten herangezogen, die dazu beitragen können, das Verhältnis dieser Ansätze zur Frage der Gleichheit und Differenz zu erhellen. Außerordentlich hilfreich ist der Überblick von Krüger-Potratz über Bibliographien, EDV-gestützte Informationssysteme, Reihen und Zeitschriften. Vgl. Marianne Krüger-Potratz: Interkulturelle Studien – Interkulturelle Erziehung: ein Überblick über wichtige Informationsquellen, in: Vergleichende Erziehungswissenschaft 17/1987, 250-282. Eine theoretisch differenzierte und hinsichtlich der internationalen Entwicklung versierte Arbeit legte Gita Steiner-Khamsi vor: Multikulturelle Bildungspolitik in der Postmoderne, Opladen 1992.

auch programmatisch wichtiger Titel nur in ‚grauen Publikationen' und sind deshalb schwer erhältlich.[3] Unerläßlich für zentrale Einsichten zu dieser Thematik sind aber auch andere, über die Ausländerpädagogik hinausreichende wissenschaftliche Disziplinen, u.a. Rassismusanalyse, einschließlich des deutschen Faschismus[4], Analysen zum Verhältnis der Länder der Dritten Welt zu den reichen Industrienationen[5], vergleichende Sozialisationsforschung[6], Kulturanthropologie[7]. Hinzu kommt die Geschichte des Umgangs unseres Bildungswesens mit der Verschiedenheit der Kulturen[8] und die weit fortgeschrittenen Erfahrungen mit interkultureller Erziehung in Ländern wie z.B. Neuseeland, Großbritannien und den USA.[9]

Den Anfang der Ausländerpädagogik markiert das informelle Engagement von Initiativgruppen, die unter anderem Hausaufgabenhilfe organisierten. Von solchen politisch und humanistisch motivierten Initiativen herkommend, entwickelten sich einzelne staatlich finanzierte Bildungs- und Forschungsprojekte in der Schulpädagogik und in der außerschulischen Kinder- und Jugendarbeit.[10] Nach und nach kam es zur Institutionalisierung von Ausländerpädagogik an fast allen Hochschulen.[11] Demgegenüber erfolgt die praktisch-pädagogische Arbeit an Schulen oder auch in der Jugendarbeit bis heute zumeist in zeitlich begrenzten Projekten und mit ungenügender Personalausstat-

---

3 So z.B. die Materialien der Forschungsgruppe Alfa, »Ausbildung von Lehrern für Ausländerkinder«, die gemeinsam von der Erziehungswissenschaftlichen Hochschule Landau und der Universität-Gesamthochschule Essen herausgegeben werden. Hinzu kommen die zahlreichen Materialien der Bildungsforschungs- u. Lehrerfortbildungsinstitute der Länder. Vgl. z.B. auch Astrid Albrecht-Heide: Grundzüge der Migrantenkinderforschung in der Bundesrepublik Deutschland, Berlin 1979.
4 Immanuel Geiss: Geschichte des Rassismus, Frankfurt 1988; Micha Brumlick: Ausländerfeindlichkeit und Rassismus – Zur Geschichte eines menschenfeindlichen Deutungsmusters, in: Franz Hamburger: Sozialarbeit und Ausländerpolitik, Darmstadt/Neuwied 1983; Johann Wolfgang Landsberg: Rassenwahn gestern und heute, in: betrifft: erziehung 1/1985, 22-29.
5 Dieter Borris u.a. (Hg.): Schuldenkrise und Dritte Welt, Köln 1987; Nestvogel 1988.
6 Ludwig Liegle: Kulturvergleichende Ansätze in der Sozialisationsforschung, in: Hurrelmann/Ulich (Hg.): Neues Handbuch der Sozialisationsforschung, Weinheim und Basel 1991, 215-230.
7 Ina Maria Greverus: Kultur und Alltagswelt. Eine Einführung in Fragen der Kulturanthropologie, München 1978.
8 Manfred Heinemann: Die Assimilation fremdsprachiger Schulkinder durch die Volksschule in Preußen um 1800, in: Bildung und Erziehung 1/1975, 53-69; Georg Hansen: Über den Umgang der Schule mit Minderheiten, Weinheim und Basel 1986.
9 Ingrid Haller: Integration und Probleme kultureller und sozialer Identitätsfindung ausländischer Kinder/Jugendlicher, in: Scheron/Scheron: Politisches Lernen mit Ausländerkindern, Düsseldorf 1984, 47-63.
10 Ünal Akpinar/Andrés Lopez-Blasco/Jan Vink: Pädagogische Arbeit mit ausländischen Kindern und Jugendlichen. Bestandsaufnahmen und Praxishilfen, München 1974.
11 Franz Hamburger: Erziehung in der Einwanderungsgesellschaft, in: Michele Borelli (Hg.): Interkulturelle Erziehung, Baltmannsweiler 1986, 142-157.

tung.[12] Vor allem die berufliche Situation der ausländischen Lehrkräfte (Bezahlung, Status, Fortbildung, Arbeitsplatzsicherheit) ist mangelhaft.[13]
Die Schulverwaltung regelte in den Anfangsjahren der Ausländerbeschäftigung lediglich die Schulpflicht. 1964 kam es zu den ersten Vereinbarungen der ständigen Kultusministerkonferenz der Länder, diese sahen schulorganisatorische Maßnahmen zur Vorbereitung auf den Regelunterricht und zur sprachlichen Förderung ausländischer Schüler vor.[14] »Während die zweiten KMK-Empfehlungen von 1971 der Eingliederung der ausländischen Schüler in Regelklassen den Vorrang gaben, stellen die bis heute gültigen KMK-Beschlüsse für den ‚Unterricht für Kinder ausländischer Arbeitnehmer' von 1976 verschiedene Formen der Segregation zur Verfügung, nämlich Klassen mit Muttersprache und deutscher Sprache als Unterrichtssprache sowie Ausländerklassen mit Unterricht nach dem Lehrplan der Regelklassen. Auch ausländische Privatschulen wurden von den Vereinbarungen nicht ausgeschlossen.«[15] Die KMK-Empfehlungen tragen selbstverständlich immer der Unterschiedlichkeit der Bildungspolitik der Länder Rechnung, sie stimmen aber auch weitgehend überein mit den Richtlinien des Rates der europäischen Gemeinschaften »Über die schulische Betreuung der Kinder von Wanderarbeitnehmern« von 1977.[16]
Die Bildungssituation der ausländischen Kinder und Jugendlichen ist in hohem Maße bestimmt vom Arbeitsmarkt, vom Wohnungsmarkt und von der Finanzpolitik.[17] Existentielle Entscheidungen im Leben der ausländischen Kinder wie Zeitpunkt und Dauer des Aufenthalts im Heimatland und in der Bundesrepublik sind durch vielfältige gesellschaftliche Bedingungen bestimmt.
Die Zielsetzungen der Bildungskonzepte, die in der Ausländerpädagogik entwickelt wurden, lassen sich umschreiben mit ‚Rotation', ‚Integration' und ‚Option für Integration oder Rückkehr'.[18] Das Rotationsprinzip geht davon aus, daß ausländische Arbeiter nach einigen Jahren in ihre Heimatländer zurückkehren und bereitet vor allem durch segregierenden Unterricht in Nationalklassen die Kinder auf eine solche Rückkehr vor. Das Integrationskonzept geht vom faktischen dauerhaften Seßhaftwerden der Arbeitsmigranten aus und strebt die schnelle Einschulung in Regelklassen an. Aus dem Optionskonzept entspringt eine Doppelstrategie, die sowohl die Möglichkeit der Rückkehr als auch die der Integration offen läßt. Sie will sowohl die kulturelle Identität stützen, als auch die Eingliederungsfähigkeit entwickeln. Die

---

12 Klaus Klemm: Bildungsplanung, in: Auernheimer 1984a, 92-95.
13 Ursula Boos-Nünning: Ausländische Lehrer, in: Auernheimer 1984a, 229-230.
14 Auernheimer 1984a, 278.
15 Ebd., 278.
16 Ebd., 278.
17 Klemm 1984, 95.
18 Ebd., 1984; Ernst Karger/Helga Thomas: Ausländische Schülerinnen und Schüler, in: Recht der Jugend und des Bildungswesens 2/1986, 106f.

dies bewirkenden Mittel der Schulpolitik sind zeitlich begrenzte Vorbereitungsklassen, muttersprachlicher Unterricht auch nach der Überweisung in deutsche Regelklassen sowie dauernde Unterrichtung über die Geschichte, über die Kultur und die gegenwärtige Entwicklung des Herkunftslandes.[19]

Rotations-, Integrations- und Optionsprinzip beschränken sich auf das Entweder-Oder zweier Kulturen, sie vernachlässigen damit allesamt die in den letzten Jahren immer stärker ins pädagogische Blickfeld geratene kulturelle Realität der Arbeitsmigration. Migration hat die Bildung von Migrantenkulturen zur Folge, das zeigt sich z.b. daran, wie sich kulturelle Symbole unter den Bedingungen der minoritären kulturellen Situation in ihrer Bedeutung für die Betroffenen verändern können, aber auch daran, daß bei einer Rückkehr nach langjährigem Auslandsaufenthalt, die Zurückkommenden nicht mehr ohne weiteres in das kulturelle Gefüge passen, weil sie sich selbst verändert haben und weil auch die Herkunftskultur sich weiterentwickelt hat.

Ausländerpädagogik hat immer zu tun mit einer äußerst heterogenen Menschengruppe. Die ausländischen Schülerinnen und Schüler stammen aus verschiedenen Herkunftsländern, vor allem Portugal, Spanien, Italien, Jugoslawien, Türkei und innerhalb dieser Länder aus ganz verschiedenen Regionen und Subkulturen.[20] Hinzu kommt, daß sie sich hinsichtlich ihrer Migrationserfahrungen und -perspektiven sehr unterscheiden.

Bisher wurden einige Rahmenbedingungen der Ausländerpädagogik aufgezeigt. Ausländerpädagogik ist der am umfangreichsten thematisierte und an Erfahrungen reichste Bereich der Interkulturellen Erziehung. Aber Interkulturelle Erziehung ist mehr und anderes als Ausländerpädagogik: Anfang der achtziger Jahre kam es in der Erziehungswissenschaft zur Revision der herrschenden Konzeption der Ausländerpädagogik, die sich im weitgehenden Übergang zum Begriff ‚Interkulturelle Erziehung' niederschlug.[21] Ihrem Anspruch nach thematisiert sie das Verhältnis zwischen den verschiedenen Kulturen, also auch den Kultur- und Subkulturdifferenzen innerhalb der Bundesrepublik, die nicht erst durch Arbeitsmigration zustande kamen, wie etwa das Verhältnis zwischen Mehrheitskultur und der Minorität der Sinti und Roma.[22]

Fragen des Unterrichts mit Angehörigen aus verschiedenen Kulturen werden, wie skizziert, in der Bundesrepublik, seit es hier Kinder aus Gastarbeiterfamilien gibt, erörtert. Der neue Zweig der Pädagogik entwickelte sich quasi aus dem Stand, so als sei er voraussetzungslos. Daß das Bildungswesen seit der allmählichen Durchsetzung der allgemeinen Schulpflicht eine lange

---

19 Klemm 1984, Astrid Albrecht-Heide 1979.
20 Vgl. zum Beispiel für die großen Unterschiede der Lebensweisen in den verschiedenen türkischen Regionen die in Sellach dargestellten Forschungsergebnisse. Vgl. Brigitte Sellach (Hg.): Das Vertraute im Spiegel des Fremden, Frankfurt 1985.
21 Vgl. dazu Jörg Ruhloff: Zur Diskussion »Ausländerpädagogik« als pädagogische Spezialdisziplin, in: Zeitschrift für Pädagogik, 18. Beiheft 1983, 295-296; sowie die Diskussion in diesem Heft.
22 Zum Kultur- und Subkulturbegriff siehe III, 6.

Geschichte unterschiedlichen Umgangs mit Kulturen und Subkulturen hat, bleibt, von Ausnahmen[23] abgesehen, in den einschlägigen Diskussionen wenig berücksichtigt. Ein kurzer historischer Hinweis soll hier die geschichtliche Dimension des Themas konkretisieren.

In den deutschen Territorialstaaten des 18. und 19. Jahrhunderts und danach im Kaiserreich wurden auch die Kinder all jener zahlreichen Bevölkerungsgruppen, die sich als Arbeitsemigranten, Flüchtlinge oder auch alteingesessene oder nomadisierende ethnische Minderheiten von der dominierenden Kultur unterschieden, unterrichtet. Dabei lassen sich schon im historischen Rückblick drei verschiedene Konzeptionen erkennen, die als ausgrenzend-repressiv, assimilatorisch und kulturpflegerisch umschrieben werden können.[24]

Die subkulturellen Differenzierungen innerhalb der herrschenden Kultur wurden durch das ständisch gegliederte Schulwesen aufrechterhalten.

Der Tatsache, daß im Bildungswesen des Nationalsozialismus Interkulturalität systematisch zerstört wurde (durch strenge Hierarchisierung ‚deutscher' Subkulturen und durch die Ermordung der als Juden, Zigeuner oder auch Asoziale ausgegrenzten Menschen), wird in der Interkulturellen Pädagogik selten gedacht. Der Nationalsozialismus beendete auch eine fortschrittliche Tradition, die als Vorläufer der Ideen interkultureller Erziehung verstanden werden kann. Stichworte dazu sind u.a. Internationalismus, Egalität der Ethnien, Gleichwertigkeit der Kulturen und Pluralismus, die auch in der Reformpädagogik[25] wirksam waren.

Schulpolitik war und ist ein Mittel der Einflußnahme des Staates auf die in ihm existierenden Subkulturen, auf die jeweils heranwachsende Generation von Ständen, Schichten, Klassen, religiösen und ethnischen Gruppierungen.

Der Untergang ‚interkulturell' zu nennender Ansätze der Weimarer Republik durch faschistische Gewalt hat seinen Ursprung in der mächtigen Tradition rassistischen Denkens in der okzidentalen Anthropologie und den po-

---

23 Am ehesten finden sich noch (seltene) Hinweise auf die »Ruhrpolen« oder auch mal auf die Hugenotten als bekannte historische Beispiele für Arbeitsmigration, z.B. in Wolfgang Mitter/James Swift (Hg.): Erziehung und die Vielfalt der Kulturen, Köln/Wien 1985.
24 Vgl. zum Beispiel die Mitteilungen und Materialien der Arbeitsgruppe Pädagogisches Museum der Berliner Hochschule der Künste Nr. 24 und Nr. 25, 1987, darin die Aufsätze von Norbert Franck: »...dem Kaiser kein ‚Zins geben'«, 5-39; Ilona Zeuch-Wiese: Bericht über die böhmischen Schulen in Berlin und Rixdorf 1753-1909, 47-98; Eckart Birnstiel: Zwischen zwei Kulturen – Die Schule der Berliner Hugenotten, 100-142; Tatjana Chahoud: Zur Bildungs- und Schulsituation der Polnischen Minderheit in Berlin/Preußen, 143-190. Vgl. außerdem die entsprechenden Kapitel in Hansen 1986 und das Buch von Chaim Schatzker: Jüdische Jugend im zweiten Kaiserreich, Frankfurt 1988.
25 Hermann Röhrs: Die Schulen der Reformpädagogik – Glieder einer kontinuierlichen Internationalen Bewegung, in: ders. (Hg.): Die Schulen der Reformpädagogik heute: Handbuch Reformpädagogischer Schulideen und Schulwirklichkeit, Düsseldorf 1986, 13-64.

litischen Alltagstheorien.[26] Die rassistische Denkweise, die in den Faschismus einging, gehört ebenso zum Kern des Kolonialismus, dessen Auswirkungen heute die globalen Beziehungen bestimmen. Die politische Bedeutung Interkultureller Erziehung kommt erst auf diesem historischen Hintergrund voll zum Bewußtsein, er muß darum mitreflektiert werden.

Für die Analyse Interkultureller Pädagogik in den folgenden Abschnitten dieser Studie ist von Bedeutung, daß sie seit ihrer Entstehung aus der Ausländerpädagogik[27] intensive Auseinandersetzungen führt; diese sollen hier im Hinblick auf die ihnen innewohnenden Auffassungen zum Problem der Dialektik von Gleichheit und Differenz in der Bildung untersucht werden. Auseinandersetzungen[28] verliefen teilweise sehr kontrovers, sie spiegeln ein Spektrum politischer und anthropologischer Auffassungen von assimilativen, integrativen, universalistischen bis hin zu kulturrelativistischen Positionen wider. Diesen stehen hegemoniale, rassistische und separatistische Bestrebungen gegenüber. Sowohl hierarchisch-konservative als auch egalitär-demokratische (bildungs-)politische Bestrebungen artikulieren sich in diesen Diskussionen. Innerhalb des im weitesten Sinne demokratischen Spektrums aber werden die im Rahmen dieser Arbeit relevanten Kontroversen ausgetragen: Geht es um Hilfe zur Assimilation auf der Basis universeller Gleichheit oder um das Zusammenleben der Verschiedenen in der multikulturellen Demokratie?[29]

Um diese Diskussion klärend weiterzuführen und für eine Allgemeine Pädagogik der Vielfalt fruchtbar werden zu lassen, werden in den nächsten Abschnitten dieses Kapitels folgende Aspekte behandelt:

Zunächst werden Aspekte der im Zusammenleben von Kulturen historisch dominierenden rassistischen Traditionen in ihren pädagogischen Konsequenzen erörtert. Sodann werden Konzepte der Ausländerpädagogik als Assimilationspädagogik und Konzepte der Interkulturellen Pädagogik in ihrer universalistischen und relativistischen Variante gegenübergestellt, um danach aus der Diskussion um diese Topoi die Kriterien einer antirassistischen Pädagogik der kulturellen Vielfalt herausarbeiten zu können.

---

26 Als ideologiekritische Arbeit z.B. Georg Lukács: Die Zerstörung der Vernunft, Berlin 1954.
27 Eine Einführung zum Begriff der Interkulturellen Erziehung gibt Michael Hohmann: Interkulturelle Erziehung – Versuch einer Bestandsaufnahme, in: Ausländerkinder in Schule und Kindergarten 4/1983, 4-8.
28 Vgl. Marianne Krüger-Potratz: Interkulturelle Erziehung, Ausländerpädagogik und Vergleichende Erziehungswissenschaft – Anmerkungen zu einer neuen Sicht auf ein altes Forschungsfeld, in: Vergleichende Erziehungswissenschaft 17/1987, 119-122. Die Autorin belegt, daß viele Schwierigkeiten der Ausländerpädagogik, die ihr z.B. von Griese (1984) massiv vorgeworfen werden, Schwierigkeiten von Pädagogik überhaupt sind, so die Unmöglichkeit gesellschaftliche Probleme pädagogisch lösen zu können.
29 Vgl. Cohn-Bendit/Schmid 1992.

2. Hierarchisierung von Differenzen: biologischer und kultureller Rassismus

Die Hierarchisierung kultureller Differenzen findet sich sowohl im Gewand biologischer als auch kultureller Rechtfertigungen, die sich in der Entwertung der ‚anderen' Menschen artikulieren. Alle diese Formen der Hierarchiebildung zwischen Kulturen sind in der Pädagogik offen oder latent wirksam. Wenn wir die Potentiale, die Interkulturelle Erziehung für die Pädagogik der Vielfalt freisetzen kann, herausarbeiten wollen, so kann dies um so deutlicher geschehen, je klarer wir uns ihren historischen Hintergrund vergegenwärtigen: Wagen wir den Blick über den Horizont interkultureller, aber auch assimilatorischer Vorstellungen, so tut sich die historisch und global überdimensionale Landschaft rassistischer und fremdenfeindlicher Mentalitäten und zugehöriger Ideologien auf. Für eine sinnvolle Analyse interkultureller Pädagogik, für eine realistische Einschätzung ihrer Möglichkeiten und ihrer Grenzen sowie die angemessene Bewertung ihrer Erfolge und Mißerfolge, ist es unerläßlich, sich dieses Hintergrunds bewußt zu sein. Denn »Rassismus in all seinen Formen ist ein Kernübel der Menschheit und noch heute Ursache vieler Konflikte in und zwischen Völkern und Staaten«[30].

Die Vorgeschichte des Rassismus kennzeichnet Geiss zusammenfassend so: »Proto-rassistische Dispositionen – Xenophobie, Ethonzentrik, Verachtung Höherentwickelter gegenüber Niedrigstehenden in der universalistischen ‚Rang- und Hackordnung' der Menschheit oder aus religiösen Gründen gegenüber Ungläubigen, Verweigerung des Konnubiums und des gleichen Zugangs zu den entscheidenden Produktionsmitteln, Standes- und Kastenunterschiede, ‚Blut'-Mystik, Ausbeutung permanent Unterworfener durch abhängige Arbeit – gingen dem euroamerikanischen Rassismus voraus, überall und zu allen Zeiten. Erst der Rassismus der Neuzeit jedoch bündelte und verarbeitete sie zu einem Gedankensystem.«[31]

Der Formierung und dem Aufstieg des Rassismus seit Ende des 18. Jahrhunderts, also im Zuge der industriellen Revolution, ging eine lange Vorgeschichte des Proto-Rassismus[32] voraus, zu der als herausragende Beispiele das indische Kastenwesen, der Anti-Judaismus, die Sklaverei und die Kolonialherrschaft seit dem Beginn der europäischen Invasion in Amerika 1492 gehören. Im Laufe des 19. Jahrhunderts wurde der Rassismus in seiner mo-

---

30 Immanuel Geiss in seinem universalhistorischen ‚Groß-Essay' zum Rassismus 1988, 9.
31 Geiss 1988, 49.
32 Unter Proto-Rassismus versteht Geiss alle dem Rassismus ähnlichen Erscheinungen vor dem Prägnantwerden des Rassismus im engeren Sinne in Europa gegen Ende des 18. Jahrhunderts: »Gilt Rassismus als systematisiertes Gedankengebäude, als Ideologie euramerikanischer Überlegenheit seit dem späten 18. Jahrhundert, so sind seine Voraussetzungen, der Protorassismus, überall zu finden, wo sich Überlegenheit real manifestiert.« (Geiss 1988, 14)

dernen Version argumentativ entwickelt. Er entstand als Erklärungs- und Rechtfertigungsideologie der welthistorischen materiellen, militärischen und technischen Überlegenheit der Europäer seit ihrer Expansion in Übersee: Hannah Arendt hat die Schritte zur Konstituierung des Rassismus der bürgerlichen Gesellschaft, der u.a. als Reaktion des Adels auf die Französische Revolution formuliert und später mit den wissenschaftlichen Entdeckungen der Evolutionstheorie und der Vererbungslehre verbunden wurde, herausgearbeitet.[33] Er gelangte im 20. Jahrhundert zu seinen extremsten Manifestationen, die sich mehrheitlich gegen jüdische und schwarze Menschen richteten: im Rassenhaß von Auschwitz in Deutschland und in der Rassendiskriminierung der Apartheid in Südafrika.[34] Während im 18. Jahrhundert phasenweise auch eine gewisse Offenheit gegenüber Angehörigen anderer Kulturen und Hautfarben anzutreffen ist,[35] und die Faszination des Fremden auch zu Idealisierungen der ‚Wilden'[36] führte, verbreitete und verfestigte sich im Laufe des 19. Jahrhunderts eine hermetische Hierarchisierung der ‚Rassen' in anthropologischen Theoremen.

Im Rassismus verbinden sich ausbeuterische bzw. benachteiligende soziale Strukturen und Gefühle der Verachtung mit rationalistischen Legitimierungen, in welchen die eigene Gruppe als höherwertig behauptet und damit die Unterdrückung legitimiert wird.[37] Der Historiker Immanuel Geiss schließt seinen Gang durch die Weltgeschichte des Rassismus mit der Erkenntnis: »Rassismus ist überwiegend ein Ergebnis sozioökonomischer Konflikte in und zwischen Gesellschaften«[38].

In der deutschen Schulgeschichte hat es mehrere Manifestationen des Rassismus gegeben. Sie richteten sich vor allem gegen die Kinder aus jüdischen Familien und aus Familien der Sinti und Roma.[39] Diese Kinder mußten – mit rassistischer Begründung – in bestimmten Phasen Sonderklassen besuchen, in Sonderbänken sitzen oder wurden vom Schulbesuch ausgeschlossen.

Als kulturhegemoniale Bestrebungen mit biologistischen Legitimationstendenzen lassen sich aber auch Phasen der Volksschulpolitik analysieren, die sich gegen die Kinder mit bäuerlicher und proletarischer Herkunft richte-

---

33 Hannah Arendt: Elemente und Ursprünge totaler Herrschaft, München 1986; vgl. auch Brumlick 1983.
34 Geiss 1988, 15.
35 Wolfram Schäfer: Die Situation der Sinti zur Zeit der französischen Revolution. Manuskript, Marburg 1989; vgl. auch die Schritte zur Judenemanzipation im ausgehenden und beginnenden 19. Jahrhundert. Vgl.: Heinz Knobloch: Herr Moses in Berlin. Ein Menschenfreund in Preußen. Das Leben des Moses Mendelssohn, Berlin 1987.
36 Vgl.: Urs Bitterli: Die ‚Wilden' und die ‚Zivilisierten'. Grundzüge einer Geistes- und Kulturgeschichte der europäisch-überseeischen Begegnung, München 1976.
37 Vgl. Brumlick 1983, 96.
38 Geiss 1988, 323.
39 Vgl. Schatzker 1988; Jörg Fehrs: Jüdische Erziehung und Jüdisches Schulwesen in Berlin 1671 bis 1942, in: Mitteilungen und Materialien der Arbeitsgruppe Pädagogisches Museum, Berlin 1988, 145-188; Franck 1987.

ten. Ein markantes Beispiel hierfür ist die restriktive Schulpolitik in der Phase der Restauration nach 1848, als angehende Volksschullehrer systematisch vom Zugang zur bürgerlichen Kultur ausgeschlossen wurden, z.B. durch Lektüreverbote und -vorschriften.[40] Der ‚ungebildete' Zustand der ‚unteren' Volksschichten wurde also als naturgegeben behauptet und zugleich durch Abschneiden der Bildungsmöglichkeiten hergestellt.[41] Per Ausschlußverfahren wurden kulturelle Trennungen geschaffen. Die sich unter den Bedingungen der erzwungenen Segregation entwickelnden Subkulturen sind unter anderem auch Produkt solchen Zwanges. Sie stellen Formen der Verarbeitung des Ausschlusses durch die betroffenen Menschen dar.

Gegenwärtig kommen im aktuellen Rechtsradikalismus rassistische Ideologien zu neuer gesellschaftlicher Geltung. Die ‚Neue Rechte' bringt dabei nicht immer Elemente des traditionellen und faschistischen Rassismus ins Spiel, so werden manchmal auch allzu offene Reminiszenzen an den Faschismus unterlassen. Im Gegenteil, auf den ersten Blick scheint die rechtsradikale Ideologie gelegentlich sogar Anklänge an linke Kapitalismus- und Eurozentrismuskritik aufzuweisen, wenn sie vorgibt, für Vielfalt der Kulturen zu plädieren. Auch die ökologischen Anklänge wirken pseudo-fortschrittlich. Hier müssen wir uns klar machen: Aktueller Rassismus ist Rassismus der neunziger Jahre des 20. Jahrhunderts und bedient sich aktueller Themen, zu denen auch Aspekte der Multikulturalität und Ökologie gehören. In der Verachtung, die diese Ideologien aber gegenüber demokratischer Gleichheit und gegen Menschenrechte zum Ausdruck bringen, zeigt sich ihr rassistischer Charakter in aller Deutlichkeit. Sie behaupten und legitimieren die Höherwertigkeit der eigenen Gruppe und leiten daraus das Recht auf Herrschaft, Privilegien und Expansion ab. Diese Haltung findet sich zum Beispiel in der bei Auernheimer[42] wiedergegebenen Titelzeile eines rassistischen Textes: »Ausländer-Integration ist Völkermord. Das Verbrechen an den ausländischen Volksgruppen und am deutschen Volk«. In einer perfiden verbalen Verdrehung wird das Zusammenleben von Menschen verschiedener Herkunft mit dem faschistischen Verbrechen des Völkermordes gleichgesetzt. Dabei wird scheinbar eine faschismuskritische Haltung eingenommen, denn man kritisiert ja den zuvor behaupteten Völkermord. Nur aus der erschreckenden Gleich-

---

40 Vgl. Renate Riemeck: Lehrer und Schule – Randprobleme des demokratischen Staates?, in: Die Deutsche Schule 48 (1956), 344-353, wieder in: Herrlitz (Hg.): Von der wilhelminischen Nationalerziehung zur demokratischen Bildungsreform. 90 Jahre Die Deutsche Schule. Frankfurt 1987, 195-205.
41 Vgl. für die preußische Entwicklung 1872-1900: Christa Berg: Die Okkupation der Schule. Eine Studie zur Aufhellung gegenwärtiger Schulprobleme an der Volksschule Preußens (1872-1900), Heidelberg 1973.
42 Vgl. Auernheimer 1984a, 53-57. Hierarchie- und Herrschaftsanspruch des neuen Rassimus werden meines Erachtens von Auernheimer unterschätzt, da er nur ihre rhetorische Betonung der »Eigenart« beachtet (siehe 55). Christadler (1983) gibt eingehend Einblick in das Denken der französischen »Nouvelle Droite«.

setzung des ersten Satzes (selbst die erzwungendsten Formen von Assimilation wären immer noch etwas ganz anderes als Völkermord) und der Diktion des 2. Satzes läßt sich der rassistische Gehalt der Aussage erschließen, die sich auf der Oberfläche so gibt, als wolle sie eine Gewalttat verhindern.

Seit nun nach der Wiedervereinigung Jugendliche zu Mördern an eingewanderten, obdachlosen und behinderten Menschen werden und pubertärer Protest und Zukunftsängste mit einer ungeheuerlichen Ausweitung rechtsradikaler Bestrebungen einhergehen, ist Pädagogik gezwungen, sich ganz neu mit dem Thema Rassismus auseinanderzusetzen. Auch in den Haltungen von einzelnen Lehrkräften und nicht wenigen Eltern finden sich solche rassistischen Momente, sie sind darum auch im Bildungswesen sehr stark präsent und die Kinder aus Minderheiten bekommen sie bedrohlich zu spüren.

Im Hauptstrom der gegenwärtigen Bildungsdiskussion spielt explizit biologistischer Rassismus keine Rolle mehr, er hat als Plausibilität beanspruchende und ernstzunehmende Argumentationsstrategie spätestens seit ‚Begabung und Lernen'[43] abgedankt. Dennoch finden sich immer wieder rassistische Anklänge in wissenschaftlich sich gerierenden Darstellungen.[44]

‚Kultur-Rassismus' nennt Alain Finkielkraut[45] all jene Formen von Zuschreibungen, die sich nicht mehr biologistischer Argumente bedienen, sondern die Minderwertigkeit anderer Kulturen mit eher soziokulturell gefärbten Motiven behaupten. Solche Höherwertigkeitsvorstellungen sind tief verankert im Selbstbild der okzidentalen dominierenden Kulturen und wir müssen davon ausgehen, daß sie die Strukturen von Persönlichkeiten und Institutionen mitbestimmen und sich auswirken auf Handlungsweisen und Maßnahmen. Die Entwertung anderer Kulturen ist so sehr Bestandteil der Geschichte der Gesellschaften, daß in Verbindung mit aktuellen gesellschaftlichen Faktoren wie Arbeitsmarkt, Wohnungsmarkt, Ausländerrecht und Ausländerpolitik[46] neben der manifesten Gewalt mit einer permanenten und latent wirksamen kulturellen Arroganz zu rechnen ist, die wissenschaftliche, bürokratische und alltägliche Denk- und Verhaltensmuster bestimmt.

Es gibt viele Faktoren im Bildungswesen der Bundesrepublik überhaupt sowie im engeren Rahmen der Ausländerpädagogik, die Gefahr laufen, zur Verfestigung des ganz alltäglichen kulturellen Rassismus beizutragen, zumindest aber der Entwertung der Minoritäten nichts entgegenzusetzen. Solche Faktoren können vor allen Dingen in schulischer Segregation wirksam

---

43 Heinrich Roth (Hg.): Begabung und Lernen. Gutachten und Studien der Bildungskommission, Stuttgart 1968.
44 So zum Beispiel in den Argumenten von Jensen und Eysenck, beides aus der sozialdarwinistischen Schule kommende Autoren, vgl. Brumlik 1983.
45 Alain Finkielkraut: Die Niederlage des Denkens, Reinbek 1989.
46 Klemm 1984; vgl. zur Begrenztheit pädagogischer Strategien: Hartmut M. Griese: Der gläserne Fremde, Opladen 1984.

werden. Die negativen Auswirkungen von Segregation können durch ‚Vorbereitungsklassen', in welchen ausländische Kinder auf den Schulbesuch in Regelklassen vorbereitet werden sollen, reproduziert werden. Der Schulalltag ist hier häufig deprimierend, auch aufgrund personeller und sachlicher Ausstattungsmängel.[47] Noch stärker kommen die Nachteile der Segregation zur Geltung, wenn äußere Differenzierung in langfristigen Sonderklassen für ausländische Kinder und Jugendliche praktiziert wird, so daß Angehörige verschiedener Kulturen keine Chance haben, sich wechselseitig kennenzulernen. Sprachbarrieren, Vorurteile und Fremdenfeindlichkeit können so gefördert werden.

Die Homogenität der Jahrgangsklassen trägt erheblich zur kulturellen Hierarchisierung bei. Sie ist verknüpft mit dem für schwache Schülerinnen und Schüler besonders nachteiligen Verteilen von Ziffernnoten nach den Kriterien des Vergleichs mit anderen und des Sach-Leistungsstandes, nicht aber nach dem pädagogisch sinnvollen Kriterium des individuellen Fortschritts. Höhere Anteile bei Schulversagen, Sitzenbleiben und Sonderschuleinweisungen bei ausländischen Kindern sind die Folgen solcher Arbeitsbedingungen der Regelschule. Schlechterstellung ausländischer Lehrkräfte, die Hierarchie zwischen diesen und ihren deutschen Kollegen wirkt sich als Modell auf die sich bildenden Werthaltungen der Kinder aus. Neben den schulorganisatorischen und personellen Aspekten spielen curriculare Probleme für die Tradierung von Kulturarroganz und Kulturdiskriminierung eine entscheidende Rolle: Statt zu weltoffener Gesellschafts- und Geschichtsbetrachtung tendieren Lehrpläne und Unterrichtsmaterialien zur Vermittlung enger nationaler bzw. eurozentrischer Orientierungen. »Ziel ist – weitgehend unausgesprochen, aber aus der Konzeption der Lehrpläne ablesbar – eine positive eindimensionale Identifizierung des Schülers mit der ‚eigenen' Geschichte und Kultur.«[48] Die Zerstörungen, die ausgehend von der westlichen Zivilisation in vielen Teilen der Welt stattfanden, bleiben weitgehend ungenannt, die Eigenart und Leistungen anderer Kulturen werden nicht gewürdigt.

3. Assimilationspädagogik

Gesellschafts- und Bildungspolitik, die die Gleichstellung von unterprivilegierten bzw. marginalisierten Gruppierungen zuläßt oder fördert, steht im scharfen Gegensatz zu allen biologistisch kulturalistisch legitimierten For-

---

47 Boos-Nünning 1984, 281.
48 Hans Göpfert: Ausländerfeindlichkeit durch Unterricht. Konzeptionen und Alternativen für Geschichte, Sozialkunde und Religion, Düsseldorf 1985, 105; vgl. die aufschlußreichen fachdidaktischen Ausführungen dazu in diesem Buch.

men der Festschreibung und Aufrechterhaltung von die Menschen trennenden Hierarchien.

Gleichstellung kultureller Minoritäten kann aber ihrerseits politisch ganz entgegengesetzte Richtungen bezeichnen: Gleichberechtigung im Sinne von Emanzipation meint den selbst-gewollten, selbst-bestimmten oft gegen Widerstand von oben hart erkämpften Weg zur Gleichheit; Angleichung im Sinne von aufoktroyierter Assimilation meint den durch offene Gewalt oder mehr oder weniger indirekte ökonomische Zwänge und sozialen Druck aufgenötigten Weg zur Gleichheit, einer erzwungenen Gleichheit allerdings, die doch Bindung an untere Positionen in der gesellschaftlichen Hierarchie bedeutet.

Für beide Formen, selbstgewollte Gleichberechtigung und erzwungene Angleichung, ist pädagogisches Handeln bestimmend: Emanzipation ist auch ein Bildungsweg, aufgenötigte Assimilation geschieht durch ‚Erziehung' als Einbindung in die dominante Kultur. Als Hintergrund dieser These, das zeigt auch die historische Funktionsbestimmung des Bildungswesens, wird der Widerspruch zwischen Bildung und Herrschaft offenbar.[49]

Bildung bedeutet einerseits Alphabetisierung, Zugang zur dominanten Kultur, Kenntnis der eigenen Geschichte, Verfügbarmachen von Wissen, Erwerben von Kompetenzen, Eröffnen gesellschaftlicher Teilhabe mit der Möglichkeit, Einfluß zu nehmen. Aber zugleich gilt auch: »Die Geschichte des modernen, öffentlichen, staatlich kontrollierten Bildungswesens in Deutschland ist als Geschichte der Schule in einer immer schon multikulturellen Gesellschaft im wesentlichen die Geschichte einer Unterdrückung von Minderheiten-Kulturen im Namen einer weitgehend unbefragten, zumeist aber pädagogisch zugleich noch legitimierten, herrschenden Kultur. [...] Volksschulpolitik ist [in Preußen – A.P.] Preussifizierungspolitik, wie es besonders die große polnischsprachige Minderheit der Ostprovinzen immer wieder erfahren mußte.«[50]

Die gegenwärtige Pädagogik ist tiefverstrickt in diese, in ihrer historischen Dimension sichtbar werdenden Widersprüche der Gleichheit. All jene Bemühungen der ersten Phase der Ausländerpädagogik, die sich nicht auf Remigration richteten, sind als ‚Assimilationspädagogik' analysiert worden.[51] Mit den Mitteln der kompensatorischen Erziehung sollten die Kinder und Jugendlichen ausländischer Herkunft befähigt werden, im hiesigen Schulsystem mitzulernen und möglichst einen Abschluß zu erwerben. Wichtigster Inhalt

---

49 Vgl. Heydorn 1980.
50 Heinz-Elmar Tenorth: Kulturbegriff und schulische Bildungspraxis – Über einige Widersprüche zwischen ‚interkulturellem' Anspruch und pädagogischer Praxis, Frankfurt/M. 1989, 17.
51 Einen besonders aufschlußreichen Überblick zu diesem Problem gibt Wolfgang Nieke: Multikulturelle Gesellschaft und interkulturelle Erziehung. Zur Theoriebildung in der Ausländerpädagogik, in: Die deutsche Schule 4/1986, 462-473.

der kompensatorischen Bemühungen war hier der Deutschunterricht, um die Schülerinnen und Schüler in den Stand zu setzen, dem Unterricht der Regelschule folgen zu können. Ausländerpädagogik richtet sich also ausschließlich an ausländische Schülerinnen und Schüler und wurde darum als ‚Ausländersonderpädagogik' kritisiert.

Rückblickend stellt Wolfgang Nieke fest, »daß diese erste Phase der Ausländerpädagogik den Ausgleich von Defiziten im Auge hatte und den Maßstab dafür ganz selbstverständlich aus dem deutschen Schulsystem bezog [...]. Die selbstverständliche Orientierung an den Anforderungen des deutschen Schulsystems führte dazu, daß mit diesen pädagogischen Bemühungen faktisch eine Assimilation – eine Anpassung an die selbstverständlichen Deutungsmuster, Werte und Normen der deutschen Majorität – betrieben wurde – auch wenn das den engagierten Pädagogen nicht immer klar war und verbal sogar abgestritten wurde«[52].

Solche assimilierend-kompensatorischen Bemühungen um einwandernde Kinder sind keineswegs Vergangenheit, sondern dauern an, sie sind meines Erachtens bis zu einem gewissen Grade auch unerläßlich für die Lebensbewältigung in der hiesigen Gesellschaft. Die Mädchen und Jungen mit ausländischer Herkunft haben ein Recht, im Hinblick auf bestmögliche Schulabschlüsse und Berufsausbildung gefördert zu werden. Das heißt, sie müssen die Chance haben, diese Kultur kennenzulernen und sich die Kompetenzen anzueignen, die zu ihr gehören. Das heißt auch, daß Schulpädagogik alles zu tun hat, um ihnen den Zugang zu dieser Kultur nicht zu verwehren, sondern zu eröffnen und sie darin sicher und heimisch werden zu lassen, wenn sie dies mitmachen.

Das Dilemma dieser Assimilationspädagogik besteht darin, daß sie einerseits im Interesse der Überlebenschancen der Eingewanderten unverzichtbar ist, daß sie aber zugleich auf einem monokulturellen Weltbild basiert, welches die Heimatkulturen, aus denen die Kinder kommen und die Migrantenkulturen, in denen sie inzwischen leben, ausblendet, ignoriert und damit auch entwertet. Wenn Pädagogik mit Kindern anderer Kulturen zu tun hat und diese nur als Hindernis fürs Fortkommen im hiesigen Bildungssystem ansieht,[53] so macht sie sich zu einer Vertreterin der monistisch ausgerichteten Hierarchie der Kulturen.

Während in den siebziger Jahren solche monistisch orientierten Konzepte der Ausländerpädagogik vorherrschten, kam es in den achtziger Jahren zur heftigen Kritik[54] an dieser Arbeit, die ihre Argumente nicht zuletzt aus der in-

---

52 Ebd., 463.
53 Vgl. z.B. die Diskussion um defizitorientierte Ausländerforschung: Dorothea Bender-Szymanski/Herrmann G. Hesse: Migrantenforschung. Eine kritische Analyse deutschsprachiger empirischer Untersuchungen aus psychologischer Sicht, Köln 1987.
54 Vgl. vor allem Griese 1984 und Franz Hamburger u.a. (Hg.): Sozialarbeit und Ausländerpolitik (Neue Praxis – Sonderheft 7), Darmstadt/Neuwied 1983.

ternationalen Diskussion erhielt. So aus England, den USA, Kanada, Skandinavien und anderen Ländern, in denen Angehörige verschiedener Kulturen leben und in denen die Diskussion über den Umgang der Pädagogik mit Minderheiten längst auf anderem Niveau und mit anderen Inhalten geführt wurde.[55] »In diesen Ländern wird auf jeden Versuch einer schnellen und endgültigen Assimilation der Minoritäten an die Kultur der Majorität verzichtet; Ziel ist vielmehr die Erhaltung der kulturellen, ethnischen Identität bei gleichzeitiger Handlungsfähigkeit im durch die Majorität dominierten und definierten öffentlichen Alltagsleben.«[56]

Im Zuge dieser Auseinandersetzung mit den Problemen der Ausländerpädagogik entstand ein breiter Konsens für jene Neukonzeptualisierung, die mit dem Begriff der ‚Interkulturellen' Erziehung gefaßt wurde und deren wesentliche Merkmale sind, daß ihr Adressatenkreis aus allen Schülerinnen und Schülern besteht, sie wendet sich an die Angehörigen kultureller Minderheiten und dominierenden Mehrheiten und thematisiert die Beziehungen zwischen ihnen. Sie stellt Überlegungen an, die auch für das Verhältnis zwischen kultureller Mehrheit und alteingesessenen Minderheiten wie Sinti und Roma gelten und die sich auch auf das Verhältnis zwischen Subkulturen übertragen lassen.

Aus der Kritik an den beiden Richtungen der Ausländerpädagogik, an der segregierenden und assimilierenden Pädagogik, ging die ‚Interkulturelle Erziehung'[57] hervor, die ebenfalls – vereinfachend – in zwei Strömungen unterteilt werden kann: Unter dem Oberbegriff der ‚Interkulturellen Erziehung' hat sich eine universalistisch und eine mehr kulturrelativistisch orientierte Richtung herausgebildet.

4. Pädagogischer Universalismus: heimlicher Eurozentrismus?

Aus der Kritik an Monokulturalität und Ethnozentrismus entwickelten sich die Versuche, demokratischere Bildungskonzepte mit Angehörigen verschiedener Kulturen theoretisch zu fundieren und praktisch zu entwickeln. Eine solche Konsequenz aus der Kritik besteht im Versuch der »Befreiung aus kulturellen Befangenheiten«[58] mit Hilfe universeller Werte, die über die par-

---

55 Vgl. für die Bedeutung der internationalen Diskussionen und Prozesse Hohmann 1983; Krüger-Potratz 1987; Steiner-Khamsi 1992.
56 Nieke 1986, 463.
57 ‚Multikulturelle Erziehung' ist eine Variante, die seltener verwendet wurde, weil dieser Begriff kulturelle Segregation im Sinne von Apartheid nicht deutlich genug ausschließt, während ‚inter-kulturell' den Kontakt zwischen den Kulturen betont.
58 Georg Auernheimer: Der sogenannte Kulturkonflikt. Orientierungsprobleme ausländischer Jugendlicher, Frankfurt/New York 1988, 20.

tikularen Kulturen hinaus Gültigkeit haben. Begründungen dafür finden sich z.B. in der Universalität von identischen Momenten aller Kulturen, von Humanität, von psychischen Entwicklungsprozessen und von Menschenrechtskonventionen.

Die Frage, worin die »identischen Momente unterschiedlicher Kulturen, die für die schulische Integration bedeutsam sind«, bestehen, beantworten die Angehörigen der Wissenschaftlichen Begleitung des Berliner Schulversuchs »Integration ausländischer Schüler in Gesamtschulen« dahingehend, »daß die einzelnen Kulturen nur historische und regionale Besonderungen der allgemeinen Möglichkeiten der Menschen sind, durch gesellschaftlich produktive Naturaneignung ihr Leben zu erhalten und zu entwickeln«[59]. Ein anderer Vertreter der Interkulturellen Pädagogik, Michele Borrelli, formuliert die Ziele einer von der Vorstellung universeller Menschlichkeit ausgehenden Pädagogik so: »Die zentrale Aufgabe interkultureller Erziehung besteht darin, sich aus der verallgemeinerten Form ontologischer Befangenheit, das trifft für alle Schüler und alle Menschen in allen Ländern zu, aus der Befangenheit gesellschaftlichen Seins in etablierter Historizität, d.h. in etablierter Macht und Herrschaft, in dem Sein und Bewußtsein involviert sind, zu befreien im Sinne des Bewußtwerdens dieses in Historizität befangenen Denkens und gesellschaftlichens Tuns. Die pädagogische Hoffnung läßt sich so konkretisieren: möge diese Befreiung Menschen zur Selbstentscheidung, zur Mitentscheidung im kritischen Prozeß von Denken und Tun, verhelfen.«[60] Humanität ist die zentrale Kategorie dieses Ansatzes, an der sich alle fachdidaktischen Entscheidungen und sozialen Beziehungen zu orientieren haben. In Humanität verdichten sich alle ihre Lernziele: »Befähigung zur Selbst- und Mitbestimmung wie zur Sensibilitäts- und Solidaritätsbereitschaft, und in ihnen wird interkulturelle Pädagogik aufgehoben in allgemeiner Menschenbildung.«[61]

Aus internationaler Perspektive wird nach den Möglichkeiten des Abbaus von Herrschaft von Menschen über Menschen gefragt. Rationales Begreifen und Durchdenken[62] der Unterdrückung, Ausbeutung, Sklaverei, Klassenherrschaft und Randgruppendiskriminierung soll zu Bewußtseinsänderungen im

---

59 Joachim Ebert/Jürgen Hester/Helga Thomas: Überlegungen zur interkulturellen Bildung und Erziehung. Schlußfolgerungen aus einem Berliner Schulversuch zur Integration türkischer Schüler, in: Bildung und Erziehung 3/1987, 277. Unter Rückgriff auf Leontiew ist in diesem Ansatz Anpassung ein lebenserhaltender Vorgang, der universell Transformationsprozesse von alten in neue Kulturen ermöglicht. Entscheidend für die Diskussion Interkultureller Pädagogik ist dabei die Annahme identischer Momente in allen Kulturen (ebd., 276).
60 Borrelli, 1986.
61 Michele Borrelli: Gegen den affirmativen Charakter von Kultur und Bildung. Interkulturelle Pädagogik: Theorie und Praxis, in: Borrelli/Hoff (Hg.): Interkulturelle Pädagogik im internationalen Vergleich, Baltmannsweiler 1988a, 35.
62 Borrelli 1986, 9.

Sinne von Solidarität, Selbst- und Mitbestimmungsfähigkeit führen. Die Schülerinnen und Schüler sollen universelle kulturübergreifende Gemeinsamkeiten erreichen, dazu sollen sie sich aus den partikularen Befangenheiten ihrer kulturellen Traditionen herauslösen. Solche irrationale Befangenheit manifestiere sich besonders in Religiosität[63], Folklore und Exotik.[64]

Im Hinblick auf die individuelle Entwicklung wurde interkulturelle Bildung als universelle Bildung vom Leiter des Interkulturellen Projekts ‚Krefelder Modell', Karl-Heinz Dickopp, konzipiert. Dickopps Ausgangspunkt ist die Kritik an Abgrenzungsfunktion von Kulturzugehörigkeit. Kultur konstituiert Gemeinschaften, die die Distanzierung vom Fremden forcieren. »Hier ist der Mensch nicht nur Mitmensch und Partner aller Menschen, sondern vorrangig nur derjenigen, die sich mit ihm in einer Kulturgemeinschaft befinden.«[65] Durch kulturell unterschiedlich geprägte Erziehungssysteme in einer Gesellschaft kann der Nachteil entstehen, daß zwischen den Kulturen Gemeinsamkeiten, ‚interkulturelle Spielräume', fehlen und daß es eher zu Trennungen als zu Annäherungen zwischen den Menschen kommt.

Um dieser Gefahr der hierarchisierenden Differenzierung zu begegnen, betont Dickopp die Freiheit, Selbstbestimmung und Selbstverwirklichung der einzelnen Persönlichkeit. Diese Persönlichkeit wird nun aber bei Dickopp nicht etwa vorrangig in ihrer Einzigartigkeit gesehen, sondern in ein Entwicklungskonzept eingefügt, für das überkulturelle Gültigkeit postuliert wird. Die kulturellen Sitten und Gebräuche beruhen nach diesem, in der Tradition Piagets und Kohlbergs stehenden Ansatz »auf universalen für alle Menschen geltenden und quasi natürlichen Grundwerten, universalen und moralischen Prinzipien«[66]. Der individuelle menschliche Werdeprozeß ist hier durch eine allgemeine, quasi-natürliche Entwicklungsstruktur bestimmt. Menschliche Entwicklung führt von der Abhängigkeit zur Selbständigkeit, von der Heteronomie zur Autonomie. »Dieser Entwicklungsprozeß vollzieht sich in Stufen, von denen er jede einzelne erst mühsam erklimmen und einnehmen muß, um zur jeweils nächsten Stufe voranschreiten zu können. Um auf die letzte Stufe einer souveränen, selbstmächtigen und prinzipienorientierten Persönlichkeit zu gelangen, müssen notwendigerweise alle vorausgehenden durchschritten und in ihrer Struktur ausgeprägt sein.«[67]

Dem ‚Krefelder Modell', neben dem ‚Bayerischen Modell' wohl das bekannteste Konzept aus den Anfängen der Interkulturellen Erziehung, lag die-

---

63 Borrelli 1986, 13-15.
64 Michele Borrelli: Interkulturelle Pädagogik – »Exotik«-Pädagogik?, in: Ausländerkinder 18/1984, 5-50.
65 Karl-Heinz Dickopp: Begründungen und Ziele einer multikulturellen Erziehung – Zur Konzeption einer transkulturellen Erziehung, in: Michele Borelli (Hg.): Interkulturelle Pädagogik, Baltmannsweiler 1986, 41; vgl. auch ders.: Erziehung ausländischer Kinder als pädagogische Herausforderung. Das Krefelder Modell, Düsseldorf 1982.
66 Dickopp 1986, 46.
67 Dickopp 1986, 45.

se Theorie zugrunde. Es wurde 1975-1979 in Grundschulen der Stadt Krefeld durchgeführt und von seinem wissenschaftlichen Leiter, Karl-Heinz Dickopp, auch dokumentiert.[68]

Die Diskussion von Bildungszielen mit über-kulturellem Gültigkeitsanspruch ist für die Interkulturelle Pädagogik unerläßlich, denn die Lehrkräfte einer Klasse, auch einer Schule mit Kindern verschiedener kultureller Herkunft, bewegen sich in einem Handlungsfeld, in dem Spielregeln gebraucht werden, die für alle Gültigkeit haben sollen. Zugleich setzen sich universelle Normen immer dem Vorwurf aus, daß sie ihren Anspruch, für alle gleichermaßen sinnvoll und gerecht zu sein, nicht einlösen können.

Zusammenfassend lassen sich darum universalistisch orientierte Konzepte der Interkulturellen Erziehung nur ambivalent, sowohl in ihren produktiven, als auch in ihren begrenzten und fragwürdigen Folgen bewerten.

Die Diskussion um die Gültigkeit des Universalismus ist interdisziplinär und international geführt worden.[69] Die universalistischen Theorien der kognitiven (Piaget) und moralischen (Kohlberg) Entwicklung wurden als normativ-ethnozentrisch und hierarchisch kritisiert, gerade auch in ihren Emanzipationsvorstellungen, die jeweils die höchstmögliche Stufe charakterisieren. Schöfthaler faßt diese Piaget-Kritik so zusammen: »So ist Piagets gesamter Entwurf der geistigen Entwicklung von der frühen Stufe vorsprachlicher Intelligenz des Säuglings zur frei beweglichen formalen Intelligenz des Erwachsenen, der sich von der Bindung an die Gegebenheiten seiner Umwelt löst (durch Bildung von Hypothesen über gedanklich vorweggenommene Alternativen), ein einziges Plädoyer für Befreiung vom Zwang sozialer Verhältnisse.«[70] Sichtbar wird hier das Ideal des autonomen Subjekts der bürgerlichen Gesellschaft, das seine Abhängigkeit nicht denken, nicht in sein Selbstideal integrieren kann. Solche ethnozentrische (und androzentrische, vgl. Kap. IV) Gebundenheit manifestiert sich in der Unmöglichkeit aus der Perspektive dieser Theorie die Eigenart und den Eigenwert anderer soziokultu-

---

68 Zur Kritik am Univeralismus bei Dickopp vgl. Helmut Richter: Subkulturelle Segregation zwischen Assimilation und Remigration – Identitätstheoretische Grundlegungen für einen dritten Weg in der Ausländerpädagogik, in: Hamburger 1983, 106-125; auch Georg Auernheimer: Kulturelle Identität – ein gegenaufklärerischer Mythos?, in: Das Argument 3/1989, 381-394. Als weitere universalistische Position vgl. Jörg Ruhloff: Bildung und nationalkulturelle Orientierung, in: Aufwachsen im fremden Land. Probleme und Perspektiven der »Ausländerpädagogik«, Frankfurt 1982.
69 Bei Schöfthaler findet sich ein Überblick über die sozialwissenschaftliche Diskussion dieser Fragen, vor allem in den USA und in der BRD, als Vertreter von Universalismus-Theorien sind bei Schöfthaler zum Beispiel Piaget, Kohlberg, Parsons und Habermas zusammenfassend aufgeführt. Ich schließe mich im folgenden den Darstellungen Schöfthalers an. Vgl. Traugott Schöfthaler: Kultur in der Zwickmühle zwischen Relativismus und Universalismus, in: Das Argument 139/1983, 333-347 und ders.: Multikulturelle Erziehung und Transkulturelle Erziehung – zwei Wege zu kosmopolitischen kulturellen Identitäten, in: Internationale Zeitschrift für Erziehungswissenschaft 3/1984, 11-24.
70 Schöfthaler, 1983, 338.

reller Entwicklungen wahrnehmen zu können, diese können vielmehr nur den unteren Stufen der hierarchischen Konstruktion zugeordnet werden.»[...] so interpretiert Piaget die Sozialisation in ‚primitiven' Gesellschaften als fortschreitende Entwicklung von Zwang, während er in ‚zivilisierten' Gesellschaften fortschreitende Autonomie zu erkennen glaubt.«[71]

Daß Angehörige anderer Kulturen andere Entwicklungsprozesse durchlaufen, die unlöslicher Bestandteil der Lebenszusammenhänge und Sozialstrukturen in diesen Gesellschaften sind,[72] kann nur im Sinne der monistischen Hierarchie wahrgenommen werden. Die Vielfalt tatsächlicher Verhaltensweisen wird mit der Konstitution des Ideals kontrastiert. Das Modell der individuellen Entwicklungshierarchie im Sozialisationsprozeß wird so überführt in ein Modell der kulturellen Evolutionshierarchie. Die euroamerikanische Moderne wird hier nach wie vor im Sinne des ihr eigenen Fortschrittsglaubens als Spitze der Menschheitsentwicklung angesehen.

Solche ethnozentrische Idealisierung der Moderne übersieht ihre verhängnisvollen Kehrseiten: die Nötigung zur uniformierenden Industrialisierung und Bürokratisierung durch neokoloniale Expansion und die damit verbundene Verarmung in der Dritten Welt, die industriell verursachte Umweltzerstörung, die militärische Aufrüstung und Profitmaximierung als oberstes Ziel. Aus der Analyse dieser zerstörerischen Wirkungen, die von den Gesellschaften der euroamerikanischen Moderne mit ihrem militärisch-industriellen Komplex ausgehen, bezieht die Kritik an universalistischen Postulaten ihre Stärke.

Demgegenüber bezieht das Behaupten universeller Maximen in der interkulturellen Pädagogik seine Stärke aus der bedeutsamen Rolle, die die Menschenrechte, die zuerst in Europa und Nordamerika Bedeutung gewannen, in zunehmenden Maße weltweit spielen.[73]

Zunächst ist zu bedenken, daß die Menschenrechte nicht ohne weiteres überzeitliche globale Gültigkeit beanspruchen können. Sind sie doch, wie alle anderen von Menschen gemachten Manifestationen in konkreten historischen Situationen entstanden, waren Ausdruck konkreter historischer Auseinandersetzungen. Obwohl allgemeingültig formuliert, galten Menschenrechte immer nur partikular. Dieses Problem läßt sich anhand der Wirkungen der Französischen Revolution von 1789 veranschaulichen. Die demokratischen Rechte galten keineswegs für alle Menschen und keineswegs wurden alle als vernunftbegabt begriffen. Gleiche Rechte und Vernunft wurden großen Teilen der Bevölkerung abgesprochen und mußten von jeder einzelnen Gruppierung mühsam erkämpft werden. Von aufklärerischen Menschen-

---

71 Schöfthaler 1983, 341.
72 Hildegard Simon-Hohm: Afrikanische Sozialisation im Widerspruch zwischen modernen und traditionellen Gesellschaftsformen. Bedeutung und Konsequenz für den Schulerfolg, in: Mitter/Swift 1985, 601-614.
73 Detlev Glowka/Bernd Krüger/Marianne Krüger-Potratz: Über einige Schwierigkeiten mit der »multikulturellen Erziehung«, in: Vergleichende Erziehungswissenschaft 17/1987, 13.

rechts- und Vernunftpostulaten profitierte zuallererst das Bürgertum. Minderheitenkulturen, wie etwa die Sinti und Roma, hatten, u.a. durch die mit der Revolution forcierte Zentralisierung, erhebliche Nachteile in Kauf zu nehmen.[74]

Die einzelnen inhaltlichen Bestimmungen demokratischer Rechte und auf Vernunft sich berufender Urteile müssen darum sorgfältig im Hinblick auf möglichen Mißbrauch für lediglich partikulare Interessen untersucht werden.[75] Universalismus läuft immer Gefahr, falscher Universalismus zu sein, es gibt keine Personen und keine Instanzen, die in der Lage wären, wirklich für alle zu sprechen. Es ist also nicht möglich, von irgendeinem Standpunkt aus legitime, universell gültige Aussagen zu machen. Vielmehr sind die historische Bedingtheit und die Perspektive, aus der heraus die Aussage getroffen wird, mit anderen Worten Historizität und Kontextualität, stets mit zu berücksichtigen.

Alle universalistischen Positionen der hier zur Diskussion stehenden Interkulturellen Pädagogik gewinnen ihre Maßstäbe aus der Geistestradition, der sie selbst angehören, aus der modernen abendländischen Tradition. Sie sind darum Versuche, aus der europäischen Sicht für alle hier lebenden Kulturen oder sogar für alle global existierenden Kulturen, gültige Aussagen zu treffen. Sie sind nicht davor gefeit, unter dem Deckmantel allgemeiner Interessenvertretung bewußt oder unbewußt ihre eigenen Interessen durchzusetzen.[76]

Universalistisches Denken befindet sich darum im Konflikt mit den Maximen des Kulturrelativismus, wie er in der Interkulturellen Pädagogik im engeren Sinne einflußreich ist. Zunächst soll diese Position dargestellt und dann die Auseinandersetzung mit dem Universalismus und mit der Frage nach der Bedeutung der Menschenrechte noch einmal aufgegriffen werden. (Vgl. die letzten Abschnitte dieses Kapitels.)

5. Pädagogischer Kulturrelativismus: Die unmögliche Anerkennung der Anderen?

Interkulturelle Erziehung in ihrer tendenziell kulturrelativistischen Variante bemüht sich darum, die Verschiedenheit und Gleichwertigkeit der Kulturen anzuerkennen. Mit dieser Option für kulturelle Pluralität unterscheidet sie

---

74 Vgl. Schäfer 1989.
75 Vgl. z.B. die Auseinandersetzung mit der Begrenztheit des bürgerlichen Freiheitsbegriffs bei: Gerhard 1987; Barbara Schaeffer-Hegel: Die Freiheit der Brüder, in: Deuber-Mankowski u.a.: 1789-1989. Die Revolution hat nicht stattgefunden, Tübingen 1989.
76 Vgl. Schöfthaler 1984, 18.

sich von allen zur Herstellung von Einheitlichkeit tendierenden, segregierenden, assimilatorischen und universalistischen pädagogischen Tendenzen, von denen in den vorangehenden Abschnitten die Rede war.

Interkulturelle Pädagogik entstand aus der Einsicht, daß die Bundesrepublik ein Einwanderungsland geworden ist,[77] aus der Auseinandersetzung mit den Mängeln der Ausländerpädagogik[78] und durch Rezeption der internationalen Diskussion. Die in den siebziger Jahren vorherrschende Ausländerpädagogik war vor allem eine aus kurzfristig erforderlichem Handlungsbedarf entstandene Reaktion auf eine nicht eingeplante Anwesenheit einer größeren Zahl von Kindern aus anderen Kulturen. Ihre Maßnahmen stammten im wesentlichen aus dem vorhandenen pädagogischen Repertoire.[79] Die in den achtziger Jahren entstehende Interkulturelle Pädagogik hingegen[80] bewegt sich im Kontext theoretisch hoch ambitionierter Auseinandersetzungen und schaffte didaktische Neuerungen.

Undenkbar wäre Interkulturelle Erziehung auch ohne die Inspiration durch neue pädagogische Erfahrungen, die in Ländern mit (durch Kolonialismus und Einwanderung) viel stärker multikulturell zusammengesetzter Bevölkerung gemacht worden sind.[81] Die kulturanthropologische Position des Kulturrelativismus hat dabei zunehmend an Einfluß gewonnen. Diese Position geht von einer unhintergehbaren Gleichwertigkeit der Kulturen aus.[82]

Interkulturelle Erziehung kritisiert abendländische Höherwertig-keitsvorstellungen: »Das Grundmuster der Höherwertigkeit manifestiert sich z.B. in der Vorstellung der Evolution der Gesellschaften von der Natur- zur Kulturstufe (analog dazu die Einteilung in Natur- und Kulturvölker) und in einer Linearität des Entwicklungsprozesses, mit den Industriegesellschaften (d.h. ‚uns') als dem krönenden Höhepunkt. Viele andere Länder sind gemessen an ‚unserem Fortschritt' noch unter- oder unentwickelt oder schlichtweg rückständig.«[83] Die Kritik des Eurozentrismus des westlichen Überlegenheits- und Fortschrittsglaubens gewinnt ihre Überzeugungskraft aus dem für die Menschen und ihre Lebensgrundlagen zerstörerischen Potential der industriellen und militärischen Einrichtungen. Die Einsicht, daß Kulturen der Welt

---

77 Vgl. Peter Kühne: Bedingungen und Ziele der schulischen Sozialisation von Arbeiterkindern ausländischer Nationalität, in: Die deutsche Schule 12/1980, 707-718; Hamburger 1983.
78 Vgl. Griese 1984; Franz Hamburger: Von der Ausländerpädagogik zur interkulturellen Erziehung. Probleme der Pädagogik im Umgang mit dem Fremden, in: Günter Eifler/Otto Saame (Hg.): Das Fremde. Aneignung und Ausgrenzung. Eine interdisziplinäre Erörterung, Wien 1991, 35-58.
79 So wurde z.B. zu Anfang Deutsch mit den Methoden des Deutschen als Fremdsprache gelehrt. Vgl. Ursula Boos-Nünning/Michael Hohmann/H.H. Reich/F. Witteck: Aufnahmeunterricht – Muttersprachlicher Unterricht – Interkultureller Unterricht, München 1983.
80 Überblick bieten die Texte von Klemm 1985a, Friesenhahn 1989.
81 Vgl. Haller 1985, Hohmann 1983.
82 Vgl. Greverus 1978.
83 Nestvogel 1988, 42.

mit ihrer Vielfalt an Lebens-, Empfindungs-, Produktions- und Denkweisen[84] einen durch nichts ersetzbaren Reichtum darstellen, läßt die kulturzerstörerischen Wirkungen von Kolonialismus und Neokolonialismus mit den Folgen der Uniformisierung und Bürokratisierung kraß hervortreten.[85]

Aus diesen Einsichten in globale Verhältnisse folgt, daß sich Interkulturelle Pädagogik an Angehörige aller Kulturen, und nicht etwa nur wie die Ausländerpädagogik an die Angehörigen von Minoritätenkulturen, wendet. Für die Kinder und Jugendlichen aus jeder Kultur geht es darum, ihre kulturelle Herkunft, ihre Geschichte, ihre Normen, Symbole und Werte, ihre Schwächen und Stärken sich bewußt zu machen und diese zu reflektieren.

Zur Interkulturellen Erziehung gehört ein demokratischer Kulturbegriff, der in unzähligen Fassungen formuliert wurde, Konsens besteht aber bei allem Variantenreichtum darin, daß Kultur nicht mehr nur ‚Hochkultur' ist und auch nicht nur kulturelle Produktionen im engeren Sinne, also z.b. Folklore oder Volkskultur meint, der Begriff der Kultur nimmt eine viel umfassendere, im Hinblick auf die Lebensweisen aller Menschen gültige Fassung an. »Kultur im weitesten Sinne ist das, was dich zum Fremden macht, wenn du von daheim fort bist«,[86] so Ina-Maria Greverus. Auernheimer faßt das für die Interkulturelle Pädagogik meines Erachtens maßgebliche Kulturverständnis zusammen: »Als Kultur einer Gesellschaft oder gesellschaftlichen Gruppe können wir ihr Repertoire an Kommunikations-und Repräsentationsmitteln bezeichnen.«[87] In Übereinstimmung mit weiteren Wissenschaftlern (z.B. Gramsci, Haug, Metscher, Bourdieu, Clarke, Willis, Claessens, Greverus) wird dabei klar, welche Implikationen mit diesem Kulturbegriff verbunden sind:[88] Kultur wird zwar auf symbolische Bedeutungen begrenzt, aber die Symbolsysteme des materiellen Lebensprozesses, des Alltagslebens, sind Teile der Kultur. Kultur steht damit in enger Beziehung zu Produktionsweisen und Klassenlagen. Sie ermöglicht Verständigung, Handlungsorientierung und Selbstvergewisserung.

Kulturen sind in ständiger Veränderung begriffen, das gilt auch für Kulturen, die auf den ersten Blick über lange Zeit unverändert zu sein scheinen. Die Einsicht in die Prozeßhaftigkeit von Kultur ist im Hinblick auf Migrationen besonders zu beachten, da bei den abrupten Veränderungen der materiel-

---

84 Vgl. Schöfthaler 1983, Simon-Hohm 1985, Nadig 1986.
85 Vgl. zur kulturanthropologischen Diskussion: Schöfthaler 1983.
86 Greverus 1978, 11.
87 Auernheimer 1989, 386. Diese Definition hat den Vorzug Kultur nicht einfach, wie oft in der ethnologischen Forschung, mit Gesellschaft gleichzusetzen und damit zu unpräzise werden zu lassen.
88 Wir folgen hier Auernheimer 1989, 386, der die für unseren Zusammenhang wesentlichen Merkmale von Kultur zusammenstellt. Dabei verzichten wir auf die Darstellung weiterer Kulturdefinitionen, dazu sei verwiesen auf: Auernheimer 1988 sowie auf Uwe Sandfuchs: Umrisse einer Interkulturellen Erziehung, in: Die Neue Gesellschaft, Frankfurter Hefte 12/1986, 1147-1152.

len Lebensbedingungen und des Lebenszusammenhangs die Menschen auch die kulturellen Bedeutungssysteme und kulturellen Praxen verändern.[89]

Die Artikulation von Symbolen und Themen geschieht nicht im herrschaftsfreien Raum.»Aufgrund ihres symbolischen Charakters ist jede Kultur und ist jedes Kulturelement mehrdeutig und für Bedeutungsverschiebungen, Verdichtungen usw. – generell für Transformationen und unterschiedliche Artikulationen offen. Daher ist Kultur das Feld des Kampfes um Bedeutungen, um kulturelle Hegemonie, und zwar besonders in Zeiten gesellschaftlicher Umwälzungen, wenn die Transformation kultureller Bedeutungen ansteht.«[90]

Mit Hilfe dieses Kulturbegriffs ist leicht einzusehen, warum Interkulturelle Pädagogik in der Arbeit mit Kindern von Arbeitsimmigrantinnen nicht von zwei starren Kulturen ausgeht, sondern von Veränderungsprozessen in der Herkunftskultur und in der Aufnahmekultur sowie von der Entwicklung von Migrantenkulturen. Es wäre verfehlt, Migrantenkulturen aufgrund von Kulturbruch und Kulturschock als defizitäre[91] Kulturen zu begreifen. Sie sind vielmehr kreative Leistungen der wandernden Menschen, welche die für ihr Überleben notwendigen Verständigungen miteinander und mit ihrer Umwelt hervorbringen.

Neben den hier genannten Kulturformen muß noch auf den Begriff der Subkultur verwiesen werden, der für unsere Zwecke die Untergruppen einer Kultur bezeichnet, so etwa entsprechend der Klassenlage die Subkultur des Subproletariats, der Arbeiter, der Angestellten, der Mittelschicht und der Oberschicht oder Bohéme, von Alternativen, von Lesben, von Schwulen usw.[92]

Aus der Anerkennung der Verschiedenheit und Gleichwertigkeit der Kulturen sowie ihrer Prozeßhaftigkeit leitet Interkulturelle Pädagogik die Aufgabe her, das Bewußtsein eigener kultureller Identität zu fördern. Das bedeutet nun nicht etwa isoliertes Nebeneinanderherleben, sondern mit der Kenntnis der eigenen Kultur soll die Fähigkeit zur Wahrnehmung auch der anderen Kulturen unter Beibehaltung des wechselseitigen Respekts entwikkelt werden, daher der Name Interkulturelle Pädagogik.

Die Ziele erfordern institutionell-organisatorische und didaktische Innovationen. Auf der institutionellen Ebene macht der Unterricht in mehreren Sprachen innere und äußere Differenzierungen erforderlich. Sie sollen es möglich machen, zwei Sprachen so weit wie möglich zu beherrschen und Beziehungen zu den Mitschülerinnen und Mitschülern zu pflegen. Dem Spra-

---

89 Konkrete Beispiele dazu in Sellach 1985.
90 Auernheimer 1989, 886f.; Michele Borrelli: Interkulturelle Pädagogik als Pädagogische Theoriebildung: Hypothesen zu einem (neuen) Bildungsbegriff, in: Borrelli 1986a.
91 Vgl. die Kritik der defizitorientierten Migrantenforschung bei Bender-Szymanski/Hesse 1987.
92 Auf weitere (durchaus aufschlußreiche und sinnvolle) Differenzierungen kann im Rahmen dieser Arbeit verzichtet werden. Für solche Differenzierungen vgl. Klemm 1985; John Clarke: Jugendkultur als Widerstand, Frankfurt 1979; Schwendter 1978.

chenunterricht, meist mit dem Ziel der Mehrsprachigkeit, kommt also besondere Bedeutung zu.[93]

Auf der personellen Ebene ist die Einstellung von Angehörigen der minoritären Kulturen erforderlich, damit Lehrende da sind, die die Schlüsselerfahrungen auch dieser Kulturen von innen kennen, muttersprachlich unterrichten können und über das zugehörige Sachwissen verfügen, das ja im monokulturellen Ausbildungsgang der dominanten Kultur kaum vermittelt werden kann. Die Tatsache, daß die ausländischen Lehrkräfte hierzulande in schlechter bezahlten und ungesicherten Arbeitsverhältnissen leben,[94] ist ein Anhaltspunkt dafür, daß Interkulturelle Pädagogik auch Streiten gegen Unterprivilegierung einschließen muß, um glaubhaft werden zu können.

Neben dem Sprachunterricht ist in den Fächern Geschichte, Politische Bildung, Religion, Kunst und Musik eine Öffnung für das Wissen aus vielen Kulturen erforderlich. Daneben wirken sich interkulturelle Bildungsziele aber auch in anderen Fächern aus, so, um nur zwei Beispiele zu nennen, bei der Gestaltung von Textaufgaben in Mathematik, oder im Hinblick auf die globalen Fragen des Umweltschutzes im Biologie- und Chemieunterricht.

Die Didaktik der Interkulturellen Erziehung muß die homogene Jahrgangsklasse aufbrechen, denn Interkulturelle Pädagogik ist ohne Differenzierungsmaßnahmen nicht möglich: Die Heterogenität der Schülerinnen und Schüler macht einen flexiblen Einsatz von Innerer Differenzierung, Äußerer Differenzierung und Plenarunterricht notwendig. Dabei ist der Form der ‚kooperativen Binnendifferenzierung' der Vorzug zu geben,[95] denn diese erlaubt selbständiges und eigenverantwortliches Lernen von Individuen in Kontakt mit anderen. Erfolgreich und den Anforderungen der Interkulturellen Pädagogik angemessen erwies sich auch die Arbeitsform des ‚Team-Kleingruppen-Modells'[96].

Nachdem nun einige zentrale Aspekte Interkultureller Pädagogik vorgestellt wurden, ist es unerläßlich, ein Dilemma, das mit der Zielsetzung dieses Ansatzes zusammenhängt, zu diskutieren. Die Möglichkeiten, einen konsequenten Kulturrelativismus durchzuhalten, werden immer wieder angezweifelt. Dies geschieht üblicherweise mit einem Hinweis auf die patriarchalischen Verhältnisse in türkischen Familien.[97] Wenn mit der Anerkennung der fremden Kultur auch die Anerkennung von deren Menschenfeindlichkeiten verbunden sei, so sei das eine nicht mehr haltbare Konsequenz, die Menschenrechte für die Mädchen hätten dann Priorität vor dem Prinzip kulturel-

---

93 Vgl. Jochen Rehbein: Perspektive Muttersprache, in: Annita Kalpaka/Nora Räthzel (Hg.): Die Schwierigkeit nicht rassistisch zu sein, Berlin 1986, 104-119.
94 Vgl. Boos-Nünning 1984.
95 Richard Göbel: Verschiedenheit und gemeinsames Lernen, Königstein 1981.
96 Helga Thomas: Integration ausländischer Schüler in Gesamtschulen. Wissenschaftliche Begleitung zum Modellversuch. Zusammenfassung, in: Gesamtschul-Informationen 3-4/1987, 9-55.
97 Vgl. z.B. Nieke 1984.

ler Gleichwertigkeit.[98] Kulturrelativismus bedeute darum Gleichgültigkeit gegenüber den Unmenschlichkeiten fremder Kulturen; aus kulturrelativistischer Sicht ließen sich keine verbindlichen Werte und Gemeinsamkeiten formulieren und legitimieren.

»Kann die Aufrechterhaltung von Minderheitenkulturen eine Aufgabe öffentlicher Erziehung sein?«, so lautete die skeptische Frage des Symposiums ‚Multikulturalität und Bildung' auf dem 11. Kongreß der DGfE 1988 in Saarbrücken.[99] Diese Frage wurde von einigen Referenten verneint: »Das staatliche Schulwesen der Bundesrepublik ist kein Ort, an dem Minoritätenkulturen gedeihen können. Die Erhaltung solcher Kulturen sollte nicht als Aufgabe öffentlicher Erziehung angesehen werden.«[100] Denn, so die Begründung, »Ethnizität verspricht die Stützung von Identität. Tatsächlich jedoch bildet die besondere ‚Besetzung' der ethnischen Identität einen Irrweg, auf dem die Persönlichkeit reduziert wird«.[101]

Der Gegensatz Universalismus versus Relativismus bleibt meiner Auffassung nach in der einschlägigen Diskussion ungelöst. Deshalb möchte ich im nachfolgenden Abschnitt Vorschläge zur Lösung dieses Problems aus der Perspektive der Pädagogik der Vielfalt machen, die aber selbstverständlich ebenfalls viele Fragen offen lassen müssen angesichts der hier zur Diskussion stehenden Schwierigkeiten.

6. Interkulturelle Pluralität in der Erziehung oder Universalismus versus Relativismus – eine falsche Alternative im interkulturellen Diskurs

Die Kontroverse Universalismus versus Relativismus entsteht meines Erachtens, weil aus jeder der beiden Sichtweisen kulturelle Realität nur ausschnitthaft wahrgenommen wird. Europäische Kritiker des Kulturrelativismus ziehen zum Beweis der Richtigkeit ihrer Position die Unmenschlichkeiten anderer Kulturen und die fortschrittliche Humanität ihres eigenen Denkens heran. Verfechter des Kulturrelativismus hingegen betonen die unersetzlichen menschlichen Leistungen der anderen Kulturen und die Zerstörungen, die von der westlichen Zivilisation ausgegangen sind und andauernd ausgehen.

---

98 Vgl. für die Position den Text von Jorkowski und ihr Interview mit Gabriele Pommerin. Renate Jorkowski: Spezifische Probleme ausländischer Mädchen in der deutschen Schule. Hessisches Institut für Bildungsplanung und Schulentwicklung (HIBS), Sonderreihe, Heft 23, Wiesbaden 1986.
99 Vgl. 23. Beiheft der Zeitschrift für Pädagogik, Weinheim und Basel 1988, 35-56.
100 Detlef Glowka/Bernd Krüger: Die Ambivalenz des Rekurses auf Ethnizität in der Erziehung, in: Vergleichende Erziehungswissenschaft 19/1988, 37; vgl. auch Glowka 1987.
101 Glowka/Krüger 1988, 36.

Zur Klärung des Problems ist es erforderlich, zunächst als Realität anzuerkennen: Zerstörung, Unmenschlichkeit und Unterdrückung, aber auch Mitmenschlichkeit und Kreativität gibt es in sehr vielen, wohl den allermeisten Kulturen, es ist unmöglich, diese im Sinne einer Bilanz vergleichend zu quantifizieren! Es ist vielmehr erforderlich, beides, die negativen und die positiven Aspekte der eigenen und der fremden Kultur wahrzunehmen in ihrer je spezifischen Qualität.

In den Diskussionen um Interkulturelle Pädagogik aber bleibt viel zu wenig berücksichtigt, daß innerhalb der Kulturen Menschen in Herrschaftsverhältnissen, Feindschaften und oft existentiellen Interessengegensätzen gegeneinander ankämpfen. Um die Konzeption Interkultureller Pädagogik angemessen präzisieren zu können, kommt man nicht umhin, die Anstrengung auf sich zu nehmen, auch subkulturelle Differenzen, Klassenantagonismen und das Geschlechterverhältnis zu berücksichtigen.

Für die Mehrheitskultur der Bundesrepublik gilt, daß sie nichts weniger ist, als eine geschlossene kulturelle Einheit, gliedert sie sich doch in höchst unterschiedliche Subkulturen vertikaler und horizontaler Art auf. Soziale Klassen und Schichten[102] stellen dabei nur eine Grobeinteilung auch der Subkulturen dar, die für die Bildungspolitik von größter Relevanz sind, wie z.B. Subproletariat, Arbeiter- und Angestelltenkulturen, Mittelschichtkulturen und die zahlenmäßig sehr kleine Oberschicht, die ebenfalls über ausgeprägte eigene kulturelle Muster verfügt. Zwischen diesen Gruppen, die gemeinhin einer Kultur zugerechnet werden, gibt es, teils bewußt, teils unbewußt praktizierte Systeme von Unterscheidungsmerkmalen und jede ist geprägt von spezifischen sozialen Praxen und Identitätsbildungsprozessen und ist bestrebt, sich nach unten abzugrenzen und sich mit Kindern der eigenen Gruppe zu reproduzieren.[103] Die genannten Gruppen befinden sich hinsichtlich von Macht, Prestige, Einkommen und Besitz in einer unübersichtlich komplexen, aber hierarchischen Ordnung. Trotz formal gleicher Zugänge in demokratischen Gesellschaften verhindern u.a. ausgeprägte informelle Codes den Aufstieg der unteren Bevölkerungsgruppen in die privilegierten gesellschaftlichen Schichten.[104]

Im Gegensatz zur kulturellen Vielfalt der Gesellschaft kann nach wie vor von einer Monokultur der Schule gesprochen werden. Schule ist bis heute eine Mittelschichtinstitution.[105]

---

102 D.h. Stammkulturen nach Clarke. John Clarke: Jugendkulturen als Widerstand, Frankfurt 1979.
103 Pierre Bourdieu hat in seinem Buch »Die feinen Unterschiede« die subtilen Differenzierungsprozesse zwischen den Subkulturen, die einer Gesamtkultur zugerechnet werden, aufgezeichnet (Frankfurt 1982).
104 Bourdieu 1982.
105 Uwe Engel/Klaus Hurrelmann: Bildungschancen und soziale Ungleichheit, in: Sebastian Müller-Rolli (Hg.): Das Bildungswesen der Zukunft, Stuttgart 1987, 77-97.

Die Mehrheit aller Schülerinnen und Schüler hat sich mit einer belastenden Kulturdiskrepanz zwischen Familie und Schule auseinanderzusetzen.[106] »Die Kinder aus Mittel- und Oberschicht erleben nicht nur eine größere Übereinstimmung von Familien- und Schulkultur als die übrigen Kinder, sondern sie können auch mit vielfältigeren und reichhaltigeren materiellen und immateriellen Unterstützungsleistungen der Herkunftsfamilie rechnen als jene.«[107] Die kulturelle Verfaßtheit von Schule und Bevölkerung ist also ein wichtiger Erklärungsansatz für Schulerfolg und Schulversagen.

Die kulturellen Differenzen innerhalb der deutschen Bevölkerung werden in der Diskussion um Ausländerpädagogik und Interkulturelle Erziehung kaum nennenswert berücksichtigt, da sie sich vorwiegend auf die Gegenüberstellung zwischen deutschen Einheimischen und Angehörigen anderer Kulturen beschränkt.[108]

Die Gründe, die Wertschätzung fremder Kulturen abzulehnen, beziehen sich meist auf Herrschaftsverhältnisse in solchen Kulturen und die Art, wie Konflikte ausgetragen werden. Aus ‚aufgeklärter‘ europäischer Sicht sind die folgenden Aspekte, die sich in unserem Schulwesen störend bemerkbar machen, besonders wenig akzeptabel:

Die Herrschaft von Männern über Frauen, vor allem die Restriktion gegen die heranwachsenden Töchter[109], der religiöse Fundamentalismus, vor allem wenn er sich mit faschistoider Politik verbindet und Kinder und Jugendliche autoritär indoktriniert[110] und die Funktionalisierung von Ethnizität.[111]

Unter den Bedingungen von Migration und Diskriminierung verschärfen sich die drei genannten Aspekte und gewinnen neue Bedeutungen, die sich von der ursprünglichen Bedeutung im Heimatland entfernt. Das gilt z.B. für ‚Ehre‘ als Zentrum der Identität, für den Islam als Zugehörigkeitsmöglich-

---

106 Ebd., 84f.
107 Ebd., 84f.
108 Ausnahmen von dieser Tendenz finden sich u.a. in den Schriften von Ingrid Haller, die auf die Notwendigkeit verweist, die Diskussionen der Bildungsreform um die Förderung von Kindern aus verschiedenen Schichten im Hinblick auf Interkulturelle Erziehung neu zu reflektieren, z.B. Ingrid Haller: Integration und Probleme kultureller und sozialer Identitätsfindung ausländischer Kinder/Jugendlicher, in: Bodo Scheron/Ursula Scheron: Politisches Lernen mit Ausländerkindern, Düsseldorf 1984, 47-63.
109 Renate Jorkowski (1986) hat herausgefunden, daß Literatur über ausländische Mädchen in der Schule wider Erwarten nur sehr spärlich vorhanden ist. Meist werden nur familiale Sozialisation und Probleme der Migration behandelt, nicht aber Schulprobleme der ausländischen Mädchen in den Mittelpunkt gestellt.
110 Vgl. zum Phänomen der Koranschulen, die angeblich von der Mehrzahl der türkischen Kinder besucht werden und wo sie streng bis brutal behandelt werden und mit faschistischen Ideen indoktriniert werden: Barbara Hoffmann/E. Opperskalski/E. Solmaz: Graue Wölfe, Koranschulen, Idealistenvereine, Türkische Faschisten in der Bundesrepublik, Köln 1981; Barbara Hoffmann: Korankurse, in: Auernheimer 1984a, 223-224; Saliha Scheinhardt: Religiöse Identität oder Re-islamisierung? – Koranschulen in der Türkei und in der BRD -, in: Ausländerkinder 3/1980, 48-58.
111 Vgl. Greverus 1981, Auernheimer 1989.

keit, für Faschismus als in Aussicht gestellte Rache für Erniedrigung, für ethnisches Identitätsmanagement als Kompensation von sozialer Deklassierung. Insgesamt aber unterliegen westliche Beurteilungen des Islam oft enorm pauschalisierenden Vorurteilen. Aus den Arbeiten der marokkanischen Soziologin Fatema Mernissi[112] wird ersichtlich, daß in der islamischen Welt die Positionen der Frauen sehr umkämpft sind und daß es zum Beispiel auch machtvolle Sultaninnen in der Geschichte des Islam gegeben hat.

Wenn man sich das reale Ausmaß der Interessengegensätze und Konflikte, die innerhalb der Kulturen ausgetragen werden, realistisch vor Augen hält, so wird klar, daß es kaum insgesamt harmonische humanistische Kulturen geben kann. Das heißt nicht, daß es nicht erhebliche Unterschiede hinsichtlich der Gewaltausübung, der Umweltschädigung, des Wohlbefindens und so weiter gibt. Aber potentiell hat jede Kultur ihre – je spezifischen – Schattenseiten.

Das Prinzip der Anerkennung der Verschiedenheit der Kulturen darf nicht in eins gesetzt werden mit moralischer Anerkennung, mit für Gut-und-Richtig-Halten alles dessen, was geschieht, impliziert also nicht etwa Kritikverbot.

Verschiedenheit der Kulturen anerkennen heißt grundsätzlich die Tatsache anerkennen und besser verstehen wollen, daß und wie Menschen kulturell geprägt sind und daß solche Prägung spezifische Möglichkeiten und Grenzen – Kreativität und Einschränkung, Entfaltung von Lebensfreude und Leiden unter Ausbeutung und Unterdrückung, also kulturspezifische Formen von Hierarchiebildung, Herrschaft und Gewalt – mit sich bringt.

Auch interkulturell orientierte Pädagoginnen und Pädagogen kommen nicht umhin, die eigenen Prägungen, das historische Gewordensein in der eigenen Kultur sich bewußter zu machen und damit auch die Begrenztheit der eigenen Sichtweisen, also die Tatsache, daß ich gar nicht anders kann, als andere Kulturen aus dieser Prägung heraus, bedingt durch kulturelle Befangenheit, wahrzunehmen und zu bewerten. Kulturelle Geprägtheit entscheidet darüber, welche fremden Kulturen als sympathisch oder unerträglich erlebt werden. Universalitätsbehauptungen und Wertvorstellungen aller Art sind immer kulturspezifisch bestimmt (auch und gerade wenn sie diese Bedingungen leugnen). Die Akzeptanz der historischen und kulturellen Geprägtheit und Begrenztheit unserer Normen und Werte heißt nicht, daß sie nicht legitim wären, sie haben als so bedingte ihre Berechtigung!

Dieser Einsicht in die kulturelle Begrenztheit entspricht die Einsicht in die unhintergehbare Heterogenität, wie sie im vorausgehenden Kapitel im Anschluß an Lyotard dargestellt wurde. In Anlehnung an Jouhy und Nestvo-

---

112 Fatema Mernissi: Die Sultanin, Hamburg 1991 und dies.: Der politische Harem. Mohammed und die Frauen, Frankfurt/Basel/Wien 1992. Weitere Literaturangaben zu diesem Problem in Sommer 1993.

gel[113] und in Übereinstimmung mit dem im Kapitel zur Theorie und Geschichte von Gleichheit und Verschiedenheit (Kap. II) geforderten Finitätsbewußtsein halte ich in diesem Zusammenhang die Vermittlung der Einsicht in die ethnozentrische Bestimmtheit und Bedingtheit des mensch-lichen Seins, all unseres Denkens und Verhaltens für ein zentrales Bildungsziel. Potentiale und Probleme einer jeden Kultur können dabei erkannt werden. Ina-Maria Greverus spricht von Kulturenfähigkeit, die bedeutet »sich als Schöpfer und Geschöpf einer spezifischen Kultur zu erkennen, erkannt und anerkannt zu werden«[114]. »Einen Standort haben heißt, mich in meiner ethnozentrischen Begrenztheit zu erkennen und anzunehmen: Ich bin in eine bestimmte Gesellschaft hineingeboren, habe in dieser Gesellschaft bestimmte Normen und Werte, Selbst- und Fremdbilder erworben und verinnerlicht, und diese prägen meine Einstellungs- und Verhaltensmuster.«[115] Daraus folgt die oft schwierige Erkenntnis, daß Normen und Werte sich unterscheiden. Über gemeinsame Normen kann nicht einseitig entschieden werden, sie können sich immer nur herstellen – und oft stellen sie sich nicht her. Solcher Dissens ist nicht harmonistisch zu vertuschen, sondern sichtbar zu machen!

Eine solche Bewußtheit für die kulturelle Begrenztheit muß nicht moralische Bewertung ausschließen, muß nicht historische Schuld und Verantwortung verleugnen, sie muß vielmehr Fragen des Täter- und Opfer-, Sieger- und Verliererseins kulturbezogen ansprechen. Aufklärung und Trauer über das Leiden, das ja auch kulturell verursacht wird, ermöglichen die Aneignung kultureller Zugehörigkeit. Sie können helfen, Haltungen der Pseudo-Toleranz, die manchmal in der Interkulturellen Pädagogik aufkommen, zu vermeiden, so den naiven Folklorismus, die idealisierende Exotik-Pädagogik, die paternalistische, herablassende Zuneigung und den Gestus moralisierender Selbstanklage.[116]

Für West- und Ostdeutsche gehört die bewußte Auseinandersetzung mit historischer und gegenwärtiger Schuld unverzichtbar zum Erwerb von Kultu-

---

113 Nestvogel 1988, 48; Ernest Jouhy: Bleiche Herrschaft – dunkle Kulturen. Essays zur Bildung in Nord und Süd, Frankfurt 1985; Jörg Ruhloff: Zur Diskussion »Ausländerpädagogik« als pädagogische Spezialdisziplin, in: Zeitschrift für Pädagogik, 18. Beiheft 1983, 295-296.
114 Greverus 1978, 279. Diese schöne Formulierung erinnert an Marx' Diktum »daß die Menschen ebensosehr die Umstände, wie die Umstände die Menschen machen« (MEW1, 38). Liegle führt für derartiges Durchhalten der dialektischen Perspektive der Beziehung zwischen Persönlichkeit und soziokultureller Umwelt neben Marx auch Pestalozzi und Thomas/Zuanecki an mit den folgenden Zitaten: Pestalozzi: »Soviel sahe ich bald, die Umstände machen den Menschen, aber ich sahe ebensobald, der Mensch macht die Umstände, er hat eine Kraft in sich selbst, selbige vielfältig nach seinem Willen zu lenken.« Thomas/Zuaniecki: »The human personality is both a continnually producing factor and a continually produced result of social evolution.« (Zitiert nach Liegle 1980, 201.)
115 Nestvogel 1988, 48.
116 Vgl. zu diesen potentiellen Problemen Interkultureller Pädagogik: Borrelli 1984; Glowka/ Krüger 1988; Nestvogel 1988, 48.

renfähigkeit. Den Mut, etwas über Empfindungen und Situationen der Opfer aber auch der Täter der Herrschaft der Nationalsozialisten in Deutschland erfahren zu wollen, haben nur wenige ihrer Kinder und Enkel aufbringen können. Die seltenen Versuche, solche Trauerarbeit öffentlich zu dokumentieren, zeigen die Schwierigkeiten, die mit der ernsthaften Aneignung des eigenen kulturellen geschichtlichen Hintergrundes verbunden sind, sie zeigen aber auch, daß die Lasten der Vergangenheit sonst unerkannt fortwirken.[117]

Aus dieser Sicht schließt Anerkennung der Verschiedenheit und Gleichwertigkeit der Kulturen Parteilichkeit in Konflikten zwischen Angehörigen anderer Kulturen nicht aus. Denn die Akzeptanz der Tatsache, daß die eigene und fremde oder minoritäre Kulturen nicht moralisch ‚gut' sein müssen, um anerkannt zu werden, daß sie von Machtstrukturen, Interessenkonflikten und Widersprüchen bestimmt sind, erlaubt auch Parteinahme in Konflikten. Akzeptanz als grundsätzlich gleichwertig erfordert nicht Neutralität. Parteinahme aber kann sich ihrer eigenen kulturell bedingten Wurzeln bewußt sein.

Eine solche Begründung für Parteilichkeit könnte lauten: Ich nehme Partei für ein junges Mädchen aus einer patriarchalischen Familie, wenn es meine Hilfe wünscht. Mir ist klar, daß ich das tue, weil es meiner kulturellen Identität als Feministin im ausgehenden 20. Jahrhundert entspricht und weil ich als Angehörige der Mehrheitskultur Einfluß habe.[118] Die Gewinnseiten des Helfens wären hier mitzubedenken. Ungebetene Hilfe, Stellvertreterdenken und bevormundende Fürsorge sollten darum keinen Platz in der Interkulturellen Pädagogik haben.

In anderen Fällen könnte aber Parteilichkeit auch ganz anders aussehen, z.B. wenn Jugendliche selbst eine restriktive Pädagogik fordern, etwa das Recht, vom Sportunterricht und von Klassenfahrten fernbleiben zu dürfen, und das mit ihrer kulturellen Zugehörigkeit begründen.[119] In diesem auf den ersten Blick scheinbar nicht lösbaren Dilemma darf sich Pädagogik nicht zu frauenfeindlichen Entscheidungen treiben lassen, auch nicht, wenn sogar einige Mädchen selbst sie einklagen. Wir müssen vielmehr die Generationen- und Geschlechterkämpfe innerhalb islamischer Kulturen[120] zur Kenntnis nehmen. Wir müssen darüber hinaus detailliert untersuchen, welche Bedeutung körperliche Ausdrucksformen im jeweiligen Kontext haben, und die Gestaltung z.B. des Sportunterrichts im Interesse der Mädchen und im Dialog mit den Mädchen überdenken.

---

117 Vgl. Heimannsberg/Schmidt 1988.
118 Vgl. Jochen Blaschke/Kurt Greussing (Hg.): Dritte Welt in Europa, Frankfurt 1980; Sellach 1985.
119 Vera Gaserow: Grundgesetz contra Koran? Das Bundesverwaltungsgericht muß entscheiden: Können strenggläubige moslemische Mädchen zum Sportunterricht mit Jungen gezwungen werden? Schwierige Gratwanderung, in: die tageszeitung vom 26.8.1993, 5.
120 Vgl. Mernissi 1991, 1992.

Das Urteil des Bundesverwaltungsgerichts in Berlin vom 26.8.93 scheint zunächst die Freiheit der Mädchen zu stärken: Sie dürfen sich auf die Glaubens- und Gewissensfreiheit des Grundgesetzes berufen und dem koedukativen Sportunterricht fernbleiben. Wahrscheinlich aber ist seine gegenteilige Wirkung: Das Urteil wird fundamentalistische Eltern ermutigen, die Freiheit ihrer Töchter zu vermindern und sie fester an sich zu binden. Denn je weniger die Mädchen die Möglichkeit haben, auch andere Lebensweisen kennenzulernen, desto weniger werden sie in die Lage versetzt, selbst zu entscheiden, wie sie leben wollen.[121]

Interkulturalität verwirklichen, meint vielfältige, gerade zum Schweigen gebrachte Stimmen zur Kenntnis nehmen, meint gerade nicht hierarchische Verhältnisse durch Anerkennung des Separatismus zu stützen. Anerkennung kultureller Vielfalt führt zur Multikulturalisierung des Wissenskanons und zur Minderheitenforderung in Bildungsinstitutionen, führt gerade nicht zum Bildungsausschluß von innerhalb einer Kultur inferiorisierten Gruppen. Die Anerkennung des Fernbleibens vom koedukativen Sportunterricht aber könnte ein Anfang davon sein, auf den leicht der Biologieunterricht, der Sozialkundeunterricht usw. folgen könnten.

Interkulturelle Pädagogik kann nun verstanden werden als eine Pädagogik, die am Veränderungsprozeß der Kulturen teil hat, indem sie Kindern und Jugendlichen Raum läßt, sich auch als Subjekte dieses Prozesses zu fühlen und ihn aktiv mitzugestalten. Wenn Schülerinnen und Schüler ermutigt werden, ihre Erfahrungen in Worte zu fassen und mitzuteilen, so trägt sie zur Demokratisierung zwischen und innerhalb von Kulturen und zur Stärkung der Einzelnen bei. Solche Offenheit für die Symbolisierungen von Lebenserfahrungen, die immer wieder neu zu leisten sind und zur Prozeßhaftigkeit von Kultur gehören, schließt selbstverständlich aus, daß Schülerinnen und Schüler auf statisch gedachte Kulturzugehörigkeit festgelegt werden. Im Konfliktfall zwischen Eltern und Kindern, wenn Eltern auf Kulturtraditionen beharren und Kinder Veränderungen anstreben, kann Pädagogik nur auf Seiten der Kinder stehen, indem sie sie Gewinn- und Verlustseiten der Neuerungen reflektieren läßt und zu verantwortlichen Entscheidungen für das eigene Leben ermutigt. So können ‚Entwicklungen' möglich werden im Gegensatz zum alten Fortschrittsmodell der dominierenden okzidentalen Kultur, die nur eine ‚Entwicklung' kennt.[122]

Interkulturelle Erziehung kann versuchen, die Fähigkeit zum respektvollen wechselseitigen Kennenlernen zu ermutigen. Weniger in gemeinsamen Normen, sondern im Bewußtwerden der eigenen Kultur und im Hinhören auf die andere Kultur finden sich die Verbindungswege zwischen den Kulturen. Sol-

---

121 Christian Semler: Nach dem Urteil des BVerG zur Koedukation im Sport. Grenzen der Anerkennung, in: die tageszeitung vom 27.8.93, 10.
122 Für die Gegenüberstellung von ‚Entwicklung' versus ‚Entwicklungen' vgl. Schöfthaler 1984.

ches Hinhören, Hinsehen aber bedeutet auch, sich zu verändern; von der Begegnung mit Anderem gehen Impulse zu unvorhersehbaren Entwicklungen aus. Gita Steiner-Khamsi bezeichnet auf der Basis ihrer Rezeption der amerikanischen ‚Border Pedagogy' eine solche Arbeitsweise als ‚grenzüberschreitende Pädagogik'.[123] Voraussetzung dafür aber ist die Entfaltung der antirassistischen Erziehung innerhalb der interkulturellen Pädagogik. Die Ausbreitung rassistischer Vorstellungen bei vielen Jugendlichen unserer Gesellschaft macht dabei ganz neue Arbeitsformen vor allen Dingen auch sozialpädagogischer Art erforderlich. Ein wesentlicher Teil der Anstrengungen Interkultureller Pädagogik richtet sich also an die Angehörigen der dominierenden Kultur.

Anhand der Menschenrechtsfrage[124] läßt sich verdeutlichen, warum Universalismus versus Relativismus eine falsche Alternative im interkulturellen Diskurs ist: Menschenrechtsforderungen wurden und werden von den unterschiedlichsten Gruppen weltweit benutzt, um ihre berechtigten Interessen politisch zu artikulieren. Die Anerkennung der Menschenrechte als interkulturelle Norm stellt eine politische Option dar, eine Willensentscheidung. Menschenrechte werden weltweit als Mittel demokratischer Selbstbehauptung gewählt und dienen quasi als internationaler Code der Verständigung. Wenn sich Machthaber mit Verweis auf kulturelle Vielfalt gegen Menschenrechtsforderungen wehren, so ist diese Art des Mißbrauchs des Vielfaltsarguments leicht zu widerlegen: Sind diese Mächtigen doch keinesfalls gewillt, Vielfalt in ihrem Machtbereich gelten zu lassen! Auch denunzieren sie zu Unrecht die Menschenrechte als westlichen Import, denn in den Kulturen der Welt finden sich vielfältige in ihrer jeweiligen Art codifizierte Postulate der Menschenwürde. Menschen aus allen Kulturen wollen sich schützen vor Verletzungen und Mißachtungen und universelle Interkulturalität kann sich herstellen, wenn wir uns gegenseitig zuhören und in einen Austausch über die kulturell verschiedenen Möglichkeiten der Anerkennung treten.

Ich schließe dieses Kapitel mit Sätzen, die Joachim Ernst Berendt über ‚Weltmusik' geschrieben hat, und die paradigmatisch für den Prozeß der Interkulturellen Pädagogik sein können:[125]

»Wie Nationen und Völker können auch Kulturen und Zivilisationen nicht entstehen ohne Vermischung. Die Idee der ‚reinen Kultur' – Lieblingskind der Nationalisten aller Genres – ist ungenau gedacht. Rein kann sie uns immer nur insofern erscheinen, als ihre Unreinheit so lange

---

123 Steiner-Khamsi 1992, 207.
124 Theo Sommer (Hg.): Menschenrechte. Das uneingelöste Versprechen, Zeitpunkte Nr. 2, Hamburg 1993, darin weiterführende Literaturangaben. Vgl. auch Abdullahi An Na'im: Toward an Islamic Reformation, Syracuse 1990.
125 Ich halte eine solch musikalische ‚Vermischung' für paradigmatisch auch für die Pädagogik, weil ihre Elemente – Akzeptanz der Verschiedenheit ohne verdeckte oder offene Dominanz – wechselseitiges Zuhören – sich anregen lassen – sich verändern – neu aktiv werden – auch für interkulturelle Prozesse in der Erziehung bestimmend sind.

zurückliegt, daß wir uns nicht mehr an sie erinnern können. Oder umgekehrt: Unrein ist eine Kultur nur insofern, als der Vermischungsprozeß, dem sie sich verdankt noch erinnerlich ist.«

Berendt beschreibt viele Beispiele für musikalische Strömungen, die aus vielerlei kulturellen Einflüssen kommen, so der Gregorianische Choral, geltend als Beginn der abendländischen Tonkunst, der aus Musiken des Nahen Ostens, der Ägypter, Kopten und der Musik des Maghreb hervorgegangen ist. Er schließt mit einem Hinweis auf den Musiker Collin Walcott: »Walcott liebte es, davon zu sprechen, daß die Art, in der heute die Musiker vieler verschiedener Kulturen zusammenspielen – ihre Traditionen nicht etwa verratend und abschleifend, sondern verbindlich machend für diejenigen, mit denen sie spielen – ein ‚Modell' dafür sei, wie die Menschen auf unserem Planeten humaner und rücksichtvoller miteinander leben sollten.«[126]

Triebfeder für den Wunsch nach der Erhaltung kultureller Differenzen ist noch eine Form der Parteilichkeit, diesmal auf kosmopolitischer Ebene: eine Parteilichkeit für die »Erhaltung von Widerstandspotentialen gegen die Herrschaft des Stärksten in der Weltgesellschaft«[127].

---

126 Berendt, Joachim Ernst: Über Weltmusik, in: Jean Trouillet/Werner Pieper (Hg.): Weltbeat, Löhrbach 1988, 20.
127 Ebd., 19.

IV. Feministische Pädagogik

1. Vorbemerkungen

Die aus der neuen Frauenbewegung hervorgegangene Feministische Pädagogik ist Initiatorin einer neuen Aufmerksamkeit für die patriarchalischen Strukturen des Bildungswesens und die großen Unterschiede in der Erziehung von Mädchen und Jungen. Sie setzt sich für die Emanzipation der Frauen in allen gesellschaftlichen Bereichen und damit für eine Neugestaltung des Geschlechterverhältnisses in der Bildung ein. Die Feministische Pädagogik umfaßt wie die Frauenbewegung unterschiedliche, zum Teil sogar gegensätzliche Strömungen, die sich (vereinfachend) kennzeichnen lassen als Opposition zwischen Gleichheitspositionen auf der einen und Differenzpositionen auf der anderen Seite.[1]

Feministische Pädagogik beginnt als Arbeitsfeld der neuen Frauenbewegung sichtbar zu werden mit den ersten, sozialwissenschaftlich orientierten, feministischen Konferenzen und Publikationen in der Bundesrepublik, z.b. in der ersten ‚Berliner Sommeruniversität' im Juli 1976 und auf dem ersten Kongreß des ‚Kölner Vereins' im November 1978.[2]

Aus diesen ersten Versuchen von Lehrerinnen aus der Frauenbewegung, ihre dort gesammelten Erkenntnisse und Erfahrungen auch in ihrem Berufsfeld umzusetzen, entwickelte sich zunächst zögernd, aber kontinuierlich ein

---

1 Vgl. die Darstellung der verschiedenen Strömungen in feministisch-pädagogischen Diskursen in Prengel 1986c, für die allgemeine feministische Diskussion: Cornelia Klinger: Andere Leiden – Andere Kämpfe. Überlegungen zu einem andersartigen Verständnis von Differenz im Feminismus, in: Kommune 9/1988, 6-10; Iris Marion Young: Monismus, Gynozentrismus und feministische Kritik, in: Elisabeth List/Herlinde Studer (Hg.): Denkverhältnisse Feminismus und Kritik, Frankfurt 1989, 37-65.

2 Vgl. Berichte vom Kölner Kongress: »Feministische Theorie und Praxis in sozialen und pädagogischen Berufsfeldern«, in: Beiträge zur Feministischen Theorie und Praxis 2/1979, darin besonders unter der Kapitelüberschrift »Feministische Pädagogik«, die Beiträge: Ulrike Edschmid: Was heißt Feminismus in der Schule, 81-86; Berliner Pädagoginnengruppe: Feministische Mädchenarbeit, 87-96. Vgl. auch Frauen und Wissenschaft. Beiträge zur Berliner Sommeruniversität für Frauen, Juli 1976, Berlin 1977, darin bes. die Beiträge: Dagmar Schultz: Sozialisation von Mädchen in Familie und Schulwesen, 74-83; Christiane von Lengerke: Sexismus in der Schule, 84-89; Dagmar Schultz machte mit den beiden Bänden »Ein Mädchen ist fast so gut wie ein Junge« (Berlin 1978, 1979) mit den weiter entwickelten angloamerikanischen Untersuchungen vertraut. Zur Mädchenarbeit vgl. Monika Savier/Carola Wildt: Rockerbräute, Treberinnen und Schulmädchen – zwischen Anpassung und Gegenwehr. Ein Beitrag über die Diskriminierung von Mädchen, in: Kursbuch 47: Frauen, 161-173.

Arbeitszusammenhang, durch den feministische Pädagogik öffentlich Konturen gewinnen konnte.³

Lehrerinnengruppen sind in der Frauenbewegung vergleichsweise spät entstanden, denn viele Lehrerinnen engagierten sich zunächst in § 218-Gruppen, Selbsterfahrungsgruppen, Frauenhausinitiativen und Frauenzentren. An den Universitäten und Fachhochschulen bildete sich vor allem seit Ende der siebziger Jahre im Umkreis von Frauenseminaren und anderen von Frauen initiierten Forschungszusammenhängen die pädagogische Frauenforschung heraus.⁴ Am Beginn der 80er Jahre folgten die AG Frauen und Schule, die GEW, die Arbeitsgruppe Frauenenforschung in der Deutschen Gesellschaft für Erziehungswissenschaften. Auch in Institutionen der Erwachsenen- und Weiterbildung (z.B. Evangelische Akademien, Fortbildungs – und Forschungszentren der Länder) wurden die von der Frauenbewegung thematisierten Fragen in Tagungen, Publikationen, Initiativen und Projekten nun aufgegriffen. Der deutsche Bundestag führte am 12.4.1984 seine erste »Frauendebatte«, in der auch der 6. Jugendbericht »Verbesserung der Chancengleichheit von Mädchen« diskutiert wurde.⁵

Inzwischen findet in der Erziehungswissenschaft auf Tagungen, in erziehungswissenschaftlichen Zeitschriften, Monographien und Sammelbänden, Grundsatzerklärungen oder auch Sonntagsreden, die aus der Frauenbewegung vorgetragene Kritik eine gewisse Resonanz. Insofern wurde die pädagogische Frauenbewegung einflußreicher. Diese Tatsache hatte aber bisher nicht zur Folge, daß die in der Zunft der Pädagogen als meinungsbildend geltenden wissenschaftlichen Reflexionen und Forschungsprojekte tatsächlich durch die Einbeziehung der sozialen Kategorie Geschlecht nennenswert verändert wurden. Das ‚Thema Frauen' scheint gegenwärtig ein opportuner Beleg für die ‚Fortschrittlichkeit' eines jeden Autors; tatsächlich wird die von der Frauenbewegung formulierte und pädagogisch gewendete Kritik an die traditionelle und herkömmliche Behandlung eines Themas oft nur additiv angehängt.

In letzter Zeit wurde dem Thema ‚Koedukation' neue Aufmerksamkeit geschenkt. Die Koedukationsforschung machte bewußt, daß Mädchen in koe-

---

3 Annedore Prengel: Vom Schweigen und Schreiben der Lehrerinnen, in: Beck/Boehnke (Hg.): Jahrbuch für Lehrer 5, Reinbeck 1980, 113-121, darin genaue Angaben zu frühen Publikationen der feministischen Pädagogik.

4 Zur Geschichte der pädagogischen Frauenforschung vgl. Annedore Prengel: Das hierarchische Geschlechterverhältnis ist ein traditionelles. – Zur Notwendigkeit der Institutionalisierung schulbezogener Frauenforschung, in: Enders-Dragässer (Hg.): Frauen Macht Schule; Dokumentation der 4. Fachtagung der AG Frauen und Schule, Frankfurt 1986a, 25-30; Elke Nyssen/Bärbel Schön: Traditionen, Ergebnisse und Perspektiven feministischer Schulforschung, in: Zeitschrift für Pädagogik 6/1992, 855-871.

5 Deutscher Bundestag (Hg.): Verbesserung der Chancengleichheit von Mädchen in der Bundesrepublik (6. Jugendbericht), in: Zur Sache, Themen parlamentarischer Beratung, Probleme der Frau in unserer Gesellschaft, Bonn 1/1984.

dukativen Klassen in mehrerlei Hinsicht gegenüber den Mädchen in reinen Mädchenklassen benachteiligt sind. In gemischten Klassen dominieren in den Interaktionen der Kinder und Jugendlichen untereinander und mit den Lehrkräften die Jungen. Die Lektion, unterlegen zu sein, lernen Mädchen in Koedukationsklassen offensichtlich so gründlich, daß sie in ihrem Verhalten als Schülerinnen und bei ihrer Berufswahl sich auf die ihrem Geschlecht zugestandenen Domänen beschränken.[6] In Mädchenklassen und -gruppen lernen sie vor allem im naturwissenschaftlichen Bereich ganz anders sich zu behaupten. Immerhin kommt es nun ausnahmsweise schon vor, daß Politikerinnen[7] diese Ergebnisse der Frauenschulforschung aufgreifen und überlegen, ob sie per Erlaß getrennten Unterricht für Mädchen und Jungen zulassen sollen.

Trotz des Mangels einer wirklichen Rezeption ihrer Erkenntnisse in der pädagogischen Hauptströmung hat es die Feministische Pädagogik nach Jahren der Ausblendung über Fragen des Geschlechtsverhältnisses im pädagogischen Diskurs geschafft, daß der scheinbar banalen Selbstverständlichkeit, daß in den Institutionen der Erziehung Mädchen und Jungen lernen und Pädagoginnen und Pädagogen lehren, nunmehr wenigstens teilweise Aufmerksamkeit geschenkt wird. Ihre Analysen reagieren mit dem scharf kritisierenden Begriff des ‚Sexismus' auf die in heimlichen Lehrplänen unter der Oberfläche der Koedukation fortlebenden Strukturen des patriarchalischen hierarchischen Geschlechterverhältnisses. Gemeinsam ist allen Analysen, Entwürfen, Aktionen und Projekten der feministischen Pädagogik die große Bedeutung, die der sozialen Kategorie Geschlecht beigemessen wird. Ihre Analysen und Entwürfe sind geprägt von der Auseinandersetzung mit den Diskursen der Geschlechterhierarchie.

Für das Ziel dieser Arbeit, eine demokratische Pädagogik der Akzeptanz von Differenzen zu entwickeln, ist die Auseinandersetzung mit der Tradition der konservativen, hierarchischen Geschlechterhierarchie unerläßlich, denn der Versuch, Differenz nicht hierarchisch, sondern demokratisch zu denken, muß klarstellen, wie er sich von den mit dem konservativen Differenzbegriff verbundenen Vorstellungen unterscheidet. Die Analyse der hierarchischen Geschlechterdifferenz ist schließlich auch deshalb unerläßlich, weil es notwendig ist, ihre unbemerkten Einflüsse auch auf fortschrittliches Denken in der Gegenwart aufzuspüren.

---

6 Vgl. zur Koedukationsdiskussion: Sigrid Metz-Göckel: Licht und Schatten der Koedukation. Eine alte Debatte neu gewendet, in: Zeitschrift für Pädagogik 4/1987, 455-474; Jaqueline Kauermann-Walter/Maria Anna Kreienbaum/Sigrid Metz-Göckel: Formale Gleichheit und diskrete Diskriminierung: Forschungsergebnisse zur Koedukation, in: Jahrbuch der Schulentwicklung, Bd. 5, 1988, 157-158; Gertrud Pfister: Zurück zur Mädchenschule? Pfaffenweiler 1988; Hannelore Faulstich-Wieland: Abschied von der Koedukation? München 1987.

7 Eva Rühmkorf: Lautes Nachdenken über getrennten Unterricht von Jungen und Mädchen, in: Frankfurter Rundschau vom 19.9.1989, 11.

Dem Beitrag der Feministischen Pädagogik für eine Pädagogik der Vielfalt soll in diesem Kapitel in folgenden Schritten nachgegangen werden: Zunächst soll herausgearbeitet werden, wie in konservativen Diskursen Differenzen für die Hierarchiebildung konstruiert und benutzt werden. Auch in den scheinbar geschlechtsneutralen Diskursen, die mit der Koedukation einhergehen, lebt – verdrängt – die Hierarchiebildung fort in der Gestalt von Neutralisierungen, um die es im folgenden Abschnitt geht. Anschließend werden feministische und ‚postfeministische' Gleichheits- und Differenzkonzepte vorgestellt und analysiert und ihre für die Fragestellung dieser Arbeit produktiven Aspekte herausgearbeitet. Dabei wird auch der Versuch gemacht, eine feministische Pädagogik zu beschreiben, die Gleichberechtigung anstrebt und zugleich Verschiedenheit nicht eliminiert. Die folgende Darstellung der wichtigsten Konzepte der Geschlechtererziehung entspricht nur sehr grob chronologischen Gesichtspunkten, da diese mit vielen historischen Überschneidungen und Ungleichzeitigkeiten entstanden sind.

2. Zur Tradition der Geschlechterhierarchie in der Geschichte der Erziehung

Für unser Bildungswesen läßt sich sagen, daß die Pädagogik der Geschlechterhierarchie in ihren explizit programmatischen Formen Historie geworden ist, implizit und unbewußt hingegen lebt sie fort. Ihre aktuellen Wirkungen in pädagogischer Theorie und Praxis zu entdecken, ist neben der Auseinandersetzung mit ihrer Genese in der Erziehungsgeschichte ein Forschungsziel feministischer Pädagogik.

Formen und Varianten der Erziehung zur Geschlechterhierarchie finden sich nicht nur im Hauptstrom der okzidentalen Bildungstraditionen seit der Antike,[8] sondern auch in außereuropäischen Gesellschaften.[9] In der Auseinandersetzung mit geschlechtsspezifischen Sozialisationsweisen in patriarcha-

---

8 Vgl. Elisabeth Blochmann: Das »Frauenzimmer« und die »Gelehrsamkeit«. Eine Studie über die Anfänge des Mädchenschulwesens in Deutschland, Heidelberg 1966; Ilse Brehmer: Zur Geschichte weiblicher Bildung, in: Evangelische Akademie Hofgeismar (Hg.): Grundschule – Frauenschule. Frauenwelt und Männernormen in der Grundschule, Hofgeismar 1985, 6-50; Juliane Jacobi-Dittrich: Geschichte der Mädchenbildung. Erfolgsgeschichte oder Wiederholung der Chancenungleichheit?, in: Inge Brand u.a. (Hg.): Feminin – Maskulin. Jahresheft aller pädagogischen Zeitschriften des Friedrichs Verlags 7/1989, 69-63; Pia Schmid: Bürgerliche Theorien zur weiblichen Bildung. Klassiker und Gegenstimmen um 1800, in: Hansmann/Marotzki: Diskurs Bildungstheorie II: Problemgeschichtliche Orientierungen, Weinheim 1989, 537-559.
9 Vgl. Ruth Waldeck: Der rote Fleck im dunklen Kontinent, in: Zeitschrift für Sexualforschung 4/1988, 337-350.

lischen[10] Gesellschaften sind – beide – die nahezu universell erscheinenden Gemeinsamkeiten der Geschlechterhierarchie einerseits und die historisch und kulturell je unterschiedlichen Ausprägungen und Begründungen andererseits – natürlich sehr wichtig und müssen beachtet werden.

Gleichzeitig ist danach zu fragen, welche Möglichkeiten der Selbstverwirklichung und des gesellschaftlichen Einflusses Frauen und Mädchen historisch und aktuell realisiert haben und wie diese sich in der Mädchensozialisation ausgewirkt haben. Denn es wäre falsch, eine Frauen auf eine Objektexistenz reduzierende Perspektive einzunehmen. Das hieße, ein hermetisches Bild von Unterdrückungssituationen zu zeichnen, das menschlicher, und das heißt auch weiblicher, Lebensrealität und Kreativität, besonders auch in Herrschaftsverhältnissen, nicht gerecht wird.[11]

Für alle aktuellen Bemühungen um emanzipatorische Erziehung ist nach wie vor die Auseinandersetzung mit dem in der Aufklärung ausformulierten und unsere Bildungstradition prägenden ‚Aussagesystem der Geschlechscharaktere‘[12] unerläßlich. Die bereits in der Antike entstandene und seither variierte polarisierende Deutung des Geschlechterverhältnisses wurde mit der entstehenden bürgerlichen Gesellschaft neu codiert bzw. begründet.[13]

In wissenschaftlichen und alltäglich – lebensweltlichen Theorien setzte sich die aufklärerische Variante der Polarisierung der Geschlechter so erfolgreich und tiefgreifend durch, daß sie erst in der zweiten Hälfte des 20. Jahrhunderts an Überzeugungskraft verlor. Sie wurde ausformuliert von den großen Theoretikern der Epoche und selbst revolutionäre Geister überwanden sie nicht. Bildungstheorie und Bildungswesen konzipierten und popularisierten sie entscheidend mit und setzten sie bei den bürgerlichen Frauen planvoll mit Hilfe von Überzeugung, Idealisierung und sanktionierenden Maßnahmen durch. Es gab von Anfang an egalitäre Gegenströmungen, die mit dem Erstarken der Frauenbewegung gesellschaftlichen Einfluß gewannen und ihrerseits Gegenreaktionen in Gestalt von nicht mehr idealisierenden, sondern feindselig-diskriminierenden Varianten der Theorie der ‚Geschlechtscharaktere‘ nach sich zogen.

---

10 Zur Problematik des Patriarchatsbegriffs vgl. Karin Hausen: »...eine Ulme für das schwankende Efeu«. Ehepaare im Bildungsbürgertum. Ideale und Wirklichkeiten im 18. und 19. Jahrhundert, in: Ute Frevert (Hg.): Bürgerinnen und Bürger, Göttingen 1988, 85-117.
11 Vgl. Schaeffer-Hegel: Frauen und Macht: Der alltägliche Beitrag der Frauen zur Politik des Patriarchats, Berlin 1984; Claudia Honegger/Bettina Heintz (Hg.): Listen der Ohnmacht. Zur Sozialgeschichte weiblicher Widerstandsformen, Frankfurt 1981.
12 Vgl. Hausen 1978; Duden 1977; Frevert 1988; Honegger 1989.
13 Wenn Brita Rang in ihrem Artikel:»Zur Geschichte des dualistischen Denkens über Mann und Frau. Kritische Anmerkungen zu den Thesen von Karin Hausen zur Herausbildung der Geschlechtscharaktere im 18. und 19. Jahrhundert« herausstellt, daß die von Karin Hausen analysierten Zuschreibungen bereits in der Antike auffindbar sind, so ist ihre Stellungnahme weniger als Korrektur denn als Ergänzung zu Hausen anzusehen, da in der bürgerlichen Gesellschaft das sehr wohl wesentlich ältere Aussagesystem neue Formen annimmt (Rang 1986; vgl. auch Honegger 1989).

»Die variantenreichen Aussagen über ‚Geschlechtscharaktere'«, so faßt Karin Hausen charakterisierend zusammen, »erweisen sich als ein Gemisch aus Biologie, Bestimmung und Wesen und zielen darauf ab, die ‚naturgegebenen', wenngleich in ihrer Art durch Bildung zu vervollkommenden Gattungsmerkmale von Mann und Frau festzulegen [...]. Bestimmung und zugleich Fähigkeiten des Mannes verweisen auf die gesellschaftliche Produktion, die der Frau auf die private Reproduktion. Als immer wiederkehrende zentrale Merkmale werden beim Mann Aktivität und Rationalität, bei der Frau die Passivität und Emotionalität hervorgehoben [...]. Diese Hauptkategorien finden sich mit einer Vielzahl von Zusatzmerkmalen kombiniert«[14].

Das Aussagesystem der ‚Geschlechtscharaktere' polarisierte die Frauen und Männern zukommenden Eigenschaften und Tätigkeiten durch Komplementbildungen. Aktivität wird polarisierend ergänzt durch Passivität, Rationalität durch Emotionalität, Geist durch Natur, Vernunft durch Sinnlichkeit, Stärke durch Schwäche, Kreativität durch Plastizität, Form durch Materie etc.

Es entstand so ein System aufeinander abgestimmter Symmetrie, in der Weibliches und Männliches sich spiegelbildlich ergänzen. Die Symmetrie des Spiegelbildes ist dabei insofern verzerrt, als die eine Seite gesetzt und die andere abgeleitet und als inferiore dieser unter-stellt wird. Komplementbildungen gehen in dieser Polarisierung häufig über in Komparativbildungen, die spiegelbildliche Reproduktion des Selben wechselt in ein Mehr oder Weniger des Selben. So kann zum Beispiel der Gegensatz stark – schwach auch als eine graduelle Differenz, als wenig Stärke – viel Stärke gedacht werden, dies gilt für alle anderen Polaritäten.

Die unmerkliche Transformation des Komplementären zur Hierarchie geschieht durch Idealisierung und Diskriminierung, eine subtile Mischung, wie sie etwa, als ein Beispiel von vielen, im Staaatslexikon von 1848 formuliert wurde:[15] »Kaum bedarf es wohl noch besonderer Beweisführungen, daß bei solchen Verschiedenheiten der Geschlechter, bei solcher Natur und Bestimmung ihrer Verbindung, eine völlige Gleichstellung der Frau mit dem Mann in den Familien – und in den öffentlichen Rechten und Pflichten, in der unmittelbaren Ausübung derselben, der menschlichen Glückseligkeit widersprechen und ein würdiges Familienleben zerstören würde [...].« Frauen würden durch Gleichheit »ihrem Schmucke« und ihrer »Würde«, »der wahren Weiblichkeit und ihrem schönsten Glücke entsagen«. Hier verführt die Idealisierung. Erst mit der Warnung die »Schranken der Natur« nicht zu übersehen, kommt Restriktion und damit Hierarchie explizit ins Spiel.

---

14 Karin Hausen: Die Polarisierung der »Geschlechtscharaktere«, in: Heidi Rosenbaum: Seminar Familie und Gesellschaftsstruktur, Frankfurt 1978, 161-191; vgl. auch Claudia Honegger: Aufklärerische Anthropologie und die Neubestimmung der Geschlechter. Manuskript, Frankfurt 1989.
15 Alle Zitate: Welcker, C.: Geschlechterverhältnisse, in: K. Rotteck/C. Welcker (Hg.) Staatslexikon oder Enzyklopädie der Staatswissenschaften Bd. 6 1838, zitiert nach Hausen 1978, 168, 186.

Analogiebildungen haben häufig die Funktion, Differenzen unsichtbar zu machen und Lebensäußerungen von Frauen, die nicht dem dem Weiblichen zugedachten Komplement entsprechen, als männlich zu bezeichnen. So etwa wenn durchsetzungsfähige Frauen als ‚Mannweiber' bezeichnet werden oder wenn das kleine Mädchen, wie in der klassischen Psychoanalyse, in Wirklichkeit ein ‚kleiner Mann' sein soll. Diskriminierung, Negation, Verleugnung der weiblichen Lebenserfahrung gehören in dieses Spektrum.

Zusammenfassend läßt sich sagen, daß das dualistisch konstruierte Geschlechterverhältnis letztlich eine monistische Theorie der Geschlechter ist, da nur ein Wert – Menschlichkeit als Männlichkeit – gesetzt wird, während Weiblichkeit nur in Ableitungsformen quasi als Sonderfall des Menschlichen diesem kontrastiert und subsumiert wird.[16] Claudia Honegger spricht dann folgerichtig von einer ‚Sonderanthropologie' der Frau.[17]

Das oben dargestellte so überaus einflußreiche und variationsreiche ‚Aussagesystem der Geschlechtscharaktere' verdankt seine Struktur dem in der Neuzeit vorherrschenden Einheitsdenken, auch seine Polarisierungen gehen auf Einheitsformen zurück. Es ist immerzu von Unterschieden die Rede, aber wirkliche Differenzen, die sich nicht auf einen Ursprung, ein Zentrum, einen bestimmenden Wert, der alles andere in Rangfolgen regelt, zurückführen lassen, und damit monistisch auflösbar sind, können nicht gedacht werden.

Allerdings können nicht alle Theoreme der Geschlechterpolarität in der Moderne den genannten strukturellen Mustern umstandslos zugeordnet werden. Es lassen sich auch gegenläufige Tendenzen erkennen: So zeigen sich in den Wirkungen des cartesianischen Einheitsdenkens durchaus auch dessen egalisierende Folgen: Das »l'esprit n'a point de sexe« eines Poulain de la Barre,[18] das bis hin zu Mary Wollstonecraft und Hippel fortlebte, schließt Frauen von der Errungenschaft der Männer, der Vernunft, nicht aus. Allerdings ist Vernunft in ihrem Wesen zweifellos als zum Männlichen gehöriges Vermögen gedacht worden; gefragt und bejaht wurde, ob Frauen daran teilhaben können.

Mann und Frau sollen also im Hauptstrom der klassisch-bürgerlichen Vorstellung in der Gesellschaft eine Einheit bilden, eine Einheit, die komplementär verzahnt ist und durch Hierarchie zusammengehalten wird. Im Bild zweier Pflanzen, der mächtigen Eiche und des sie umschlingenden Efeu wird diese Einheit immer wieder veranschaulicht. Diese monistisch – hierarchische

---

16 Luce Irigarays frühen Schriften kommt das Verdienst zu, das monistische ‚Gesetz des Selben' herausgearbeitet zu haben, ihr verdanken die Gedanken dieses Abschnitts wesentliche Anregungen (vgl. Kapitel II).
17 Vgl. Claudia Honegger 1989.
18 1673 erschien seine berühmte Schrift: »De l'Egalité des deux sexes«, die diesen Satz enthält; vgl. zusammenfassend: Lieselotte Steinbrügge: Das moralische Geschlecht. Theorien und literarische Entwürfe über die Natur der Frau in der französischen Aufklärung, Weinheim und Basel 1987.

Polarität prägt sowohl die Theoriebildungen als auch die Lebensformen.[19] Sie wird einerseits als unveränderlich von einer statisch gedachten Natur aus vorgegeben behauptet und andererseits per Gesetzgebung gesellschaftlich realisiert bzw. sanktioniert und durch Erziehung in den einzelnen Frauen und Männern verankert und so auch zur psychischen Realität gemacht.

Die bürgerliche Gesellschaft bildete bereits in ihrem Entstehungsprozeß ihre in Gesetzen geregelten Strukturen der Machtausübung und ihre Berechtigungssysteme unter Ausschluß der Frauen aus. Ökonomie, Staat und Bildungswesen waren reine Männerwelten. Die neue ökonomische Entwicklung bedeutete das Ende der ‚Ökonomie des ganzen Hauses', in welchem beide Geschlechter mit je eigenem Kompetenzbereich gearbeitet hatten. Produktionssphäre und Reproduktionssphäre wurden aufgrund sozioökonomischer Veränderungen wie der Ausweitung der Bürokratie und der sich abzeichnenden Industrialisierung zu zwei getrennten Bereichen. Im Bürgertum wurden Männer zunehmend als zum Erwerbsleben und zur Öffentlichkeit, Frauen als zum Familienleben und zum Hause gehörig angesehen.[20] Damit einher ging

---

19 Vgl. Hausen 1988.
20 Vgl. den bis heute noch grundlegenden Artikel von Gisela Bock und Barbara Duden »Arbeit aus Liebe – Liebe aus Arbeit«, in: Frauen und Wissenschaft, Berlin 1977, 118-190. Für die Verlustseiten für Frauen in der Entwicklung der Moderne vgl. auch Joan Kelly-Gadol: Did women have a Renaissance?, in: Renate Bridenthal/Claudia Koonz (Hg.): Becoming visible. Women in European history, Boston 1977, 139ff und Schaeffer-Hegel: Feministische Wissenschaftskritik: Angriffe auf das Selbstverständliche in den Geisteswissenschaften, in: Barbara Schaeffer-Hegel/Brigitte Wartmann (Hg.): Mythos Frau. Projektionen und Inszenierungen im Patriarchat, Berlin 1984, 36-60. Die patriarchalische Geschichtsschreibung projiziert in der Regel ihr Bild der hierarchischen Geschlechterdifferenz auch auf die vergangenen historischen Epochen. Sie tendiert darum dazu, Frauen als schutzbedürftige, abhängige, unselbständige und unqualifizierte Wesen (in einem Atemzug mit den Kindern) zu sehen. Die historische Frauenforschung hat mittlerweile aus ihrer Perspektive entdeckt, daß mit der Industrialisierung eine Vertreibung der Frau aus eigenen traditionellen landwirtschaftlichen, handwerklichen, medizinischen, wissenschaftlichen etc. Kompetenzbereichen und ihre Ghettoisierung im Haus einhergingen (Anette Kuhn u.a. (Hg.): Frauen in der Geschichte Bd. I-VII, 1979f).
Leider kann diese teilweise noch recht wenig bekannte spezifisch neuzeitliche, vermutete Entmachtung und Dequalifizierung der Frauen hier nicht weiter verfolgt werden, das würde den Rahmen der Studie sprengen. Ich verweise auf einschlägige Literatur: Für die Land- und Hauswirtschaft: Bock/Duden 1977; Ivan Illich: Genus. Zu einer historischen Kritik der Gleichheit, Reinbek 1983; für die Politik: Maria Mies: Die Französische Revolution und der Abstieg der Frauen, in: Kommune 6/1989, 6-9; für das Handwerk: Anke Wolf-Graaf: Frauenarbeit im Abseits. Frauenbewegung und weibliches Arbeitsvermögen, München 1981; für Medizin, Geburtshilfe, Verhütung: Becker u.a.: Aus der Zeit der Verzweiflung. Zur Aktualität und Genese des Hexenbildes, Frankfurt 1977; Gunnar Heinsohn/Rolf Knieper/Otto Steiger: Menschenproduktion. Allgemeine Bevölkerungslehre der Neuzeit, Frankfurt 1979; Claudia Honegger (Hg.): Die Hexen der Neuzeit. Studien zur Sozialgeschichte eines kulturellen Deutungsmusters, Frankfurt 1978. Zu Illichs (1983) Interpretation der geschlechtlichen Dualität des sozialen Genus sei hier bemerkt, daß er die vorindustrielle Arbeitsteilung glorifiziert, indem er die, trotz eines eigenen weiblichen Machtbereichs häufig sehr massive und brutale Herrschaft des Mannes über die Frau beschönigend beiseite läßt.

die Abwertung und auch Auflösung der alten Geschlechterkulturen, die für die Frauen Loslösung aus dem weiblichen Kollektiv bedeutete. Für bürgerliche Frauen implizierte das eine Umbewertung ihrer Arbeit: »Frauenarbeit ist im Bürgertum Hausarbeit. Hausarbeit verliert den Charakter von Arbeit in dem Maße, in dem die Wertung einer Tätigkeit als Arbeit von ihrer Bezahlung abhängig wird. Bezahlt wird immer nur außerhäusliche Arbeit, nicht Hausarbeit.«[21]

Beide neu entstehenden Sphären waren nicht einfach getrennte verschiedene Arbeitsbereiche, die unterschiedliche Kompetenzen erforderten. Die Reproduktionssphäre war vielmehr klar der Produktiossphäre unterstellt. Frauen hatten hier in allem dem Interesse des Mannes zu dienen sowie die Kinder zu versorgen. Es gab nicht wirklich zwei Personen, das Paar[22] konstituierte sich als Einheit, indem eine Person eigenständig existierte und die andere sich selbst verleugnete, um der Existenz der einen zu dienen.

Zunächst verblüffend und erklärungsbedürftig erscheint der Umstand, daß diese Polarisierung in einem historischen Kontext ihre Bedeutung entfaltet, indem ansonsten politisch um Gleichheit gerungen wird. Während das große Thema von den frühbürgerlichen Vertragstheorien über die Französische Revolution bis hin zum deutschen Vormärz die Gleichheit – allerdings Gleichheit zwischen Männern, meist sogar nur aus oberen Gesellschaftsschichten – ist, wird Ungleichheit der Geschlechter mit einer dualistischen Rangordnung höchst erfolgreich.[23] Dies ist um so erstaunlicher als es nicht etwa völlig an theoretischen und politischen Manifestationen für die Gleichheit auch der Frauen gefehlt hat, es auch historische Vorläufer für diese gegeben hatte und

---

Im Gegensatz zu Illich behauptet Shorter einen außerordentlich miserablen Wissensstand traditioneller ländlicher Hebammen, die Idee einer ländlichen von Frauen tradierten Heil – und Hebammenkunst ist seinem Ansatz fremd. Erst die Verbreitung der Schulmedizin brachte nach Shorter der Frau die Befreiung von den Fesseln des Körpers. Beide genannten Untersuchungen zeichnen sich durch übliche Muster der Verkennung der Situation der Frau aus: illusionäre Beschönigungen einerseits und diskriminierende Verschlechterung, die das Leben der Frauen noch defizitärer darstellt, als es ist, andererseits. Vgl. Edward Shorter: Der weibliche Körper als Schicksal. Zur Sozialgeschichte der Frau, München 1984. Hier ist ein weiteres Werk eines männlichen Autors zur Geschlechterdifferenz zu erwähnen: Auch der Ethnologe K. Müller schlägt diesmal sogar alle Frauen dieser Welt und aller Menschheitsepochen über den gleichen Leisten: Frauen seien immer und überall die ‚schlechtere Hälfte' gewesen, da es nie Frauenbündnisse gegeben habe – eine unbewiesene Behauptung und falsche kausale Verknüpfung! Vgl. Klaus E. Müller: Die bessere und die schlechtere Hälfte. Ethnologie des Geschlechterkonflikts, Frankfurt/New York 1984.
21 Schmid 1986b, 205.
22 Ulrike Prokop 1989b.
23 Vgl. Schaeffer-Hegel 1984 und dies.: Die Freiheit und Gleichheit der Brüder. Weiblichkeitsmythos und Menschenrechte im politischen Diskurs um 1789, in: Astrid Deuber-Mankowski/Ulrike Ramminger/E. Walesca Thielsch (Hg.): 1789/1989. Die Revolution hat nicht stattgefunden, Tübingen 1989, 51-64; Frauke Stübig: Gegen die »Vorurteile der Unwissenheit und die Tyrannei der Stärke«. Der Kampf für Frauenbildung und Mädchenbildung Antoine de Condorcet, in: Zeitschrift für Pädagogik, 24. Beiheft 1989, 133-146.

der Widerspruch zwischen allgemeinem Gleichheitspostulat und Geschlechterhierarchie sehr wohl bewußt war.[24]

Mit der Dissoziation von Erwerbs- und Familienleben geht eine weitere folgenreiche gesellschaftliche Spaltung einher. Es ist zu vermuten, daß der Bereich der Öffentlichkeit und des Erwerbslebens im entstehenden Kapitalismus eine Ellenbogenmentalität mit sich brachte, in welcher Getrenntsein, Konkurrenz, Kampf, also Gegeneinander, angemessene und akzeptierte Haltungen waren. Die zur männlichen Lebenswelt gehörende Vernunft bedeutete auch Zweckrationalität und Egoismus und wurde auch als kalt kalkulierend und unmenschlich empfunden.»Die Aufwertung der Vernunft hat gleichzeitig den defizitären Charakter dieser Vernunft unter bestimmten sozialen Voraussetzungen erkennbar werden lassen.«[25] Da in Politik und Geschäftsleben für die Haltung der Verbundenheit, der Fürsorge, des Miteinanders kaum Raum war, mußte diese an einem anderen Ort, vorzugsweise in Haus und Familie, angesiedelt und in der Frau personifiziert werden. Sie wurde ‚das moralische Geschlecht'.[26] Denn »die Frau verkörpert offensichtlich einen Bereich der bürgerlichen Gesellschaft, der vom ‚Kampf aller gegen alle' bewahrt werden muß«[27].

Auch Seyla Benhabib[28] hat staunend über die Widersprüche im Denken des Autors des ‚Contract social', der eindringlich demokratische Willensbildung postuliert und ebenso massiv Frauen davon ausschließt, die Frage nach den Ursachen der Widersprüche einer ganzen Epoche aufgeworfen, die Gleichheit zu ihrem Leitbegriff macht und gleichzeitig für Frauen die Ungleichheit fordert.

Bei Steinbrügge findet sich eine mögliche und plausible Antwort auf diese Frage: »Bei kaum einem anderen Theoretiker des 18. Jahrhunderts finden wir die Forderung nach Beschneidung weiblicher Persönlichkeitsentwicklung so vehement formuliert wie bei Rousseau; der Grund dafür liegt darin, daß von keinem anderen die negativen Folgen der Konkurrenzgesellschaft so deutlich gesehen und so schmerzlich empfunden wurden wie von ihm [...]. In dem

---

24 Die 200-Jahrfeiern der Französischen Revolution im Jahre 1989 waren für Frauen kein Anlaß zum Feiern, aber Anlaß, gründlich den Ausschluß der Frauen aus der »Gleichheit« zu analysieren. Dies geschah auf mehreren Tagungen, im Rahmen dieser Studie von besonderem Interesse waren u.a.: »Die Revolution hat nicht stattgefunden«. Symposium der Internationalen Assoziation der Philosophinnen in Berlin. (Dokumentation hg. von Astrid Deuber-Mankowski/Ulrike Ramming/E. Walesca Tielsch); »Freiheit, Gleichheit, Schwesterlichkeit – Männer und Frauen zur Zeit der Französischen Revolution«, Tagung am Fachbereich Erziehungswissenschaften der Philipps-Universität Marburg. (Hessischen Landeszentrale für Politische Bildung) Wiesbaden 1990; »Menschenrechte haben (k)ein Geschlecht. 200 Jahre Aufklärung – 200 Jahre Französische Revolution«, Internationaler Frauenkongress an der Universität Frankfurt (Vgl. Gerhard u.a. 1990).
25 Steinbrügge 1987.
26 So der Titel der Studie von Steinbrügge.
27 Steinbrügge 1987, 77.
28 Benhabib 1987, 1989.

Augenblick aber, in dem die Frau ihre natürlichen Neigungen entfalten kann, geschieht dies – und das ist wesentlich – mit einer moralischen Kraft, die die Vernunftmoral des Mannes weit übertrifft. Erst das weniger zivilisierte moralische Gefühl der Frau vermag die zwischenmenschlichen Bindungen in der zerrissenen Gesellschaft herzustellen.«[29]

Den Interpretationen von Steinbrügge ist in der feministischen Debatte heftig widersprochen worden: Barbara Schaeffer-Hegel nimmt vehement gegen die Auffassung Stellung, daß der Weiblichkeitsdiskurs Rousseaus als Vernunft- und Zivilisationskritik gelesen werden könne: »Vernunft ist bei Rousseau weitaus positiver und nicht nur mit Egoismus besetzt, als dies die Autorin [Lieselotte Steinbrügge – A.P.] m.E. wahrnimmt; seine Zivilisationskritik müßte stärker von seiner Vernunftauffassung getrennt werden als Steinbrügge dies tut; ‚amour de soi‘ ist nicht nur ‚Selbstbehauptung‘, sondern insbesondere auch ‚Selbstachtung‘ und ‚Selbstbestimmung‘; der Naturbegriff hat in der Anwendung auf den Mann, auf Emile also, bei Rousseau eine andere Struktur als der im Zusammenhang mit seinen Heldinnen, mit Sophie und Julie, verwandte (Schaeffer-Hegel 1984 und 1988); – und seine Heilserwartungen an die von ihm kreierten Idyllen haben darüber hinaus einen doppelten, einen durch und durch resignativen Boden.«[30] Im Gegensatz zu Steinbrügge macht Barbara Schaeffer-Hegel in ihren Texten auf die gesellschaftliche Ausgrenzung der Frauen aufmerksam, die regelmäßig mit einer Entwertung der weiblichen ‚Moral‘ gegenüber der höherbewerteten männlichen ‚Sittlichkeit‘ einhergeht.

Die Polarisierung der ‚Geschlechtscharaktere‘ in der bürgerlichen Gesellschaft brachte eine Desexualisierung der Frauen mit sich, indem sie ihnen sexuelle Aktivität, wie Aktivität überhaupt, absprach. Wesentlich weniger bedacht wird, daß dieser Vorgang auch mit der Auslöschung des Mannes als Sexualwesen einherging. Die ‚Geschlechterspannung‘ wurde im Zivilisationsprozeß verdrängt, die Entwertung der Frau ist verbunden mit der Verdrängung der Geschlechtlichkeit auch des Mannes.[31] Barbara Schaeffer-Hegel benennt die Funktion solcher Verdrängungen bei Rousseau: »Rousseaus Ehe- und Familienvorstellungen, die uns wie der Inbegriff kleinbürgerlicher

---

29 Steinbrügge 1987, 84.
30 Schaeffer-Hegel 1989, 56f.
31 Vgl. hierzu Christina von Braun: Nichtich, Logik, Liebe, Libido, Frankfurt 1988, 324ff; Klaus Theweleit: Männerphantasien, 2 Bde., Frankfurt 1977 und 1978; Klaus Heinrich: Geschlechterspannung und Emanzipation, in: Das Argument 4/1962, 22-25; ders.: Dahlemer Vorlesungen, tertium datur. Eine religionsgeschichtliche Einführung in die Logik. Frankfurt 1981, 15ff; Prengel 1984, 96f und 105f; Prengel 1987, 121f. Für den Niederschlag, den die Desexualisierung der Frau in der bürgerlichen Gesellschaft in den zeitgenössischen Diskursen der Nachschlagewerke gefunden hat, vgl. Pia Schmid/Christina Weber: Von der »wohlgeordneten Liebe« und der »so eigenen Wollust des Geschlechtes«: zur Diskussion weiblichen Begehrens zwischen 1730 und 1830, in: Jutta Dalhoff u.a. (Hg.): Frauenmacht in der Geschichte: Beiträge des Historikerinnentreffens 1985 zur Frauengeschichtsforschung, Düsseldorf 1986, 150-165.

Moral erscheinen mögen, sind jedoch nicht von moralischen Überlegungen im engeren Sinne geprägt, sondern vielmehr von einer Seelenökonomie, die die Kräfte der menschlichen Natur von den sinnlichen Bedürfnissen des einzelnen abzuziehen und den vernünftigen Aufgaben des Gemeinwesens zuführen möchte.«[32]

Das Deutungsmuster der ‚Geschlechtscharaktere' setzte sich gesellschaftlich durch, war äußerst erfolgreich! Es muß auch Momente von Anziehungskraft für Frauen gehabt haben! Pia Schmid beachtet in ihrer Interpretation der Entstehung des bürgerlichen Frauenbildes auch die Gewinnseite, die dieses für die Frauen mit sich brachte, denn zweifellos war dieses neue Frauenbild außerordentlich attraktiv für Frauen, Gründe dieser Attraktivität sind nach Schmid zu sehen in der moralischen Aufwertung und in der neuen Form von Machtgewinn, der den Frauen zugedacht war.[33]

Beim Versuch, die Bedeutung der bürgerlichen ‚Geschlechtscharaktere' auszuloten, muß wohl gesagt werden, daß die dualistisch-hierarchische Geschlechterkonzeption für Frauen und Männer je verschieden sowohl Gewinn- als auch Verlustseiten mit sich brachte. Den Mangel an Mitmenschlichkeit kompensierte in der männlichen Lebenswelt der Macht- und Freiheitsgewinn. Für den Mangel an Selbstverwirklichung und öffentlicher Wirksamkeit bot die bürgerliche Gesellschaft den Frauen moralische Überlegenheit, das heißt die Möglichkeit, »sich selbst als bessere, weil mitmenschlichere Menschen zu interpretieren«[34].

Für die bestimmende und einflußreiche pädagogische Position der sich konstituierenden bürgerlichen Gesellschaft läßt sich also zusammenfassend sagen, daß sie beide Geschlechter streng trennte. Die universell formulierten Standards der Aufklärungspädagogik, vor allem die Erziehung zur Selbständigkeit im Denken und Handeln, galten nur für Jungen, für Mädchen galt eine restriktive Erziehung, in deren Zentrum die Fähigkeit zur Selbst-Verleugnung stand. Dabei wird das, was Mädchen werden sollen, ausschließlich von außen bestimmt.[35]

Pia Schmid hat dargestellt, wie sehr das Bildungsziel der Gattin, Hausfrau und Mutter von einzelnen Klassikern der Pädagogik unterschiedlich nuan-

---

32 Schaeffer-Hegel 1984, 58; Weitere Aspekte einer Rousseau- Deutung, für die im Rahmen dieser Studie ein kurzer Hinweis genügen muß, finden sich in: Ulrike Prokop: Die Konstruktion der idealen Frau. Zu einigen Szenen aus den ‚Bekenntnissen' des Jean Jacques Rousseau, in: Feministische Studien 1/1989a, 86-121.
33 Vgl. Schmid 1989. Schmid verweist auch auf die Interpretation von Garbe. Vgl. Christine Garbe: Sophie oder die heimliche Macht der Frauen, in: Ilse Brehmer u.a. (Hg.): Frauen in der Geschichte IV, Düsseldorf 1983, 65-84.
34 Schmid 1989, 14.
35 Schmid 1989. Diese von Pia Schmid herausgearbeitete Unterscheidung zwischen Mädchen- und Jungenerziehung macht, wie viele Erkenntnisse pädagogischer Frauenforschung, eine ganze Literaturgattung, die Literatur zur Aufklärungspädagogik, revisionsbedürftig, da hier regelmäßig von Selbständigkeit als allgemeinem Bildungsziel die Rede ist, das in Wirklichkeit für Mädchen keinerlei Gültigkeit besaß.

ciert und im Hinblick auf unterschiedliche Schichten konzipiert wurde:[36] Während Rousseau den Gattinnen-Aspekt und in der Gestalt der Sophie (übrigens auch der der Madame de Wolmar) »die innerlich gehaltene vornehme Frau, die [der] Mittelpunkt der ‚guten Gesellschaft' ist«[37], als Ideal entwirft, steht bei Campe die Hausfrau aus dem Bürgertum im Zentrum des Interesses. Pestalozzi schließlich imaginiert für die niederen Stände vor allem eine gute Mutter, auch ihre Beziehung zum Mann ist durch mütterliche Qualitäten geprägt. Gemeinsam ist allen diesen Theoretikern, daß Frauen ausschließlich für andere, für ihren Mann, auch für die Kinder leben.

Campe beschreibt den Niederschlag der hierarchisch polarisierenden Geschlechtertheorie in die Praxis der Lebensformen außerordentlich prägnant als »ein liebevolles Hingeben ihres eigenen Willens in den Willen des Mannes, woraus denn nach und nach ein gänzlich süßes Zusammenschmelzen ihrer eigenen Wesenheit (Existenz) mit der seinigen entsteht«[38]. Planvoll wurde in der ‚Sonder-Pädagogik' für Mädchen, die der Sonder-Anthropologie der Frau folgte, die Fähigkeit zur Selbstaufgabe anerzogen, so daß lebensweltlich nachvollzogen werden konnte, was theoretisch vorgegeben worden war.

In der genannten Sentenz Campes, die geradezu paradigmatisch für viele andere Aussagen[39] steht, kommt klar zum Ausdruck, wie aus mehreren eins wird, wie monistisches Denken konkret und Einheit real wird. Die Frage ist nur, was geschieht mit dem so Verdrängten?

Zwei Auswirkungen sind heute überdeutlich: Mit der Hingabe des eigenen Willens ist bis heute eine andere Form der Macht verbunden, unsichtbare Macht, die von Foucault als ‚moderner Machttypus' herausgestellt wird.[40] Andererseits wirkt sich der Zwang zur Selbstaufgabe und der Ausschluß aus den Bildungs- und Entwicklungsmöglichkeiten der Zeit, wie sie im Bürgertum Lesegesellschaften, Reisen, Studium bieten,[41] negativ auf Frauen aus, kann krank machen und Leiden auslösen.[42]

---

36 Schmid, 1989, 11.
37 Blochmann 1966, 28.
38 Campe 1789/1988, 140, zitiert nach Schmid 1989.
39 Vgl. auch Rousseau. Zur Rezeptionsgeschichte von Campes 1789 erschienenen »Väterlichen Rats für meine Tochter« vgl. Theodor Brüggemann/Hans-Heino Ewers: Handbuch der Kinder- und Jugendliteratur, Stuttgart 1982, Sp. 636ff.
40 Schmid 1989, 11; Foucault 1977.
41 Vgl. Pia Schmid: Zeit des Lesens, Zeit des Fühlens. Anfänge des deutschen Bildungsbürgertums, Berlin 1985.
42 Vgl. Ulrike Prokop: Die Einsamkeit der Imagination. Geschlechterkonflikt und literarische Produktion um 1770, in: Gisela Brinkler-Gabler (Hg.): Deutsche Literatur von Frauen. Erster Band. Vom Mittelalter bis zum Ende des 18. Jahrhunderts, München 1988, 325-365; Ulrike Prokop hat die historische Entstehung dieses Leidens am Beispiel von Goethes Mutter und Schwester analysiert. Die Mutter Katharina Elisabeth Goethe hat immer noch einen Fuß in der Kultur der Frauen, die ihr Kontakt, Anregung und Lebensmut vermittelt. Sie ist noch der ‚alten Zeit' verhaftet. Ihre Tochter Cornelia hat den Kontakt zu Frauen, der noch der Mutter Lebensmut vermitteln konnte nicht mehr. Cornelia gerät so in zunehmende Iso-

Parallel zu diesen Entwicklungen am Ende des 18. Jahrhunderts war es durchaus üblich, jegliche außerhäusliche und nicht auf Hausarbeit und Familie vorbereitende Bildung für Frauen abzulehnen.[43] 100 Jahre später war selbst bei konservativ und geschlechterhierarchisch argumentierenden Pädagogen, die auch den Feminismus scharf kritisiert haben, die Schulbildung von Mädchen als Allgemeinbildung eine Selbstverständlichkeit geworden.[44] Diese Entwicklung hat u.a. mit der Tatsache zu tun, daß die Erwerbstätigkeit unverheirateter Frauen auch im Bürgertum immer notwendiger wurde. Der gemeinsame Unterricht von Mädchen und Jungen im höheren Schulwesen wurde, von bemerkenswerten Ausnahmen abgesehen,[45] erst in der Nachkriegszeit realisiert.

Im niederen Schulwesen sah es allerdings alles ganz anders aus. Die Ideologie der »Geschlechtscharaktere« hatte hier keine vergleichbare Durchschlagskraft. In der Landwirtschaft lebte die Arbeitsverteilung der alten Gesellschaft, wenn auch mit Einschränkungen, fort. Im entstehenden Industriearbeits- und Dienstleistungsbereich waren Frauen außer Haus erwerbstätig. Allerdings keineswegs in gleichberechtigter Lage, auch die unteren Schichten waren von der Geschlechterhierarchie geprägt. Frauen hatten in den betrieblichen Hierarchien die unteren Ränge inne, verdienten weitaus weniger als Männer und waren nicht Eigentümerinnen ihres Lohnes, da über diesen rechtlich der Ehemann verfügte.[46]

Im niederen Schulwesen gab es eher selten Trennung der Geschlechter, seit seinen Anfängen gab es hier Koedukation. Es finden sich kaum ausformulierte Konzeptionen unterschiedlicher Erziehungsprogramme für Mädchen und Jungen der ärmeren Schichten.

Ungleichheit zwischen Mädchen und Jungen wurde hier durch eine um ca. 2 Jahre kürzere Schulzeit der Mädchen praktiziert und durch eine Reihe informeller Unterscheidungen, über die nur Vermutungen angestellt werden

---

lierung. Den Aufbruch und den ‚Sturm und Drang' des Bruders darf sie nicht mitmachen. Sie muß zurückbleiben und ist ausgeschlossen von den ihr vor Augen schwebenden neuen Wegen der Selbstverwirklichung. Die Mutter, selbst in ihrer Herkunft noch gestärkt durch die Kollektivität der Frauen, vermag diese der Tochter nicht mehr zu vermachen. Die Zukunftsperspektive, die sie im Verhältnis zu ihren Kindern lebt, ist schon geprägt durch die ideale Lebensgemeinschaft des ‚Paares' als dessen Teil sie sich mit ihrem idealisierten Sohn phantasiert. Cornelia stirbt an Depression. Vgl. Ulrike Prokop: Die Illusion vom großen Paar, Frankfurt 1989b.

43 Vgl. Blochmann 1966; Ulrich Herrmann: Erziehung und Schulunterricht für Mädchen im 18. Jahrhundert, in: Wolfenbüttler Studien zur Aufklärung, Bd. III, Wolfenbüttel 1976, 101-127.
44 Vgl. den Artikel »Mädchenerziehung und Mädchenunterricht« von W. Buchner in W. Rein: Encyklopädisches Handbuch der Pädagogik, Bd. 4, Langensalza 1897, 628-647, bes. 637.
45 Neben reformpädagogisch geprägten Schulen der Weimarer Zeit (zum Beispiel Odenwaldschule, Lichtwarkschule in Hamburg) wurden vor 1945 nur in ländlichen Einzugsgebieten von ‚höheren Schulen', in denen es sonst zu wenig Schüler gegeben hätte, Mädchen und Jungen zuweilen koedukativ unterrichtet.
46 Gerhard 1978.

können, so z.B. weniger regelmäßiger Schulbesuch von Mädchen wegen häuslicher Arbeiten und Versorgung von Geschwistern, andere Anforderungen an Mädchen und Jungen seitens der Lehrer sowohl hinsichtlich der Lerninhalte als auch hinsichtlich des sozialen Verhaltens. Daß Mädchen aus unteren Volksschichten schlechter gebildet waren, läßt sich daran ablesen, daß es mehr junge Frauen als junge Männer gab, die nicht lesen und schreiben konnten.[47]

Abschließend möchte ich noch einmal die Frage stellen, warum Rückblicke auf die Geschichte der Geschlechterhierarchie auch heute noch sinnvoll und notwendig sind. Hier muß ähnlich wie im vorangehenden Kapitel zum Rassismus festgestellt werden, daß die Frauen unterdrükkende, hierarchische Geschlechterideologie heute meist in subtileren Formen fortlebt. Das gilt für die Wissenschaft wie für die Praxis der Bildungsinstitutionen. Vor allem aber hat sich die Geschlechterhierarchie zutiefst in Persönlichkeitsstrukturen niedergeschlagen, sodaß sie in den gelebten Interaktionen in Klassenräumen, auf Schulhöfen, in Jugendhäusern und Kindergärten alltäglich zum Ausdruck kommt.[48]

3. Zur Pädagogik der übergangenen Geschlechterdifferenz

In der bürgerlich-parlamentarischen Demokratie traten offen konservative Diskurse zurück. Im öffentlichen Bewußtsein hat sich mehrheitlich eine Denk- und Redeweise über Frauen durchgesetzt, die sich selbst als ‚geschlechtsneutral' versteht. Dieser Denkweise zufolge ist eine Differenzierung nach Geschlechtern mehr und mehr überflüssig geworden. Dieser neutralisierende Diskurs funktioniert vorwiegend in öffentlichen, institutionalisierten Lebensbereichen, bestimmt aber auch wissenschaftliche, sogar erziehungswissenschaftliche und psychologische Forschungen.[49]

‚Man' behauptet, es seien schlicht die Frauen mit gemeint, wenn von Menschen, Schülern, Studenten, Bundesbürgern, Ministern, Arbeitern, Angestellten, Jugendlichen, kaufmännischen Auszubildenden die Rede ist.

Frauen und Männer erscheinen als einheitliches Kollektiv. »Doch dieses Kollektiv ist ganz offentsichtlich nicht nur grammatikalisch meistens männ-

---

47 Vgl.Schmid 1989, 550 für die Zeit um 1800.
48 Hier sei als ein Forschungsbeispiel mit weiterführender Literatur erwähnt: Uta Enders-Dragässer/Claudia Fuchs: Interaktionen der Geschlechter. Sexismusstrukturen in der Schule, Weinheim und Basel 1990.
49 So wird z.B. die Narzißmusforschung etwa von Kohut oder die Entwicklungspsychologie von Piaget vom geschlechtsneutralen Diskurs bestimmt, obwohl es um innerpsychische Prozesse, bei denen die Geschlechtsidentität eine zentrale Rolle spielt, geht.

lich ausgewiesen.«[50] Erkenntnisse der Frauenforschung konnten mittlerweile einsichtig machen, wie sehr auch inhaltlich von den weiblichen Erfahrungen abstrahiert wird und sie so unsichtbar gemacht werden.

Ein Erbe des konservativen Diskurses wirkt sich hier aus, denn noch im vorigen Jahrhundert waren meist die Frauen nicht automatisch eingeschlossen, wenn Begriffe in maskuliner Form verwendet wurden. Aber Frauen wurden nicht einfach vergessen, wie Gisela Bock in ihren Ausführungen zur Historiographie deutlich macht, »sondern die weibliche wird als Sonderfall der männlichen Species ‚Menschheit' verstanden, während Geschichte von Männern als Allgemeingeschichte definiert wird«[51].

Auch die männliche Existenz kommt durch diese Art des Unsichtbarmachens von Frauen nicht mehr klar als männliche vor, da sie als geschlechtsneutrale Existenz gehandelt wird. Darum kommt die geschlechtsneutrale Redeweise einer Verdrängung der Lebensweisen von Frauen und Männern als Lebensweisen von zwei Geschlechtern gleich.

In ihrer Subsumption unter geschlechtsneutrale Begriffe wird die Geschlechterdifferenz übergangen. Fatal sind die Auswirkungen dieser ‚falschen Universalität'.[52] Die Auslassung einer wissenschaftlichen Kategorie ‚Geschlecht' macht eine ganze Generation pädagogischer, sozialisationstheoretischer und entwicklungspsychologischer Literatur revisionsbedürftig.[53] Zu welch falschen Ergebnissen eine Forschung kommt, die vom universalistischen Begriff ‚Kind' ausgeht, hat Carol Gilligan[54] in ihrer Piagetkritik gezeigt. Piaget ist es entgangen, daß Mädchen einen anderen Entwicklungsprozeß durchlaufen als Jungen. Auch wenn in der einschlägigen Literatur hin und wieder ein Abschnitt über die besondere Situation der Mädchen zu finden ist, so werden sie – in gut konservativer Tradition – regelmäßig an Männern gemessen und so zu Mängelwesen gemacht.

Das in neutralisierender Sprache sich artikulierende Bewußtsein verstärkt hinsichtlich des Geschlechterverhältnisses den schlechten Status quo, weil es die Situation von Männern und Frauen in ihrer Spezifik weder erkennt, noch benennt und Veränderungsprozesse nicht initiieren kann.

Seit der Verbreitung des Frauenstudiums und der Koedukationsklasse im Bildungssystem läßt sich eine erziehungswissenschaftliche und pädagogische Tendenz zum Schweigen über die Geschlechterdifferenz beobachten: Auch die Titel unzähliger theoretischer und empirischer schulpädagogischer Unter-

---

50 Karin Hausen: Einleitung, in: dies. (Hg.): Frauen suchen ihre Geschichte, München 1983, 17.
51 Gisela Bock: Historische Frauenforschung: Fragestellungen und Perspektiven, in: Hausen 1983, 25.
52 Ebd., 25.
53 Vgl. die Arbeiten von Gitta Mühlen-Achs: Feministische Kritik der Schul-und Unterrichtsforschung, in: Prengel 1987c, 173-185.
54 Vgl. Carol Gilligan: Die andere Stimme. Lebenskonflikte und Moral der Frau, München 1986.

suchungen weisen diese als geschlechtsneutral konzipiert aus. Diese Ignoranz gegenüber der Geschlechtlichkeit der Lernenden und Lehrenden wird oft nur in kurzen Abschnitten durchbrochen und findet selten soviel Beachtung, daß ihr ein eigenes Kapitel eingeräumt wird.

Die Identitätsbildung der Mädchen wird durch die diskursive Verdrängung erschwert. Wenn, wie in den meisten Theorien, auch in mündlichen Äußerungen und in Unterrichtsmaterialien Mädchen in der männlichen Form angesprochen werden und selten direkt von ihnen als Schülerinnen die Rede ist, so entsteht eine grundsätzliche Verunsicherung. Sie müssen permanent, ohne darüber zu sprechen, für sich klären, daß sie ‚mitgemeint' sind; die Jungen werden in eindeutiger Form direkt angesprochen, die Mädchen entnehmen dem Kontext, daß sie *mit*machen sollen, *mit*einbezogen sind. Sie müssen ebenso aus dem Kontext erspüren, ob sie vielleicht *nicht mit*gemeint sind, nämlich dann, wenn die sonst neutral verwendete männliche Form nicht neutral, sondern tatsächlich in bezug auf Männer verwendet wird.[55]

4. Zur Pädagogik der Gleichstellung

Bereits zur Zeit der Herausbildung und gesellschaftlichen Durchsetzung des Aussagesystems der ‚Geschlechtscharaktere' hat es Gegenstimmen gegeben, die für die Gleichheit der Geschlechter eintraten. Egalité, das Postulat der Französischen Revolution, sollte auch für die Frauen Gültigkeit haben. Die in der historischen Realität des revolutionären Frankreich nur auf Männer bezogenen Menschenrechte wurden auch als Rechte der Frauen reklamiert. Diese politische Haltung fand ihren deutlichsten Ausdruck in der Menschenrechtserklärung für beide Geschlechter der Olympe de Gouges.[56] Im Laufe der historischen Entwicklung wurde in der bürgerlichen Frauenbewegung um Gleichheitsforderungen gekämpft, mit besonderem Nachdruck aber in der proletarischen Frauenbewegung. So forderte Clara Zetkin, Frauen sollten »gleichberechtigte, gleichverpflichtete und gleichwertige« Parteimitglieder sein.[57]

Den Kampf um Gleichstellung mit dem Mann führten auf je unterschiedliche Weise Bürgerinnen, Kommunistinnen, Sozialistinnen, Anarchistinnen, Suffragetten. Unterstützt wurden sie von einzelnen Männern, wie zum Beispiel von Hippel, der sich bereits Ende des 18. Jahrhunderts für die Rechte der Frauen einsetzte.

---

55 Vgl. Senta Trömel-Plötz (Hg.): Gewalt durch Sprache. Die Vergewaltigung von Frauen in Gesprächen, Frankfurt 1984.
56 Gerhard 1987; Ruth Jung: Von der Brüderlichkeit zur Schwesterlichkeit – Olympe de Gouges, Streiterin für Frauenrechte, Manuskript, Frankfurt 1989.
57 Clara Zetkin: Zur Geschichte der proletarischen Frauenbewegung Deutschlands, Frankfurt 1971, 228f.; dies.: Die Gleichheit, Zeitschrift, 1892-1923.

Folgende Gleichheitsforderungen wollten Frauen (trotz nationaler Ungleichzeitigkeiten) in einem internationalen Freiheitskampf für sich durchsetzen:
- Anerkennung als mündige Bürgerinnen
- Aktives und passives Wahlrecht
- Versammlungsrecht
- Gleiches Recht auf Erwerbsarbeit
- Gleichen Lohn
- Recht auf eigenständige Altersversorgung
- Recht auf Bildung, Ausbildung und Universitätsstudium
- Recht auf freie Wahl des Ehe- und Liebespartners

Der Gleichheitsdiskurs war eine Reaktion auf die gesellschaftliche Inferiorisierung, Domestizierung der Frau. Er hatte Mündigkeit der Frau in juristischen, ökonomischen, finanziellen, pädagogischen und persönlich-leiblichen Bereichen zum Ziel. Frauen forderten den Eintritt in die Männern vorbehaltenen Domänen der Bildung, der Bürgerrechte, der qualifizierten Erwerbsarbeit, der höheren Entlohnung, der Entscheidungsfreiheit in Liebe und Ehe. Dadurch sollte das Leben der Frau nicht mehr durch die Vorstellung eines im Grunde unveränderlichen Wesens determiniert sein. Bildung und Qualifikation, Bürgerrechte und ausreichende eigene finanzielle Ressourcen, qualifizierte Erwerbsarbeit und Selbstbestimmung in der Liebe sollten die Frau zur mündigen, gleichgestellten Bürgerin machen.

Der Wunsch nach Gleichheit war ein mächtiger Motor der Frauenemanzipation, er mobilisierte die unzähligen Frauen der alten und neuen Frauenbewegungen und erzielte große Erfolge im Kampf gegen die hierarchische Geschlechterdifferenz. Eine Reihe von Zielen, z.B. der Zugang zu Schulen und Universitäten und das aktive Wahlrecht, sind gegenwärtig formal erreicht und verfassungsmäßig verankert.

Die Gleichstellung der Mädchen im Bildungswesen läßt sich in folgenden Etappen (vereinfachend) zusammenfassen: Gemeinsame Elementarerziehung im niederen Schulwesen bei großen regionalen und konfessionellen Unterschieden und unterschiedlicher Dauer gab es seit dem Beginn der (anfangs nicht konsequent durchgesetzten) allgemeinen Schulpflicht. Das Abitur konnten Frauen in ganz Deutschland erst 1908 ablegen. Zuvor waren sie in der Regel auf Privatschulen angewiesen und erst zu diesem Zeitpunkt hatten sie Zugang zur Universität. Die Trennung der Geschlechter im höheren Schulwesen wurde hierzulande zum Teil erst in den fünfziger und sechziger Jahren überwunden. Seit der Einrichtung von höheren Schulen und der Möglichkeit, die Hochschulreife zu erwerben, hat sich der Anteil der Mädchen ständig vergrößert. Während 1908 nur 120 Mädchen im ganzen deutschen Reich zur Hochschulreife kamen,[58] nahm ihr Anteil ständig zu und über-

---

58 Juliane Jacobi-Dittrich: Geschichte der Mädchenbildung. Erfolgsgeschichte oder Wiederholung der Chancenungleichheit?, in: Inge Brand u.a. (Hg.): Feminin – Maskulin. Konventionen, Kontroversen, Korrespondenzen. Jahresheft aller pädagogischen Zeitschriften des Friedrichs Verlags 7/1989, 62.

schritt in den siebziger Jahren die 50%-Grenze.[59] Die Bildungsreform hatte, ohne daß sie sich eigens um Mädchenbildung bemüht hätte, die Gleichheit der Frauen in einem zentralen gesellschaftlichen Bereich, in der Schule, fast vollständig realisiert.[60]

Das glaubte man zumindest jahrelang! Jahrelang wurde auch in aktuellen pädagogischen Diskussionen nicht mehr über Fragen der Mädchenbildung diskutiert. Diese hatten inzwischen den Ruch des Überholten, Altmodischen. So erschien zum Beispiel in den wichtigsten sonderpädagogischen Fachzeitschriften von 1966-1976 kein einziger Artikel zur Mädchenbildung, während zuvor noch Probleme der traditionellen Mädchenfächer, etwa Fragen des Hauswirtschaftsunterrichts, im Sinne traditioneller Arbeitsteilung diskutiert wurden.[61]

Wie bereits erwähnt, hatte eine geschlechtsneutrale Sichtweise mit der Durchsetzung der Koedukation die Oberhand gewonnen, die Fragen der Geschlechterdifferenz als uninteressant erscheinen ließ. Erst aus der Perspektive der im Zuge der Frauenbewegung entstehenden Frauenforschung wurde der ‚Androzentrismus' der nur scheinbar geschlechtsneutralen pädagogischen Diskurse jener Jahre erkenntlich.

Feministische Forschung und Pädagogik eröffneten nun eine neue Phase der Erziehung zur Gleichheit. Ihre wichtigsten Erkenntnisse waren die Entdeckung des Sexismus der Schule[62] und der anderen Bildungseinrichtungen vor allem in dreierlei Hinsicht: Schulbücher und Unterrichtsmaterialien wurden in vielen Untersuchungen als sexistisch, die Position der Frauen noch traditioneller und machtloser darstellend als sie in Wirklichkeit ist, analysiert. Verhalten, Denken und Sprechen der Schülerinnen und Schüler sowie der Lehrerinnen und Lehrer wurde als von sexistischen Vorurteilen und Klischees, sogenannten Geschlechtsrollenstereotypen, geprägt erkannt. Die institutionelle Hierarchie wurde mit ihrer geschlechtshierarchischen Arbeitsteilung, in welcher Leitungsfunktionen mehrheitlich von Männern wahrgenommen werden, sichtbar.

Die Mehrheit der Vorschläge, Forderungen und Projekte der gesamten Feministischen Pädagogik haben die Gleichstellung von Frauen mit Männern zum Ziel. Mädchen und Frauen eignen sich typisch männliche Kompetenzen wie Abgegrenztheit, Selbstsicherheit, psychisches und körperliches Durchsetzungsvermögen, Aggressivität, Konkurrenzfähigkeit und technisch-naturwissenschaftliche Sachbezogenheit an. Sie erobern öffentliche und mit

---

59 Klaus Hurrelmann/Klaus Rodax/Norbert Spitz: Koedukation – Jungenschule auch für Mädchen? (Alltag und Biographie von Mädchen, Bd. 14), Opladen 1985, 48-69; Christoph Führ: Schulen und Hochschulen in der Bundesrepublik Deutschland (Studien und Dokumentation zur deutschen Bildungsgeschichte, Bd. 39), Köln und Wien 1989.
60 Mädchen sind inzwischen in vielen Bereichen sogar die besseren Schülerinnen, mit Ausnahme der naturwissenschaftlichen Fächer in Oberstufenklassen.
61 Prengel 1984, 121-142.
62 Vgl. die Literaturangaben in Anmerkung 1 und 2 in diesem Kapitel.

Macht ausgestattete gesellschaftliche Rechte und Räume, die bisher den Männern vorbehalten waren. Die Emanzipationsstrategie des Hauptstroms[63] feministischer Erziehung ist die Gleichstellung von Frauen mit Männern und die Eroberung des männlichen Lebenszusammenhangs durch Frauen.

Diese Feststellungen treffen sogar zu auf die in jüngster Zeit aufgrund feministischer Koedukationskritik[64] erhobenen Forderungen nach der Bildung reiner Mädchengruppen, -klassen oder -schulen. Denn diese Forderungen werden durchweg legitimiert mit dem Befund, daß Absolventinnen von Gymnasien für Mädchen in männlich dominierten Bereichen in Schule und Gesellschaft weitaus erfolgreicher sind. Das gleiche gilt für die Frauencolleges in den USA.[65]

Explizit oder implizit geht damit, und das ist problematisch am Hauptstrom, Entwertung oder Ignoranz des weiblichen Lebenszusammenhangs und der dort ausgeprägten Kompetenzen einher. Die Orientierung der Mädchen an ästhetischen Werten, an Beziehungen untereinander, zu Kindern, zu Männern, ihre Unsicherheit, ihre Fähigkeit zum Selbstzweifel und zur Anerkennung von anderen werden aus der Sicht der Gleichstellung ausschließlich als Defizite wahrgenommen und mit dem Verhaftetsein an tradierte, überholte Weiblichkeitsbilder erklärt.

Aufhebung der Hierarchie kommt in dieser Art der Emanzipation zustande durch den Aufstieg der unterlegenen Frauen in die Positionen, die bisher nur Männer innehaben durften.

Die Gültigkeit eines maßstabsetzenden Wertes, des männlichen, bleibt damit unangetastet. Emanzipation ist hier zugleich Eroberung männlicher Pri-

---

63 Vgl. zum Beispiel die Kriterienkataloge für nichtexistische Schulbuchgestaltung, in denen sich ein breiter Konsens autonom und organisiert arbeitender Frauen abzeichnet. (GEW: Gewerkschaftstag 1983 – Angenommene Anträge, Frankfurt 1984, 124): »Frauen sind die Hälfte der Menschheit. Sie müssen daher quantitativ ausgewogen in Wort und Bild vorkommen. Bestimmte Handlungsweisen, Gefühle, Verhaltensweisen und Gegenstände dürfen nicht einseitig einem Geschlecht zugeordnet werden. Jungen und Mädchen, Frauen und Männer müssen gleichermaßen als rational und emotional bestimmte Menschen dargestellt werden. Frauen müssen als selbständige, verantwortliche, durchsetzungsfähige und kreativ handelnde Personen gezeigt werden. Frauen müssen in allen beruflichen Tätigkeiten und Qualifikationen, und dort, wo sie heute noch in der Minderheit sind, abgebildet werden. Die Arbeit im Haushalt, bei der Kindererziehung und im Beruf darf nicht geschlechtsspezifisch zugeordnet werden. Die verschiedenen Formen des Wohnens, Zusammenlebens und der Sexualität müssen als gleichberechtigte Möglichkeiten menschlicher Lebensgestaltung aufgezeigt werden. In Schulbüchern müssen Autorinnen bei Text- und Lektüreauswahl gleichberechtigt berücksichtigt werden. Die männlich dominierten Sprachmuster in Schulbüchern müssen abgebaut werden.«
64 Metz-Göckel 1987. Seltene Ausnahmen von dieser Tendenz finden sich z.B. bei Sherry Turkle: Die Wunschmaschine. Der Computer als zweites Ich, Reinbek 1986. Die Autorin stellte auch andere Umgangsweisen von Mädchen mit Computern fest, die aber erst in reinen Mädchengruppen sichtbar werden konnten.
65 Suzanne Seeland: Better dead than coed? Die Situation der Frauencolleges in den USA, in: Gertrud Pfister (Hg.): Zurück zur Mädchenschule?, Pfaffenweiler 1988, 87-98.

vilegien und Anpassung an männliche Werte. Die monistische Grundstruktur bleibt erhalten, feministische Pädagogik dieses Typs ist Assimilationspädagogik mit der zu allen Assimilationspädagogiken zugehörigen, kompensatorischen Erziehung, die helfen soll, Defizite zu kompensieren. Sie eröffnet die demokratischen Errungenschaften der Moderne für die Frauen: die Gleichheit der Rechte und die Mündigkeit des sich auf seine Vernunft verlassenden Menschen. Sie enthält ebenso die Kehrseite der Aufklärung,[66] die Angleichung an die prekäre bürgerliche Subjektivität in einem historischen Augenblick, in welchem diese in einigen zentralen Aspekten längst obsolet geworden ist.

5. Den Lebensweisen von Frauen Wert verleihen

Seit der ersten Frauenbewegung hat es Ansätze, die den Lebensweisen der Frauen Wert verleihen, gegeben, ihnen ist bei aller Unterschiedlichkeit gemeinsam, daß sie sich sowohl gegen die Entwertung und Ausbeutung der Frauen in der bürgerlichen, dualistischen Geschlechtertrennunng als auch gegen Emanzipation als reine Angleichung an männliche Normen gewendet haben.

Solche Theoreme der Anerkennung von Weiblichkeit haben eine sehr alte Geschichte, sie finden sich z.B. bereits in den »Querelles des femmes« des frühen 18. Jahrhunderts,[67] erlebten eine Blütezeit im ‚gemäßigten' Flügel der

---

66 Grundlegend sind hier die unter dem Eindruck faschistischer Herrschaft entstandenen, 1944 zuerst publizierten Erkenntnisse Horkheimers und Adornos in ihrer »Dialektik der Aufklärung«. Zu deren aktueller Bedeutung vgl. Harry Kunnemann/Hent de Vries (Hg.): Die Aktualität der ‚Dialektik der Aufklärung'. Zwischen Moderne und Postmoderne, Frankfurt/New York 1989. Für eine feministische ‚Dialektik der Aufklärung' vgl. Barbara Schaeffer-Hegel: Die verborgene Bildung der Frauen, Plädoyer für ein offensives Bildungskonzept, in: Argumente Sonderband 148, Bildung und Erziehung, 1988b, 5-21; sowie Christine Kulke: Die Kritik der instrumentellen Rationalität – ein männlicher Mythos, in: Kunnemann 1989, 128-149; Kulke/Scheich 1992.

67 Lieselotte Steinbrügge urteilt über die 1727 erschienene Schrift »Reflexions sur les femmes« von Madame de Lambert: »Mit der Aufwertung des Gefühls kommt ein neues Vermögen des Menschen hinzu, das jedoch in unterschiedlichem Maße auf die Geschlechter aufgeteilt wird. Dadurch entsteht eine besondere weibliche Qualität. Sensibilität und Einfühlungsvermögen werden zu etwas frauenspezifischem umgewertet. Auch wenn Frauen auf diese Weise sogar mehr Fähigkeiten als zuvor zugesprochen werden, ist damit das Gleichheitspostulat der Rationalisten verlassen [...]. Das Einfühlungsvermögen hindert die Frau nicht am Denken – im Gegenteil, es unterstützt deren Verstandestätigkeit. Dies ist nur deshalb möglich, weil das Gefühl hier noch ein ebenso spontanes Vermögen des menschlichen Geistes ist wie die Vernunft. Darin unterscheidet sich Lambert wesentlich von späteren Versuchen, die spezifische Sensibilität der Frau im Gegensatz zur Rationalität aus physiologischen Faktoren abzuleiten, wodurch letztlich das nur körperliche Gefühl der Frau in eine untergeordnete Position zur geistigen Kapazität des Mannes gerät.« (Steinbrügge 1987, 28ff.) Steinbrügge schätzt die Bedeutung der Schriften des Lamberts so ein, daß sie

ersten Frauenbewegung[68] und werden gegenwärtig verstärkt durch grüne Frauengruppierungen[69] und feministisch-poststrukturalistische[70] sowie amerikanische psychologische Forschungen[71] in die Diskussion gebracht.

Ich möchte die Anerkennung der Lebensweisen von Frauen aus der Perspektive der Pädagogik der Vielfalt abgrenzen von allen Idealisierungen und Biologisierungen von Weiblichkeit im Sinne der Geschlechterhierarchie vom bürgerlichen bis hin zum faschistischen Frauenbild. Unterscheidungskriterien sind: Erstens die Bedeutung welche die Hierarchie in einer Geschlechtertheorie einnimmt: Wenn Weiblichkeit idealisiert wird – und damit verbunden werden die Verpflichtung auf unbezahlte Arbeit, der Verzicht auf Privilegien sowie die Unterordnung unter den Mann – so stellt dies eine Fortsetzung der Ausbeutung und Diskriminierung von Frauen dar. Wenn Weiblichkeit wertgeschätzt wird – und damit verbunden werden die Forderung nach adäquater Bezahlung der Arbeit der Frauen, auch in der Kindererziehung sowie eine der Lebensweise der Frauen angemessene Gestaltung der Erwerbsarbeit – so handelt es sich um einen demokratischen Prozeß, der politisch nichts gemein hat mit den Versuchen, Frauen in eine Unterdrückungs- und Ausbeutungssituation zu binden.

Zweites Unterscheidungskriterium ist, wie an vielen Stellen dieser Studie betont, die Rolle, die eine als statisch gedachte ‚Natur' der Frauen spielt. Wenn ein essentialistisches Bild vom weiblichen Körper als ausschlaggebend für psychosoziale Erfahrungen angesehen wird und diese bei allen Frauen auch noch als gleich und unveränderlich behauptet werden, so handelt es sich um eine Festsetzung patriarchalischer, biologistischer Denktraditionen. Solchen Biologismen ist eine andere Auffassung vom ‚Körper' entgegenzusetzen, die Körpererfahrungen als gesellschaftliche Erfahrungen, Körperbilder als gesellschaftliche Konstruktionen begreift, die sich historisch und kulturell unterscheiden und sich ständig verändern. Wenn solche – immer als gesell-

---

selbst die Frau vor Abwertung bewahrt, aber durch ihre Spezifizierung der Eigenschaften der Frau die Voraussetzungen für ihre spätere Abwertung schafft, eine Einschätzung, der widersprochen werden muß, da sie dem in dieser Arbeit an zentraler Stelle kritisierten Fehlschluß monistischen Denkens unterliegt, der davon ausgeht, daß Differenzierungen hinsichtlich eines Gesichtspunkts notwendig ‚völlige' Differenzierung zur Folge hat und Gleichberechtigung unmöglich wird.

68 Vgl. die Arbeiten von Irene Stoehr: Die gemäßigte Frauenbewegung: Argumentation im Schatten des Geldmangels. Von der Not der Mädchenbildung zur Tugend der Koedukation, in: Frauen und Schule 9/1985, 11-15 und: Mütterfeminismus – ein alter Hut? Die Frauenbewegung und die Mütterfrage seit der Jahrhundertwende, in: Dorothee Pass-Weingartz/Gisela Erler (Hg.): Mütter an die Macht, Reinbek 1989.
69 Vgl. Die Grünen: »Leben mit Kindern – Mütter werden laut«, 1987 in: Dorothee Pass-Weingartz/Gisela Erler (Hg.): Mütter an die Macht, Reinbek 1989.
70 Vgl. die Arbeiten von Luce Irigaray 1979 und 1980.
71 Vgl. Gilligan 1984; Mary Field Belenky u.a: Das andere Denken. Persönlichkeit, Moral und Intellekt der Frau, Frankfurt/New York 1989; Sara Ruddick: Mütterliches Denken. Für eine Politik der Gewaltlosigkeit, Frankfurt/New York 1993.

schaftlich vermittelt verstandenen Lebensweisen von Frauen einschließlich ihrer körperlichen, auch körperlich-sexuellen Erfahrungen begrifflich gefaßt und gesellschaftlich sichtbar gemacht werden, so kann ihnen auch gesellschaftlich Wert verliehen werden. Sie werden damit gleichberechtigt[72]. Die vor allem in der amerikanischen Diskussion übliche Trennung von ‚sex' als biologischem und ‚gender' als gesellschaftlichem Geschlecht wird hier nicht vorgenommen. Solche Formen der Anerkennung von Weiblichkeit unterscheiden sich klar von biologistischen Fixierungen aller Art.

Dieser demokratische Ansatz, den Lebensweisen von Frauen Wert zu verleihen, ist darum nicht ohne Gleichheitsziele denkbar, er interpretiert diese aber anders und verleiht ihnen damit neue Bedeutungen: Der Gleichheitsdiskurs leistet es, die Rechte der Frauen im Hinblick auf die Männern vorbehaltenen, individuellen Kompetenzen und gesellschaftliche Räume zu reklamieren. Wollten Frauenpolitik und Frauenbildung aber darauf beschränkt bleiben, so könnten große Bereiche des Lebens der Frauen gar nicht in ihren Gesichtskreis rücken. Aber bei allen Versuchen, weibliche Lebensweisen und -zusammenhänge wertschätzen zu lernen, schwingen Gleichheitsideale mit, auch Differenzanerkennung lebt von diesen.[73]

Um die Bedeutung dieser These anschaulich zu machen, sei an dieser Stelle erläutert, was mit dem Gedanken der Lebensweisen und Lebenszusammenhänge der Frauen konkret gemeint ist. Durch das Zusammenspiel von Theorie und Praxis in Frauenbewegung und feministischer Wissenschaft wurden ‚Schlüsselthemen' der weiblichen Existenzweise auffindbar. Die Entdeckung von Schlüsselthemen, auch generativen Themen, gehört nach Freire[74] zum Bewußtwerdungsprozeß jeder Befreiungsbewegung. Feministische Pädagogik ist eine ‚Pädagogik der Unterdrückten' im Sinne Freires. Die Frauenbewegung durchläuft seit ihren Anfängen, wie auch andere Befeiungsbewegungen, einen Prozeß der Bewußtwerdung und der Aufwertung.

Die in diesem Zusammenhang relevanten Entdeckungen der Frauenbewegung und -forschung, ihre Schlüsselthemen, zentrieren sich um folgende Aspekte: Geschichte der Frauen; Weibliches Arbeitsvermögen[75]; Weibliche Beziehungsformen; Weibliche Denkformen, auch ästhetische und künstlerische Gestaltung; Erfahrungen weiblicher Körperlichkeit; Mütterlichkeit; Lesbische Liebe; Unterdrückungserfahrungen (Gewalt gegen Frauen in der Familie, Sexueller Mißbrauch von Mädchen, Vergewaltigung, Kampf gegen § 218); Weibliche Sozialisation in allen Lebensphasen von der frühen Kind-

---

72 Beispielhaft für diesen Zusammenhang sind die Aufsätze in dem von Karin Flaake und Vera King herausgegebenen Sammelband: Weibliche Adoleszenz. Zur Sozialisation junger Frauen, Frankfurt/New York 1992.
73 Diese These ist im Rahmen dieser Studie zentral für dieses Kapitel, sie stellt eine Konkretisierung der in Kapitel II, 3 erläuterten Pluralitätstheorie dar.
74 Vgl. Paolo Freire: Pädagogik der Unterdrückten, Hamburg 1977.
75 Zur Kritik an diesen Kategorien der Frauenforschung siehe auch Abschnitt 9 in diesem Kapitel.

heit über schulische Sozialisation, Pubertät und Jugend bis zu allen Phasen des erwachsenen Lebens der Frauen.[76]

Die hier aufgeführten Themenbereiche, die sich noch um weitere Komplexe ergänzen ließen, unterscheiden sich in ihrer Erkenntnisperspektive und in ihrer politischen Intention von reinen Gleichheitsvorstellungen, wie sie im vorangehenden Abschnitt behandelt wurden.

Der Unterschied zwischen beiden Strategien sei hier anhand einiger wesentlicher Beispiele demonstriert.

Zunächst sollen die Forschungen von Piaget und Kohlberg denjenigen von Gilligan und Belenky u.a. gegenübergestellt werden.[77] In der Logik der piagetschen und kohlbergschen Entwicklungsstufen sind Mädchen, da sie die höchste Stufe (z.B. eine an Prinzipien orientierten Moral) nicht erreichen, unentwickelt, also defizitär. Im Sinne des Gleichheitsparadigmas müßten sie nun durch kompensatorische Erziehung so gefördert werden, daß sie die höchste Stufe, und das heißt, die Standards der Jungen erreichen.

Aus der Perspektive der Aufwertung des Weiblichen wird nun die universelle Gültigkeit der der Bewertung zugrundeliegenden Stufenfolge kritisiert und ihr partikularer Charakter bzw. ihre Gültigkeit allenfalls für männliche, weiße Mittel- und Oberschichtkinder herausgestellt. Carol Gilligan löste sich aufgrund ihrer empirischen Befunde zum weiblichen Verhalten von dem genannten Entwicklungsmodell und arbeitete ein der weiblichen Sozialisation gerechter werdendes anderes Modell aus. Hier werden für Mädchen andere Entwicklungsphasen als maßgeblich angesehen, deren wichtigste Werte in der Verbindung von Selbständigkeit mit Fürsorge und Vernetztheit liegen. Mit Beziehungsorientierung läßt sich der Kern der unterschiedlichsten Feststellungen zur weiblichen Sozialisation und zur Art der Frauen, Beziehungen zu ihrer Umwelt zu gestalten, umschreiben. Den Arbeiten von Gilligan folgten inzwischen weitere Untersuchungen, so die Studie zum weiblichen Denken von der erwähnten Forschungsgruppe Belenky u.a., in der herausgefunden wurde, daß sich weibliche Denkweisen mehr durch persönliche Beziehungen als durch das Bemühen um Objektivität dem Gegenstand ihres Denkens gegenüber auszeichnen. Im Sinne der feministischen Strategie, die den

---

76 Aus der pädagogischen Frauenforschung sind hier besonders erwähnenswert die Forschungen von Astrid Kaiser, die u.a. herausfand, daß Grundschülerinnen eine starke Orientierung an Personen, persönlichen Bedürfnissen und persönlichen Beziehungen im Sachunterricht erkennen lassen, während Jungen sich an technischen Aspekten der Sachunterrichtsthemen orientieren. Vgl. Astrid Kaiser: Mädchen und Jungen – eine Frage des Sachunterrichts? Ergebnisse eines Forschungsprojekts, in: Renate Valtin u.a. (Hg.): Frauen machen Schule, Frankfurt 1985, 52-64.

77 Vgl. Carol Gilligan: Die andere Stimme. Lebenskonflikte und Moral der Frau, München 1984; Belenky/Clinchy/Goldberger/Tarule 1989; Jean Piaget: Das moralische Urteil beim Kinde, Frankfurt 1973; Lawrence Kohlberg: Philosophische und pädagogische Untersuchungen zur Moralentwicklung (New York 1981), in: Kohlberg: Gesammelte Schriften, Bd. 1, Frankfurt 1988. Vgl. auch in Kapitel III, 4 die entsprechenden Ausführungen zum pädagogischen Universalismus in der Interkulturellen Pädagogik.

Existenzweisen der Frauen Wert verleiht, wird diese Denkweise nicht wegen mangelnder Objektivität kritisiert, sondern sie findet wegen ihrer besonderen Ergiebigkeit Anerkennung.

Ein anderer für die Wertschätzung von Weiblichkeit bedeutsamer Bereich sind die Körpererfahrungen: Im Sinne der Gleichstellungsstrategie sind, wie oben bereits erwähnt, die Besonderheiten weiblicher Körpererfahrungen immer eher störend oder behindernd und müssen im Dienste der Frauenbefreiung unsichtbar gemacht werden. So läßt frau sich im Sinne der Gleichheit zum Beispiel durch ihre Menstruation nicht behindern, sondern nimmt teil an allen beruflichen, sportlichen und anderen Aktivitäten, ganz so, als gäbe es gar keine Menstruation. Diese Haltung bedeutet Befreiung einerseits, wenn man bedenkt, welche Tabus Frauen früher in der Menstruationszeit behindert haben. Sie bedeutet andererseits aber Verleugnung einer Realität. Es bleibt zu fragen, welche anderen Erfahrungen Frauen mit der Realität der Menstruation machen könnten, ein Fest bei der Menarche, lustvolle Sexualität, ohne die Möglichkeit schwanger zu werden, eine Zeit der Aufmerksamkeit für das Körperinnere?[78] Auch dabei ist klarzustellen, daß es m.E. nicht etwa die ideale Form der Menstruationserfahrung gibt, sondern in jeder Kultur nur spezifische, jeweils historisch-gesellschaftlich bedingte Möglichkeiten, den Körper zu erleben und sich Bilder von ihm zu machen.

Im Sinne der Gleichheit wäre weibliche Sexualität die viel beschriebene Imitation einer sogenannten befreiten Sexualität der Männer durch die Frauen seit der Studentenbewegung, die letztlich nur Anpassung an derzeit herrschende sexuelle Wünsche von Männern ist. Sie bedeutet oft genug Verzicht auf die Entdeckung eigener sexueller Wünsche, ermöglicht auch durch die Pille. Als Versuche sexueller Gleichstellung können auch all jene sexuellen Vorstellungen gewertet werden, die die Vagina als Lustort der Frau negieren.[79] Welche »andere Art zu genießen«[80] aber viele Frauen sich möglicherweise wünschen, ist nur mit einer Haltung herausfindbar, die offen ist für die anderen, in der am Männlichen orientierten Perspektive unsichtbar bleibenden, Erfahrungen der Frauen.

All den unterschiedlichen Entdeckungen und Aufwertungen weiblicher Erfahrungen ist gemeinsam, daß sie die kulturellen, in ständiger historischer Veränderung begriffenen, sozialen Praktiken von Frauen, diese »verborgenen Wirkungen«[81], dem Verdrängen, Verschweigen, Entwerten entreißen.

---

78 Vgl. Ruth Waldeck 1988.
79 Vgl. den Artikel von Renate Schlesier: Die totgesagte Vagina. Zum Verhältnis von Psychoanalyse und Feminismus. Eine Trauerarbeit, in: Brigitte Wartmann (Hg.): Weiblich-Männlich. Kulturgeschichtliche Spuren einer verdrängten Weiblichkeit, Berlin 1980, 111-133.
80 Vgl. den Artikel mit gleichlautendem Titel von Luce Irigaray: Eine Kunst des Genießens, in: dies.: Zur Geschlechterdifferenz, Wien 1987, 17-42.
81 Barbara Schaeffer-Hegel (Hg.): Mythos Frau. Projektionen und Inszenierungen im Patriarchat, 1984b, darin besonders das Vorwort der Herausgeberinnen, 7-12.

In diesem feministischen Diskurs der Aufwertung von Weiblichkeit kommen allerdings Positionen vor, die der oben genannten Gefahr der Substantialisierung und Fixierung von Weiblichkeit auf eine statisch unveränderlich gedachte Natur nicht entgehen. Solche Gefahren entstehen immer dann, wenn Weiblichkeit nicht mehr als gesellschaftlich-kulturell bedingt und historisch sich stets verändernd begriffen wird, wenn vernachlässigt wird, daß das Gefühls- und Körpererleben niemals unabhängig von sozialer Vermittlung existiert, sondern immer als gesellschaftliche Praxis sich entwickelt und durch Sozialisation tradiert und dabei permanent variiert wird und wenn die tiefgreifenden Differenzen zwischen Frauen negiert werden. Solche ontologisierenden Tendenzen lassen sich allerdings selten, wesentlich seltener jedenfalls als sie von Gleichheitstheoretikerinnen beschworen werden, auffinden.[82]

Ein anderer Fehler, der mit der Aufwertung von Weiblichkeit einhergehen kann, ist ihre meist implizite, selten offen behauptete moralische Überbewertung, im Grunde eine Art Neuauflage der Idealisierungen des bürgerlichen Frauenbildes. Frauen werden hier als die besseren Menschen empfunden, ein ‚gutes' weibliches Prinzip wird dem ‚schlechten' männlichen Prinzip entgegengesetzt.

Solche neuerlichen Idealisierungen von Weiblichkeit sind aus theoretischen, psychosozialen und politischen Gründen abzulehnen. Auf theoretischer Ebene bleiben sie monistisch-hierarchischen Strukturen verhaftet, in welchen es Über- und Unterlegenheit geben muß. Auf der politischen Ebene liegt das Prekäre einer solchen Auffassung darin, daß die Emanzipation der Frauen mit ihrem ‚Gut-Sein' legitimiert wird. Diese Legitimationsstrategie hat die fatale Konsequenz, daß, wenn Frauen nicht das moralisch Gute vertreten würden, sie keinen Anspruch auf Gleichberechtigung hätten. Auf der psychosozialen Ebene wird vollends deutlich, wozu diese Idealisierung dient: Die Vorstellung von der Unschuld der Frau ist eine Rationalisierung ihrer Machtlosigkeit.

Die Haltung der ‚Pseudounschuld', wie sie von Rollo May in Anlehnung an Nietzsches »Genealogie der Moral« herausgearbeitet wurde, liegt dieser Auffassung zugrunde.[83] Pseudounschuld tradiert das Aggressionsverbot für Frauen und die damit einhergehenden psychischen Folgen: Autoaggression,

---

82 Immerhin finden sich Biologismen bei ‚frauenbewegten' Autorinnen wie Barbara Sichtermann und Gisela Erler. Gisela Erler: Frauenzimmer. Für eine Politik des Unterschieds, Berlin 1985, darin besonders das Kapitel: Ein wenig Biologismus, 78-91. Barbara Sichtermann: Wer ist wie? Über den Unterschied der Geschlechter, Berlin 1987, darin besonders das Kapitel: Die Angst der Frauenbewegung vor der Biologie, 9-17.
83 Vgl. Prengel/Wirbel: Abschied von der Abhängigkeit – Zur historischen und biographischen Entmachtung der Frauen, in: Beiträge zur feministischen Theorie und Praxis, »Neue Heimat Therapie«, 17/1986, 69-82. Rollo May: Power and Innocence, New York 1980. Friedrich Nietzsche: Zur Genealogie der Moral, in: Karl Schlechta (Hg.): Werke III. Frankfurt 1969.

die sich auch in Krankheiten und Depressionen äußert, in Abwehrmechanismen[84] wie der ‚altruistischen Abtretung' und der ‚Identifikation mit dem Aggressor', etwa wenn eigene Machtwünsche an Männer delegiert werden.

An der mit dem bürgerlichen Frauenbild verbundenen Aggressionsverleugnung, die Bestandteil der Selbstverleugnung ist, nehmen Frauen bis heute Schaden. Es ist von größter Wichtigkeit, die ohnehin wirksame Aggressivität nicht länger zu verdrängen, sondern sie sich zur Verteidigung und Durchsetzung eigener Rechte zuzugestehen und sie offensiv einzusetzen.[85] Ebenso wichtig ist die Auseinandersetzung mit dem Beitrag der Frauen zum herrschenden Patriarchat, ohne diesen Beitrag, der von Christina Thürmer-Rohr im Konzept der ‚Mittäterschaft'[86] gefaßt wurde, wäre Patriarchat so nicht möglich!

Die soziale Orientierung der Frauen, ihre Offenheit für andere ist aber dennoch nicht als Ergebnis bzw. Relikt bürgerlicher Frauenunterdrückung anzusehen, das der Fähigkeit zur aggressiven Durchsetzung zu weichen hätte. Dies wäre einmal mehr die Reduzierung der Frauenemanzipation auf die Anpassung an männliche Normen.

In der Beziehungsfähigkeit der Frauen lassen sich meines Erachtens beide Momente auffinden:[87] die Unterwerfungshaltung von Unterdrückten, die sich immer nach den Herrschenden richten und die Fähigkeit zur Mitmenschlichkeit, für die das Leben in einer Haltung des Miteinander angenehmer erscheint als in einer Haltung des Gegeneinander. Sowenig die Aufwertung des Weiblichen den irrealen Illusionen der moralisch ‚guten' Frau verfallen darf, so sehr müssen aber auch die sozialen Kompetenzen von Frauen als wertvoll anerkannt werden können.

Der Begriff der Verschiedenheit, wie er in dieser Studie in Kapitel II entwickelt wurde, wendet sich sowohl gegen die Verdrängung und Entwertung von Lebenserfahrungen als auch gegen ihre ontologisierenden und idealisierenden Fortschreibungen. Beides, Ausgrenzung und Herstellen neuer Rangordnungen, bleibt monistischem Denken verhaftet, welches die kulturelle und individuelle Vielfalt der Lebensweisen der Frauen nicht erfassen kann.

Verschiedenheit meint vielmehr die historischen, kulturell-kollektiven und biographisch-individuellen Lebenserfahrungen der Geschlechter, die zusammenfassend folgendermaßen gekennzeichnet werden können: Lebenserfahrungen von Frauen und Männern sind kulturelle Erfahrungen, sie sind in den uns bekannten Gesellschaften in hohem Maße verschieden.[88] Selbst solche Praktiken, die bei beiden Geschlechtern ähnlich oder gleich sind, haben für

---

84 Freud, Anna: Das Ich und die Abwehrmechanismen (13. Auflage), München 1982.
85 Vgl. Prengel/Wirbel 1986.
86 Christina Thürmer-Rohr: Vagabundinnen. Feministische Essays, Berlin 1987.
87 Vgl. den Abschnitt »Zur Ambivalenz der Geschmeidigkeit« in Prengel 1984, 66-70.
88 Als ein Beispiel der Erforschung einer Kultur von Frauen vgl. Maya Nadig: Die verborgene Kultur der Frau, Frankfurt 1986.

jedes Geschlecht andere Bedeutungen, da sie für Frauen und Männer mit je verschiedenen Bewertungen, Konnotationen, Ursachen und Folgen verbunden sind. Bei gleichen Tätigkeiten und Erfahrungen in gemeinsamen Kontexten können Annäherungen stattfinden, was aber nicht zwangsläufig der Fall sein muß, es kann auch die gegenteilige Wirkung eintreten. Innerhalb eines jeden Geschlechts unterscheiden sich die Erfahrungen auf vielfältige Weise, Frauen und Männer bilden keine homogenen Gruppen. Die Lebensweisen der Geschlechter werden durch Sozialisation reproduziert, aber nicht auf starr-gleichbleibende Weise, sondern beim Tradieren werden sie zugleich verändert.

Bei allen Versuchen, dem Weiblichen gesellschaftlichen Wert zu verleihen, spielt die Suche nach Formen der Symbolisierung[89] von Weiblichkeit eine Rolle. Wenn Frauen versuchen, den herrschenden Werten der Männergesellschaft, versinnbildlicht im Symbol des Phallus, andere weibliche Werte entgegenzusetzen und dabei auf der Suche nach weiblicher Symbolik sind, so ließe sich auch dieser Prozeß als ein Gleichstellungsprozeß beschreiben, in welchem auch den Frauen Gerechtigkeit widerfährt. Es hat verschiedene theoretische Versuche der Symbolisierung von Weiblichkeit gegeben. Luce Irigaray und unter ihrem Einfluß die italienische Frauengruppe des Mailänder Frauenbuchladens[90] unternehmen solche Versuche auf dem Hintergrund der poststrukturalistischen Theorie. Während Irigaray in ihren frühen Schriften und Interviews die Geschlechterdifferenz beschwor, aber um keinen Preis die Konstruktion weiblicher Gegenbilder zulassen wollte,[91] da diese immer nur als Gegensatz zum herrschenden Männlichen und damit von diesem bestimmt möglich seien, hält sie heute die Symbolisierung weiblicher Körper- und Lebenserfahrungen bis hin zur transzendenten Ebene mit der Imagination weiblicher Gottesbilder für erforderlich für die Emanzipation der Frauen.[92]

---

89 An dieser Stelle ist an die Funktion kultureller Symbolbildungen zu erinnern, wie sie im Kapitel zur ‚Interkulturellen Erziehung' (Kap. III, 5) diskutiert wurden. Kulturelle Symbolisierungen sind interessengeleitet und dementsprechend veränderlich, sie sind darum nicht zu verwechseln mit ontologisierenden Fixierungen!
90 Vgl. Libreria delle Donne di Milano: Wie weibliche Freiheit entsteht, Berlin 1988.
91 Vgl. Kap. II.
92 Luce Irigaray: Sur l'éthique de la différence sexuelle, Paris 1985. Wie problematisch diese Entwicklung der Theorie der Weiblichkeit teilweise verläuft, wurde in Kapitel II, 4 bereits gesagt. Für die Irigaray-Rezeption vgl. auch Astrid Deuber-Mankowski: Von neuen Welten und weiblichen Göttern. Zu Luce Irigarays ‚Ethique de la différence sexuelle', in: Judith Conrad/Ursula Konnertz (Hg.): Weiblichkeit in der Moderne, Tübingen 1986, 62-74 und dies.: Weibliche Sexualität und Selbstsorge, in: Konnertz (Hg.): Zeiten der Keuschheit, Tübingen 1988, 26-35. In diesem Abschnitt zum Beitrag der Feministischen Pädagogik zur Aufhebung der Entwertung von Weiblichkeit wurden klare Kriterien für die Unterscheidung zwischen patriarchalen und demokratischen Konzepten von Weiblichkeit entwickelt: Patriarchale Weiblichkeitsbilder sind hierarchisch, biologisch-statisch, legitimieren Ausbeutung und orientieren sich an Idealen. Feministisch-demokratische Vorstellungen von

Im Einfluß der amerikanischen Entwicklung der Psychoanalyse und der Kritischen Theorie wirft auch Jessica Benjamin die Frage nach weiblichen Symbolen auf.[93] Sie lehnt es aber ab, ähnlich wie die frühe Luce Irigaray dem männlichen Phallussymbol ein weibliches Enblem, etwa das Vulvabild, entgegenzustellen. Ein solches Verfahren entspräche noch zu sehr der herrschenden Ordnung und bedeute Konkurrieren innerhalb dieser Ordnung. Im Rückgriff auf Winnicott malt sie vielmehr als Beziehungsgestalt den weiten Strand aus, an welchem zwei Menschen sich befinden, zwischen denen Spielraum bleibt: Die Raum lassende Mutter und das selbsttätige Kind.

Dieses Bild läßt sich verknüpfen mit all jenen Forschungsergebnissen, für die die Ergebnisse von Carol Gilligan ein zentrales Beispiel sind: Die Orientierung an Beziehungen, in welchen das Selbst *und* die Anderen ihr Eigenleben behalten, an die Stelle des Subjekt-Objekt-Modells tritt ein Subjekt-Subjekt-Modell.

Zusammenfassend ist festzuhalten, daß Frauenbewegung und Frauenforschung seit ihrer Entstehung vor 20 Jahren als ein einziger großer Prozeß interpretiert werden können, in welchem eine Fülle von zuvor verdrängten Aspekten der Lebensweisen von Frauen gesellschaftlich sichtbar gemacht und anerkannt wurde. In diesem Bewußtwerdungsprozeß kommen sowohl Unterdrückungs-, Leidens- und Deformationserfahrungen von Frauen unter patriarchalen Lebensbedingungen zur Sprache, als auch die Potentiale, Stärken und kreativen Lebensgestaltungen von Frauen sowie ihre ‚Mittäterschaft'[94] im Patriarchat.

Den Lebensweisen der Frauen Wert verleihen – dieses Ziel hat für die Mädchenbildung und -erziehung erhebliche Konsequenzen: Es hat zur Folge, daß die Geburt eines Mädchens als Glück erlebt werden kann und daß die Lebensäußerungen und Entwicklungsprozesse von Mädchen in ihren unterschiedlichen Phasen wertschätzend wahrgenommen werden. Hierin liegt die Herausforderung dieser feministischen Strömung, denn Mädchen machen die Grunderfahrung[95], daß das, was sie sind, wollen und tun, weniger gut, weniger wert, weniger richtig ist.

Die pädagogischen Konsequenzen aus der Aufwertung des Weiblichen sind zu sehen in einer Haltung, welche die Körpererfahrungen der Mädchen, ihre ästhetischen Interessen, ihre Kinderwünsche, ihre Liebessehnsucht, die Art ihrer Beziehungsgestaltung nicht entwertet, sondern die Mädchen darin unterstützt, diesen Gefühlen Ausdruck zu verleihen und sich aktiv damit aus-

---

Weiblichkeit sind anti-hierarchisch, kulturell-historisch, bekämpfen Ausbeutung und orientieren sich an weiblichen Lebensrealitäten.
93 Vgl. Jessica Benjamin: From Object to Subjekt. Vom Objekt zum Subjekt. – Denkformen und Erlebnisweisen der Geschlechter, in: Prengel 1987c, 75-93.
94 Vgl. Christina Thürmer-Rohr 1987.
95 Vgl. die detaillierten Aufzeichnungen von Marianne Grabrucker zum weiblichen Sozialisationsprozeß: dies.: »Typisch Mädchen...«. Prägungen in den ersten drei Lebensjahren, Frankfurt 1985.

einanderzusetzen (ohne dabei moralisierend der Aggressionsvermeidung das Wort zu reden, sondern zu differenzieren zwischen zwanghaft manipulierender Hilfsbereitschaft und wirklicher Zuwendung). Diese Haltung schließt Akzeptanz und Wertschätzung für alle Wünsche, in ‚männliche' Domänen einzudringen, mit ein! Die für die Feministische Pädagogik wesentliche Frage, warum Weiblichkeit entdeckt und aufgewertet werden kann, aber dabei immer unbestimmbar bleibt, ist Gegenstand des übernächsten Abschnitts; zuvor soll eine kurze Auseinandersetzung mit der relativ populären Androgynitätspädagogik erfolgen.

6. Androgynitätspädagogik

Sowohl in der allgemein politischen als auch in der im engeren Sinne pädagogisch-feministischen Literatur spielen Androgynitätsideale eine bedeutende Rolle.[96] Androgynität ist eine mögliche Antwort auf die Kritik an der auf männliche Standards reduzierenden Gleichstellungspädagogik. Androgynitätspädagogik erkennt den in den Lebensweisen beider Geschlechter dominierenden Verhaltensmöglichkeiten Wert zu. Sie orientiert sich dabei an den Polarisierungen der bürgerlichen ‚Geschlechts-charaktere', indem sie in jedem Geschlecht beide Pole vereinigt sieht. Frauen entwickeln ihre ‚männlichen Anteile', das heißt sie werden auch aktiv, durchsetzungsfähig, aggressiv. Männer entwickeln ihre ‚weiblichen Anteile', werden also auch passiv, emotional und fürsorglich.

Die traditionell auf beide Geschlechter verteilten Komplemente werden nun in jede einzelne Person hinein verlagert. So entsteht die Vorstellung vom ganzen Menschen, der nicht wesentliche Anteile des Mensch-Seins abspalten und ans andere Geschlecht delegieren muß. Die Grenzen der Zweigeschlechtlichkeit sollen so aufgehoben werden. Indem die Komplemente in jeder Person vereinigt sind, kann Gleichheit zwischen den Geschlechtern hergestellt werden. Die Legitimation für gleiche Rechte wird möglich durch Herstellung von spiegelbildlicher Gleichartigkeit. Elisabeth Badinter bemerkt mit nahezu resignativem Unterton, sie glaube nicht daran, daß die okzidentalen Denkgewohnheiten so zu durchbrechen seien, daß Verschiedenes als gleichberechtigt gelten könne, darum sei die androgyne Gleichheit der einzige Weg zur Gleichstellung der Geschlechter.[97]

---

96 Vgl. Elisabeth Badinter: Ich bin Du. Die neue Beziehung zwischen Mann und Frau oder die androgyne Revolution, München 1987; Christa Bast: Weibliche Autonomie und Identität. Untersuchungen über die Probleme von Mädchenerziehung heute, Weinheim und München 1988, darin besonders den Abschnitt »Androgynität als terminologischer Zugriff und als Ziel weiblicher Identitätsentfaltung«, 364-376.
97 Vgl. Badinter 1987.

Ich gebe Elisabeth Badinter recht in der Beobachtung, daß starre normative Trennungen zwischen den Geschlechtern gegenwärtig zurückgehen. In der Pädagogik ist diese Tendenz wirksam, zum Beispiel, wenn die Restriktionen der traditonellen Erziehung Mädchen und Jungen gegenüber aufgehoben werden. Darin liegen die unverzichtbaren Momente des Androgynitätsleitbildes. Mädchen werden nicht mehr bzw. weniger massiv und weniger offen daran gehindert, sich auszutoben, aggressiv zu sein, sich für Technik und Politik zu interessieren. Jungen werden weniger daran gehindert zu weinen, fürsorglich zu sein, Schmerz und Hilflosigkeit zu zeigen, sich für den Haushalt und kleine Kinder zu interessieren.

Androgynität propagiert, und darin liegt ihre Sprengkraft, eine radikale Änderung der gesellschaftlichen Arbeitsteilung. Diese neue Arbeitsteilung würde kürzere Erwerbsarbeitszeiten für beide Geschlechter und gleichgewichtige Beteiligung beider Geschlechter an Kinderpflege und Haushaltsarbeit bedeuten. Der unverzichtbare Wert dieses neuen Modells der Arbeitsteilung liegt darin, daß Frauen ermöglicht werden soll, Kinder zu erziehen und berufstätig zu sein, und daß es Männern ermöglichen soll, berufstätig zu sein und Kinder zu erziehen. Eine solche Form der Arbeitsteilung kann neben ihrer großen Bedeutung für Frauen und Männer erhebliche Auswirkungen auf die kindliche Sozialisation mit je besonderen Konsequenzen für Mädchen und Jungen haben (vgl. zur Androgynitätspädagogik Punkt 7). Gleichzeitig werden Hoffnungen damit verbunden, die verheerenden Folgen des überkommenen Arbeitsteilungsmodells, der Alleinzuständigkeit der überlasteten Frauen für die Kinder und die für eine glückliche Vater-Kind-Beziehung sehr nachteilige Abwesenheit der Väter überwinden zu können.

Im Sinne der Entwicklung eines neuen Arbeitsteilungsmodells[98], das beiden, Frauen und Männern, enge Beziehungen und Verantwortung für ihre Kinder sowie Berufstätigkeit ermöglicht (und nur in diesem Sinne!) halte ich die Verwirklichung androgyner Ideale für erstrebenswert. Allerdings halte ich es nicht für zulässig, eine solche persönliche und politische Option auch für andere, insbesondere nicht für Kinder in Erziehungsinstitutionen, zum verbindlichen und damit zukunftsweisenden Leitbild zu erklären, das sie möglichst zu übernehmen haben.

Aus der Sicht der Theorie der Pluralität kommt das Eintreten für das Androgynitätsleitbild dem Propagieren eines monistischen Einheitsbildes gleich. Solche monistischen Leitbilder mit universellem Geltungsanspruch tendieren, wie bereits ausgeführt, dazu, alle jene Strebungen, die mit ihnen inkommensurabel sind, zu eliminieren; eine Verpflichtung der neuen Generation auf das Leitbild der Androgynität durch die öffentliche Erziehung käme einem Übergriff auf die Entscheidungsfreiheit der Kinder und Jugendlichen gleich. Den-

---

98 Für die erhoffte Bedeutung einer anderen Arbeitsteilung zwischen den Geschlechtern für die Persönlichkeitsentwicklung von Mädchen und Jungen vgl. Nancy Chodorow: Das Erbe der Mütter. Psychoanalyse und Soziologie der Geschlechter, München 1985.

noch halte ich es im Sinne des von mir vertretenen Pluralitätskonzepts natürlich für legitim, wenn Lehrende für ihre Optionen, also auch für eine Androgynitätsoption, offen eintreten; jedoch sollte dabei kein Anspruch auf Absolutheit im Sinne wünschenswerter Gültigkeit für alle verknüpft sein.[99]

Meine Kritik an den psychosozialen Mängeln des Androgynitätsideals kann ich hier nur andeuten: Ich bin davon überzeugt, daß es das Androgynitätssideal für die innerpsychische Realität nicht leisten kann, neuen Entwicklungen angemessen Ausdruck zu verleihen. Die aus dem Einflußbereich der Tiefenpsychologie C. G. Jungs stammende Rede der anzueignenden weiblichen beziehungsweise männlichen »Anteile« schreibt im Sinne der Archetypenlehre[100] und der bürgerlichen Lehre der Geschlechtscharaktere weiterhin fest, was Weiblichkeit und Männlichkeit sei.

Läßt sich wirklich sagen, daß eine Frau, wenn sie z.B. öffentlich auftritt oder wenn sie sexuell aktiv ist, ihre ‚männlichen Anteile' zur Geltung bringt? Läßt sich wirklich sagen, daß ein Mann, wenn er weint oder liebevoll sein Kind versorgt, seine ‚weiblichen Anteile' auslebt?

In solchem Verständnis setzen sich die alte Polarisierung und die damit einhergehenden Enteignungen nur fort.

Eine sexuell aktive Frau, eine aggressive Frau, so ließe sich doch viel naheliegender sagen, realisiert sich selbst, also ihre Weiblichkeit. Ein weinender oder fürsorglicher Mann wird doch auch sich selbst und damit seiner Männlichkeit gerechter.

Für die Pädagogik ist diese Unterscheidung, die zunächst nur wie eine rein begriffliche Unterscheidung wirken mag, von großer Bedeutung. Für Kinder ist ihre Geschlechtszugehörigkeit ein zentraler Orientierungspunkt der Identitätsbildung. Sie können ihre unterschiedlichen Lebensäußerungen nur als wirklich zu sich selbst gehörig erfahren, wenn sie auch als solches erkannt und widergespiegelt[101] werden. Das Weinen eines Jungen ist männliches Weinen, männliche Tätigkeit, nicht irgendwie weiblicher Anteil und im Grunde eigentlich weibliche Tätigkeit. Die aggressive Handlung eines Mädchens ist ebenso eine weibliche Tätigkeit und nicht männlicher Anteil, der plötzlich aus dem Mädchen spricht.

Die Rede von den je gegengeschlechtlichen Anteilen schreibt die Entfremdung von spontanen Regungen des Selbst fort, die letztlich doch zum anderen Geschlecht gehören. Ihre historische Entstehung zu einer Zeit, als die Polarisierung der ‚Geschlechtscharaktere' noch recht ungebrochen herrschte,

---

99 Vgl. auch Schlußkapitel dieser Arbeit: Abschnitt 4, »Selbstachtung und Anerkennung der Anderen« in der Rolle der Lehrerinnen und Lehrer.
100 Zur Kritk des jungianischen Anima- und Animuskonzepts, welches die populären Vorstellungen von den weiblichen und männlichen Anteilen einer jeden Person wesentlich mitbestimmt, vgl. Ursula Baumgardt: König Drosselbart und C.G. Jungs Frauenbild. Kritische Gedanken zu Anima und Animus, Olten 1987, bes. 42-68.
101 Vgl. Jessica Benjamin: Die Fesseln der Liebe: Zur Bedeutung der Unterwerfung in erotischen Beziehungen, in: Feministische Studien 2/1985, 10-33.

ist allerdings verständlich. Wenn die maßgebliche Ideologie es auf hermetische Weise unmöglich macht, Weiblichkeit anders als passiv und Männlichkeit anders als aktiv zu denken, ist es immerhin eine Brücke zur Aufhebung solcher starren Spaltung, wenn jedem Geschlecht auch andere Anteile zugedacht werden können. Diese Hilfskonstruktion scheint mir allerdings überflüssig, da die traditonelle Polarisierung zwischen Weiblichkeit und Männlichkeit ihrerseits selbst nicht mehr überzeugt.

7. Zur Unbestimmbarkeit von Weiblichkeit

Die Einsicht in die Inkommensurables ausgrenzende und in Hierarchien einbindende Funktion des Einheitsprinzips, in die Herrschaft des ‚Gesetzes des Selben‘, wie es die androzentrischen Diskurse der Wissenschaft bestimmt, wirft auch bestimmte Fragen an Emanzipationskonzepte auf. Welchen monistischen Leitbildern sind Gleichstellungspädagogik, Pädagogik der Aufwertung des Weiblichen und Androgynitätspädagogik verpflichtet und welche Möglichkeiten der Frauenbefreiung müssen sie wegen solcher monistischer Fixierung ausschließen? Oder: Ist einem Leitbild immer das Ansinnen einheitsstiftender Fixierung inhärent?

Derartige Fragen zu durchdenken, führt nach meiner Auffassung zu der Konsequenz, daß es unmöglich ist, eine definitorische Antwort auf die Frage, was Weiblichkeit sei, zu geben. Aus der Sicht der Kritik des Einheitsdenkens läßt sich weibliche Identität als ‚andere‘ Identität nicht entwerfen. Heterogenität wird postuliert, aber sie ist nicht mit einem Inhalt zu füllen. Denn der denkbare Inhalt wäre so sehr an patriarchale Weiblichkeitsbilder gebunden, daß er eben gerade nicht heterogen dazu verfasst wäre.[102] Diese Befürchtung trifft deshalb zu, weil die Kritik sowohl am Emanzipationsweg der »Gleichstellung« als auch am Emanzipationsweg der »Aufwertung des Weiblichen« sich an ihrer Herkunft aus patriarchalen Leitbildern entzündet, einmal am Bild der Männlichkeit, einmal am Bild der Weiblichkeit.

Die feministische Strategie der Offenheit für Heterogenität ist ein leidenschaftliches Plädoyer zur Bereitstellung von Freiräumen für Neues. Die Suche nach Selbstbestimmung der Frauen tendiert zum Ausprobieren und Experimentieren, zur Neugierde auf das Unbekannte, Nichtvorherbestimmte, Ungesagte, Uneindeutige. Weiblichkeit zu definieren, Ziel und Weg emanzipatorischer Politik festzulegen, ist für eine solche Offenheit geradezu kontraindiziert.

In der Feministischen Pädagogik gibt es diese Strategie der Offenheit für Heterogenität leider kaum, sie ist vor allen Dingen in der feministischen Lite-

---

102 Vgl. Irigaray 1979.

raturwissenschaft verbreitet und erfolgreich.[103] Allerdings ist etwa die Frankfurter Frauenschule[104] doch ein pädagogisches Beispiel für dieses Konzept. Ziel dieses autonomem Projektes der Frauenbildungsarbeit ist es explizit, Raum für Offenheit zu schaffen. Die selbstgestellte Aufgabe dieses ‚Ortes für Frauen' ist es, »Öffentlichkeit zu repräsentieren und zu schaffen und sich als Ort zur Verfügung zu stellen, in dem sie kontinuierlich, im Wechsel und gleichzeitig Impulse auffängt (Interessen, Fragen, Problematisierungen, Themen, Diskussionen, Streit, Wünsche), diese verwandelt in wiederum Impulse (Veranstaltungen verschiedenster Art) und sich als Ort der Bearbeitung zur Verfügung stellt, bzw. anbietet und aus dem Verlauf dieser Bearbeitung sowohl Rückschlüsse zieht für die eigene Struktur und Position, als auch wiederum Impulse entwickelt für den weiteren Prozeß«[105]. Die Initiatorinnen der Frauenschule forderten ihre Teilnehmerinnen und Unterstützerinnen in einer Befragung auf, die Frauenschule zu beschreiben. Die Antworten deuten darauf hin,»daß ihr Spezifisches ist, keine (eine, richtige) Position zu haben, also nicht festgelegt zu sein, daß sie gleichzeitig Ort ist (existent, stabil, strukturiert) und mükös«[106].

Im Verlauf der Arbeit, nicht etwa als kontinuierliche Planung und als anfängliche Begründung, hat sich das gegenwärtige Verständnis von den Aufgaben der Frankfurter Frauenschule für die sie leitenden und die sie benutzenden Frauen herausgebildet. Demnach ist es »eine Funktion der Frauenschule, Symbol der kulturellen Existenz von Frauen zu sein«[107]. Das heißt genaugenommen auch, »sie soll das Nicht-Vorhandende symbolisieren, als Symbol das Nicht-Vorhandene vorgeben? oder ersetzen? oder beginnen?«[108]

An diesen Zitaten lassen sich die Verbindungslinien der feministischen Strategie der ‚Offenheit für Heterogenität' sowohl zur an Gleichheit als auch zur an Differenz orientierten Emanzipation nachzeichnen. Kulturelle Existenz von Frauen symbolisieren, heißt auch gesellschaftliche Gleichheit herstellen. Denn Frauen sollen nicht länger aus den öffentlichen gesellschaftlichen Repräsentationssystemen ausgeschlossen sein. Aufwertung des Entwerteten, Unsichtbaren, Sprachlosen heißt hier auch, gleichzeitig weibliche Lebensweisen gleichzustellen, und damit zu beginnen, ihnen symbolische Ge-

---

103 Vgl. Hélène Cixous: Die Weiblichkeit in der Schrift, Berlin 1980; Marlies Gerhardt: Kein bürgerlicher Stern, nichts, nichts, konnte mich je beschwichtigen. Essay zur Kränkung der Frau, Neuwied 1982.
104 Die Frankfurter Frauenschule ist ein seit 1982 arbeitendes autonomes Frauenbildungsprojekt.
105 Barbara Rendtorff: Zum theoretischen und historischen Hintergrund und Kontext des Projekts Frankfurter Frauenschule. Bewegung – Beginn – Symbol und Ort, in: Autonome Frauenbildungsarbeit am Beispiel der Frankfurter Frauenschule. Eine wissenschaftliche Studie. Über weibliches Begehren, sexuelle Differenz und den Mangel im herrschenden Diskurs. Frankfurter Frauenschule, Hamburger Allee 45, Frankfurt 1989, 19.
106 Ebd., 17.
107 Ebd., 17.
108 Ebd., 17.

stalt zu verleihen. Die Emphase fürs Unbestimmte, Unsichtbare in diesem feministischen Konzept wurde in ihrem Wert für die Pädagogik bisher noch nicht erkannt. Denn gerade die Unbestimmbarkeit dessen, was aus einem ‚Zögling' werden soll, macht ja den Kern der Erziehung zur Mündigkeit, der Förderung des Erwachsen-Werdens[109] aus. Diese Herausforderung, zu lehren und dabei selbständig werden zu lassen, ohne vorab zu bestimmen, wie diese Selbständigkeit aussehen soll, ist leider auch von der feministischen Schulpädagogik viel zu wenig ernst genommen worden. Die Erwachsenenbildungsarbeit der Frankfurter Frauenschule stellt eine kreative, neue Form der Gestaltung dieses zentralen pädagogischen Widerspruchs dar, in der Verschiedenheit und Gleichberechtigung integriert werden sollen.

Eine problematische Seite dieses Ansatzes wurde immer wieder in seiner scheinbaren Positionslosigkeit gesehen. Er öffne Beliebigkeiten Tor und Tür und könne keine Kriterien zur Kritik an für Frauen schädlichen Positionen aufstellen. Dieser Vorwurf scheint mir unberechtigt, weil die Option für Freiräume eine höchst demokratische Option ist, die sich ja gerade gegen Zwang und Unterdrückung wendet.

Ein anderer Vorwurf kommt von jener feministischen Richtung, für die Emanzipation ausschließlich in der Gleichheit mit Männern besteht.[110] Sie kritisieren das Heterogenitätspostulat, indem sie es mit der Aufwertung des Weiblichen in einen Topf werfen und allesamt als mit dem biologisch-traditionellen Frauenbild identisch erklären. Diese Art Gleichheitsfeminismus vermag nicht zwischen unterschiedlichen Vorstellungen von Weiblichkeit zu differenzieren und nimmt nicht wahr, daß zwischen Hierarchie begründenden und Hierarchie bekämpfenden, selbstbestimmungssorientierten Weiblichkeitsvorstellungen Unterschiede existieren. Weiblichkeit ist von diesem feministischen Einheitsdenken her gesehen so unlösbar mit Inferiorität, mit Demütigung, Kränkung und Ausbeutung identisch, daß es die Verheißung einer Besserung nur als Gleich-Werden mit dem Männlichen denken kann.

Eine berechtigte Kritik an einer Vielzahl von Texten dieser durch den französischen Poststrukturalismus beeinflußten Richtung, betrifft ihre Mitteilungsform.[111] Die Publikationen sind häufig voll von theoretischen Anspielungen, die, wie in Frankreich üblich, nur selten durch Literaturnachweise für nicht Eingeweihte nachvollziehbar sind. Manchmal sind sie mit nebulösen Metaphern überladen und oft nur mit Mühe verstehbar oder auch bei intensiven Studien nicht mehr nachvollziehbar. Darum ist es auch nicht verwunderlich, daß ihnen immer wieder die Mystifizierung des Weiblichen vorgeworfen wird. Leider kann so der Erkenntnisgewinn, der gerade durch die Anregungeungen der französischen poststrukturalistischen feministischen Theorie möglich werden könnte, nicht transparent werden. Einige Abschnitte dieser

---

109 Vgl. Theodor W. Adorno: Erziehung zur Mündigkeit, Frankfurt 1975.
110 Vgl. Alice Schwarzer (Hg.): Das neue Emma-Buch, München 1986.
111 Vgl. die Diskussion in der Zeitschrift »Die schwarze Botin« 6/1977.

Arbeit sind darum auch als Versuch zu lesen, eine etwas besser verständliche Darstellung dieses Ansatzes zu leisten, und damit einige Schätze an neuen Erkenntnissen, die sich in diesen Theorien verbergen, auch für nicht Eingeweihte greifbarer zu machen.

8. Pluralität in der Feministischen Pädagogik oder Gleichheit versus Differenz – eine falsche Alternative im feministischen Diskurs

Die vehementen Auseinandersetzungen zwischen Strömungen, die allesamt für sich den Titel ‚feministisch' beanspruchen, zentrieren sich um Topoi, die auch im Zentrum dieser Arbeit stehen: Gleichheit und Differenz. Für die Vertreterinnen der Gleichheitsoption sind Berufstätigkeit und Aufstieg in betrieblichen und politischen Hierarchien das Kriterium der Emanzipation. Die Aspekte traditionellen Frauenlebens, allen voran Mütterlichkeit, und der Begriff ‚Weiblichkeit' selbst, scheinen aus dieser Sicht unauflöslich mit den Kränkungen der Frauenunterdrückung verknüpft.[112]

Für die Vertreterinnen der Differenzoption sind die Kriterien der Emanzipation sehr komplex; vereinfachend läßt sich jedoch sagen, daß sie sich um gesellschaftliche Anerkennung der Lebensweisen von Frauen bemühen. Ausschließliches Streben nach Berufserfolg wird als Angleichung an männliche Lebensformen infrage gestellt.

Wenn Feministische Pädagogik, Wissenschaft und Politik nicht in den Sackgassen ‚Gleichheit' oder ‚Differenz' und den jeder dieser beiden Seiten zugehörigen Borniertheiten, die unweigerlich aufkommen, wenn die jeweils andere Seite attackiert wird, stecken bleiben will, so ist es unerläßlich, beide Tendenzen zusammenzudenken. Die in Kapitel II erarbeiteten Gleichheits- und Differenztheorien sowie die hinzugezogenen historischen Entwicklungen beider Aspekte lassen ein solches Zusammendenken auch aus theoretischen Gründen unabdingbar erscheinen. Gleichheit versus Differenz ist eine falsche Alternative im feministischen Diskurs. Die leidenschaftlichen Attacken jeder Seite gegen die andere übersehen die produktiven Aspekte des jeweils Angegriffenen.

Die Kritik an Weiblichkeits- und Mütterlichkeitskonzepten übersieht in der Regel, daß nicht notwendigerweise Frauenunterdrückung mit ihnen verbun-

---

112 Vgl. als Beispiele aus der pädagogischen Diskussion: Rosemarie Navé-Herz/Waltraud Cornelißen: Geschichte der Frauenbewegung in Deutschland, in: Inge Brand (Hg.) 7/1989, 58; Juliane Jacobi-Dittrich/Helga Kelle: Erziehung jenseits patriarchaler Leitbilder? Probleme einer feministischen Erziehungswissenschaft, in: Feministische Studien 1/1988, 70-87; siehe auch in Heft 1/1989 der Feministischen Studien die Stellungnahmen von Barbara Schaeffer-Hegel und Monika Oubaid zu dieser Problematik.

den sein muß.[113] Sie übersehen auch, daß Müttergruppen ihrerseits sehr wohl für Berufstätigkeit der Frauen eintreten, aber die Veränderung der Bedingungen von Erwerbsarbeit fordern. Eine Idee, die mittlerweile bis in weite Kreise der SPD hinein Fuß gefaßt hat.

Die Kritik am Gleichheits-Feminismus übersieht, daß Gleichheit nicht identisch mit Gleichschaltung ist. Sie läßt den Gleichheitsrechten, die Frauen bisher für sich erkämpft haben, nicht genug Wertschätzung zukommen. Außerdem verwickelt sie sich in Widersprüche, da auch aus der Sicht des differenzrorientierten Feminismus bestimmte gesellschaftliche Gleichheiten gefordert werden.[114]

Aus der Sicht der Pluralitätstheorie kann keine Seite ohne die andere existieren. Denn Gleichheit zwischen Frauen und Männern kann nicht ohne die Akzeptanz von Differenz eingelöst werden, und Differenz kann nicht ohne die Basis gleicher Rechte Wertschätzung erfahren.

Für die unendlich vielen Gruppierungen und individuellen Differenzierungen innerhalb des Geschlechts der Frauen gilt ebenfalls: den vielfältig differenten Lebensweisen der Frauen kommen gleiche Rechte auf Entfaltung zu. Dabei ist entscheidend, daß Frauen unterschiedliche Wahlen treffen. Bei genauerer Betrachtung der Wünsche, die sie damit verbinden, wird klar, daß die ganze Bandbreite der Emanzipationswege, die Frauen kreieren, ihre Berechtigung hat. Warum läßt sich nicht anerkennen, daß einige Frauen z.B. im Arbeitsfeld Schule mit Kindern praktisch tätig sein wollen, andere als Schulleiterin, Schulrätin usw. arbeiten wollen, andere sich ausschließlich der Hausarbeit und Kindererziehung in einer eigenen Familie widmen wollen und den Beruf aufgeben, wieder andere Kinder erziehen und erwerbstätig sein wollen.

---

113 Diese Kritik wird nicht etwa nur seitens der Zeitschrift »Emma« geführt. So favorisiert meines Erachtens auch Cornelia Klinger, die in mehreren Texten Gleichheits- und Differenzpolitik einander gegenübergestellt hat, den Gleichstellungsfeminismus (1988). Das gilt ebenso für: Regina Becker-Schmitt/Gudrun Axeli Knapp: Geschlechtertrennung – Geschlechterdifferenz. Suchbewegungen sozialen Lernens, Bonn 1987 und Gudrun Axeli Knapp: Die vergessenen Differenz, in: Feministische Studien 1/1988, 12-31. In diesen Texten findet sich berechtigte Kritik an den Weiblichkeitsidealisierungen (bei Maria Mies) und den Biologismen (bei Gisela Erler) mancher feministischer Wissenschaftlerinnen und Politikerinnen. Dennoch fehlt diesen Autorinnen die Wahrnehmung der Qualitäten der kulturellen Lebensweisen von Frauen, diese werden allzuleicht als defizitär und Resultat der Frauenunterdrückung bewertet. »Für eine Politik der Verschiedenartigkeit von Frauen«, so eine Überschrift im Buch von Becker-Schmitt/Knapp, meint hier vor allem individuelle Vielfalt zwischen Frauen, nicht ihre kulturellen Gemeinsamkeiten, etwa auch innerhalb unterschiedlicher Gruppen von Frauen.

114 In diese Widersprüche geriet z.B. Luce Irigaray in einer Diskussion am 8.10.89 anläßlich des Internationalen Frauenkongresses an der Frankfurter Universität »Menschenrechte haben (k)ein Geschlecht. 200 Jahre Aufklärung – 200 Jahre Französische Revolution«, wenn sie einerseits wörtlich behauptete: »Jede Form der Egalität ist potentiell totalitär« und anderseits in der gleichen Veranstaltung für Frauen die Verfügung über die Hälfte des gesellschaftlich vorhandenen Geldes forderte. Sie übersah offensichtlich, daß auch das eine – und zwar sehr starke – Form der Egalität darstellt.

Genauso notwendig ist die Anerkennung unterschiedlicher Wahlen der privaten Lebensgestaltung. Die Existenz als alleinstehende Frau oder Ehefrau, als verheiratete und ledige Mütter, in lesbischen Partnerschaften und welchen Formen von Liebesbeziehungen auch immer: es darf keine feministische Hierarchisierung dieser Lebensmöglichkeiten von Frauen geben. Bei all diesen Optionen, geht es aber darum, daß Frauen selbstbestimmt wählen können müssen. Verschiedenheit kann auch hier nur durch Gleichberechtigung real werden. In persönlicher und ökonomischer Abhängigkeit ist Emanzipation, wie immer sie gestaltet sein mag, unmöglich. Pluralität ist ohne gleiche Rechte, gerechte Bezahlung aller Frauenarbeit, Öffnung aller Berufspositionen und Statusgruppen, Anerkennung und Bezahlung der Tätigkeiten der Frauen, einschließlich der Mutterschaft, nicht zu verwirklichen. Für die Pädagogik ergibt sich daraus der Verzicht auf jede Form von Stellvertretung. Ein wesentliches Ziel so verstandener Feministischer Pädagogik ist es, Mädchen in ihrer Entscheidungsfreiheit zu bestärken und ihnen Entscheidungsfähigkeit zu vermitteln.

Für die Mädchenbildung, auch die Bildung der Jungen, ergeben sich aus dieser Sicht erhebliche Veränderungen. Ich möchte das abschließend an einem Beispiel erläutern.

Ein fortschrittlicher Lehrer einer Integrationsklasse, ein Lehrer also, der es zu seinem Programm gemacht hat, Heterogenität in der Klasse zu akzeptieren, berichtete in einem Interview, das im Rahmen des DFG-Forschungsprojekts[115] zur Integration Behinderter in der Grundschule durchgeführt wurde, folgende Szene:

Die Ausgangsfrage dieser Gesprächssequenz war, ob in der Integrationsklasse Unterschiede zwischen Mädchen und Jungen zu beobachten seien. Er hatte geantwortet »Wir arbeiten stark dagegen, wenn Diskriminierungen auftreten.« Auf die Frage welche Diskriminierungen er dabei im Sinn habe, sagte er:

»Zum Beispiel wenn Jungen sagen, ach ihr seid ja nur Mädchen. Oder« – und nun folgt die Szene um die es hier geht – »wenn die Mädchen sagen, wir wollen aber rosa Ordner haben. Da sagen wir, nix, die Ordner werden jetzt verteilt nach dem Zufall. Und dann sind sie auch zufrieden damit. Und dann, ein Mädchen hat dann gesagt, Schwarz ist die stärkste Farbe, damit kann ich euch alle zumalen. Aber vorher wollte sie unbedingt einen rosa Ordner haben.«[116]

Im pädagogischen Gleichheitsverständnis, das dieser Lehrer, in der Meinung gegen Diskriminierung anzukämpfen, vertritt, werden die Differenzen

---

115 In diesem Forschungsprojekt wurden Lehrkräfte aus allen bis 1985 begonnenen Integrationsmodellversuchen zu ihren Erfahrungen mit Integration in qualitativen Interviews befragt. Eine der Leitfragen bezog sich auf Erfahrungen mit Mädchen und Jungen in Integrationsklassen. Vgl. Deppe-Wolfinger/Prengel/Reiser 1990.
116 Unveröffentlichte Interviewprotokolle des DFG-Forschungsprojekts, s.o.

der Erfahrungen und Wünsche der Schülerinnen, die rosa lieben, ausgelöscht. Die Aggression des Mädchens, das vom Zumalen spricht, wird in gewissem Grade akzeptiert, wird nicht mehr wie in der traditionellen Mädchenbildung unterbunden.

Aber die Äußerung des Mädchens, das alle mit schwarz zuzumalen wünscht, spiegelt doch nur das, was ihr soeben passiert ist: Ihr Wunsch nach rosa wurde seitens der Lehrer »zugemalt«, das heißt ungültig und wertlos gemacht, letztlich diskriminiert. Es liegt auf der Hand, zu spekulieren, daß der Wunsch der Mädchen, sich mit rosa zu umgeben, den Wunsch sich als weiblich sichtbar zu machen, beinhaltet. (Traditionell ist rosa das Erkennungszeichen für weibliche Babys.) Aber das wissen wir nicht genau und gewagte Deutungen laufen immer Gefahr, andere, hier die Mädchen, einmal mehr einem fremden Sinn zu subsumieren. Eine demokratische Pädagogik, die Differenzen wertschätzt, könnte ganz anders verfahren: Ich hielte ein Projekt zur Farbe rosa für eine ausgezeichnete Möglichkeit, daß die Mädchen ihre eigenen Erfahrungen, Empfindungen und Gedanken wahrnehmen und zum Ausdruck bringen könnten. Sie könnten in selbstgemalten Bildern mit vielen Rosatönen schwelgen, sie könnten Geschichten und Gedichte dazu schreiben, von anderen erfahren, was ihnen rosa bedeutet. Mit einem solchen Projekt wäre es möglich, das was ist, zu erkennen.

Wie es dann weitergeht, ob die Mädchen bei dieser Farbe bleiben oder ganz andere wählen, muß ihnen selbst überlassen bleiben.

Feministische Forschung und Pädagogik machen deutlich, daß es zwei Geschlechter im Bildungswesen gibt. Damit, und mit diesen Gedanken schließt das Kapitel über Frauenforschung, wurde auch unübersehbar, daß Pädagogik mit Jungen und mit ihrer von der geschlechtsspezifischen männlichen Sozialisation geprägten Existenzweise zu tun hat. Es ist nach einer Phase der Konzentration auf die Benachteiligung und (seltener) Fähigkeiten von Mädchen sowie auf die Vorrechte von Jungen an der Zeit, daß die Feministische Pädagogik intensiv über die Erziehung von Jungen nachdenkt[117]. Denn Lehrerinnen und Lehrer haben mit Jungen zu tun, handeln Jungen gegenüber und wirken auf sie ein. Wir haben an der Frage zu arbeiten, wie eine Pädagogik aussehen könnte, die auf Jungen als Jungen eingeht und sie so fördert, daß sie sich aus dem inneren Zwang, ‚überlegen' sein zu müssen, lösen können. Eine offene, schwierige Frage der feministischen Forschung und Pädagogik sei hier als Ausblick formuliert: Wie kann die so fest in uns verankerte Höherbewertung des Männlichen und Entwertung des Weiblichen zugunsten einer

---

117 Vgl. Annedore Prengel: Der Beitrag der Frauenforschung zu einem anderen Blick auf die Erziehung von Jungen, in: Sozialmagazin 7-8/1990e, 36-47 und Franz-Gerd Ottemeier-Glücks/Annedore Prengel: Jungen suchen Männlichkeit. Soziales Lernen als schwierige Aufgabe der Jungenerziehung, in: Renate Valtin/Gertrud Pfister (Hg.): Mädchen stärken. Probleme der Koedukation in der Grundschule (Beiträge zur Reform der Grundschule Bd. 90), Frankfurt 1993, darin umfassende Literaturangaben und -kritik zu dieser Thematik.

Haltung des Respekts beider Geschlechter für sich selbst und das jeweils andere aufhören, uns zu bestimmen?

9. Die neue Geschlechtslosigkeit: Postfeminismus?

Zu Anfang der neunziger Jahre mehren sich in den Debatten feministischer Theorie und Politik neue Stimmen der Kritik am ‚Differenz'-Konzept in seinen verschiedenen Schattierungen.[118] Einige Argumente dieser Kritik lauten, holzschnittartig zugespitzt: Die Kategorien ‚Frau' und ‚Zweigeschlechtlichkeit' sind Konstruktionen[119]: Weiblichkeit wird je aktuell hergestellt und ist nicht etwa eine biologische oder gesellschaftliche Gegebenheit, die jeweils lediglich unterschiedlich interpretiert wird. Folglich trägt auch die Frauenforschung, wenn sie etwa Verhaltensweisen von Mädchen und Jungen untersucht, schon durch ihre Fragestellung zur Herstellung der binären Konstruktion des Geschlechterverhältnisses bei.[120] Selbst die nach Geschlechtern differenzierende Rede (z.B. Schülerinnen und Schüler, Lehrerinnen und Lehrer etc.) produziert die binäre Aufteilung der sozialen Welt in weiblich hie und männlich da mit.[121] Feministische Differenztheorien aller Art, so auch die Kategorien ‚weibliche Sozialisation', ‚weibliches Arbeitsvermögen' oder ‚weibliche Moral' gelten als im Grunde dem alten bürgerlichen Frauenbild verhaftet.[122] Differenzpositionen tragen darum aus der Perspektive der hier

---

118 Zur Einführung: Regine Gildemeister/Angelika Wetterer: Wie Geschlechter gemacht werden. Die soziale Konstruktion der Zweigeschlechtlichkeit und ihre Reifizierung in der Frauenforschung, in: Gudrun Axeli Knapp/Angelika Wetterer (Hg.): Traditionen Brüche. Entwicklungen feministischer Theorie, Freiburg 1992, 201-254; Seyla Benhabib/Judith Butler/Drucilla Cornell/Nancy Fraser (Hg.): Der Streit um Differenz. Feminismus und Postmoderne in der Gegenwart, Frankfurt 1993.
119 Hartmann Tyrell: Geschlechtliche Differenzierung und Geschlechterklassifikation, in: Kölner Zeitschrift für Soziologie und Sozialpsychologie 38/1986, 450-489; Regine Gildemeister: Die soziale Konstruktion von Geschlechtlichkeit, in: Ilona Ostner/Klaus Lichtblau (Hg.): Feministische Vernunftkritik. Ansätze und Traditionen, Frankfurt 1992, 220-253.
120 Vgl. Helga Bilden: Geschlechtsspezifische Sozialisation, in: Klaus Hurrelmann/Dieter Ulich (Hg.): Neues Handbuch der Sozialisationsforschung, Weinheim und Basel 1991, 279-301.
121 Vgl. Gildemeister/Wetterer 1992.
122 Regine Gildemeister: Geschlechtsspezifische Sozialisation. Neuere Beiträge und Perspektiven zur Entstehung des ‚weiblichen Sozialcharakters', in: Soziale Welt 4/1988, 486-503; Gudrun Axeli Knapp: Das Konzept ‚weibliches Arbeitsvermögen' – theoriegeleitete Zugänge, Irrwege, Perspektiven, in: Frauenforschung 4/1988, 8-19; vgl. auch die mehr moralphilosophisch argumentierende Kritik von Gertrud Nunner-Winkler, in: dies. (Hg.): Weibliche Moral. Die Kontroverse um eine geschlechtsspezifische Ethik, Frankfurt 1991.

vorgestellten Position zum Steckenbleiben in der Geschlechterhierarchie bei.[123]

Favorisiert werden in diesen Ansätzen Utopien der Geschlechtslosigkeit, des Wechselns zwischen den Geschlechtern und der Vervielfältigung der Geschlechter (es werden nicht mehr zwei, sondern unendlich viele Geschlechter konstruiert).[124]

Aus der Sicht der Pädagogik der Vielfalt erscheinen einige der genannten Einsichten erhellend, andere falsch. So ist der Betonung der Differenzen zwischen Frauen, zum Beispiel zwischen Frauen aus verschiedenen Gesellschaftsschichten oder Ethnien nur zuzustimmen, kommt es doch einem neuen falschen Universalismus gleich, pauschal Aussagen über alle Frauen machen zu wollen.[125] Auch ist die Schärfung des Blicks für die soziale Konstruiertheit auch aller Diskurse über das ‚biologische' Geschlecht (amerikanisch ‚sex' im Gegensatz zu ‚gender') nach wie vor notwendig (vgl. dazu auch den 4. Abschnitt in diesem Kapitel).

Nur, so meine ich, ziehen die Autorinnen teilweise falsche Schlüsse aus diesen Erkenntnissen. Denn, auch wenn wir ‚Frau' nicht definieren können, auch wenn Frauen sich tiefgreifend voneinander unterscheiden, auch wenn es Menschen gibt, die nicht eindeutig einem Geschlecht zugeordnet werden können – es ist dennoch notwendig und wünschenswert, das Leben von Frauen zu erforschen und Frauenpolitik zu machen.

Daraus, daß wir Weiblichkeit nicht als biologisch gedachte Gegebenheit eindeutig bestimmen können, können wir doch nicht ableiten, daß es Weiblichkeit eigentlich gar nicht gibt. Eine solche Verleugnung der historischen und gesellschaftlichen Bedeutung und machtvollen Wirkung des symbolischen Systems der Zweigeschlechtlichkeit kommt letztlich einem neuen Biologismus gleich, weil nur das zählen soll, was sich als hartes biologisches Faktum erweisen läßt.

Wir müssen uns vor Augen führen, daß es überhaupt falsch ist, Menschen definieren zu wollen und von der Unbestimmbarkeit der Menschen ausgehen. Die Debatten um den Behinderungsbegriff, in welchem es ja auch um die Deutungsmuster von Körperphänomenen als soziale Konstruktionen geht (vgl. Kapitel V), haben das einmal mehr verdeutlicht. So finden sich auch

---

123 Vgl. Gildemeister/Wetterer 1992, 229.
124 Vgl. Carol Hagemann-White: Sozialisation: weiblich-männlich?, Opladen 1984; Judith Lorber: Dismantling Noah's Ark, in: Judith Lorber/Susan A. Farrell 1991, 355-369.
125 Vgl.: Katharina Oguntoye/May Opitz/Dagmar Schultz (Hg.): Farbe bekennen. Afro-deutsche Frauen auf den Spuren ihrer Geschichte, Frankfurt 1992. Reflexionen zur Dynamisierung der Kategorie Geschlecht bei Ilona Ostner: Einleitung: Differenzen – unendlich ungleiche?, in: Ilona Ostner und Klaus Lichtblau (Hg.): Feministische Vernunftkritik. Ansätze und Traditionen, Frankfurt/New York 1992, 7-25. Zur Pluralisierung der Kategorie Geschlecht in der pädagogischen Frauenforschung vgl. Sigrid Metz-Göckel/Maria Anna Kreienbaum: Herkömmliche Geschlechterpolarisierung und neue Differenzierungen, in: päd extra 1991, 16-18.

sonderpädagogische Texte, die das Wort ‚behindert' nur noch in Anführungszeichen benutzen, genauso wie es Texte der Frauenforschung gibt, die ‚weiblich' und ‚männlich' in Anführungszeichen setzen und so versuchen, der Relationalität dieser Begriffe Rechnung zu tragen. Wann immer wir Aussagen über Menschen machen, so wenn von Angehörigen sozialer Schichten und Klassen, von Nationalitäten, Ethnien und Kulturen, von Hautfarben und Geschlechtern, von Lebensphasen, wie Kindheit, Pubertät oder Alter die Rede ist, ‚konstruieren' wir. Wir können nicht nicht ‚konstruieren'!

Sicher lassen diese neuen Ansätze mehr Selbstbestimmung und Verantwortung für die Gestaltung von Geschlechtlichkeit denkbar werden. Sicher ist es reizvoll, sich die Befreiung von Geschlechterfesseln auszumalen und Geschlechtergrenzen zu überschreiten. Sicher ist es legitim, eine Utopie der Geschlechtslosigkeit[126] zu entwerfen und damit zu experimentieren. Ich halte es aber nicht für legitim, die Utopie der Geschlechtslosigkeit oder Geschlechtsneutralität als einzig richtige, ‚radikal-feministische' auszugeben und solche Optionen der Geschlechterdemokratie, die egalitäre Differenzkonstruktionen wollen, als traditionell-hierarchisch zu verunglimpfen, wie es zum Beispiel bei Claudia Pinl[127] geschieht.

Oft wendet sich die Kritik an Differenztheorien auch gegen einen völlig falsch verstandenen Differenzbegriff, wie er unter 5. in diesem Kapitel problematisiert wurde: so, wenn mit Differenz der Gedanke eines idealisierenden Frauenbildes, das universelle Gültigkeit für alle Frauen beansprucht, verbunden wird; so auch, wenn Differenz mit ‚Dualismus'[128] gleichgesetzt wird, richtet sich doch der Differenzbegriff etwa des Irigaray'schen Speculums ja gerade dagegen (vgl. den 7. Abschnitt dieses Kapitels). Mit Seyla Benhabib[129] plädiere ich vielmehr für einen nichtaffirmativen Differenzbegriff. Dieser betont, das hoffe ich in diesem Buch verdeutlichen zu können, die Undefinierbarkeit und Pluralität des weiblichen Geschlechts (vgl. auch Kapitel VI.3., Annäherung an einen demokratischen Differenzbegriff). Annäherungen an soziokulturelle Lebensweisen und Lebenszusammenhänge von Frauen sind durch Frauenforschung weiterhin nötig. Dabei geht es sowohl um Lebens- und Deutungsmuster der großen Mehrheit aller Frauen (aber ohne Totalitätsanspruch), als auch um große Teilgruppen in ihrer Verschiedenheit, als auch um Minderheiten, als auch um in antagonistischen Interessengegensätzen sich gegenüberstehende Frauengruppierungen.

Meine Option ist nun allerdings nicht eine wie auch immer gedachte Existenz als geschlechtsloses Wesen, sondern die bewußte Akzeptanz meiner so-

---

126 Vgl. Lorber 1991.
127 Claudia Pinl: Vom kleinen zum großen Unterschied. ‚Geschlechterdifferenz' und konservative Wende im Feminismus, Hamburg 1982.
128 Diese Gleichsetzung findet sich bei Gildemeister 1988, 487.
129 Seyla Benhabib: Die Debatte über Frauen und Moraltheorie – eine Retrospektive, in: Kulke/Scheich 1992, 139-148.

ziokulturellen Zugehörigkeit zum Geschlecht der Frauen. Ich stelle mich in diese Tradition, die ich freilich nicht affirmativ festschreiben, sondern kritisch aneignen, neu gestalten, umkrempeln und egalitär postulieren, aber nicht aufgeben will. Ich habe die 49 Jahre meines Lebens als Frau gelebt. Vor allem während meiner Ausbildungszeit, in den ‚präfeministischen' Jahren vor der Frauenbewegung sprach man darüber so gut wie gar nicht oder hierarchisierend, die Frauenbewegung machte es endlich möglich, als Frauen sichtbar und anerkannt zu werden. Seit ich nun diese ‚postfeministischen' Texte lese, werde ich die Vermutung nicht los: Jetzt glaubt diese Richtung der Frauenforschung schon, sich selbst und ihren Gegenstand abschaffen zu müssen, um ihre Inferiorisierung abschaffen zu dürfen. Zugleich kann ich mir aber vorstellen, daß es verlokkend ist, Geschlechtermauern fallen zu sehen – und ich befürchte, daß das, was als geschlechtslos, geschlechtsneutral (‚non-gendered', so Lorber) sich gibt, zum Schluß nichts anderes als die Assimilation an Männernormen von Individualität sein wird. Vermutlich steckt in der Vision einer geschlechtsneutralen Welt eine Verwechslung von *Monokultur* mit *Demokratie* und damit der in Kapitel II als ‚gruppeninterner Identifizierungsbegriff' analysierte konservative Gleichheitsbegriff entsprechend der Logik ‚nur wer sich gleich macht, hat Anspruch auf gleiche Rechte und Ressourcen'. Bemerkbar macht sich hierin ein theoretischer Mangel: es fehlt im ‚postfeministischen' Diskurs die Auseinandersetzung mit dem Begriff der Gleichberechtigung[130].

Der Gang durch die Facetten feministischer Theoriebildung in diesem Kapitel verdeutlicht: Es gibt zur Zeit nicht die eine feministische Richtung, mehrere Positionen streiten heftig miteinander. Eine Kurzformel für diesen Streit läßt sich so fassen: Geht es um die Abschaffung der geschlechtshierarchischen oder der geschlechtsspezifischen Arbeitsteilung? Feministische Pädagogik muß den Mädchen und Frauen, die sie bilden will, darum Freiräume eröffnen, ihre eigenen Visionen des Geschlechterverhältnisses zu entwickeln, nicht aber entmündigende Vorgaben über den richtigen Weg machen, denn auch in der Pädagogik sind Gleichheit und Freiheit nicht zu trennen. Dabei ist Feministische Pädagogik der Geschlechterdemokratie verpflichtet und stellt mit ihren verschiedenen Positionen ein Feld des Ringens um die Ausgestaltung dieser Demokratie dar.

---

130 Vgl. Studien von Dann 1980; Gerhard 1990; Gerhard u.a. 1990; vgl. besonders auch die Würdigung des Werkes von Elisabeth Selbert und ihres Einflusses auf den grundgesetzlichen Gleichberechtigungsbegriff von Barbara Böttger 1990.

V. Integrationspädagogik

1. Vorbemerkungen

Die schulische und gesellschaftliche Nichtaussonderung von Menschen mit Behinderungen ist das Ziel der Integrationspädagogik. Im Verständnis dieser Bewegung meint Integration das gemeinsame Lernen aller, von geistig behinderten bis hin zu sehr guten Schülerinnen und Schülern und schließt Kinder mit allen Arten von Behinderungen, also auch blinde, gehörlose, körperbehinderte und schwermehrfachbehinderte Kinder mit ein. In Integrationsklassen[1] werden seit Ende der siebziger Jahre zum ersten Mal in der Geschichte des deutschen Schulwesens geistig Behinderte in den Unterricht der Regelschule aufgenommen. Integration ist darum nicht mißzuverstehen als gelegentliches Zusammensein, z.b. bei Festen und Feiern, oder als Begegnung mit ‚gruppenfähigen' Behinderten in Situationen, in denen Hilfeleistungen der Nichtbehinderten die Kommunikation bestimmen würden. Ein anderes Mißverständnis wäre die Gleichsetzung von Integration mit kompensatorischer Förderung, die Behinderung beseitigen und zum Mitkommen in der homogenen Jahrgangsklasse befähigen möchte.

Dieses Verständnis von Integration hat weitreichende Konsequenzen für das Bildungswesen, sowohl für die Regeleinrichtungen, als auch für die sonderpädagogischen Einrichtungen.

In Regelschulen bedeutet Integration die Aufgabe des Prinzips der homogenen Jahrgangsklasse, denn die heterogene Zusammensetzung läßt kein gleichschrittiges Lernen zu. In integrativen Schulklassen gibt es darum keine für alle verbindlichen Lernziele mehr, sondern es gilt das Prinzip ‚zieldifferenten Lernens', welches die Unterschiedlichkeit der Lernziele innerhalb einer Klasse favorisiert und die Intention der Ausrichtung aller Kinder am gleichen Lernziel wegen der Unterschiedlichkeit ihrer Lernausgangslagen ab-

---

1 Vgl. Ursula Haupt: Die schulische Integration von Behinderten, in: Ulrich Bleidick (Hg.): Theorie der Behindertenpädagogik. Handbuch der Sonderpädagogik, Berlin 1985; Eberwein 1988a; Muth 1986; Hans Wocken/Georg Antor/Andreas Hinz (Hg.): Integrationsklassen in Hamburger Grundschulen. Bilanz eines Modellversuchs, Hamburg 1988b; Klaus Meißner/Erik Heß (Hg.): Integration in der pädagogischen Praxis. Auf dem Weg zur Nichtaussonderung von Kindern und Jugendlichen mit Behinderungen. Bericht über den Kongreß der Diesterweg Hochschule vom 16. bis 18. Oktober 1987 in Berlin, Berlin 1988; Ulf Preuss-Lausitz: Sonderschule – Schule in der Krise?, in: Hans-Günther Rolff u.a. (Hg.): Jahrbuch der Schulentwicklung, Bd. 4, Weinheim 1986, 102-124; Deppe-Wolfinger/Prengel/Reiser 1990.

lehnt. Mit der Akzeptanz der anderen Lernweisen von Kindern mit Behinderungen geht die Akzeptanz der Differenzen zwischen allen anderen Kindern einher. Die Realisierung dieses Ziels bringt weitere Veränderungen der Regelschule mit sich: Teamunterricht in Kooperation zwischen Lehrkräften aus Grundschulen, Sonderschulen und Sozialpädagogik, eine Didaktik, die Individualisierung und Differenzierung bei Aufrechterhaltung der Gemeinsamkeit erlaubt, Abschaffen der Ziffernnoten, an deren Stelle Berichtszeugnisse mit Leistungsbewertung im Hinblick auf die individuellen Lernmöglichkeiten des Kindes treten.

Das separate Sonderschulwesen, das zehn verschiedene Sonderschulformen[2] umfaßt, wird durch Integration in seiner Eigenständigkeit grundsätzlich in Frage gestellt. Die Aufhebung der Segregation der Kinder muß sich auf der Ebene der Institutionen und der Lehre und Forschung fortsetzen. Die Sonderpädagogik wandert darum im Zuge der Integration in die Regelschulen ein. »Mit der Forderung der Integration Behinderter in allgemeine Schulen sowie in vorschulische Einrichtungen kommen auf die Sonderpädagogik in Theorie, Ausbildung und Praxis veränderte Zielsetzungen und Funktionen zu, die eine grundlegende Revision des traditionellen Selbst- und Aufgabenverständnisses dieser Wissenschaft zur Folge haben werden.«[3] Konsens der Integrationsbewegung ist: »Die verhängnisvolle, aufgrund veränderter Rahmenbedingungen heute nicht mehr zu rechtfertigende Trennung von Pädagogik und Sonderpädagogik muß durch Integration ‚sonder'-pädagogischer Problemstellungen in die Allgemeine Erziehungswissenschaft überwunden werden.«[4]

Den Beginn der integrativen Pädagogik in der Bundesrepublik markiert die Eröffnung der ersten Integrationsklasse an einer Regelschule in Berlin 1976.[5] An der Fläming-Schule wurde, initiiert von der Elterngruppe des im Elementarbereich integrativ arbeitenden Kinderhauses Friedenau, ein Modellversuch zum gemeinsamen Schulbesuch von behinderten und nichtbehinderten Kindern eingerichtet. Seither wuchs die Zahl solcher Modellversuche langsam aber kontinuierlich an.[6] »Infolge der Kulturhoheit der Länder und der regio-

---

2   Schule für Lernbehinderte, Sprachbehinderte, Verhaltensgestörte, Geistigbehinderte, Körperbehinderte, Blinde, Sehgeschädigte, Gehörlose, Schwerhörige, Kranke.
3   Hans Eberwein: Zur dialektischen Aufhebung der Sonderpädagogik, in: Ders. (Hg.): 1988a, 343.
4   Ebd., 343.
5   Projektgruppe Integrationsversuch (Hg.): Das Fläming-Modell. Gemeinsamer Unterricht für behinderte und nichtbehinderte Kinder an der Grundschule, Weinheim und Basel 1988.
6   Überblicke über den Stand der Integrationspädagogik in den Bundesländern finden sich bei Irene Demmer-Dieckmann: Zum Stand der Realisierung schulischer Integration im Schuljahr 1987/1988 in der Bundesrepublik Deutschland und West-Berlin, in: Behindertenpädagogik 1/1989, 49-97; Prengel 1990b; Karl Höhn: Integration in den Bundesländern, in: Deppe-Wolfinger/Prengel/Reiser 1990, 47-146; ein Überblick, der nach der Wiedervereinigung die neuen Bundesländer miteinbezieht, wurde von Peter Heyer u.a. vorgelegt: Aktueller Stand der Integration in den Bundesländern, in: Die Grundschulzeitschrift 58/1993, 22-25.

nalen bildungspolitischen und allgemeinpolitischen Tendenzen ist der Entwicklungsstand der Integration in den einzelnen Bundesländern sehr unterschiedlich. Während es beispielsweise in Berlin, Brandenburg, Hessen, im Saarland und in Schleswig-Holstein schon gesetzliche Regelungen gibt, nach denen die gemeinsame Erziehung behinderter und nichtbehinderter Kinder zumindest auch Aufgabe der allgemeinen Schule ist, gibt es andere Bundesländer, in denen die schulische Integration trotz aller inzwischen im In- und Ausland vorliegenden Erfahrungen weiterhin als ‚Schulversuch' erprobt wird (Hamburg, Niedersachsen, Nordrhein-Westfalen, Rheinland-Pfalz) oder bisher noch nichteinmal als Schulversuch vorgesehen ist (Baden-Württemberg, Bayern, Mecklenburg-Vorpommern, Sachsen, Sachsen-Anhalt).«[7]

Die Integration von Schülerinnen und Schülern mit Behinderungen wird aktiv angestrebt von Elterninitiativen, Lehrkräften und wissenschaftlichen Begleitungen von Integrationsschulversuchen. Diese haben sich zu einer Integrationsbewegung formiert, deren treibende Kraft die Eltern behinderter Kinder sind, die ihr Kind gemeinsam mit allen gleichaltrigen Kindern in die zuständige Regelschule schicken wollen und die Sonderschuleinweisung für ihr Kind ablehnen. Die Elterninitiative ‚gemeinsam leben – gemeinsam lernen' hat sich auf Bundesebene, in den Bundesländern und an einzelnen Orten organisiert und veranstaltet regelmäßige Arbeitstagungen.[8] Neben einzelnen Lehrerkollegien vertreten die GEW und einige Landesverbände des Verbandes Deutscher Sonderschulen auf Seiten der Lehrkräfte die Forderungen der Integrationsbewegung.[9] Der Arbeitskreis Grundschule fördert Integration durch Publikationen. Er verlieh 1988 seinen Förderpreis an die Elterninitiative für Integration in Hamburg. Integrative Schulversuche werden bzw. wurden fast ausnahmslos wissenschaftlich begleitet. Die Mehrheit der in diesen Forschungsvorhaben tätigen Wissenschaftlerinnen und Wissenschaftler setzt sich in ihrem Tätigkeitsfeld ebenfalls für die Durchsetzung der Integrationspädagogik ein und berät betroffene Eltern und Schulen und engagiert sich in der Politikberatung.[10] Einzelne wenige Personen in Schulleitungen, Schulämtern und den Ministerialbürokratien können ebenfalls als zur Integrationsbewegung zugehörig bezeichnet werden.[11]

---

7 Heyer u.a. 1993, 22.
8 Manfred Rosenberger: Eltern kämpfen gegen die Aussonderung ihrer Kinder, in: Demokratische Erziehung 1/1986a, 28-31; ders.: Der Berliner Verein ‚Eltern für Integration' – ein Modell für eine Landesarbeitsgemeinschaft, in: GEW (Hg.): Integration fördern statt behindern, Frankfurt 1986b, 46.
9 GEW: Integration fördern statt behindern. Erfahrungen aus der Integration behinderter Kinder in Kindergärten und Schulen. Dokumentation der Bundesfachtagung der Gewerkschaft Erziehung und Wissenschaft vom 27.-29. Sept. 1985 in Worms, in: Im Brennpunkt Frankfurt 1986; GEW-Landesverband Hessen (Hg.): Katharina und Tim. Integration in Bad Sooden-Allendorf. Dokumentation, Frankfurt 1988.
10 Preuss-Lausitz 1988, Prengel 1990a, 180-192.
11 Ottokar Luban: Der Integrationsversuch aus der Sicht eines Schulpolitikers, in: Projektgruppe Integrationsversuch (Hg.): Das Fläming-Modell. Gemeinsamer Unterricht für be-

Diesem aktiven Interessenkreis stehen Integrationsgegner gegenüber, die mehrheitlich aus der Sonderpädagogik, der Grundschulpädagogik, aus Ministerien und Politik sowie aus der Elternschaft stammen. Die einen fürchten um den Untergang der Sonderpädagogik, um die Existenz der Sonderschulen und um die fachlich kompetente Förderung behinderter Kinder, die anderen um die Effektivität der Grundschularbeit, weil sie vermuten, die Anwesenheit von Behinderten hindere die anderen beim Lernen. Diese bedauerliche Polarisierung macht sich in einem zentralen Konflikt[12] fest: an der Aufnahme von Geistigbehinderten in Integrationsklassen. Die verbreitete Weigerung, geistig Behinderte in integrative Regelklassen aufzunehmen, bedeutet faktisch die Destruktion des Kernstückes von Integration: des zieldifferenten Unterrichts, denn von allen anderen Kindern kann man annehmen, daß sie durch besondere Förderung noch irgendwie in die Nähe zu einer Jahrgangsnorm gebracht werden können. Die Anwesenheit der Kinder mit geistiger Behinderung hingegen bedeutet ein eindeutiges Bekenntnis zur Lösung von der Vorstellung des einheitlichen Lernniveaus in einer Klasse.

Für Integrative Schulversuche sind zwei Modelle typisch: In dem überregionalen Modell, nach dem auch die Fläming-Schule[13] in Berlin arbeitet, setzen sich die Klassen aus ca. 75% nichtbehinderten und 25% behinderten Kindern zusammen, also z.B. 12:4, Die behinderten Kinder kommen aus einem weiten Umkreis, die nichtbehinderten in der Regel aus dem Einzugsbereich der Schule. In dem zweiten Modell, nach dem z.B. die Uckermark-Schule[14] (Berlin) arbeitet, werden nur Kinder aus dem Einzugsbereich der Schule aufgenommen, dann setzen sich die Klassen meist aus etwa 18 nichtbehinderten und zwei behinderten Kindern zusammen.[15] Alle Integrationsvorhaben streben langfristig das wohnortnahe Modell an, um dann, wie in der Uckermark-Schule praktiziert, alle Kinder des Einzugsbereichs aufnehmen zu können, da so Kosten und Belastungen sehr weiter Schulwege vermieden werden und die behinderten Kinder mit den Kindern der Nachbarschaft gemeinsam in die Schule gehen können. Die Schulen tendieren dazu, Stadtteilschulen zu werden und ermöglichen so den behinderten Kindern zusätzlich die Integration in ihrer Nachbarschaft.[16]

---

hinderte und nichtbehinderte Kinder an der Grundschule, Weinheim und Basel 1988, 328-330; Holger Müller: Integration aus der Sicht der Schulbehörde, in: Hans Wocken u.a. (Hg.): Integrationsklassen in Hamburger Grundschulen, Hamburg 1988, 25-48.
12 Vgl. Gisela Lau/Wolf-Dieter Lau (Hg.): Jenny darf nicht in die Oberschule, Berlin 1987.
13 Projektgruppe Integrationsversuch 1988.
14 Peter Heyer/Ulf Preuß-Lausitz/Gitta Zielke: Wohnortnahe Integration. Gemeinsame Erziehung behinderter und nichtbehinderter Kinder in der Uckermark-Grundschule in Berlin, Weinheim 1990.
15 Prengel 1990b.
16 Ulf Preuss-Lausitz: Der Gedanke der Gemeindeschule/Stadtteilschule, in: Renate Valtin u.a. (Hg.): Gemeinsam leben – gemeinsam lernen, Frankfurt 1984, 148-151.

Neben diesen beiden Integrationsformen wurden weitere Modelle der Integration[17] entwickelt, so die Einzelintegration[18], die häufig auch informell unter der Hand praktiziert wird.

Außerdem gibt es Schulen, die Kinder und Jugendliche mit einer bestimmten Form von Behinderung aufnehmen, so z.b. nur Blinde oder Gehörlose. Diese Integrationsform wird eher an Gymnasien praktiziert und sie bestand schon vor der Integrationsbewegung, nimmt auch an ihr kaum teil, da in der Integrationsbewegung die Integration der heterogen zusammengesetzten Behindertengruppe favorisiert wird.

Schulen für Behinderte, die in dezentrierter Form arbeiten, sind eine organisatorische Folge der Auflösung traditioneller Sonderschulen: in Ambulatorien,[19] die quasi Schulen ohne Schüler darstellen, sind sonderpädagogische Fachkräfte zusammengefaßt, die zu den Regelschulen hingehen und die dort tätigen Lehrkräfte im Hinblick auf die Föderung Behinderter beraten.

Die Erfolge der integrativen Pädagogik sind inzwischen nicht mehr widerlegbar. Sie bestehen in aller erster Linie in den guten Schulleistungen[20] sowohl der behinderten als auch der nichtbehinderten Kinder in Integrationsklassen sowie in ihrer positiven Entwicklung im psychosozialen Bereich.[21]

Die Probleme der Integrationspädagogik liegen neben den großen Barrieren hinsichtlich der bildungspolitischen Durchsetzbarkeit in Kooperationskonflikten[22] in den Pädagogen-Teams und in den Schwierigkeiten, die durch Verhaltensstörungen auftreten.[23]

Alle Forschungsergebnisse kommen zu dem Schluß, daß die Integration von Behinderten, einschließlich der Schwerbehinderten, die nicht sprechen, laufen oder lesen lernen können, möglich ist und bei angemessener Ausstattung allen Beteiligten großen intellektuellen und emotionalen Gewinn bringt.[24]

---

17 Eine Übersicht findet sich bei Muth 1986, 101-115.
18 Jutta Schöler: Einzelintegration – Alternative oder Lückenbüßer, in: Klaus Meißner/Erik Heß (Hg.): Integration in der pädagogischen Praxis, Berlin 1988b, 112-124.
19 Vgl. Muth 1986.
20 Wocken 1987b; Prengel 1990a, 209ff; Urs Haeberlin: Die Integration von leistungsschwachen Schülern. Ein Überblick über empirische Forschungsergebnisse zu Wirkungen von Regelklassen, Integrationsklassen und Sonderklassen auf ‚Lernbehinderte', in: Zeitschrift für Pädagogik 2/1991, 167-189.
21 Maikowski/Podlesch 1988a; Prengel 1990a, 219ff.; Hans Wocken: Bewältigung von Andersartigkeit. Untersuchungen zur sozialen Distanz in verschiedenen Schulen, in: Gehrmann/Hüwe 1993, 86-106.
22 Ines Boban/Andreas Hinz/Hans Wocken: Warum Pädagogen aus der Arbeit in Integrationsklassen aussteigen, in: Hans Wocken u.a. (Hg.): 1988, 275-334; Gisela Kreie: Integrative Kooperation. Über die Zusammenarbeit von Grundschullehrer und Sonderschullehrer, Weinheim und Basel 1985.
23 Helmut Reiser: Nichtaussonderung bei Lern- und Verhaltensbeeinträchtigungen – eine Zwischenbilanz bisheriger Integrationsversuche, in: Eberwein 1988a, 248-255.
24 In diesem Sinne äußerte sich die überwiegende Mehrheit der 30 Interviewpartner aus 7 Integrationsschulversuchen, die im Rahmen der Frankfurter DFG-Studie befragt wurden, vgl. Prengel 1990; vgl. auch Eberwein 1988a, 9.

Die Bedeutung der Integrationspädagogik läßt sich klarer erkennen, wenn man sich ihren Erfahrungshintergrund rückblickend vor Augen führt. Das Schulwesen ist ja in seiner Geschichte von tiefgreifenden Spaltungen und Differenzierungen durchzogen. In der erziehungswissenschaftlichen Diskussion wurde aber in der Regel nur der Unterschied zwischen höherem und niederem Schulwesen thematisiert. Man spricht nach wie vor noch fälschlicherweise vom ‚dreigliedrigen Schulsystem'. Daß sich das allgemeine Schulwesen in der ihm eigenen Form konstituieren konnte, war nur möglich unter der Bedingung der Ausgrenzung eines Teils der jungen Generation – der behinderten und der subproletarischen Kinder.[25] Kinder, die parallel zum, aber unabhängig vom allgemeinen Schulwesen die sich immer mehr ausdifferenzierenden Einrichtungen des Sonderschulwesens besuchten, können in zwei Gruppen unterteilt werden. Es waren und sind bis heute die behinderten Kinder und Jugendlichen im eigentlichen Sinne des Wortes, die unter einer auch körperlich manifesten Beeinträchtigung leiden, diese stellen die kleinere Gruppe. Die Mehrheit sind Lernbehinderte und die zahlenmäßig wesentlich kleinere Gruppe der Erziehungsschwierigen und Sprachgestörten – allesamt Kinder deren problematische Situation im Schulsystem nicht körperlich lokalisiert werden kann, sondern im Sozialisationsprozeß und in ihrer Auseinandersetzung mit der Institution Schule entsteht. Namentlich die Hilfsschule wird von ‚soziokulturell benachteiligten'[26] Schülerinnen und Schülern besucht. Da aber auch viele leibliche Einschränkungen soziokulturell bedingt sein können, und immer soziokulturell gestaltet und sozial konstruiert sind, sind die Übergänge zwischen beiden Gruppen fließend.

Die Bedeutung der Integrationspädagogik für die Entwicklung einer Pädagogik der Vielfalt soll nach dieser Einführung in folgenden Abschnitten vorgestellt werden: Zunächst werden die Minderwertigkeitsvorstellungen über Behinderte in ihren Auswirkungen dargestellt. In ihrer Gegenbewegung gegen solcherart Entwertung werden die sonderpädagogischen Fachrichtungen unter Berücksichtigung ihrer Leistungen und in ihren problematischen Effekten beschrieben. Normalisierung, Gegenstand des folgenden Abschnitts, akzeptiert nur so wenig Besonderheit wie möglich für die Lebensgestaltung von Behinderten und ist damit ein Vorläufer der Integrationspädagogik. In der Darstellung der Integrationspädagogik im vorletzten Abschnitt werden jene Aspekte hervorgehoben, die ihre wichtigsten Beiträge für die Entwicklung einer Pädagogik der Vielfalt beinhalten. Im letzten Abschnitt kommen Grenzen und neue Perspektiven des aktuellen Diskussionsstandes der Integrationspädagogik zur Sprache.

---

25 Zur gesellschaftlichen Funktion der Sonderschule vgl. Johanna Aab/Thilo Pfeiffer/Helmut Reiser/Hans-Georg Rockemer: Sonderschule zwischen Ideologie und Wirklickeit, München 1974.

26 Ernst Begemann: Die Erziehung der soziokulturell benachteiligten Schüler. Zur erziehungswissenschaftlichen Grundlegung der ‚Hilfsschulpädagogik', Hannover 1970.

2. Behinderung als ‚Minderwertigkeit'

Von allen Gruppen mit abweichendem Verhalten hat wohl keine so intensiv und konsequent zu spüren bekommen, was Hierarchisierung bedeutet, wie Menschen mit Behinderungen. Behindertsein heißt fast immer, extremen Diskriminierungen ausgesetzt zu sein.

In der Anthropologie der bürgerlichen Gesellschaft kam der Aufspaltung in ‚normal' und ‚pathologisch' besondere Bedeutung zu.[27] Dabei entstand eine medizinisch dominierte Sonderanthropologie für Behinderte, in welcher Behinderung immer unveränderlich gedachtes Wesensmerkmal einer Person war. Die Sonder-Anthropologie legitimierte die gesellschaftliche Ausgrenzung der Behinderten, die Sonder-Pädagogik organisierte und praktizierte sie. In der Polarisierung zu bürgerlichen Werten wie Vernunft, Aktivität, Selbstbewußtsein und Selbstbeherrschung konzipiert, wurde Behinderung als Unvernunft, Passivität, Bewußtlosigkeit und Ungesteuertheit bestimmt.[28]

Von besonderer Tragik und Tragweite ist, daß eine Sonderanthropologie für ‚Schwachsinnige' in den ersten Jahrzehnten unseres Jahrhunderts ausgearbeitet wurde, die real der Sonderschuleinweisung von Kindern aus ärmsten Bevölkerungsschichten diente. Andreas Möckel hat das Bild, das mit wissenschaftlichen Mitteln gezeichnet wurde, dem reformpädagogischen Bild des Kindes aus jener Zeit gegenübergestellt und kommt zu dem Schluß:»Vergleicht man die gleichzeitigen Beschreibungen von Hilfsschulkindern, so überwiegen Kennzeichen von entgegengesetztem Verhalten«[29]. Mit »Gegenbilder, Typus und Gegentypus«[30] beschreibt Möckel im Grunde die Figur der Komplementbildung, die (in Kapitel II) als eine Möglichkeit, Differenzen zu hierarchisieren vorgestellt wurde. Die Art der Polarisierung zwischen dem neu entdeckten Kind der ‚Pädagogik vom Kinde aus' und dem neu entdeckten ‚schwachsinnigen' ist so gestaltet: Nach Bertold Otto besitzen Kinder Eigenaktivität, Forschertrieb, Kombinationsfähigkeit, Geist, instinktive Sicherheit bei der Ausgestaltung ihres Weltbildes. Das Bild des Kindes bei den Sonderpädagogen ist bestimmt durch Gleichgültigkeit als Unfähigkeit zu Spontaneität und Aktivität und logischem Denken sowie Oberflächlichkeit und Unzuverlässigkeit.[31]

Diese Art der Polarisierung, und das ist eine These dieser Arbeit, die auch im Schlußkapitel wieder aufgegriffen wird, erinnert an die im Kapitel zur

---

27 Foucault 1978, 1979.
28 Annedore Prengel: Schulversagerinnen – Versuch über diskursive, sozialhistorische und pädagogische Ausgrenzungen des Weiblichen, Gießen 1984, 89ff.
29 Andreas Möckel: Selbstständigkeit und Isolation der Hilfsschule in der Weimarer Republik, in: Manfred Heinemann (Hg.): Sozialisation und Bildungswesen in der Weimarer Republik, Stuttgart 1976, 125.
30 Möckel 1976, 125.
31 Möckel 1976, 124f.

Feministischen Pädagogik vorgestellte Polarisierung der ‚Geschlechtscharaktere', ohne daß sie bisher soviel wissenschaftliche Aufmerksamkeit wie das bürgerliche Frauenbild auf sich ziehen konnte. Die medizinisch fundierten anthropologischen und pädagogischen Polarisierungen des Verhältnisses zwischen Behinderten und Nichtbehinderten sind wie rassistische und misogyne Polarisierungen nach dem Muster monistischer Hierarchisierungen gestaltet.

Sie formulieren alle denkbaren Schattierungen von ‚Minderwertigkeit' über die Negation menschlicher Möglichkeiten mit Zuschreibungen wie Bildungsun-fähigkeit bis hin zur totalen Negation ihres Menschseins im Begriff des lebens-un-werten Lebens der Nationalsozialisten. Der Sozialdarwinismus nach Galton[32] lieferte nicht nur die zentralen Argumente rassistischen Denkens, sondern beeinflußte auch die Auffassungen über behinderte Menschen maßgeblich. Aufgrund sozialdarwinistischer Aussagen erhielten menschenunwürdige Aufbewahrungsanstalten Zulauf. Die Diskriminierung und Ausgrenzung der Behinderten in der bürgerlichen Gesellschaft gipfelte im Mord an mehreren hunderttausend behinderten und kranken Kindern und Erwachsenen im Faschismus.[33]

Für Sieglind Ellger-Rüttgardt ist »das wirklich Bedrückende bei der Aufarbeitung der Geschichte des Behindertenwesens des Dritten Reiches möglicherweise nicht so sehr die Feststellung des Versagens auch von Sonderpädagogen dieser Zeit, sondern viel eher die Erkenntnis, daß die Politik der Nationalsozialisten keineswegs den stets behaupteten Einbruch in bewährtes heilpädagogisches Denken darstellte, sondern vielmehr eine Fortentwicklung und Zuspitzung von Ideen, die zu einem früheren Zeitpunkt offen und selten unwidersprochen auch in den Reihen der Heilpädagogen propagiert wurden«[34].

Daß die Inferiorität feststellende Sonderanthropologie bis heute weltweit, einschließlich der Bundesrepublik, wirksam ist, zeigt sich in wissenschaftlichen Texten und im Alltagsbewußtsein. Die Untersuchungen der Vorurteile gegenüber behinderten Kindern von Helmut von Bracken haben erwiesen, in welchem Ausmaß behinderte Personen negativ bewertet und möglichst weit weg gewünscht werden.[35] Aktivitäten von Behinderten und von Eltern behinderter Kinder haben zwar inzwischen eine höhere Akzeptanz von Behinde-

---

32 Vgl. die Verweise auf den Sozialdarwinismus im Kapitel zur Interkulturellen Erziehung (Kap. III).
33 Ernst Klee: ‚Euthanasie' im NS-Staat. Die ‚Vernichtung lebensunwerten Lebens', Frankfurt 1985; vgl. auch Stafan Romey: Der (un)aufhaltsame Aufstieg der Eugenik im Sonderschulwesen, in: de Lorrent/Ullrich (Hg.): Der Traum von der freien Schule – Schule in der Weimarer Republik, Hamburg 1988, 315-329.
34 Sieglind Ellger-Rüttgart: Historiographie der Erziehung von Behinderten, in: Heinz Bach u.a. (Hg.) Handbuch der Sonderpädagogik I, Theorie der Behindertenpädagogik, Berlin 1985, 120.
35 Helmut von Bracken: Vorurteile gegen behinderte Kinder, ihre Familien und Schulen, Berlin 1981.

rung gesellschaftlich erreicht.[36] Dennoch muß festgestellt werden: In wissenschaftlichen Texten der Pädagogik und Medizin finden sich bis heute diskriminierende Definitionen von Behinderung, in Formulierungen, die z.b. vom ‚Nicht-Voll-Mensch-Gewordensein' oder von der Unfähigkeit Behinderter zu kommunizieren, sprechen.[37] Die Auffasssungen des australischen Philosophen Peter Singer, der in der Bundesrepublik nicht ohne Einfluß ist, wie seine Einladung zu einem Symposion der Bundesvereinigung Lebenshilfe für geistig Behinderte e.v. im Jahre 1989 beweist,[38] stellen eine neue Variante der vernichtenden Hierarchisierungen dar. Behinderten Kindern wird im Rahmen einer ausgefeilten scheinbar ausschließlich mit rationalen Begründungen arbeitenden utilitaristischen Theorie der Ethik der Status des Menschseins abgesprochen. Konsequenz daraus ist die Rechtfertigung der Euthanasie mit pseudoethischen Argumenten: »Sofern der Tod eines geschädigten Säuglings zur Geburt eines anderen Kindes mit besseren Aussichten auf ein glückliches Leben führt, dann ist die Gesamtsumme des Glücks größer, wenn der behinderte Säugling getötet wird.«[39]

Es ist tragisch zu nennen, daß ausgerechnet eine philosophische Ethik im pseudorationalistischen Gewande im Gefühl der Aggression gegen behinderte Menschen steckenbleibt und das reale Ausagieren eines solchen Gefühles legitimiert. Aggression, auch gegen die betroffenen Menschen, gehört zwar regelmäßig zum Prozeß der bewußten Auseinandersetzung mit Behinderung, aber solche Aggressionen sind, wenn sie nicht ausagiert, sondern bewußt gemacht werden, ein Schritt auf dem Weg zur Annahme von Behinderung.[40]

Die inferiorisierenden Zuschreibungen gegen Behinderte trafen im Laufe ihrer wechselhaften Historie unterschiedliche Gruppen von Menschen. Sie richteten sich gegen Menschen mit körperlichen Beeinträchtigungen einschließlich der Sinnesschädigungen, gegen geistig Behinderte und gegen die sozial Verachteten der ärmsten Bevölkerungsschichten, die seit jeher den größten Teil der Schulversagerinnen und Schulversager stellen.

Für die Pädagogik scheint mir entscheidend, daß der Glaube an die Minderwertigkeit von behinderten Menschen beinhaltet, daß ihnen eine zentrale menschliche Fähigkeit abgesprochen wurde: die Lernfähigkeit. Die biologistische Ideologie konnte sich Menschen mit Behinderung nur als statischgleichbleibende Wesen vorstellen. Dieser Glaube hatte tragische Konsequen-

---

36 Vgl. z.B. die Zeitschrift ‚Randschau', die vom ‚Club Behinderter und ihrer Freunde' herausgegeben wird, sowie die zahlreichen Krüppelinitiativen in vielen Städten.
37 Beispiele hat Thimm zusammengetragen, vgl. Walter Thimm: Das Normalisierungsprinzip. Eine Einführung, Marburg 1984.
38 Vgl. die Berichte und Diskussionen in: Behindertenpädagogik 3/1989.
39 Peter Singer: Praktische Ethik, Stuttgart 1984, 183.
40 Erika Schuchardt: Schritte aufeinanderzu. Soziale Integration Behinderter durch Weiterbildung. Zur Situation in der Bundesrepublik Deutschland, Bad Heilbrunn 1987, 94ff.; vgl. zum Problem der Trauerarbeit Abschnitt 6 in diesem Kapitel.

zen: Schwerer behinderte Kinder wurden entweder den Familien überlassen, oder aber in Anstalten, auch psychiatrischen Kliniken, untergebracht. Die inhumane Hospitalisierung in anregungsloser Umgebung ohne Kontaktmöglichkeiten führte zu schweren Störungen, z.b. Autoaggressionen und in vielen Fällen zum Tod.[41] Die gleiche Ideologie half auch die Aussonderung von schulleistungsschwachen Kindern aus der Volksschule zu rechtfertigen, die sich zu Anfang des 20. Jahrhunderts immer mehr durchsetzte.[42]

Der biologistisch-statische Behinderungsbegriff hat, so läßt sich zusammenfassend sagen, restriktive Maßnahmen zur Folge, deren Charakteristikum ist, daß die so etikettierten Menschen von Entwicklungsmöglichkeiten ausgeschlossen werden. Die materialistische Behindertenpädagogik faßt diese aufgezwungene Stagnation in dem Theorem von der ‚Isolation von der Aneignung des gesellschaftlichen Erbes'.[43] Für Sondereinrichtungen trifft diese Analyse zumindest partiell fast immer zu, weil sie Kinder von den vielfältigen Anregungsmöglichkeiten einer normalen Umgebung ausschließt. Am meisten fällt dabei wohl ins Gewicht, daß hier Kinder nur mit Gleichaltrigen mit der gleichen Behinderung zusammen sein können und sie am Kontakt mit allen anderen jungen Menschen gehindert werden.

Namentlich die Hilfsschule/Schule für Lernbehinderte/Förderschule hat immer auch das Problem, eine solche Ausschlußinstanz zu sein. Seit der Phase ihrer Installation wurde denn auch immer damit argumentiert, daß diese schlechten Schülerinnen und Schüler die Begabten nicht in ihrer Entwicklung stören sollten. Es ging also bei der Überweisung von lernbehinderten und verhaltensgestörten Kindern in Sonderschulen nicht primär oder ausschließlich um die Förderung der beeinträchtigten Kinder, sondern um den vermeintlichen Schutz der Regelschüler vor Störungen durch sie. Auf der Reichsschulkonferenz von 1920 wurde die institutionelle Festschreibung der Einrichtung von Hilfsschulen außer mit dem Wohl der schwachen Schüler und ihrer anzustrebenden gesellschaftlichen Nützlichkeit auch mit dem Wohl der anderen Kinder legitimiert. Der als Vertreter des ‚Verbandes der Hilfsschulen' teilnehmende Julius Grote sagte, daß Aussonderung zu geschehen habe, »damit die normalbegabten einen ruhigen und ungehemmten Fortschritt in der Grundschule und den weiteren Zweigen der Einheitsschule er-

---

41 Alexander Bardorff: Integration geistig Behinderter in den USA unter besonderer Berücksichtigung von Schule und Gemeinde. Unveröffentl. Diplomarbeit, Frankfurt 1986; Georg Theunissen: Möglichkeiten und Grenzen der Integration hospitalisierter schwergeistig- und mehrfachbehinderter Erwachsener in die Gemeinde - dargestellt und ausgewertet am Beispiel der Rheinischen Heime, in: Behindertenpädagogik 2/1987, 138ff.
42 Ingeborg Altstaedt: Lernbehinderte: Kritische Entwicklungsgeschichte eines Notstandes. Sonderpädagogik in Deutschland und Schweden. Isolation oder Integration, Reinbek 1977; Ulf Preuss-Lausitz 1986.
43 Wolfgang Jantzen: Sozialgeschichte des Behindertenbetreuungswesens. Deutsches Jugendinstitut, München 1983.

fahren können«[44]. Wichtig ist dabei, daß auch die Vertreter der Einheitsschule Ausgrenzung so legitimierten. Diese Rechtfertigungen von Ausgrenzung werden auch heute noch angeführt, wenn es darum geht, die Integration der Behinderten abzuwehren. Jacob Muth hat die Belege dafür zusammengetragen und darauf hingewiesen, daß selbst Kultusministergutachten forderten, daß überprüft werden müsse, ob ‚Sonderschulbedürftige' ihre Mitschüler in der allgemeinen Schule ‚stören' oder ‚gefährden'.[45] Daß die Hilfsschule/ Schule für Lernbehinderte/Förderschule real eher ausschließt und isoliert statt zu fördern, erweist sich daran, daß vergleichbare Gruppen von Schülerinnen und Schülern in Hauptschulen, unabhängig davon, aus welchen Klassen sie entlassen werden und wie oft sie sitzengeblieben sind, regelmäßig bessere Schulleistungen erzielen als in Hilfsschulen.[46]

3. Sonderpädagogik: Besondere Förderung durch Spezialisten und Spezialeinrichtungen

Die Disziplin Sonderpädagogik datiert ihren Beginn[47] auf das Ende des 18. Jahrhunderts, auf jene Zeitspanne also, in der die berühmte Pariser Taubstummenanstalt ihre Tore öffnete. Die 1770 von einem Geistlichen privat gegründete Institution war die erste europäische Einrichtung für einen planvollen Unterricht von Gehörlosen, in der Sprache der Zeit ‚Taubstummen', überhaupt. Ihre Gründung geschah in der Epoche eines großen pädagogischen Aufbruchs. Viele bedeutende Schulgründungen fielen in diese Zeit, in der die Bildung behinderter Menschen einen hoffnungsvollen Aufschwung nahm.

Die Gründung der Pariser Taubstummenanstalt war bestimmt vom Geist der Epoche der Aufklärung, in der der Glaube an die Lernfähigkeit und Bildsamkeit der Menschen Überzeugungskraft gewann. Die Lehrer dieser Schule (und es gab hier nur Lehrer und Schüler – keine Frauen!) entwickelten hochdifferenzierte Unterrichtsprogramme und sorgfältig auf den Entwicklungs-

---

44 Die Reichsschulkonferenz 1920. Ihre Vorgeschichte und Vorbereitung und ihre Verhandlungen. Amtlicher Bericht, erstattet vom Reichsministerium des Inneren, Leipzig 1921, 521.
45 Muth 1986, 22 und 23ff. Zur ‚Entlastungsfunktion' der Allgemeinen Schule durch die Sonderschulen vgl. auch Aab u.a. 1974.
46 Vgl. Alfred Sander: Schulschwache Kinder in Grundschule oder Sonderschule? Untersuchungen zur unterrichtlichen Effizienz der Lernbehindertenschule, in: Anton Reinartz/Alfred Sander: Schulschwache Kinder in der Grundschule, Weinheim 1982, 121-139; zahlreiche Untersuchungen zu dieser Frage werden vorgestellt bei Preuss-Lausitz 1986.
47 Die Arbeit des Arztes Jean-Marc-Gaspard Itard markiert diesen Beginn; vgl.: Lucien Malson/Jean Itard/Octave Manonni: Die wilden Kinder, Frankfurt 1976; Alois Leber: Der Wilde von Avreyon und sein Lehrer, in: Kindheit 1/1981.

stand der Schüler abgestimmte Lernmittel.[48] Ziel des geduldigen Übens war es, die Schüler zu einem möglichst normalen menschlichen Leben zu befähigen. Sensationell[49] war, daß Menschen, die als Gehörlose und Sprachlose für ihre Zeitgenossen ‚wie die Tiere' gewesen waren, nun Sprache und Wissen erwarben. In öffentlichen Präsentationen wurden einer interessierten Zuschauermenge die nun teilweise hochgebildeten Gehörlosen vorgestellt. Sie brillierten mit ihren Fähigkeiten.

Das alles fand statt bei gleichzeitig schweren Auseinandersetzungen um den richtigen Weg. Die ‚Oralisten' brachten in mühevollster Kleinarbeit an Mundstellung und Atmung Menschen mit Hörschäden das Sprechen bei, so daß sie sich dem Unglaublichen – sprechen können wie ein normaler Mensch – annäherten. Nachteil dieses Verfahrens ist, daß die Sprechübungen so viel Aufwand erfordern, daß kaum noch etwas anderes gelernt werden kann. Es dauert jahrelang bis Kommunikation möglich wird. Die ‚Gebärdensprachler' arbeiteten nicht mit gesprochener Sprache, sondern mit gestischer Zeichensprache, die es ermöglichte, daß die Gehörlosen auf diese Weise nahezu unbegrenzt kommunizieren konnten. Dieses Verfahren hat den Vorteil, daß Gehörlose mit Hilfe der Gebärdensprache sich sehr schnell ausdrücken und ‚Bildungsgüter' kennenlernen können. Es hilft aber nicht zum Leben mit ‚Normalen', sondern zum Leben in der Subkultur der ‚gebärdenden Gemeinschaft'.

Es kann hier nicht darum gehen, diesen Streit, der bis heute andauert, nachzuzeichnen, wesentlich ist vielmehr, daß sich an diesem Beispiel aus der Frühgeschichte der Sonder- und Heilpädagogik die im Kontext dieser Studie wichtigen Aspekte aufzeigen lassen: Sonderpädagogik als Förderung ist klar unterscheidbar von Sonderpädagogik als Inferiorisierung, die im vorangehenden Abschnitt behandelt wurde.

Sonderpädagogik als Inferiorisierung ist gekennzeichnet durch die Auffassung, daß Behinderung ein statischer, unveränderlicher Defekt einer Person ist, daß diese Person darum minderwertig ist, daß sie infolgedessen aus dem üblichen sozialen Zusammenhang auszuschließen ist und daß Maßnahmen ihrer Unterbringung und Erziehung vor allem der Disziplinierung, der ökonomisch nützlichen Verwendung und der Entlastung der Nichtbehinderten zu dienen haben.

Sonderpädagogik als Förderung ist gekennzeichnet durch die Auffassung, daß Behinderung die Beeinträchtigung einer Person darstellt, die im Vergleich zu anderen Menschen unterentwickelt ist. Bei besonderer Föderung

---

48 Das Unterrichtsmaterial wurde zum Teil auch Vorbild und Anregung für Maria Montessoris Unterrichtsmaterialien. Vgl. Rita Kramer: Maria Montessori. Leben und Werk einer großen Frau. Mit einem Vorwort von Anna Freud, Frankfurt 1987, 72ff.
49 Die hier wiedergegebenen historischen Ereignisse wurden detailliert erforscht und beschrieben von Harlan Lane in seinem Buch: Mit der Seele hören. Die Geschichte der Taubheit, München/Wien 1988; vgl. auch Möckel: Geschichte der Heilpädagogik, Stuttgart 1988b.

können Menschen mit einer Behinderung lern- und entwicklungsfähig sein, allerdings muß der Schaden dazu genau diagnostiziert und von Spezialisten mit Spezialprogrammen behandelt werden. Gerade solche Förderung, die der Aufhebung einer Behinderung und damit der Angleichungen an die Nichtbehinderten dienen soll, ist so aufwendig und isolierend konzipiert, daß sie das Leben von behinderten Personen geradezu auf die Behinderung reduziert und fixiert.

Harlan Lanes' Schilderungen der Taubstummenpädagogik verweisen exemplarisch auf die problematische Seite der Förderung durch Experten. Behinderung wird als Eigenschaft einer Person angesehen, sodaß bei der ‚Behandlung' die Gefahr besteht, daß die Person auf den ‚Defekt' reduziert wird. Sie wird so aus der normalen Umwelt isoliert und Lernen geschieht nur noch durch erwachsene Experten.

Diese Unterscheidung klar zu treffen, ist unerläßlich, gerade weil in der Realität sonderpädagogischer Einrichtungen sich beide Tendenzen mischen können. Inferiorisierung und Isolation einerseits, Förderung und Kommunikation andererseits liegen seit den Anfängen der Sonderpädagogik oft sehr nahe beieinander. Für behinderte Menschen wurden auf ihre Beeinträchtigung abgestimmte Einrichtungen geschaffen, es wurden hochspezialisierte Programme, Materialien, Techniken entwickelt, die genau auf die Beeinträchtigung zugeschnitten waren und diese mindern oder kompensieren konnten. Gleich daneben aber bestand die Gefahr der Ghettoisierung, der Disziplinierung, der ökonomischen Ausbeutung, des Mißbrauchs durch die Helfer, die sich der Abhängigen bemächtigten mit ihrem religiösen Eifer, ihren Profilierungswünschen, ihren ökonomischen Interessen, ihrem pädagogischen Ehrgeiz.

Diese Ambivalenz zieht sich durch die Geschichte der Heilpädagogik mit allen ihren Phasen.

Dabei unterscheide ich mit Möckel[50] eine erste Phase, die Ende des 18. Jahrhunderts mit der aufklärerischen Emphase für Menschenbildung begann und sich bis weit ins 19. Jahrhundert hinein erstreckt hat, wenn man sie als humane oder christliche Initiative zur Bildung und Erziehung von Behinderten definiert. Aufgrund dieser privaten Initiativen wurden Anstalten mit angegliederten Schulen bzw. Produktionszweigen eingerichtet, so für Taubstumme ab 1770, Blinde ab 1784, Taubblinde ab 1832, Arme, Verwahrloste, Erziehungsschwierige ab 1769 (Pestalozzi) bzw. 1820 (Rettungshaus), Körperbehinderung ab 1816, geistig Behinderte ab 1830.[51] Die zugehörigen Heimschulen können als die ‚älteren Sonderschulen' bezeichnet werden. »Sämtliche heilpädagogische Schulen waren als Internate oder Heime organisiert.«[52]

---

50 Möckel 1988b.
51 Vgl. die Überblickstabelle bei Möckel 1988b, 247f.
52 Möckel 1988, 163.

Die ‚jüngeren Sonderschulen‘, die Hilfsschule, die Schule für Schwerhörige, für Sprachbehinderte, entstanden seit der zweiten Hälfte des 19. Jahrhunderts. Alle diese Neugründungen waren umstritten, stellten sie doch zumindest potentiell Konkurrenzinstitutionen zu ‚alten Sonderschulen‘ dar. Am umstrittensten aber war als zahlenmäßig größte der Neugründungen – die Hilfsschule. Gegen die Einrichtung der Hilfsschule, die von der Mehrheit der Volksschullehrer und eines sich konstituierenden Berufsstandes der Hilfsschulspezialisten gefordert wurde, hatte es aber auch Widerstand aus der Volksschullehrerschaft gegeben, mit erstaunlich modernen Argumenten.[53]

Nach der Neufassung des Schulwesens seit der Reichsschulkonferenz zu Beginn der Weimarer Republik wurden Sonderschulen durchgängig staatlich anerkannt.[54] Die Separation erfolgte mit Hilfe sadistisch anmutender, rassistischer Legitimation, die im Nationalsozialismus nur aufgegriffen zu werden brauchte, um Einsparungen bei der Versorgung und Bildung, Zwangssterilisation und Ermordung von Behinderten und sozial verachteten Armen zu legitimieren.[55] »Was in der faktischen Allianz der Weimarer Republik zwischen Reformpädagogen, Ministerien, den Vertretern der meist privaten Anstalten und den Hilfsschulvertretern als das ganz Andere [...] herausgearbeitet worden war, konnte von den Nationalsozialisten leicht umgewertet und für ihre Zwecke benützt werden. Sie setzten fort, was theoretisch, ideologisch und praktisch vorbereitet worden war.«[56] Im §5 des Reichsgesetzes von 1920 über die Grundschulen ist der bis in die Gegenwart fortwirkende Ausschluß festgeschrieben worden: »Auf die Unterrichtung und Erziehung blinder, taubstummer, schwerhöriger, sprachleidender, krankhaft veranlagter, sittlich gefährdeter oder verkrüppelter Kinder sowie auf die dem Unterricht und der Erziehung dieser Kinder bestimmten Anstalten und Schulen finden die Vorschriften dieses Gesetzes keine Anwendung.«[57]

Beim Wiederaufbau des Bildungswesens der alten Bundesrepublik wurden, ohne Reflexion der faschistischen Vernichtung von Behinderten, 10 Sonderschulformen eingerichtet, die kontinuierlich anwuchsen. Seit den sechziger Jahren kam es in der Sonderpädagogik zu einer beispiellosen Expansion. Die nun in ‚Sonderschule‘ umbenannte ‚Hilfsschule‘ wurde ausgeweitet. Im Zuge der Leistungssteigerung in der Grundschule wurden immer mehr Schülerinnen und Schüler in Sonderschulen überwiesen, ein Trend, der erst mit dem Geburtenrückgang wieder abnahm. Das entscheidende Ereignis für die Sonderpädagogik in dieser Zeit aber war, daß die allgemeine Schulpflicht endlich

---

53 Vgl. Sieglind Ellger-Rüttgart: Kritiker der Hilfsschule als Vorläufer der Integrationsbewegung, in: Eberwein 1988a, 38-44.
54 Zur Diskussion um die Hilfsschule auf der Reichsschulkonferenz 1920 vgl. Möckel 1976 u. 1988; Preuss-Lausitz 1986; Muth 1986.
55 Vgl. Höck 1979.
56 Preuss-Lausitz 1986, 106.
57 Zitiert nach Preuss-Lausitz 1986, 104.

für alle Kinder Gültigkeit bekam. Es gibt seither keine ‚Befreiung vom Schulbesuch' mehr – auch nicht für geistig Behinderte. Die Elternvereinigung Lebenshilfe hat erreicht, daß Tagesstätten und Schulen für diese Kinder eingerichtet wurden.

Die Leistungen der Sonderpädagogik liegen, so läßt sich zusammenfassend sagen, darin, daß sie teilweise in Zusammenarbeit mit Medizin und Technik spezialisierte Verfahren für die Förderung behinderter Kinder entwickelt hat. Dazu gehören als herausragende Beispiele die Braille-Schrift für Blinde, die genialen Materialien von Maria Montessori, die Finger- und Handalphabete sowie die Methoden zur Vermittlung des Sprechens, die im Umgang mit Gehörlosen und mit Taubblinden verwendet werden, oder auch die Handzeichen fürs Lesenlernen. Sonderpädagogische Föderung schuf für ganze Gruppen von Behinderten die Voraussetzungen zu gesellschaftlicher Teilhabe.

Die Tragik dieser Föderung aber ist, daß sie gleichzeitig ausschließende Wirkung hat und in ihrer Geschichte, mit verheerenden Folgen, sich nicht klar abgrenzt von inferiorisierenden, Förderung verhindernden Sondermaßnahmen.

Diese Ambivalenz gilt es zu sehen und auszuhalten, wenn eine adäquate Einschätzung dieser Disziplin möglich sein soll. Es handelt sich um eine Ambivalenz, die der ‚Dialektik der Aufklärung' entspricht, die etwa auch in der Schulmedizin zutage tritt, deren Verfahren effektiv heilen und krank machen können. Zentrale Aspekte dieser Problematik resultieren aus dem Behinderungsbegriff, den Zielen und Methoden der Spezialförderung sowie der institutionellen Separierung von Behinderung.

Zwischen diesen drei Aspekten besteht ein enger Zusammenhang. »Entscheidend ist, daß diese Theorien über ‚den' Hilfsschüler, ‚den' Schwachsinnigen, ‚den' Krüppel usw. reale existentielle Folgen hatten.«[58] Für die Sonderpädagogik ist Behinderung eine Eigenschaft einer Person, ein individuelles Merkmal, das zwar als dauerhaft, aber im Gegensatz zur sozialdarwinistischen Position als veränderbar angesehen wird.

Alfred Sander[59] setzte sich ausführlich mit den Problemen des Behinderungsbegriffs auseinander. Klassifikation von Menschen mit Behinderungen ist zwar die Grundlage aller Maßnahmen und Einrichtungen der Sonderpädagogik, es hat sich aber erwiesen, daß es kein befriedigendes Klassifikationssystem gibt. Es gelingt den Klassifikationen nicht exakt, zwischen Behinderten und Nichtbehinderten abzugrenzen, Klassifikationen können den fließenden Übergängen zwischen den Behinderungsarten nicht gerecht werden, und das Kriterium, nach dem klassifiziert werden sollte, ist unklar. Durch Klassifizierungen mit Behinderungsbegriffen werden Menschen zu ‚Trägern eines Defektes' reduziert und ‚homogene Defektgruppen' gebildet.

---

58 Preuss-Laussitz 1986, 103.
59 Alfred Sander: Zum Problem der Klassifikation in der Sonderpädagogik: Ein ökologischer Ansatz, in: Vierteljahresschrift für Heilpädagogik und ihre Nachbargebiete 1/1985, 15-31; ders. 1988a.

Neben der Unmöglichkeit, die Diagnose korrekt zu stellen, hat sie fatale Auswirkungen auf die so bezeichnete Person: sie legt fest und nimmt allen Beteiligten die Möglichkeit, an weitere Entwicklungen zu glauben. Einmal etikettiert scheint definitiv klar, was möglich und was nicht möglich ist.

Inzwischen gab es Vorschläge der Veränderung[60] des sonderpädagogischen Behinderungsbegriffs. Bach konstatiert einen Wandel vom defektorientierten individuumbezogenen Behinderungsbegriff hin zum ‚relationellen Behinderungsbegriff'. Demnach ist Behinderung immer das Resultat der Wechselbeziehungen zwischen einem Individuum mit einem Schaden und seiner Umwelt. Besondere Beachtung erfuhr der relationelle Behinderungsbegriff in dem ‚ökosystemischen Ansatz' der Saarländischen Projektgruppe zur Integration,[61] wo bei Diagnosen, die immer im Team gestellt werden, konsequent die Kind-Umfeld-Relationen analysiert werden und nicht der Stand des Kindes.

Als Ausweg aus dem Dilemma wird in der Uckermark-Schule in Berlin der Begriff ‚behindert' vermieden und nur noch von ‚Gutachten-Kindern' gesprochen.

Das schwierige Problem, daß, sobald eine Person als ‚behindert', in welchem Verständnishorizont und Begriffssystem auch immer, bezeichnet wird, die verdinglichenden Wirkungen solcher Identifikation in Gang kommen, ist damit nicht gelöst. Ein Vorschlag ist, jedes Jahr neu zu diagnostizieren, um wenigstens der Prozeßhaftigkeit der menschlichen Entwicklung gerecht zu werden. Auch aus den Elterninitiativen gibt es massive Forderungen, ettikettierende Zuschreibungen zu unterlassen und das Kind als einen Menschen in den Mittelpunkt zu stellen, der auch eine Behinderung hat.[62]

Üblicherweise werden in der Sonderpädagogik aufgrund einer Diagnose von Experten Förderpläne entwickelt, die Kompetenz fürs Lernen liegt also bei anderen. Die Eigenaktivität findet kaum noch Berücksichtigung. Durch Übung entsteht die Gefahr, daß Kinder auf den Defekt fixiert und ihre Beziehungen vor allem darüber bestimmt werden. Gerade bei kleinen Kindern, die den Sinn der Übung noch nicht durchschauen, hat intensiveres, womöglich schmerzendes Üben verheerende Folgen, da sie besonders der Anerkennung ihrer spontanen Regungen durch ihre Bezugspersonen bedürfen.[63]

---

60 Vgl. dazu auch die wesentlich früher einsetzende internationale Diskussion, referiert bei Preuss-Lausitz 1986.
61 Volker Becker u.a.: Zweiter Zwischenbericht des Projektes »Dezentrale Einführung und Unterstützung der gemeinsamen Förderung und Erziehung behinderter und nichtbehinderter Kinder im Elementarbereich Nr. 45«, Universität des Saarlandes, Arbeitseinheit Sonderpädagogik, Bau 8, Saarbrücken 1988; Alfred Sander: Zur ökosystemischen Sichtweise in der Sonderpädagogik. Erfahrungen und Überlegungen aus einem Frühförderprojekt, in: Hans Eberwein (Hg.): Fremdverstehen sozialer Randgruppen, Berlin 1987, 207-221.
62 Renate Koerner: Warum wir die Frage »...um was für Behinderungen handelt es sich bei ihren Kindern?« nicht mehr hören können, in: Hans Wocken/Georg Antor (Hg.): Integrationsklassen in Hamburg, Solms 1987, 13-16.
63 Klaus Sarimski: Interaktion mit behinderten Kleinkindern, Entwicklung und Störung früher Interaktionsprozesse, München 1986.

Die institutionellen Formen, in denen die Förderung stattfindet, wirken selbst isolierend und schneiden damit andere Kontakt- und Entwicklungsmöglichkeiten ab. Sie enthalten den Kindern mit Behinderungen vor allem den Kontakt zu anderen Gleichaltrigen und den Kontakt zu Nachbarskindern ihres Wohngebietes vor. Zusätzlich werden Teilnehmer sonderpädagogischer Institutionen noch diskriminiert.

Die sonderpädagogischen Einzeldisziplinen stellen einen wissenschaftlichen und praktischen Zugriff auf die heterogenen menschlichen Lebensweisen dar und ordnen sie jenseits der Normalität ein. Sie ordnen diese in theoretische Systeme und führen sie entsprechenden Institutionen zu. Sonderpädagogik ist diejenige Disziplin, die aus der Vielfalt der Lebensweisen all diejenigen ‚verwaltet‘, die nicht gesetzten Normen entsprechen.

Die Sonderpädagogik hat es in herausragender Weise mit menschlicher Pluralität zu tun, darum hat sie ja auch 10 verschiedene Schultypen hervorgebracht. Aber selbst diese große Zahl reicht, wie wir gesehen haben, nicht aus, um der Realität der Vielfalt gerecht zu werden. Die Einordnungen in die Raster der Klassifizierungssysteme und in die Institutionen der Regel- und Sonderschulen müssen vor der Vielfalt und Individualität der menschlichen Existenzweisen versagen. Sie verleugnen, daß Behinderung im Kontext eines Individuums mit seiner Umwelt entsteht, daß jede Person einmalig ist, daß alle den Austausch mit Verschiedenen brauchen, daß zukünftige Entwicklungen nie vollständig prognostiziert werden können.

4. Normalisierung

Aus der Kritik an den verheerenden Zuständen in Anstalten, die vor allem geistig Behinderte ‚aufbewahrten‘, sie isolierten und stillstellten, entstand eine neue pädagogische Forderung, die Forderung der Normalisierung. Während Sonderpädagogik das Bemühen ist, spezielle Lehrverfahren zu entwickeln, die sich gerade dadurch auszeichnen, daß sie anders sind als die der Allgemeinen Pädagogik, wendet sich Normalisierung vom Spezialistentum ab und der üblichen alltäglichen Lebenswelt der Mehrheit zu.

Das Normalisierungsprinzip wird definiert als ein Mittel, »das den geistig Behinderten gestattet, Errungenschaften und Bedingungen des täglichen Lebens, so wie sie der Masse der übrigen Bevölkerung zur Verfügung stehen, weitgehend zu nutzen«[64]. Dieses Prinzip wurde von seinen Urhebern auch als universelles Prinzip für ‚human management‘ überhaupt verstanden.[65]

---

64 R.B. Kugel/W.Wolfensberger: Changing Patterns in Residental Services for the Mentally Retarded, Washington D.C. 1974, 97.
65 Thimm 1984, 18.

Normalisierung hat revolutionäre Auswirkungen auf das Leben von Menschen in Anstalten. In Auseinandersetzung mit diesen Lebensbedingungen wurde es entwickelt. Sie sind bestimmt durch eintönige Räume (große Schlafsäle ohne persönliche Gestaltungsmöglichkeiten), große Gruppen, wechselndes Personal, Infantilisierung, Negierung der Geschlechtlichkeit.[66] Die Folgen des Normalisierungsprinzips lassen sich wie folgt beschreiben:

»1. Normaler Tagesrhythmus
   Schlafen, Aufstehen, Anziehen, Mahlzeiten, Wechsel von Arbeit und Freizeit – der gesamte Tagesrhythmus ist dem altersgleicher Nichtbehinderter anzupassen.
2. Trennung von Arbeit – Freizeit – Wohnen
   Klare Trennung dieser Bereiche, wie das bei den meisten Menschen der Fall ist. Das bedeutet auch: Ortswechsel und Wechsel der Kontaktpersonen. Es bedeutet ferner täglich Phasen von Arbeit zu haben und nicht nur einmal wöchentlich eine Stunde Beschäftigungstherapie. Bei Heimaufenthalt: Verlagerung von Aktivitäten nach draußen.
3. Normaler Jahresrhythmus
   Ferien, Verreisen, Besuche, Familienfeiern; auch bei Behinderten haben solche im Jahresverlauf wiederkehrenden Ereignisse stattzufinden.
4. Normaler Lebensablauf
   Angebote und Behandlungen sollten klar auf das jeweilige Lebensalter bezogen sein (auch der geistig Behinderte ist Kind, Jugendlicher, junger Erwachsener usw.!)
5. Respektierung von Bedürfnissen
   Behinderte sollten soweit wie möglich in die Bedürfnisermittlung einbezogen werden. Wünsche, Entscheidungen und Willensäußerungen Behinderter sind nicht nur zur Kenntnis zu nehmen, sondern auch zu berücksichtigen.
6. Angemessene Kontakte zwischen den Geschlechtern
   Geistig Behinderte sind Jungen und Mädchen, Männer und Frauen mit Bedürfnissen nach (anders)geschlechtlichen Kontakten. Diese sind ihnen zu ermöglichen.
7. Normaler wirtschaftlicher Standard
   Dieser ist im Rahmen der sozialen Gesetzgebung sicherzustellen.
8. Standards von Einrichtungen
   Im Hinblick auf Größe, Lage, Ausstattung usw. sind in Einrichtungen für geistig Behinderte solche Maßstäbe anzuwenden, wie man sie für uns ‚Normale' für angemessen hält.«[67]

Das Konzept der Normalisierung ist, ausgehend von Skandinavien über die USA, zu einem bedeutenden Anstoß zur grundsätzlichen Änderung der Lebensbedingungen von Geistigbehinderten geworden. Schwere Hospita-lisierungsschäden sind bis heute bei vielen langjährig in Anstalten und besonderen Stationen an Psychiatrischen Krankenhäusern untergebrachten behinderten Menschen vorzufinden.[68] Normalisierung hat entscheidend dazu beigetragen, daß inzwischen überall Änderungen erprobt werden. Angefangen von einfachen Änderungen im Tagesablauf und dem Zugeständnis persönlicher Gegenstände oder eigener Räume in Heimen bis hin zu einer größeren Anzahl von Wohnmodellen mit genau ausbalancierten Unterstützungs- und Schutzmaßnahmen.

---

66 Ebd., 22f.
67 Ebd., 19-20.
68 Theunissen 1987.

Aus der Sicht der Dialektik von Verschiedenheit und Gleichberechtigung ist Normalisierung ein interessantes Phänomen. Die Formulierung des Normalisierungsprinzips liest sich, wie die oben angeführten Zitate zeigen, wie der reinste Ausdruck monistischen Denkens. Es enthält die Überzeugung, daß die Norm des normalen Lebens, der die Mehrheit der Bevölkerung entspricht, optimal sei und daß es für behinderte Personen darum gehe, ebenfalls gemäß dieser Norm zu leben. Es wird angedeutet, daß das sogar für alle Menschen gelten solle. Zumindest der Formulierung nach ist Normalisierung Angleichung der Minderheit an eine Mehrheit, deren Lebensform universelle Gültigkeit zugesprochen wird.

Die realen Auswirkungen der Normalisierung sind aber mit dieser theoretischen Analyse nicht erfaßbar. Sie muß versagen, wenn der Kontext, in dem Normalisierung kreiert wurde und die Veränderungen, die durch Normalisierung in Gang kommen, nicht in Betracht gezogen werden. Wesentlich in diesem Kontext ist: Der Skandal des Lebens der behinderten Menschen besteht darin, daß sie an normalem Leben nicht teilhaben dürfen, daß im Vergleich mit ihrer Existenz unter den Bedingungen der Hospitalisierung die Unterschiede der Lebensweisen der restlichen Bevölkerung verblassen. Die konkreten Projekte der Normalisierung sind keineswegs als Angleichung oder gar Uniformisierung der behinderten Menschen anzusehen. Real eröffnen sie ihnen vielmehr eine Fülle von neuen Lebensmöglichkeiten, sie sind eher Erlösung aus der Eintönigkeit isolierter, total verwalteter Existenz, Befreiung zu abwechslungsreichen Lebensrhythmen, anregenden Gegenständen, wechselnden Räumlichkeiten und Beziehungen zu anderen Menschen.

Real entspricht Normalisierung dem Prinzip Gleichberechtigung, denn sie ermöglicht durch phantasievolle Gestaltung ihres Alltags ihre gesellschaftliche Teilhabe als ein Stück weit verwirklichte Gleichheit. Ohne sonderpädagogisches know how und sonderpädagogische Kreativität, durch welche die besonderen Bedürfnisse und Möglichkeiten der Menschen mit Behinderungen zu ihrem Recht kommen, wäre solche Gleichheit gar nicht denkbar.

Real verlangt Normalisierung auch ein Umdenken der ‚Normalen'. Sie müssen lernen, in ihrer Umwelt mit Menschen, die anders sind, als sie es gewohnt sind, zusammenzuleben. Beachtenswert ist die Bedeutung, die das Normalisierungsprinzip in USA für das Schulwesen gewonnen hat, wo gesetzlich das sogenannte ‚Mainstreaming' und damit die Forderung nach dem ‚least restrictive environment' für alle behinderten Schülerinnen und Schüler verankert wurde.[69] ‚Normalization' hat als skandinavischer und amerikanischer Einfluß neben der italienischen Integrationspädagogik große Bedeutung für die Integration der behinderten Kinder und Jugendlichen in der Bundesrepublik gewonnen.[70]

---

69 Bardorff 1986, 65.
70 Vgl. Helga Deppe-Wolfinger: Die gemeinsame Erziehung von behinderten und nichtbehinderten Kindern. Überlegungen zur bildungsökonomischen und bildungspolitischen Funk-

5. Integrationspädagogik

Integrative Pädagogik ist ein Reformansatz, in welchem, anders als im Normalisierungskonzept, die Heterogenität der Schülerinnen und Schüler explizit im Mittelpunkt aller theoretischen Überlegungen und praktischen Vorhaben steht.
Wenn Pädagogik sich einer solchen Aufgabe stellt, so ist dies ungewöhnlich und provozierend, löst Staunen, Unverständnis und oft Ablehnung aus. Denn nachdem ein hochdifferenziertes Schulsystem für alle Behinderungsarten zur Verfügung steht und kein, auch kein schwerstbehindertes Kind mehr ohne Unterricht zu sein braucht, was kann da Eltern bewegen in zahlreichen Orten in allen Bundesländern die Aufnahme ihrer behinderten Kinder in Regelschulen zu verlangen? Und wie ist es möglich, daß diese Eltern Bündnispartner finden in einem Teil der Lehrerschaft, in der Wissenschaft, vereinzelt sogar in Verwaltungshierarchien? Viele Fakten scheinen doch dagegen zu sprechen: Sie entfernen sich von dem extra für die Besonderheiten ihrer Kinder konzipierten Schonraum mit Expertenprogrammen in eine von Leistungsdruck und Selektion bestimmte Institution. Vermutlich die Mehrheit der Grundschullehrerinnen, aber auch der Lehrkräfte der Sekundarstufen wissen nicht, was sie mit behinderten Kindern anfangen können, stehen ihnen fremd, wenn nicht ablehnend, bestenfalls mitleidig, jedenfalls inkompetent gegenüber. Die Fachkräfte der sonderpädagogischen Fachrichtungen sind angesichts solcher Bestrebungen gekränkt und entsetzt darüber, wie wenig ihre Kompetenz geschätzt wird und wie leichtfertig sie den Kindern entzogen wird.[71]
Die konkreten Erfahrungen, die inzwischen von Integrationsmodellversuchen in Kindergärten und Schulen in Gestalt von Praxisdarstellungen und Forschungsberichten vorliegen, dokumentieren, wie es möglich ist, extrem heterogene Gruppen gemeinsam zu unterrichten und welche Erfolge und Probleme sich dabei regelmäßig einstellen.
Die wichtigsten Erfahrungen, die von beruflich an Integrationspädagogik Beteiligten gemacht wurden, lassen sich so zusammenfassen[72]: Es ist erwie-

---

tion integrativer Schulversuche, in: Behindertenpädagogik 4/1985a, 392-406; Annette Dreyer u.a.: Warum nicht so? Geistigbehinderte in Dänemark, Solms 1981; Ulrich Kastantowicz: Wege aus der Isolation. Konzepte und Analysen der Integration Behinderter in Dänemark, Norwegen, Italien und Frankreich, Heidelberg 1982.

71 »Soll denn alles falsch gewesen sein?«, fragt einer der bedeutendsten Vertreter der Behindertenpädagogik Ulrich Bleidick angesichts der Infragestellung der Sonderpädagogik durch die Integrationspädagogik; vgl. Ulrich Bleidick: Betrifft Integration: behinderte Schüler in allgemeinen Schulen, Berlin 1988.

72 Alle folgenden Angaben über Erfahrungen in Integrationsprojekten stützen sich u.a. auf das bereits oben erwähnte DFG-Projekt »Integration Behinderter im Primarbereich«, in welchem die ersten 10 Jahre Erfahrungen mit Integration aus allen bis 1985 begonnenen

sen, daß alle Kinder, von sehr leistungsstarken bis hin zu schwer behinderten, gemeinsam mit Erfolg lernen können, ‚daß es geht'.[73] Dabei machen alle Beteiligten bedeutsame Lernprozesse durch, ‚Ich habe viel gelernt!' ist einer der häufigsten Kommentare zu den Erfahrungen mit Integration.

Die größte Überraschung lösten die großen kognitiven Fortschritte der behinderten Kinder unter den Bedingungen integrativer Pädagogik aus, sie werden in erster Linie auf das Zusammensein mit ‚gleichaltrigen Miterziehern' zurückgeführt. Von diesen gehen unschätzbare Anregungen aus, die sich die Mehrzahl der Kinder mit gleichen Behinderungen, wie sie in Sondereinrichtungen zusammen sind, nicht geben können, hier finden vielmehr die zentralen Kommunikationsmöglichkeiten mit den erwachsenen Bezugspersonen statt.

Auch die nichtbehinderten Kinder machen in Integrationsklassen gute intellektuelle Fortschritte, sowohl die sehr schwachen, etv. auch als lernbehindert bezeichneten, werden gut gefördert als auch die durchschnittlich und die sehr hoch leistungsfähigen.[74]

Modellversuchen erhoben wurden. Dabei wurden Lehrkräfte, Wissenschaftliche Begleitungen und Schulaufsichtsbeamte befragt (Prengel 1990a).

73 Vgl. auch das Résumée bei Eberwein 1988b.

74 Eine Lehrerin: »Den David mit seiner Sprachbehinderung, das haben die anderen auch begriffen: sie haben erst mal gelernt, ihn zu verstehen, auch zu Anfang, als er noch undeutlich sprach. Es wurde also immer mehr, was sie verstehen konnten, was er meinte. Sie haben auch jetzt ganz intensiv in der zweiten Klasse gelernt, ich denke, das ist auch durch unser Beispiel eben, weil wir's nicht anders vormachen so, daß, wenn er ein Wort falsch sagt, daß sie es ihm richtig vorsprechen. Daß sich da also auch keiner drüber lustig macht, sondern sie sagen eben, so heißt es und er ist inzwischen auch soweit, er spricht es nach, für ihn ist es auch ein Bedürfnis geworden, das richtig zu lernen.« (Prengel 1990a, 211)
Ein Wissenschaftler: »Das [Kontakt – A.P.] ist etwas, was für mein Gefühl in einer Sondereinrichtung, wo die Kinder unter ihresgleichen sortiert sind, die Körperbehinderten bei den Körperbehinderten, die Sprachbehinderten bei den Sprachbehinderten, eben einfach nicht da ist. Ich glaube, daß der Kontakt eben deswegen notwendig ist, weil die Kinder in diesen Altersstufen, von sechs bis zehn, elf Jahren keineswegs nur von den Erwachsenen lernen, sondern auch ganz, ganz viel von ihren gleichaltrigen Schulkameraden. Man darf behinderten Kindern diesen Entwicklungsanreiz nicht mehr nehmen, indem man sie unter ihresgleichen tut. Meine Grunddisziplin, von der ich ja kam, ist die Sprachbehindertenpädagogik. Ich war mal davon überzeugt, daß die Schule für Sprachbehinderte sehr sinnvoll ist, bin es jetzt schon gar nicht mehr. Wenn man sich überlegt, daß also Kinder im Kindergarten und in der Grundschule in einer Klasse zusammengesetzt werden, wo jeder anders falsch spricht: der eine stottert, der eine poltert, der eine lispelt, der eine spricht disgrammatisch, der andere durch die Nase, der ein schwätzt gar nichts. Und ich stelle mir so vor, die Kinder lernen doch nicht nur vom Erwachsenen, die lernen doch ganz viel voneinander. Das ist also ein Beispiel, wo ich mich sehr gut auskenne, wo ich inzwischen der Meinung bin, daß das fast schizophren ist. Ich kann so heute vieles nicht mehr verstehen, was ich vor zwei Jahren noch vertreten habe. Ich denke auch, daß es für viele Kinder, die auch sprachliche Probleme haben, die die Schule für Sprachbehinderte gar nicht betreut, weil sie in der Geistigbehinderten-Schule sind, ganz wichtig ist, daß sie die sprechenden Kinder als Interaktions- und Modellpartner haben; daß man also eigentlich einem zum Beispiel mongoloiden Kind in dem Alter keinen besseren Sprachunterricht anbieten kann als die Aktion, Mo-

Der Hauptgrund für die sehr gute Schulleistungsentwicklung aller Schülerinnen und Schüler ist in der integrativen Didaktik zu suchen. Die veränderte Didaktik könnte als Herzstück der Integration der Behinderten bezeichnet werden und läßt sich kennzeichnen als ein Zusammenwirken von Individualisierung und Differenzierung unter besonderer Berücksichtigung der Gemeinsamkeit. Die meisten der didaktisch-methodischen Arbeitsweisen, die eingesetzt werden sind nicht neu, sie gehören vielmehr zu den älteren und jüngeren Erfahrungsschätzen der Reformpädagogik. Sie reichen von fächerübergreifenden Projekten, über Wochenplan- und Freiarbeit[75] bis hin zu Gesprächskreisen. Häufig beruht die Arbeit auf den Einflüssen der Ansätze von Montessori, Peter Petersen, Freinet u.a. Kindorientierung in der Integrationspädagogik unterscheidet sich von jener der Reformpädagogik durch die Breite des Spektrums der Individualisierung, die es erlaubt, daß beispielsweise gleichzeitig ein Kind die Bruchrechnung erlernt, ein anderes im Zahlenraum bis 10 übt und auch das schwerstbehinderte Kind, das niemals im engeren Sinne rechnen wird, dazugehört. Die Formen der Differenzierung variieren von Projekt zu Projekt, jedoch wird von allen angestrebt, äußere Differenzierung so gering wie möglich zu halten.

---

dell eines gut sprechenden Kindes. Ja, das hätte ich wirklich nicht für möglich gehalten, ich war ja auch ein eifriger Verfechter einer Sonderschulreform, der Schule für Sprachbehinderte.« (Prengel 1990a, 211f)
Eine Wissenschaftlerin: »Der Leselernprozeß, der ist ja dann erst so Ende des ersten Schuljahres als Grobziel erreicht, ganz beendet ist er ja erst Ende des zweiten Schuljahres. Aber manche Kinder können zu Weihnachten lesen. Die werden in einer anderen Schule künstlich dumm gehalten, kommen nicht die Fibel eine Seite weiter: ‚wir sind da noch nicht‘ oder ‚den Buchstaben kannst du noch nicht wissen‘. Und hier können die Kinder also dann noch, wenn sie sehr gut sind, schon lesenlernen, den anderen vorlesen. Es gibt ja dann auch so Leseecken und Vorlesekreise und dann ist so unsere Vorstellung, daß also dieses Helfersystem ganz stark mit in den Unterricht einbezogen wird, daß also die Kinder, die in Mathematik weiter sind, den anderen was erklären. Sodaß also die guten Schüler durchaus hier besser werden können als an einer anderen Schule.« (Prengel 1990a, 213)

75 Ein Lehrer:»Also ich hab vieles gelernt. Da ist zum Beispiel die Freiarbeit, die wir jeden Tag in der ersten Stunde machen. Das ist eine tolle Erfindung. Die Kinder kommen und auf dem Schulweg haben sie sich irgendwelche Gedanken gemacht über das, was sie in der ersten Stunde machen wollen. Das ist ja 'ne Stunde, wo sie frei entscheiden können, was sie jetzt machen wollen. Da gibt es welche, die rechnen, es gibt welche, die lesen, es gibt welche, die basteln, und alles hat seinen Wert. Als Lehrer wird man sich hüten zu sagen, nee mach lieber das oder das, spielen das ist nicht so gut, sondern alles hat seinen Wert. Manche kommen auch und bringen sich schon Materialien dafür mit. Oder sie überlegen auch, mit wem sie was machen wollen. Und das gibt so einen ruhigen, so einen völlig aggressionsfreien Anfang für den Schultag. Dazu gehört auch, daß die Schultür morgens offen ist. Daß nicht die Kinder sich draußen, etwa im Winter im kalten, aufstellen müssen und erst beim Klingelzeichen reindürfen, sondern die kommen so nacheinander rein und setzen sich an ihre Sachen und arbeiten so, daß andere nicht dabei gestört sind. Da gibt's ja auch Beschäftigungen, wo man ein bißchen dabei reden muß, aber das muß dann auch im ruhigen Ton gehen. Also ich habe festgestellt, so Durststrecken, die bei normalem Fachunterricht spätestens ab der vierten Stunde sind, die kommen deutlich weniger auf, im Vergleich zu dem, wie ich es vorher gemacht hatte.« (Prengel 1990a, 215f)

Einzelne Integrationspädagogen lehnen äußere Differenzierung und auch bestimmte Formen der inneren Differenzierung völlig ab. Mit dem Konzept des Lernens ‚an einem Gegenstand', der so gewählt wird, daß in der Arbeit an diesem Gegenstand alle Differenzierungen der unterschiedlichen Lernniveaus möglich sind, liegt die weitestgehende Form gemeinsamen und zugleich zieldifferenten Lernens vor. In diesem Ansatz werden auch alle für Behinderte erforderlichen Therapiemaßnahmen im Klassenverband unter Einbeziehung aller Kinder durchgeführt.[76]

In anderen Projekten werden begrenzte Phasen äußerer Differenzierung nicht abgelehnt und auch bei innerer Differenzierung wird das Lernen an verschiedenen Gegenständen zugelassen. Nach diesem Verständnis gibt es auch Situationen, die zeitweise Einzelbetreuung erfordern, so etwa bei sehr schweren Verhaltensstörungen.[77] Gemeinsamkeit wird hier hergestellt, indem Kinder voneinander wissen, was sie arbeiten, daran teilhaben, auch Stellung beziehen und einander helfen.

So wird z.B. immer wieder berichtet, welche Begeisterung die Fortschritte der langsamer Lernenden bei den schneller Lernenden auslösen; die neuen Erfolge, etwa im Leselernprozeß bei Lern- und Geistigbehinderten, finden große Anerkennung. Kinder in Integrationsklassen entwickeln eine hohe Wertschätzung für individuelle Leistungsfortschritte.

Es gehört zum Grundkonsens der Integrationspädagogik. daß sich Gemeinsamkeit in der Kindergruppe herstellen kann und daß Kinder nicht isoliert voneinander auf ihrem jeweiligen Lernniveau für sich arbeiten. Neben den gemeinsamen Projekten einer ganzen Klasse mit sehr unterschiedlichem Leistungsstand[78] sind Gesprächskreise eine wichtige Form, Gemeinsamkeit herzustellen.

Es ist unerläßlich, daß sich Lehrerinnen und Lehrer in diesen Klassen um Gemeinsamkeit bemühen, sie stellt sich keineswegs von selbst her. Es besteht vielmehr permanent die Gefahr, in die Strukturen der am Klassendurchschnitt orientierten Regelschule hineinzuschlittern. Dann spaltet sich die Integrationsklasse; die nichtbehinderten Kinder lernen im Gleichschritt das Pensum der Jahrgangsklasse und die behinderten Kinder werden als gesonderte Grup-

---

76 Hauptvertreter dieser Richtung ist der Bremer Integrationsforscher Georg Feuser, der sein Konzept in mehreren Forschungsbereichen und Aufsätzen ausführlich vorgestellt hat; vgl. Georg Feuser: Integration – die gemeinsame Tätigkeit (Spielen/Lernen/Arbeit) am gemeinsamen Gegenstand/Produkt in Kooperation von behinderten und nichtbehinderten Menschen, in: Behindertenpädagogik 2/1982, 86-105; Feuser/Heike Meyer: Integrativer Unterricht in der Grundschule – Ein Zwischenbericht, Solms-Oberbiel 1987.
77 Reiser 1988.
78 Ein einfaches, häufig berichtetes Beispiel ist die Vorlesesituation, in welcher ein Kind, das (schon mehr oder weniger gut) lesen kann, einem behinderten Kind vorliest. Das vorlesende Kind übt sich in seiner Lesefähigkeit, das andere Kind lernt eine Sache, über die der Lesetext berichtet, kennen.

pe und mit Extra-Materialien versehen in Extra-Lehrgängen auf einfachem Niveau meist von der Co-Lehrerin unterrichtet.

Selbstverständlich läßt sich integrative Didaktik nur bei Abschaffung der Ziffernnoten realisieren. Berichtszeugnisse, die den individuellen Lernfortschritt würdigen, treten an ihre Stelle. Um die Abschaffung der Ziffernnoten haben einzelne Projektgruppen immer wieder mit Schulaufsicht und einzelnen Eltern ringen müssen, an einigen Orten kamen Kompromisse heraus. So in Hamburg, wo Berichtszeugnisse ausgegeben werden, aber auch die Ziffernzeugnisse auf Wunsch von Eltern eingesehen werden können.

Integrative Didaktik ist auch verstehbar als ‚Einigungssituation' zwischen Kindern und der Institution Schule, sie löst die alte pädagogische Aufgabe der ‚Passung'[79] auf neue Weise. Von Einigung zwischen zwei Seiten, von Passung also, ist die Rede, weil schulische Vorgaben, die Herausforderung an Kinder unter Anleitung gemeinsam in einer Institution zu arbeiten, verbunden werden mit Offenheit für die Individualität jedes einzelnen Kindes (ob mit oder ohne festgestellte Behinderung), seine Selbständigkeit, Verantwortlichkeit und Kreativität.

Der Begriff der ‚Einigungssituation', abgeleitet aus der Dialogtheorie nach Martin Buber[80] und der materialistischen Sozialisationstheorie nach Alfred Lorenzer[81] wurde von der Frankfurter Forschungsgruppe in die Diskussion gebracht, um den Zusammenhang von psycho-und gruppendynamischen Vorgängen in integrativen Gruppen zu beschreiben.[82] Die differenzierende und Gemeinsamkeit stiftende integrative Didaktik ist nicht ohne die parallel sich ereignenden intra- und interpersonellen integrativen Prozesse denkbar – integrative Prozesse nicht verstanden als Symbiose, Harmonie oder Angleichung, sondern als Prozesse der Annäherung und Abgrenzung zwischen Verschiedenen. Einigung in diesem Sinne umfaßt Konflikt und Versöhnung. Störungen integrativer Prozesse sind beschreibbar als Überabgrenzung, die Isolation bedeutet und Überannäherung, die Grenzüberschreitung im agressiven und im überfürsorglichen Sinne bedeutet.[83]

Intersubjektive Prozesse der Annäherung und Abgrenzung gehen mit der innerpsychischen Aneignung abgespaltener verpönter Persönlichkeitsanteile einher. Bei allen beteiligten behinderten und nichtbehinderten Kindern und bei Lehrkräften kann das Zusammentreffen mit den anderen, den Menschen mit ganz anderen Lebens- und Kommunikationsweisen die festgefügten Persön-

---

79 Reiser 1990.
80 Martin Buber: Das dialogische Prinzip, Heidelberg 1984.
81 Alfred Lorenzer: Materialistische Sozialisationstheorie, Frankfurt 1973.
82 Vgl. die zusammenfassende Darstellung von Helmut Reiser/Gabriele Klein/Gisela Kreie/ Maria Kron: Integration als Prozeß, in: Sonderpädagogik Vierteljahresschrift 3-4/1986, 115-122, 154-160.
83 Prengel 1990a, 256ff.

lichkeitsstrukturen in Bewegung bringen. Wenn sich Empfindungen und Potentiale aus der Verdrängung lösen, können heterogene Anteile integriert werden.[84] Die Aneignung abgespaltener, verpönter Persönlichkeitsanteile kann sich auf vielerlei Gefühlsregungen beziehen. Bei nichtbehinderten Kindern kommt es vor, daß sie behinderte überbehüten und so den eigenen Wusch versorgt zu werden, ausleben. Für diese Kinder geht es darum, daß sie lernen, selbständiger zu werden und die Grenzen anderer zu respektieren. Andere nichtbehinderte Kinder tendieren zu aggressiver Grenzüberschreitung, auch oder auch gerade gegenüber Hilflosen. Sie können in Integrationsklassen lernen, die Grenzen anderer zu respektieren und fürsorglich zu sein. Die beiden letztgenannten Haltungen sind geschlechtstypisch ausgeprägt: Mädchen in Integrationsklassen finden von übergriffiger Überfürsorglichkeit zu mehr Respekt vor den Grenzen anderer und mehr Selbstbehauptung. Jungen in Integrationsklassen finden von aggressiven Grenzüberschreitungen zu mehr Respekt vor den Grenzen anderer, verbunden mit Hilfsbereitschaft.[85]

---

84 Eine Lehrerin: »Ich bin jetzt seit zwanzig Jahren im Schuldienst ununterbrochen, und wenn ich so zurückdenke, ich hab eigentlich nie 'ne Klasse gehabt, die so sozial engagiert war, so liebevoll, so hilfsbereit und untereinander so nett. Die Kinder sind anders. Ich denke, daß das viel da mit unserem Daniel zu tun hat, der unbewußt doch sehr viel den Kindern gibt. Er ist so klein, so hilfsbedürftig, so ein armes Würstchen in seinem Rollstuhl. Am Anfang konnte er nur Auto brumm, brumm sagen und jetzt sagt er eben sehr viel. Er hat 'nen ungeheuren Fortschritt gemacht und man konnte so miterleben, wie das nun ständig wächst. Und er war am Anfang immer nur artig und jetzt wird er auch schon frech und kann sagen, was er nicht möchte und was er möchte. Und gibt auch gerne Antworten, macht mal 'nen kleinen Witz. Und da freuen sich die anderen Kinder. Am Anfang haben sie viel geklatscht, wenn er irgendwelche Dinge da fabriziert hat oder noch nicht damit umgehen konnte. Und das ist jetzt auch weggefallen und sie sagen auch schon mal ‚nein‘, und er ist nicht mehr Mittelpunkt, und er ist jetzt voll integriert. Am Anfang war er nur der Klassenstar. Alles sollte ihm abgenommen werden, und er war auch so darauf getrimmt, daß man ihm alles abnimmt. Er konnte zum Beispiel nicht selber essen. Er konnte seine Hand nicht zum Mund führen, einfach weil die Mutter ihm alles abgenommen hat. Aber das kann er jetzt alles selber und es ist alles viel selbstverständlicher. Er zieht seine Jacke selber an und aus, wo die Mutter eigentlich dachte, daß er das nie könnte.« Der unabhängig davon gegebene Bericht der Co-Lehrerin stellt Daniels individuelle Entwicklung in den Mittelpunkt: »Das Kind im Rollstuhl wurde sofort Mittelpunkt. Es wurde sofort mit Neugierde betrachtet. Er hat sich sehr wohlgefühlt und war dabei ganz antriebsschwach und mucksmäuschenstill. Irgendwie saß er ganz lieb in seinem Rollstuhl und hing schlaff rum. Und nach einem Jahr, da kam kann die Entwicklung ganz toll raus. Also wie eine Bombe schlug das ein. Er wurde viel straffer, er wurde gerader, der Blick wurde wacher. (Der war auch immer dauernd irgendwo abgeschweift.) Der Mund, er hatte immer so'n schlaffen Mund, schloß sich mehr. Und dann kam der nächste Schritt, daß er sich doch auch verbal anders äußerte, er konnte endlich mal sagen, was er wollte. Er wurde immer von den Kindern rumgefahren und die fanden das schick und er hat irgendwo mit sich machen lassen, was sie wollten. Und das ging so rasend schnell in diesem halben Jahr, daß er also wirklich ganz toll gesagt hat ‚Ich will das nicht mehr‘ und ‚Ich möchte das und das machen‘, und es war eine Persönlichkeitsentwicklung, die zu sehen, das hat mich umgeworfen.« (Prengel 1990a, 219f)
85 Annedore Prengel: Mädchen und Jungen in Integrationsklassen an Grundschulen. Einige Forschungsergebnisse zur Sozialisation der Geschlechter unter den Bedingungen integrati-

6. Trauerarbeit – Abwehr, Aggression und Akzeptanz in der Auseinandersetzung mit Behinderung

Beim gegenwärtigen Stand der integrativen Pädagogik besteht in einigen – eher seltenen – Fällen die Gefahr, daß die Realität von Behinderungen und die Gefühle, die damit verbunden sind, verleugnet werden. In einzelnen Integrationsprojekten bzw. von einzelnen Integrationspädagoginnen und -pädagogen werden diese Probleme gesehen, bei anderen besteht die Gefahr des Überspielens. Das Problem zeigt sich sowohl bei Eltern, als auch bei Lehrkräften und wissenschaftlichen Begleitungen, als auch bei Kindern.[86] Für Eltern kann integrativer Schulbesuch die Bedeutung gewinnen, daß er die Realität der Behinderung zu verleugnen erlaubt. Wenn Eltern z.B. nie die Behinderung ihres Kindes haben akzeptieren können, sie mit ärztlicher Hilfe und pädagogischen Übungsprogrammen beseitigen wollten, so kommt es vor, daß sie glauben, mit dem Besuch der Regelschule werde endlich alles gut, werde ihr Kind ‚normal'. Solche Illusionen und daraus folgende Überforderungen haben verheerende Folgen für das betroffene Kind.[87] Wenn Eltern im Verein

---

ver Pädagogik, in: Marianne Horstkemper/Luise Wagner Winterhager (Hg.): Die Deutsche Schule, 1. Beiheft 1990d, 32-43; dies.: Sind Mädchen die Integrationshelferinnen par excellence? – Mädchen im Modernisierungsprozeß, in: Gehrmann/Hüwe 1993, 54-62.

86 Eine Lehrerin: »Und da haben wir dann darüber gesprochen, was die Kinder haben oder was die nicht können und was sie können. Oder was sie vielleicht könnten oder was sie lernen können. Die Nadine, die hat also immer ihre Hände nur versteckt, das war für sie der größte Makel. Weil sie das ja sicher bei den anderen sieht, die haben fünf Finger und ich hab nur drei und kann damit nicht richtig umgehen. Hatte sehr viele Operationen, bis sie in die Schule kam. Dann haben wir ihre Hände gemeinsam betrachtet. Und irgendein Kind hat dann gesagt, laß mich mal fühlen. Und dann wollten alle Kinder fühlen und alle Kinder haben ihre Hände angefaßt. Es war unheimlich eindrucksvoll für uns, wie das Kinder verarbeiten, auf einmal haben sie alle so versucht, diese Hand- und Fingerstellung nachzumachen und haben der Nadine zu verstehen gegeben, du das ist aber ganz schön schwierig mit solchen Händen was zu machen. Und dann haben sie von Anfang an sehr bewundert, daß sie schreiben konnte. Und die kann jetzt auch mit Füller schreiben, mit Bleistift schreibt sie ganz toll, versucht halt immer so das nachzumachen, wie die anderen das auch machen. Für das Kind ist das eigentlich sehr schön gewesen, daß die anderen das als selbstverständlich betrachtet haben, das ist halt so.« (Prengel 1990a, 230)

87 Eine Lehrerin: »Der Matthias hat 'ne leicht Hirnschädigung, aber es ist überhaupt nicht feststellbar, woher das kommt. Der ist sehr stark verhaltensauffällig, der ist ganz stark lernbehindert, der ist auch ein wenig körperbehindert, kann also die Bewegungen nicht koordinieren. Er macht einfach total dicht mit allem, was Schule heißt und wehrt sich durch Schreien und Rumlaufen. Und das Kind ist total überfordert. Ich – ich frage mich auch oft, ob das hier richtig aufgehoben ist in der Klasse. Weil, da läuft so viel auch verbal ab, was eigentlich alle Kinder verstehen und er, denke ich, hinkt da so ein bißchen hinterher. Und ich denke auch, der Matthias, der ist halt jetzt acht, der sieht aus wie acht und da verlangt jeder von ihm, daß er sich auch so verhält wie ein achtjähriges Kind. Er ist aber wahrscheinlich noch in der Phase von einen Dreijährigen. Er nimmt nämlich alles, was er findet, egal, was es ist, nimmt er in den Mund, schleckt das ab, schluckt es teilweise runter und hat auch überhaupt kein Verständnis dafür, wenn wir sagen, Matthias, das ist gefährlich, du

mit Lehrkräften die Realität der Behinderung in Integrationsprojekten überspielen, so stellen sie falsche Anforderungen an alle Kinder. Der moralische Druck, z.b. ‚ihr müßt alle lieb zueinander sein', führt zu hohen heimlichen Aggressionen, die Kinder mit Behinderung zu spüren bekommen.

Insgesamt gilt, daß gegen das Leiden, das Behinderung auch immer bedeutet, eine hohe Abwehr existiert, die immer mit starken Aggressionen verbunden ist. Wie Helga Schuchardt[88] anhand der Lebensgeschichten zahlreicher Menschen mit Behinderungen aller Art und ihrer Angehörigen, Lehrerinnnen und Lehrer, Therapeutinnen und Therapeuten nachgewiesen hat, ist wirkliche Akzeptanz von Behinderung nur über das Bewußtwerden der Aggression gegen das Leid möglich.

Die hohe Abwehr gegen die Anwesenheit von Behinderten, die allerorten den Integrationsbemühungen Barrieren entgegensetzt, ist zu verstehen als Projektion und Delegation verdrängter Empfindungen des Selbst-Behindert-Seins der sogenannten Nichtbehinderten. Die damit verbundenen Aggressionen werden unbewußt gegen die Behinderten gerichtet. Dieser Prozeß wird vielleicht verständlich, wenn wir uns vor Augen führen, wie sehr behinderte Personen die verdrängten existentiellen Bedingungen jedes menschlichen Lebens offen vor Augen führen. Abhängig von anderen sein, auf Hilfe angewiesen sein, körperlich verletzt sein, diskriminiert werden, nicht mithalten können, krank, sogar sterbenskrank sein, sind existentielle Erfahrungen in jeder Lebensgeschichte. Im Zusammensein aller Menschen haben diese

---

kriegst Bauchschmerzen oder so, er schluckt es trotzdem runter. Und daran merkt man eigentlich, daß das alles, was wir machen, auch diese ganzen Gespräche, die wir führen, daß der das eigentlich gar nicht verstehen kann. Der kann zwar reden, der kann auch sehr schöne Sätze formulieren, weil er zu Hause das immer eintrainiert bekommt, wie man spricht und hat halt auch die tollen Vorbilder zu Hause. Aber ich denke, das ist alles so – ja, daß das nicht richtig ist, was wir mit dem Kind machen, daß wir den einfach spielen lassen müßten. Und da haben wir auch mit den Eltern schon drüber gesprochen. Dann haben wir ihn mal so ein halbes Jahr lang ganz links liegen gelassen und dann kam immer mehr der Wunsch von den Eltern, er muß doch mal wieder. Und die haben dann natürlich zu Hause auch immer eifrig noch mit ihm gearbeitet. Jetzt nach den Ferien kam er wieder mit einem Album, einem selbstgestalteten, wo er zu jedem Bild einen Satz geschrieben hat, den er aber nicht lesen kann. Der malt dann irgendwas nach und wenn ich irgendwie mal sage, komm, Matthias, mal doch ein Bild oder ich setz mich dann hin und will, daß er irgendwie was macht mal, dann sagt er, ich mach's daheim. Weil er sowieso weiß, daß er daheim was machen muß und da ruht er sich halt lieber in der Schule aus. Und das haben wir auch versucht, mit den Eltern zu besprechen, das läuft aber nicht. Das sind dann auch so Sachen, ja, wo die Eltern glauben, meiner Meinung nach jetzt, wenn sie ihr Kind hier in die Schule schicken, dann wird es irgendwann mal normal. Jetzt in dem einen Fall.« Im weiteren Verlauf dieses Interviews wurde berichtet, wie Matthias äußerst aggressiv gegenüber kleineren Kindern wird (Prengel 1990a, 221f).

88 Schuchardt 1987.

schmerzlichen Erfahrungen eine Chance, nicht mehr verdrängt, ausgegrenzt und in besonderen Institutionen verwaltet zu werden.[89]

Die Akzeptanz von Menschen mit einer Behinderung bedeutet zugleich Akzeptanz von Behinderung als die Schmerzen, an denen alle die Begrenztheit ihrer Existenz erfahren. Trauerarbeit ist der Name, den die Psychoanalyse diesem Bewußtwerdungs- und Aneignungsprozeß gegeben hat. Trauerarbeit ist der Weg, der in Gang kommen muß, wenn die Ängste vor dem Behindertsein und die mit diesen einhergehende Ablehnung der Behinderten sich verwandeln sollen in Interesse für das als fremd Empfundene. Jeder macht auf seine, jede auf ihre Weise die schmerzliche Erfahrung des Verletztseins. Der Anblick einer offensichtlichen schmerzlichen Verletztheit, läßt bei der anderen Person aber die eigene Schmerzerfahrung in ihrer eigenen Qualität anklingen – und das ist unerträglich. Der Prozeß, es bewußt aushalten zu können, nicht vor dem ohnehin unbewußt bohrenden Schmerz mehr davonzulaufen, ist der Sinn der Trauerarbeit. Sie mündet schließlich in Bereicherung ein, weil Ängste und Blockierungen verschwinden und Offenheit, Interesse, neue Erfahrungen, Kennenlernen eines anderen Menschen an ihre Stelle treten.

Wenn Erwachsene, Lehrkräfte und Vertreter der Amtshierarchie ihre ersten Begegnungen mit behinderten Kindern in Integrationsklassen schildern, so wird immer etwas von ähnlichen Prozessen der Annäherung und schließlich der Anerkennung sichtbar.

Wie groß die Gefahren des Mißlingens sind, zeigen die Schwierigkeiten der Integration zwischen den beteiligten Erwachsenen, den Lehrkräften und übergeordneten Verwaltungsbeamten. Hier liegen zentrale Probleme und Haupthindernisse integrativer Pädagogik. Die Kooperationskonflikte im Team aus Grundschullehrerinnen und Sonderschullehrerinnen brachten schon manches Projekt an den Rand des Ruins. Die Lehrkräfte hatten nirgends gelernt, emotionale Konflikte zu klären, kannten keine Teamarbeit, verfügten nicht über Kompetenzen diese zu gestalten, kannten oft keine Mittel sich Hilfe, sprich Supervision, zu holen. Ein Problem, das in manchen Situationen innerhalb der Integrationspädagogik aufkommt, ist im Vermeiden solcher Trauerarbeit zu sehen.

---

89 Eine Lehrerin:»Ich mußte erstmal selber mit mir klar werden und das hat ziemlich lange gedauert, weil mir die Kinder so sehr leid taten; überhaupt der eine! Und nachdem ich das geschafft hatte, ging das plötzlich. Das kam eigentlich so über Nacht, aber es hat ein gutes Jahr gedauert. Ich hab' mich sehr lange damit auseinandergesetzt. Ich bin auch einmal krank gewesen – bin vier Wochen raus gwesen aus dem ganzen Verein –, weil ich das nicht mehr aushalten konnte. Und hab' das aber überwunden und jetzt geht es mir gut. Ich kann die Kinder so akzeptieren, wie sie sind und kann sie auch in den Arm nehmen und ist alles eigentlich okay. Ja, ich denke so, daß ich es im Moment ganz gut habe. Daß es mir sehr viel gebracht hat – muß ich sagen: Mehr Verständnis, mehr Einfühlungsvermögen und auch mehr Gemeinsamkeit mit anderen Menschen. Mit meiner Familie und meinem ganzen Umfeld. Es ist ja so, ich red' jetzt mehr von meiner Person, es hat mir sehr viel gebracht. Und wenn ich an meine Klasse denke, hat es den Kindern auch viel gebracht.« (Prengel 1990a, 240f).

VI. Perspektiven von Verschiedenheit und Gleichberechtigung in der Bildung

Im letzten Kapitel dieser Studie soll nach dem Beitrag der neuen pädagogischen Bewegungen für die Entwicklung einer Allgemeinen Pädagogik der Vielfalt[1] gefragt werden. Ich möchte dafür zunächst ihre je besonderen impulsgebenden Potentiale und spezifischen Begrenztheiten und anschließend ihre strukturellen Gemeinsamkeiten herausarbeiten.

Als die Schwierigkeit, Verschiedenheit in einer sich emanzipatorisch verstehenden Pädagogik ernst zu nehmen, zeigte sich bereits zu Anfang dieser Arbeit der Mangel an Differenzvorstellungen im Hauptstrom demokratischer Traditionen. Am Schluß dieser Arbeit steht nun ein Versuch der Annäherung an eine demokratische Differenzvorstellung, in welcher Erkenntnisse aus drei pädagogischen Reflexionsfeldern[2] zusammenfließen. Elemente einer Pädagogik der Vielfalt werden auf dieser Basis abschließend thesenartig zusammengetragen.

1. Durch welche besonderen Stärken und Schwächen zeichnet sich jede neue pädagogische Bewegung aus?

In jeder der drei in dieser Arbeit vorgestellten pädagogischen Bewegungen sind Problemstellungen bearbeitet und Lösungen entwickelt worden, die besonders geeignet erscheinen für die pädagogische Umsetzung der demokratischen Wertschätzung von Differenzen. Interessant ist dabei, daß jede Bewegung ihre besonderen Stärken an ganz unterschiedlichen Problemstellungen entwickelt hat.

(1) Eine besondere Stärke der Interkulturellen Erziehung sehe ich im hochentwickelten Diskussionsstand der Thematik, die sich schlagwortartig mit ‚universelle Gleichheitsrechte versus Wertschätzung der Vielfalt der Kultu-

---

1 Grundlagen der Pädagogik der Vielfalt sollen hier für alle schul- und sozialpädagogischen Arbeitsfelder einschließlich der Sonderpädagogik bereitgestellt werden, dabei finden schulpädagogische, vor allem grundschulpädagogische Konkretisierungen besondere Berücksichtigung (vgl. Einleitung).
2 In diesem Schlußteil verzichte ich auf nochmalige Belege und verweise auf die entsprechenden Kapitel mit den dort angeführten Nachweisen. Lediglich bisher noch nicht erwähnte Publikationen werden in den Anmerkungen nachgewiesen.

ren' umreißen läßt. Hier wurde theoretisch ein hochsensibles Bewußtsein für die Gefahr ethnozentrischer Übergriffe und für die Koexistenz verschiedener Kulturen erarbeitet, durch breite Diskussionen zum Gemeingut der Interkulturellen Pädagogik gemacht und in die Praxisreflexion miteinbezogen. Besondere Bedeutung kommt dabei der anhaltenden Reflexion über ‚Kultur' zu, die sich in dieser Studie niederschlägt in der Vorstellung von ‚kulturellen Lebensweisen', die veränderlich, gesellschaftlich bedingt und Ausdruck von Interessensgegensätzen auch innerhalb von Subkulturen und Ethnien sind. Dazu wurden vor allem die Arbeiten von Auernheimer, Greverus und Steiner-Khamsi herangezogen. Ein praktisches Resultat ist die Idee, daß Kinder bikulturell erzogen werden können, daß sie in der Schule zwei Sprachen lernen und pflegen und Wissen über zwei Kulturen erwerben können. Diese Lösung, die der neuen Generation die selbständige Wahl ermöglichen soll, als Ausweg aus dem Dilemma Universalismus – Kulturrelativismus ist als pädagogische Konzeption einzigartig. Sie taucht unabhängig davon noch einmal auf in einem anderen Arbeitsfeld, das sowohl als behindertenpädagogisches als auch als interkulturelles Arbeitsfeld angesehen werden kann: in der Gehörlosenpädagogik. Die neuen Vorschläge der gebärdensprachlichen Gemeinschaft sollen ihren Kindern die Wahl zwischen der oral sprechenden Mehrheitskultur und der gebärdensprachlichen Minderheitskultur offen machen und intendieren darum die Zuordnung von Gruppen gehörloser Kinder zu Gesamtschulen, wo sie weder von der Mehrheit noch von der Gebärden-Gemeinschaft isoliert werden, sondern ebenfalls ‚bikulturell' aufwachsen.

Aus der Interkulturellen Erziehung läßt sich – ihre Erkenntnisse verallgemeinernd – lernen, daß es möglich ist, aus einer demokratischen Haltung heraus nach der Bedeutung von kultureller Differenz zu fragen und sich den daraus entstehenden ungelösten Problemen und Widersprüchen im je konkreten Einzelfall zu stellen, das heißt mit anderen Worten, es zu wagen, Verschiedenheit und Gleichberechtigung zusammenzudenken.

Die Begrenztheit der Interkulturellen Erziehung ist meines Erachtens im Mangel an antirassistischen Erziehungskonzepten zu sehen. Das Defizit an antirassistischen Ansätzen zeigt sich auch in ihrer Abgehobenheit von den Kulturen, die sie verhandelt, so daß es schon etwas gewagt ist, bei der Interkulturellen Erziehung überhaupt von pädagogischer Bewegung zu sprechen. Die Existenz einiger universitärer Lehrstühle und Studiengänge, der Publikationen und Tagungen belegt mehr als daß sie darüber hinwegtäuschen könnte, daß Interkulturelle Erziehung im wesentlichen eine Angelegenheit bundesdeutscher Pädagogik ist. Die Kontakte dieser Zunft zur Organisation der Ausländerinitiativen, zu ausländischen Lehrkräften an Schulen, zu Eltern ausländischer Kinder und Jugendlicher sind denkbar punktuell. Gemeinsame Publikationen wie die von Essinger und Kula oder für wirkliche Kooperation offene Projekte wie die ‚Regionale Arbeitsstelle zur Förderung Ausländischer Kinder und Jugendlicher' (RAA) in Dortmund sind eher die Ausnahme.

(2) Die Stärke der Feministischen Pädagogik fand sich in ihrer hochentwickelten Bewußtheit für subtile Diskriminierungen durch wissenschaftliche Aussagen, durch Erlasse, Unterrichtsmaterialien, Lehrpläne und Alltagssprache sowie Unterdrückungen auf der Ebene des heimlichen Lehrplans. Aus der Feministischen Pädagogik läßt sich – ihre Ergebnisse verallgemeinernd – lernen, daß trotz formaler Gleichstellung und trotz verwirklichter schulischer Chancengleichheit in Gestalt von sehr guten Schulleistungen, Gleichberechtigung real nicht gegeben zu sein braucht, da es immer noch andere unerkannt gebliebene Ebenen der Hierarchiebildung gibt. Ein weiteres Verdienst der Feministischen Pädagogik ist die Einführung der Kategorie ‚Geschlecht' in der Erziehungswissenschaft; so konnte sich die zu verallgemeinernde Erkenntnis durchsetzen, daß jedes pädagogische Thema nur dann realitätsangemessen begriffen werden kann, wenn die Tatsache der Geschlechtlichkeit berücksichtigt wird.

Aus meiner Sicht liegt die Schwäche der Feministischen Pädagogik in einer Fixierung der meisten ihrer wissenschaftlichen und praktischen Entwürfe auf den Gleichheitsaspekt, sei es in seiner männerzentrierten, seiner androgynen oder seiner ‚postfeministischen' Variante. Die genannte Fixierung führt in der Feministischen Pädagogik zur Bevorzugung von beruflichen Themen und zur Vernachlässigung von für die Mädchen ebenfalls zentralen Lebensthemen: ihre Wünsche, ihre ästhetischen Interessen, ihre Denk- und Erlebnisweisen, ihre Beziehungen zu Mädchen und Jungen, Männern und Frauen. Das gilt selbst für das aktuelle Interesse Feministischer Pädagogik an neuen Möglichkeiten der Geschlechter-trennung in der Schule, denn diese leiten ihre entscheidende Legitimation her aus den schulischen und beruflichen Erfolgen von Schülerinnen aus Mädchenschulen in naturwissenschaftlichen Fächern, also ihrer Fähigkeit, ihre Gleichstellung in Männerdomänen zu realisieren. Ein Grund für diese Reduzierung auf den Gleichheitsaspekt ist darin zu sehen, daß Pädagoginnen (und in der feministischen Theoriedebatte vor allem Soziologinnen) fürchten, daß Differenzkonzepte sich nicht klar abgrenzen lassen von ontologisierend-biologistischen Weiblichkeitsbildern. Diese Studie ist auch als Versuch zu lesen, diese Lücke zu schließen und einen demokratischen, das heißt anti-biologistischen und anti-hierarchischen, feministischen Differenzbegriff zu erarbeiten und für die Feministische Pädagogik zu erschließen.

(3) Die herausragenden Leistungen der Integrationspädagogik liegen in ihrer Praxis. Integrative Pädagogik hat bewiesen, daß es möglich ist, daß extrem verschieden lernende Menschen gemeinsam lernen können und dabei große individuelle Leistungssteigerungen erzielen können. Aufmerksamkeit für die Unterschiedlichkeit von Individuen ist ein alter Topos der Pädagogik ‚vom Kinde aus', nie aber gab es dabei eine solche Spannweite der Differenzen, eine Weite, die wirklich erstmals alle Kinder einbezieht. Integrationspädagogik ist die einzige und die erste Pädagogik, die den demokratischen Slogan

der Einheitsschule ‚Eine Schule für alle Kinder' verwirklicht. Einzigartig ist dabei wie die Aufmerksamkeit für individuelle Heterogenität verbunden wird mit der Aufmerksamkeit für Gemeinsamkeit. Am Anfang stand die Entscheidung einiger Eltern und Pädagoginnen und Pädagogen, behinderte und nichtbehinderte Kinder gemeinsam lernen zu lassen, nun entwickelten sie vorgefundene didaktische Modelle weiter zur integrativen Didaktik, die auch extrem zieldifferentes Lernen ermöglicht. Nach und nach entstand dann durch die Arbeit der wissenschaftlichen Begleitungen die Theorie Integrativer Pädagogik. Diese Entwicklung muß hier erwähnt werden, weil zentrale Kategorien der Integrationsbewegung, (wie Akzeptanz von Heterogenität, zieldifferentes Lernen, Gemeinsamkeit, gleichaltrige Miterzieher) usw. nicht als theoretische Postulate, die der Praxis angetragen wurden, entstanden, sondern aus den konkreten pädagogischen Erfahrungen heraus entwickelt wurden.

Grenzen der integrativen Pädagogik sehe ich darin, daß sie bisher vielfach die Augen verschlossen hat vor der Bedeutung der Gemeinsamkeit zwischen Menschen mit ähnlichen Lebenserfahrungen. In der Integrationspädagogik herrscht Konsens darüber, daß für alle Kinder, behinderte und nichtbehinderte, der gemeinsame wohnortnahe Unterricht am besten ist. Daraus folgt, daß sich immer nur sehr wenige Kinder mit unterschiedlichen Behinderungen in einer Klasse befinden sollen. Integrationspädagogik ist darum hochsensibel für individuelle Heterogenität, für kollektive Heterogenität hingegen hat sie noch wenig Bewußtsein. Diese Begrenztheit betrifft alle möglichen Formen potentieller Kollektivität von Kindern und Jugendlichen, wie sie etwa in unterschiedlichsten peer-groups zum Ausdruck kommen. Sie zeigt sich drastisch darin, daß die Integrationspädagogik die Kollektivität von Menschen mit Behinderungen, wie sie die Selbsthilfebewegung, und als deren Teil die Krüppelbewegung, beflügelt hat, kaum beachtet. Hierher gehört auch die Unfähigkeit der Integrationsbewegung, die Herausforderung der Gebärdensprachbewegung anzunehmen. Gebärdensprachler müssen aus ihrer Sicht die Integration einzelner gehörloser Kinder ablehnen, da diese in integrativen Klassen ihre Sprachgemeinschaft entbehren müssen. Die Integrationsbewegung hingegen favorisiert oft unreflektiert die Lautsprachenmethode, eben weil sie Integration zuläßt. Integrationspädagogik ist anscheinend noch viel zu sehr mit der Abgrenzung von der Sonderpädagogik beschäftigt, als daß sie über ihren eigenen Schatten springen könnte.

2. Strukturelle Gemeinsamkeiten der neuen pädagogischen Bewegungen

Beim Durchgang durch die drei Arbeitsfelder fallen im Verhältnis ihrer je besonderen Bezugsgruppe (der Frauen und Männer, der Behinderten und Nichtbehinderten und der Angehörigen verschiedener Kulturen) zur Bildung strukturelle Gemeinsamkeiten auf. Das heißt nicht, daß die je unverwechselbaren Besonderheiten der genannten Gruppierungen gering geschätzt werden dürfen. Dennoch zeigt sich, daß sich die Beziehungen des Bildungswesens zu den verschiedenen inferiorisierten Gruppen einerseits und den verschiedenen privilegierten Gruppen andererseits aus einer Vogelperspektive als strukturell ähnlich erkennen lassen. Die neuen Anforderungen an Bildung, die von den drei pädagogischen Bewegungen gestellt werden, weisen ebenfalls strukturelle Gemeinsamkeiten auf.

(1) Die erste gemeinsame Erfahrung der ‚Anderen' der Bildung ist die Ausschlußerfahrung und das Verlangen nach Teilhabe an Bildung, welches zuerst in Sonder-Einrichtungen[3] möglich wird. Der Ausschluß aus dem sich im Zuge der Entwicklung der bürgerlichen Gesellschaft konstituierenden Bildungswesen ist unmittelbare Folge der Höher- und Minderwertigkeitsvorstellungen, also Hierarchiebildungen, in ihrem Menschenbild. Wir haben gesehen, wie sich mit Rassismus, mit dem bürgerlichen Frauenbild, mit der Behindertendiskriminierung Sonderanthropologien herausgebildet haben. Diese verschiedenen Sonderanthropologien zeichnen sich, wie nun erkennbar wird, durch wesentliche Gemeinsamkeiten aus; diese gemeinsamen Konstrukte sind: unveränderbares Wesen aufgrund natürlicher, erblicher Bestimmung, Entwertung und Mißachtung und Polarisierung von Eigenschaften. Diese Polarisierungen können allesamt als Gegenbilder zur Rationalität und Aktivität des bürgerlichen Normal-Menschenbildes analysiert werden. Die Mittel der Polarisierung sind Komplement-, Komparativ- und Analogiebildungen, sie erlauben es, das monistisch dominierte Hierarchiesystem, in welchem alle Differenzen ihren Ort zugewiesen bekommen, zu denken.

Ausgrenzungen, legitimiert durch inferiorisierende Wesensbestimmung und Wunsch nach Teilhabe an Bildung, als zentrale Gemeinsamkeiten des historischen Hintergrunds der Integrationspädagogik, der Interkulturellen Pädagogik und der Feministischen Pädagogik sollen darum an dieser Stelle noch einmal an drei historischen Beispielen vor Augen geführt werden.

Jean Massieu, der gegen Ende des 18. Jahrhunderts als gehörloser Weiser in Frankreich Berühmtheit erlangte, beschreibt seinen ungestillten Bildungs-

---

3 Die Schreibweise ‚Sonder-Schulen', ‚Sonder-Einrichtungen' soll anzeigen, daß (im Gegensatz zu ‚Sonderschulen', die nur für Schulen für Behinderte und für Hilfsschulen verwendet wird) hier von allen Arten besonderer Schulen die Rede ist, auch von Mädchenschulen, Ausländerschulen usw. ‚Sonderanthropologie' hingegen wird, der üblichen Schreibweise entsprechend immer als ein Wort geschrieben.

hunger, die Ausgrenzung und den schließlich eröffneten Weg zur Bildung: »Bevor meine Schulbildung begann, als ich noch ein Kind war, konnte ich weder lesen noch schreiben. Ich wollte lesen und schreiben. Oft sah ich Knaben und Mädchen, die zur Schule gingen; ich wollte ihnen folgen und beneidete sie sehr. Mit Tränen in den Augen bat ich meinen Vater um die Erlaubnis zur Schule gehen zu dürfen. Ich nahm ein Buch und öffnete es verkehrt herum, um meine Unwissenheit zu zeigen; ich nahm es unter den Arm, als wollte ich zur Schule gehen. Aber mein Vater verweigerte mir die Erlaubnis und gab mir mit Gebärden zu verstehen, daß ich nie etwas lernen konnte, denn ich war taubstumm. Da weinte ich [...]. Ich verließ mein Elternhaus, ohne meinem Vater etwas davon zu erzählen. Ich meldete mich bei dem Lehrer und bat ihn mit Gesten, mich Lesen und Schreiben zu lehren. Er weigerte sich strikt und schickte mich fort. Ich fing entsetzlich an zu weinen, aber es entmutigte mich nicht. Ich dachte oft über Lesen und Schreiben nach.«[4] Eine private Initiative bringt Jean Massieu schließlich vom Land nach Bordeaux zu Abbé Sicard, der ihn Lesen und Schreiben lehrt. Schriftlich wird Massieu einige Jahre später die Fragen der Pariser und der internationalen Gesellschaft beantworten und dadurch berühmt werden. Er wird ein einflußreicher Lehrer der Taubstummen werden.[5]

Ein Angehöriger einer anderen Minderheitenkultur, der Juden, war Moses Mendelssohn (1726-1786)[6]. Dieser hat allen leidenschaftlichen Mut aufgeboten, um die preußischen und jüdischen Verbote, die ihm den Zugang zur bürgerlichen Bildung traditionell verstellt hätten, zu überwinden. Da ihm als Juden deutsche Schulen und Universitäten verschlossen waren, ja selbst der Besitz von Büchern deutscher Sprache zur Ausweisung aus Berlin führen konnte, trieb ihn sein Bildungshunger zum Selbststudium und machte ihn zu einem berühmten und verehrten Gelehrten seiner Zeit und zu dem aus heutiger Sicht bedeutendsten Vertreter des Toleranzgedankens der Aufklärung. Er wurde zum Mitbegründer der ersten jüdischen Knabenschule in Berlin. Der Historiker Heinz Knobloch beschreibt die Einreise von Moses Mendelssohn nach Berlin mit folgenden Worten: »Ein ermüdeter Junge aus Dessau steht am Rosenthaler Tor und will sich registrieren lassen. Es gibt noch amtliche Urkunden aus jener Zeit. Dort ist nachzulesen, wer aus- und eingeht in Berlin. Der jüdische Torschreiber fragt den jüdischen Jungen, was er in Berlin will. Der antwortet ein einziges Wort. Mag das vielleicht später nachgetragen und anekdotisch verdichtet worden sein, fest steht, Moses hat von jetzt an in Berlin genau das getan. Er hat am Tor die Wahrheit gesagt. Es gab überhaupt keine andere Antwort für ihn. Und man hat ihm geglaubt. Vielleicht war es

---

4 Bericht Massieus', wiedergegeben in: Harlan Lane: Mit der Seele hören. Die Geschichte der Taubheit, München/Wien 1988, 39ff.
5 Vgl. Lane 1988.
6 Die folgende Darstellung nach Heinz Knobloch: Herr Moses in Berlin. Ein Menschenfreund in Preußen. Das Leben des Moses Mendelssohn, Berlin 21987.

nicht so abwegig, wenn ein halbwüchsiger Ankömmling so sprach. Moses nannte am Tor seinen Namen und antwortete auf die Frage, was er in Berlin wollte: ‚Lernen'."[7]

Als Beispiel einer zunächst in ihrer Bildung durch Ausschluß behinderten und schließlich höchst erfolgreichen Frau wähle ich die Lebensgeschichte von Sophie Kovalewski (1850-1891), hier in der Darstellung von Christa Winter.[8] Sophie Kovalevsky wurde am 15. Januar 1850 (am 3. Januar nach dem russischen Kalender) in Moskau geboren. Die ersten acht Jahre verbrachte sie in Kaluga, wo ihr Vater Korvin-Krukowsky als General der Artillerie stationiert war. Ihre Mutter, Elisabeth Schubert, war eine Enkelin J.E. Schuberts, eines Deutschen, der im 18. Jahrhundert nach Rußland emigrierte. Elisabeth Schuberts Vater und auch ihr Großvater waren Mitglieder der Petersburger Akademie der Wissenschaften und waren an Mathematik interessiert. Für das Mädchen Sophie, 1850 in Moskau geboren, war Mathematik nicht vorgesehen. Die Heranwachsende aus adliger Familie wurde in ‚passenderen' Fächern unterwiesen, aber unausweichlich spürte sie Gelegenheiten auf, um ihr Interesse zu nähren. Sophie hatte eine ältere Schwester und einen jüngeren Bruder, denen gegenüber sie sich von den Eltern zurückgesetzt fühlte. Um so wichtiger wurde für sie ein Onkel väterlicherseits, der sich mehrere Monate auf Palibino aufhielt, wo er die Bibliothek des Hauses benutzte. Er erzählte Sophie das Gelesene und spielte außerdem mit ihr Schach. Von ihm hörte sie zum ersten Mal etwas über mathematische Probleme. Noch ein anderer seltsamer Umstand regte ihr Interesse an der Mathematik an. Bevor die Familie Korvin-Krukowsky von Kaluga nach Palibino umzog, wurde das ganze Haus renoviert. Die Tapeten wurden aus Petersburg geliefert. Da jedoch die Anzahl der Stücke nicht genau berechnet worden war, reichten sie nicht für alle Zimmer. Für das Kinderzimmer von Sophie benutzte man deshalb Vorlesungsnachschriften über Differential- und Integralrechnung, die ihr Vater einst bei Professor Ostrogradsky gehört hatte und die auf dem Boden des Hauses gelagert waren. Vor diesen Tapeten stand sie oft stundenlang, um die dort aufgeführten Formeln zu begreifen und sich zu merken. Gegen Widerstände erreichte Sophie, Privatunterricht in Mathematik zu bekommen. Eine Scheinehe ermöglichte ihr schließlich, das Verbot der Eltern zu umgehen und ein Mathematik-Studium aufzunehmen, das sie im Ausland absolvieren mußte, da die russischen Universitäten keine Frauen zuließen. Sie wurde später Professorin in Stockholm und gewann internationales Ansehen als Mathematikerin.

Der Bildungsausschluß wird bei allen drei Gruppen durch Bildungshunger und Privatinitiativen überwunden, die schließlich zu den ersten Formen der

---

7 Knobloch 1987, 38.
8 Christa Winter: Integral im Kinderzimmer. Sophie Kovalevsky, in: Frauen und Schule 11/1988, 14-17.

Sonder-Schulen führen. Aus Privatunterricht entstehen Schulen, private Mädchenschulen, Anstalten für Behinderte mit angeschlossenen Schulen, Schulen für kulturelle Minderheiten. Aus solchen Privatschulen werden gegen Ende des 19. und Anfang des 20. Jahrhunderts staatliche Schulen.

Diese Entwicklungen laufen natürlich lokal und im Hinblick auf die unterschiedlichen beteiligten Gruppierungen völlig verschieden ab: so beabsichtigte das Mädchenschulwesen höhere Bildung, die Anstaltsschulen für Behinderte betrieben vor allem Elementarbildung, die Schulen für kulturelle Minderheiten gaben nicht immer die eigene Sprache und Kultur weiter, sie waren oft Einrichtungen selbstgewollter oder aufgezwungener Assimilation.

Dennoch läßt sich verallgemeinernd sagen, daß in der Geschichte unseres Bildungswesens eine Form, auf die Verschiedenheit der Kinder und Jugendlichen zu reagieren, die Segregation in Sonder-Schulen gewesen ist. Diesen besonderen Schulen kommen durchgängig drei widersprüchliche Funktionen für ihre Schülerinnen und Schüler zu:

Sie bieten erstens den institutionellen Zugang zur Bildung und vermitteln Teilhabe an Bildungsgütern der bürgerlichen Gesellschaft. Sie schließen zweitens von den allgemeinen Bildungsinstitutionen aus und vermitteln meist die inferiorisierenden Zuschreibungen der Sonderanthropologien. Drittens tragen sie dazu bei, kulturelle und individuelle Differenzen zu pflegen und zu tradieren.

In einzelnen Sonder-Schultypen können diese Funktionen der Assimilation, der Inferiorisierung und der Differenzierung sehr verschieden gewichtet sein, und eine Bewertung ist nicht möglich ohne Kenntnis des historischen und gesellschaftlichen Kontextes. Einige Beispiele sollen das belegen.

Traditionelle höhere Mädchenschulen erlaubten Frauen der gebildeten Stände endlich auf breiterer Basis den Zugang zum Bildungswesen. In dem Maße, indem sie Inhalte reglementierten und restriktive Leitbilder des Frau-Seins oktroyierten, trugen sie neben den assimilierenden Ansätzen zu Isolation und Entwertung bei. Die in Mädchenschulen mögliche Kommunikation der Mädchen untereinander und der Lehrerinnen mit den Mädchen kann aber auch Momente einer Frauenkultur tradieren, Kommunikationsnetze zwischen Frauen, die weit über die Schulen hinaus wirksam sind, stiften und helfen den Generationswechsel zwischen Frauen zu organisieren.

Am Beispiel der gegenwärtig noch existierenden Frauencolleges der USA zeigt sich, daß sich in Fraueninstitutionen die Komponenten auch noch anders gewichten können: Die Assimilation an die dominierende Kultur ist, wie im Abschnitt zur Gleichheitspädagogik (Kap. IV) erläutert, erklärtes Ziel, in dieser reüssieren die Absolventinnen. Die Inferiorisierung ist mit dem Glauben an die Sonderanthropologie untergegangen. Isolation vom anderen Geschlecht bringt diese Sonder-Hochschule allemal mit sich. Die Weitergabe von Elementen einer Kultur der Frauen taucht in den Lehrplänen nicht auf, da diese ausschließlich assimilatorisch konzipiert sind. Um so stärker wirkt sie hingegen informell beim Eintritt in den Beruf. Die Frauen der Colleges

bilden Netzwerke, mit denen sie sich gegenseitig fördern und bessere Berufschancen ermöglichen.
   Die in der neuen Koedukationsdebatte aufgeworfene Frage nach Wiedereinrichtung von Mädchenschulen läßt sich anhand der drei genannten Funktionen von Sonder-Schulen durchdenken. Sie könnte sich daran entscheiden lassen, ob Mädchenschulen heute Isolationsgefahren mit sich bringen müssen. Daß sie assimilierend wirken, den Eintritt in die herrschende Kultur fördern könnten, ist bewiesen, daß sie zur Kultur der Frauen beitragen, darauf richtet sich ihre Hoffnung.
   Die Stiftung einer Taubstummenanstalt vor 200 Jahren war ein Akt, der Teilhabe und damit Befreiung aus Isolation bedeutete. Der Besuch einer solchen Schule konnte auch die Voraussssetzungen für Assimilation schaffen. Gleichzeitig ging von hier die Entwicklung der Gebärdensprache und der Subkultur der gebärdenden Gemeinschaft aus. Für eine ganze Anzahl von Sonderschulen, so für die Blindenstudienanstalt, die Schulen für Schwerhörige und Körperbehinderte gilt das ähnlich.
   Die Einrichtung von Schulen für Geistigbehinderte und die Durchsetzung der allgemeinen Schulpflicht auch für sie ist die letzte große Maßnahme der Sonderbeschulung gewesen, die einer Gruppe von Menschen Zugang zu Bildung ermöglicht hat. Zu ihr gehört unverzichtbar die Pflege individueller Differenzierung. Sie hilft heraus aus Isolation und – das ist erst im Nachhinein erkennbar – isoliert ihrerseits. Zum Zeitpunkt des Ausbaus dieser Schulform in den sechziger Jahren galt wohl diese neuerliche Isolation als absolut unvermeidbar. Sie wurde erst in den achtziger Jahren aus der Perspektive der Integrationspädagogik deutlich erkennbar.
   Anders ist die Einrichtung der Hilfsschule zu bewerten. Deutlich wurde bereits während ihrer Konstituierung, wie im Abschnitt zur Sonderpädagogik (Kap. V.) dargestellt, von ihrn Kritikern ihre isolierende und inferiorisierende Wirkung gesehen. Die Hilfsschule nahm den Kindern der ärmsten Bevölkerung die Assimilationschancen, die sie, wenn überhaupt, hatten und trug allein durch ihre Existenz und den erzwungenen Schulbesuch zur Internalisierung der Inferiorität ins Selbstbild bei. Auch die gelegentlich in Hilfsschulen entfalteten Momente einer Schulkultur können nicht darüber hinwegtäuschen, daß es so etwas wie die Tradierung subkultureller Werte in der Hilfsschule wohl kaum je gegeben hat – dazu ist sie seit je eine viel zu sehr stigmatisierende Institution. Die Förderung einzelner Kinder seitens engagierter Lehrkräfte wird man der Hilfssschule allerdings nicht absprechen können und dürfen.
   Ein historisches Beispiel für die dreifache Wirkung der Schulen für kulturelle Minderheiten ist die Einrichtung der ersten jüdischen Schule in Berlin[9] Ende des 18. Jahrhunderts. Sie befreite von Restriktionen und bereitete Teil-

---

9 Vgl. Knobloch 1987, 264ff.

habe an der bürgerlichen Kultur vor. Sie baute Isolation und Inferiorisierung ab. Sie tradierte zwar auch die Werte der jüdischen Kultur, aber nicht in dem Maße, wie das von orthodoxen Ältesten der jüdischen Gemeinde gewünscht wurde. Diese erlebten die Veränderung, die sich durch die Öffnung zur anderen Kultur ereignete, als schmerzlich.

Sonder-Klassen, Sonder-Schulen für bestimmte ausländische Nationalitäten in der Bundesrepublik, so etwa im Bayrischen Modell oder in den relativ verbreiteten griechischen Nationalitätenschulen bedeuten in dem Maße, in dem sie von den Betroffenen gewünscht werden, Hineinwachsen in die Herkunftskultur. Je größer hier die Beschränkung auf die eine Kultur ist, umso massiver entsteht die Gefahr der Isolation von der anderen Kultur und der Inferiorisierung. Je größer die Beschränkung auf bestimmte Traditionen der Kultur ist, umsomehr besteht die Gefahr, daß Interessenkonflikte innerhalb der Kultur darüber ausgetragen werden und daß bestimmte Fraktionen versuchen, die Jugend an sich zu binden.

(2) Die Sonder-Pädagogiken für Frauen, Behinderte, Minderheitskulturen, die bisher beschrieben wurden, sind zu unterschiedlichen Zeiten aus der Perspektive egalitärer Bildungskonzepte und des Einheitsschulgedankens heftig angegriffen worden. (Daß solche Angriffe gegen Sonderschulen für Behinderte erst sehr spät in der Bundesrepublik aufkamen und nicht etwa bereits in der Einheitsschulbewegung oder in der Bildungsreform, wurde mehrfach erwähnt.) Die Angriffe bedienen sich strukturell ähnlicher Argumente. Sie klagen die Entwertungen und Etikettierungen der Sonderanthropologien an, sowie die Isolation durch Sonder-Institutionen. Sie berufen sich auf demokratische Gleichheits- und Menschenrechte. Wie wir sehen konnten, gab es Menschenrechtserkärungen der Frauen, der Behinderten, der verschiedenen Kulturen. Das Recht auf Zugang zu allen Bildungsgängen ist ein solches demokratisches Gleichheitsrecht.

Formal erlangte das gleiche Recht auf Bildung seit der Weimarer Republik für Frauen und Angehörige aller Kulturen Gültigkeit, nur in der höheren Schulbildung gab es Sonder-Schulen für Mädchen, ein Teil davon mit formal gleichwertigen Gymnasialabschlüssen. Behinderte Schülerinnen und Schüler blieben weiterhin ausgeschlossen, auch aus Grundschulen. Für subproletarische Kinder verschlimmerte sich der Ausschluß durch den Ausbau der Hilfsschulen. Im Faschismus wurden die egalitären Entwicklungen wieder rückgängig gemacht bzw. eingeschränkt und die Ausgrenzung der Sonderschülerinnen und Sonderschüler in ‚Ausmerzung' überführt. Im Bildungswesen der Bundesrepublik wurde der formal gleiche Zugang für alle wieder eingerichtet und weitergeführt, sodaß es im höheren Schulwesen nahezu vollständig zur Koedukation von Mädchen und Jungen kam. Ausgeschlossen von dieser Entwicklung blieben weiterhin die behinderten Kinder und Jugendlichen, da sie weiterhin Sonderschulen besuchen mußten. Die Bemühungen der Bildungsreform beabsichtigten durch die unterschiedlichsten Informations- und

Förderungsmaßnahmen über die formale Gleichheit hinauszugehen und Chancengleichheit zu realisieren. Der Versuch, möglichst viele Kinder aus benachteiligten Gruppen zum Schulerfolg zu bringen, setzt sich radikalisiert und verfeinert fort in der assimilationsorientierten Ausländerpädagogik, in der gleichheitsorientierten Feministischen Pädagogik und in der Förderpädagogik für schulschwache Kinder. Immer sollen Formen kompensatorischer Erziehung dazu beitragen, daß die benachteiligten Gruppen sich in der Schulkultur besser zurechtfinden und behaupten können und die durchschnittlichen Schulleistungen erbringen.

Der aus der kritischen Ausländerpädagogik entlehnte Begriff der Assimilationspädagogik, zu deutsch ‚Angleichungspädagogik', bringt die Verlustseite dieser Art der Gleichheit in der Bildung zum Ausdruck. Er ist geeignet den auch in der Frauenbildung wesentlichen Aspekt der Anpassung an eine Männerkultur zur Sprache zu bringen. Nun gibt es aber eine Gruppe von Menschen, der solche Formen der Assimilation durch Bildung nicht zugänglich sind: Die Bildungswege der bürgerlichen Gesellschaft sind geistig Behinderten verschlossen. Eine Pädagogik, die nur den Gleichheitsaspekt sieht, hier Assimilationspädagogik genannt, muß geistig Behinderte ausschließen, kann also nie eine Pädagogik für wirklich alle sein. Daß es mit dem Normalisierungskonzept in der Geistigbehindertenpädagogik ebenfalls ein Gleichheitskonzept gibt, wurde in Kap. V. dargestellt, es bedeutet aber Gleichheit hinsichtlich von Elementen der Lebensgestaltung, nicht hinsichtlich der Bildungsziele. Dennoch wird nirgendwo die Gewinnseite der Gleichheit deutlicher als im Normalisierungskonzept, das in seiner sprachlichen Fassung rein assimilatorisch gestaltet ist, nur von Angleichung an das Leben der Mehrheit spricht und damit Teilhabe an Privilegien aus der Sicht von völlig Ausgeschlossenen bewirkt. Wir treffen hier auf den konflikthaften Zusammenhang von Emanzipation und Assimilation.

Assimilation durch Bildung hat Gewinnseiten und Verlustseiten. Um diese adäquat analysieren zu können, ist es erforderlich, einen klaren ‚Begriff' von Gleichheit zu haben. Die Begriffsklärung am Anfang dieser Arbeit stellt die unerläßlichen Kriterien bereit. Es gilt jeweils zu prüfen, in welcher Hinsicht Gleichheit hergestellt wird, danach läßt sich prüfen, ob solche Gleichheit erwünscht ist oder nicht. Wenn also das Recht auf Zugang zu Bildungsinstitutionen, Zugang zu privilegierten Räumen, zu Wissen und Berufen ermöglicht wird, so aktualisiert sich die Gewinnseite der Assimilation.

Wenn aber damit der Zwang zum Ablegen anderer Lebensweisen oder die Nötigung zur Anstrengung, eigene Traditionen zu verleugnen und so zu werden wie die privilegierte Gruppe, verbunden ist, so aktualisiert sich die Verlustseite der Assimilation. Oft sind beide Seiten unlösbar miteinander verknüpft, oft ist es sogar nicht möglich, zu bewerten, ob Gewinn- oder Verlustseite schwerer wiegt.

(3) Über die neuen pädagogischen Bewegungen läßt sich zusammenfassend sagen, daß sie an diesem Dilemma arbeiten und dabei versuchen, nicht der Gleichschaltung, also dem negativen Aspekt der Assimilation, zu verfallen. Die Zielsetzungen der drei Ansätze lassen sich, zumindest teilweise, zusammenziehend als von ähnlichen Funktionen bestimmt, beschreiben:

Die neuen pädagogischen Bewegungen kritisieren Gleichheit im Sinne von Assimilation und fordern Gleichberechtigung. Indem sie gleiche Rechte zu verwirklichen suchen, wirken sie aber auch assimilierend. Sie bekämpfen die Ausgrenzungen und Inferiorisierungen durch die Sonder-Pädagogiken. Sie greifen Traditionen lebensgeschichtlicher und kultureller Erfahrungen auf und entwickeln sie weiter. Sie betonen damit die Partikularität von Erfahrungen. In allen drei Ansätzen zeigt sich manchmal die Gefahr der Idealisierung der partikularen Erfahrungen und ihre Stilisierung zum eigentlich moralisch Besseren. Damit geht dann die Verleugnung von Konflikthaftigkeit und Veränderlichkeit innerhalb des Partikularen selbst einher. Bei manchen Gruppen kann es auch zu pädagogisch geforderten Separationsansprüchen kommen, die nur in ihrer Widersprüchlichkeit begreifbar sind und die genaue Analyse ihrer Gewinn- und Verlustseiten in jedem Einzelfall erfordern. Adressaten der neuen Ansätze sind immer auch die Angehörigen der dominierenden Gruppe, deren eigene Partikularität ihrem Universalitätspostulat entgegengehalten wird. Indem die neuen pädagogischen Bewegungen in der herrschenden Kultur verdrängte, allgemein menschliche Erfahrungen ins Spiel bringen, wohnt ihnen allen auch ein Zug zum humanistischen Universalismus inne.

Diese Thesen zu den strukturellen Gemeinsamkeiten der neuen pädagogischen Bewegungen sollen nun anhand einiger Beispiele nochmals konkretisiert werden.

Die neuen Ansätze kritisieren die assimilatiorische Form der Emanzipation, weil diese die Entwertung des ‚Anderen' (der weiblichen Erfahrungen, der anderen kulturellen Erfahrungen, der Erfahrungen von Behinderten) fortsetzt und Zugang zu Privilegien nur um den Preis der Angleichung an die dominante Lebensweise erlaubt. Sie repräsentieren gesellschaftlich die Kritik an der Erziehung zu den Werten der eurozentrischen Lebensweise der Moderne: Individualität ist auch Vereinzelung; Ich-Stärke ist auch Ellenbogenmentalität im Konkurrenzkampf; Autonomie ist auch Verleugnung von real bestehender Abhängigkeit, Bindungsunfähigkeit und Mangel an Solidarität; Tatkraft ist auch Mangel an Kontemplation; Intelligenz ist auch Unfähigkeit, Emotionen zu spüren, Machtausübung ist auch ein Fehlen um das Wissen von Verletzlichkeit und Endlichkeit. Diese Bestimmungen könnten formuliert werden aus der Sicht der Frauen, aus der Sicht vieler nicht der europäischen Moderne zuzurechnender Kulturen, aus der Sicht vieler behinderter Menschen.

Denn diese Gruppen haben – es überrascht, dies feststellen zu können – alle ein besonderes Verhältnis zur Thematik der Abhängigkeit der Menschen voneinander und ihres Bezogenseins zueinander. In traditionellen Kulturen spielt die wechselseitige Abhängigkeit im Familienleben oft eine zentrale Rolle, die Sozialisation bereitet auf ein Leben in Gemeinschaft vor, in der Erziehung wird nicht auf die Fähigkeit zur Selbständigkeit, sondern auf die Fähigkeit, Zugehörigkeit zu leben, hin erzogen. Folgen der typisch weiblichen Sozialisation sind, das zeigen die einschlägigen Forschungen, ‚Beziehung‘, ‚Fürsorge‘, ‚Vernetzung‘, die Fähigkeit mit Abhängigen eng zusammenzuleben sowie die Tendenz, sich abhängig zu machen. Auf die Frage ‚Was ist Behinderung?‘ gibt es die Antwort, daß Behinderung ‚Leben in Abhängigkeit‘ sei. Da kein Mensch unabhängig von anderen ist, lassen sich Behinderungen auch beschreiben als besondere Formen, Abhängigkeit zu leben. Ein Teil der Abwehr gegen Behinderte liegt ja darin begründet, daß Nichtbehinderte ihre eigene Abhängigkeit leugnen und es darum so schwer ertragen können, wenn ihnen das Phänomen der Abhängigkeit unter die Augen kommt.

Ich möchte die Gemeinsamkeiten hinsichtlich des Themas Abhängigkeit nicht überstrapazieren, denn Abhängigkeit bedeutet jeweils Verschiedenes und ist jeweils auch sehr verschieden strukturiert. Die Bedeutung von Abhängigkeit im Gemeinschaftsleben traditionaler Kulturen, im weiblichen Lebenszusammenhang und in der Existenzweise der Behinderten erhält Gemeinsamkeit erst in Beziehung zur dominanten Kultur, sie steht im Kontrast zum Einzelkämpferdasein, zum Konkurrenzkampf und zur auf das Ökonomische reduzierten Effizienzpriorität als Maximen moderner Zivilisation.

Die verdrängten Realitäten der Frauen, der anderen Kulturen, der Behinderten werden durch neue soziale Bewegungen sichtbar, indem sie sich eigene Symbole schaffen, eigene Forderungen aufstellen, mit anderen Lebensweisen in die zu sehr monokulturell strukturierte Öffentlichkeit drängen. Sie wollen mit ihren Existenzweisen, die sich dabei immer auch selbst verändern, Einfluß nehmen auf gesellschaftliches Leben. Sie fordern z.B. die multikulturelle, frauenfreundliche, kinderfreundliche und behindertengerechte Stadt.

Frauen fordern die Änderung des typischen Arbeitstages, Arbeitslebens, Arbeitsethos, sie wollen eine Struktur der Arbeitswelt, die Lebensqualität, auch Leben mit Kindern, zuläßt. Eine solche mittlerweile in politischen Programmen recht erfolgreiche Haltung kann nur Gestalt und gesellschaftlich sichtbare Bedeutung gewinnen über die Symbolisierung von heterogenen Erfahrungen all der anderen, die nicht in herrschenden monokulturellen Zusammenhängen zu Hause sind.

Wenn die Erfahrungen der inferiorisierten Gruppen gesellschaftlich zur Geltung kommen, so betreffen sie immer auch die Existenz der Angehörigen privilegierter Gruppen. Sie fordern primär den Abbau von Herrschaft, Privilegien und Höherwertigkeitsvorstellungen. Eine weitere Konsequenz ist, daß sie Angebote neuer Lebensqualität für alle transportieren und damit immer auch ein universalistisches Moment enthalten.

Die integrative Pädagogik schafft, initiiert durch die Anwesenheit der Behinderten, Freiräume für alle Kinder, ihrer Verschiedenheit gemäß zu lernen, ohne den Zwang zur Orientierung an einem gedachten Jahrgangsklassendurchschnitt, dem ja auch die Nichtbehinderten real nicht entsprechen. Integrative Pädagogik schafft auch Raum zum Gewahrwerden der Behinderungen, Verletzungen und Begrenzungen, die jede Existenz bestimmen.

Feministische Pädagogik regt, indem sie die weibliche geschlechtstypische Erfahrung bewußt werden läßt, auch zur Erkenntnis an, daß es männliche geschlechtstypische Erfahrungen gibt. Damit eröffnet sie auch neue Perspektiven der Jungenerziehung. Durch ihre Impulse wird aber auch den Jungen erlaubt zu weinen, Hausarbeit zu erlernen, sich enge Beziehungen zu Kindern vorstellen zu können.

Die Interkulturelle Pädagogik macht die ethnozentrische Begrenztheit unserer Kultur bewußt und offeriert potentiell Einblicke in den immensen Reichtum anderer kultureller Praktiken.

Indem die neuen pädagogischen Bewegungen Zugang zum unendlich facettenreichen Spektrum der ausgegrenzten Lebenserfahrungen eröffnen, geben sie allen die Möglichkeit, sich neue Lebensperspektiven anzueignen, denn sie helfen die anderen Lebenserfahrungen in Worte zu fassen und kommunizierbar zu machen. Um diese universalistische Dimension tragfähig werden zu lassen, muß aber zunächst die unhintergehbare Partikularität zum Ausdruck gekommem sein. Wenn den heterogenen Erfahrungen nicht Wert verliehen wird, droht die verarmende Uniformisierung des falschen Universalismus, der nichts als verkappte Herrschaft ist.

Von solchen seit eh und je wirksamen kulturellen Begegnungs- und Entwicklungsprozessen darf aber niemals angenommen werden, sie kämen jemals an ihr Ziel, auch das wäre nur die Illusion einer anderen Variante eines falschen Universalismus. Die heterogenen Impulse aus anderen Lebensweisen sind weder wahr noch gut, sie selbst sind begrenzt, partikular, konfliktreich. Kulturelle Begegnung produziert immer neue, selbst nur partikulare, veränderliche Möglichkeiten. Wenn es einer Frau gelingt, Beruf und Karriere zu verbinden, so realisiert sie zeittypische Möglichkeiten mit den diesen innewohnenden typischen Konflikten und nicht eine nun endlich universelle ganzheitliche Lebenserfüllung. Wenn Jungen weinen, so realisieren sie das Weinen von männlichen Kindern am Ende des 20. Jahrhunderts in einer bestimmten Kultur und nicht das nun endlich ganzheitliche Menschsein. Weinen kann als ‚anthropologische Konstante' bezeichnet werden, die sich aber immer nur als konkret bestimmte kulturelle Praxis ereignen kann, dies gilt für alle leiblichen Phänomene.

Es gibt keinen Ort jenseits der Limitierungen von Historizität und kultureller Kontextualität.

3. Annäherung an einen demokratischen Differenzbegriff oder: Versuch, Erkenntnisse aus drei pädagogischen Reflexionsfeldern zusammenzudenken

In jeder der drei pädagogischen Bewegungen stehen unterschiedliche Aspekte im Mittelpunkt des Interesses, wurden zu unterschiedlichen Schwerpunkten neue Einsichten gewonnen. Aufgrund der strukturellen Gemeinsamkeiten aber ist es möglich, diese, jeweils in einem einzelnen Bereich erarbeiteten Erkenntnisse für die anderen Bereiche fruchtbar werden zu lassen. Darum kann nun eine Annäherung an eine demokratische Differenzvorstellung, in der Emanzipation nicht gleich Assimilation und Differenz nicht gleich Hierarchie ist, versucht werden. Bei diesem Versuch beeinflussen und verdichten sich die grundsätzlichen Reflexionen zu Theorie und Geschichte von Gleichheit und Verschiedenheit sowie Erfahrungen und Erkenntnisse aus Theorie und Praxis der Interkulturellen Pädagogik, der Feministischen Pädagogik und der Integrationspädagogik so, daß sie zu einem gemeinsamen Differenzbegriff finden. Die einzelnen Facetten dieser Differenzvorstellung, wie sie nun in 12 Thesen[10] vorgestellt werden sollen, sind darum ihrerseits gültig für jede der drei pädagogischen Bewegungen. Sie sind grundlegend für die Elemente einer Pädagogik der Vielfalt, die Gegenstand des nächsten und letzten Abschnitts sein werden.

1. Ausgangspunkt eines demokratischen Differenzbegriffs ist, daß er sich gegen Hierarchien wendet. Es geht um die Entwicklung egalitärer Differenz! Diese wendet sich damit auch gegen die Legitimation von Unterdrückung, Ausbeutung, Entwertung und Ausgrenzung durch Differenzen. Differenzen dürfen nicht mehr zur Legitimation von Hierarchien herangezogen werden. Die Pseudologik der Verknüpfung von Differenz und Hierarchie gilt es zu durchkreuzen.
2. Differenz beinhaltet Offenheit für Unvorhersehbares und Inkommensurables. Differenz in diesem Sinne verzichtet auf Konstruktionen wie Symmetrie, Polarität, Komplementarität, denn diese schaffen binäre Strukturen, wie die zwei Seiten einer Medaille, die sich einander bedingen und voneinander abhängen. Differenz hingegen will vielfältiges ‚anderes‘ unabhängig von dem ‚Einen‘, also beide als heterogene beschreiben.
3. Differenz bezieht sich auf mehrere Ebenen (Mikro- und Makroebenen) menschlicher Heterogenität: Dazu gehören die Differenzen zwischen

---

10 Frühere Fassungen von Thesen zur egalitären Differenz finden sich in folgenden Veröffentlichungen: Annedore Prengel: Erziehung von Mädchen und Jungen. Plädoyer für eine demokratische Differenz, in: Pädagogik 7-8/1990, 40-44; Annedore Prengel: Gleichheit versus Differenz – eine falsche Alternative im feministischen Diskurs, in: Ute Gerhard u.a 1990g.

dominanten und inferiorisierten gesellschaftlichen Gruppen (zwischen dominierenden und inferiorisierten Kulturen, zwischen Männern und Frauen, nichtbehinderten und behinderten Personen usw.). Weiter gehören dazu die Differenzen zwischen Untergruppen innerhalb einer jeden dieser Gruppen. Die dem demokratischen Differenzbegriff zugrunde liegende Option für Pluralität schließt also die Wahrnehmung der Heterogenität verschiedener Gruppierungen innerhalb eines Geschlechts, innerhalb einer Ethnie bzw. Gemeinschaft und innerhalb behinderter Personenkreise ein. Die Differenzperspektive öffnet schließlich auch den Blick auf die Vielfalt zwischen Einzelpersonen sowie auf die innerpsychische und -somatische Heterogenität verschiedener Persönlichkeitsanteile. Pluralitätstheoretisch stehen Wertschätzung von Individualität und kollektiver Zugehörigkeit nicht im Widerspruch, sie entstehen lediglich durch verschiedene ‚Brennweiten' des Wahrnehmungsfocus.

4. Individuelle und kollektive Differenzen zwischen Menschen sind soziokulturelle Differenzen, Differenz bezeichnet gesellschaftliche Verschiedenheit, also unterschiedliche Lebensweisen und unterschiedliche Verarbeitung von Lebenserfahrungen. Die demokratische Differenzvorstellung fußt auf Sozialisations- und Konstruktionstheorie und richtet sich damit gegen alle essentialistischen Entwürfe, zum Beispiel vom Wesen der Frau, der Behinderten oder der Angehörigen einer Ethnie.

5. Lebensweisen und Symbolsysteme der Kulturen – und der Einzelnen als ihre ‚Schöpfer und Geschöpfe' – sind in ständiger Veränderung begriffen. Differenz wendet sich gegen biologistisches Denken und bezeichnet nicht als statisch-gleichbleibend gedachte Phänomene, sondern dynamische Prozesse. Differenz beschreibt darum z.B. nicht unveränderlich gedachte Körperlichkeit, sondern meint kulturell jeweils ganz verschieden gestaltete, ‚konstruierte' und sich historisch ständig verändernde Körperbilder und Körpererfahrungen. Das gilt auch für den Begriff ‚sex' (im Unterschied zu ‚gender' für das somatische Geschlecht entwickelt) wie für körperliche Behinderungen und Hautfarben. Körperphänomene lassen sich eben nur als interpretiert erfahren und benennen, jenseits davon können wir sie nicht wahrnehmen und bezeichnen.

6. Differenz ist nur begreifbar als historisch gewordene. Einzelne und Gruppen von Menschen haben historisch und biographisch höchst unterschiedlich gelebt. Unsere Geschichte besser kennenlernen, heißt uns selber besser kennenlernen, denn wir sind, was wir geworden sind. Die verschiedenen Geschichten von Individuen und von Kollektiven lassen etwas vom Gewordensein aufgrund verschiedener persönlicher und gesellschaftlicher Traditionen und damit auch etwas von den jetzt existierenden Differenzen sichtbar werden.

7. Differenz ist nicht einfach da, sondern die nicht zur dominierenden Kultur gehörenden Lebensformen sind zum Schweigen gebracht, verdrängt,

ausgegrenzt, entwertet, ausgebeutet. Differente Lebensweisen sind darum immer neu zu entdecken, zur ihnen eigenen Sprache zu bringen und in ihrem Wert anzuerkennen. Die Option für Differenz ist eine Option gegen Hegemonie. Dabei werden häufig zuvor etikettierende und diskriminierende Zuschreibungen offensiv gewendet und erfahren eine neue Bedeutung, z.b. in: ‚Krüppel-Initiative', ‚black is beautiful', ‚Hexengruppe', usw.
8. Die durchgängige Entwertung alles dessen, was die inferiorisierten Einzelnen bzw. Gruppierungen tun, aufzuheben, heißt nicht, daß ihre Idealisierung gerechtfertigt wäre. Zur Legitimation ihrer Gleichheitsrechte sowie ihrer Rechte auf Akzeptanz ihres Andersseins brauchen Frauen, Behinderte, Angehörige von Minoritäten nicht moralisch besser oder besonders wertvoll zu sein, das wäre nur eine neue Kränkung. Den Unterlegenen kommt das Recht auf Gleichheit und das Recht auf Differenz zu, gerade auch angesichts ihrer (meist viel zu sehr verdrängten) Aggressivität, Egozentrik, Begrenztheiten und Widersprüche.
9. Die Wahrnehmung differenter Erfahrungen bleibt also immer fragmentarisch, unvollendet und begrenzt und kann nicht ans Ziel einer als endgültige Wahrheit gedachten Authentizität kommen, eben weil kulturelle Strömungen und die darin eingebetteten Lebensgeschichten sich ständig verändern. Grundsätzlich ist von der Unbestimmbarkeit der Menschen auszugehen. Definitionen kommen verdinglichenden Etikettierungen gleich und werden der Vielfalt und Prozeßhaftigkeit menschlicher Realität nicht gerecht. Inhaltliche Beschreibungen von Phänomenen der Differenz sind darum stets nur annäherungsweise und unvollkommen möglich. Phänomenbeschreibungen können dennoch vorherrschende Tendenzen in Mehrheiten oder Minderheiten von Kollektiven betreffen. So lassen sich keine definierenden Aussagen für wirklich alle Angehörigen einer Gruppierung treffen, sehr wohl jedoch aufschlußreiche Hypothesen im Hinblick auf den Hauptstrom an Deutungs- und Verhaltensmustern in einem Kollektiv in einer weit oder eng gefaßten gesellschaftlichen Situation. Generalisierende große Zeiträume und weite Regionen umfassende Aussagen können dabei nützliche Erkenntnisse bereitstellen, sie müssen, um möglich zu werden, die Mikroebene der Kleingruppen und Individuen zeitweilig bewußt ausblenden und das darf nicht mit Essentialisierung verwechselt werden.
10. Differente kulturelle Lebensweisen existieren nicht separat, ohne einander zu beeinflussen, ‚puristische' Differenzvorstellungen, die eine Lebensweise ‚rein' konservieren wollen, sind irreal, da kulturelle Strömungen sich wechselseitig beeinflussen – solche Einflüsse sind ja gerade die Quelle von lebensgeschichtlichen und geschichtlichen Veränderungen.
11. Die Option für ein demokratisches Differenzkonzept meint, daß unterschiedliche Lebensformen gleiches Existenzrecht haben, gleiches Recht

gesellschaftlich sichtbar, anerkannt und wirksam zu sein. Das Gleichheitspostulat wird auf neue radikale Weise eingelöst, indem den heterogenen Lebensweisen gleiches Recht zugesprochen wird. Gleichheit ist damit Bedingung der Möglichkeit von Differenz.
12. Differenz ohne Gleichheit bedeutet gesellschaftlich Hierarchie, kulturell Entwertung, ökonomisch Ausbeutung. Gleichheit ohne Differenz bedeutet Assimilation, Anpassung, Gleichschaltung, Ausgrenzung von ‚Anderen'. Aus der Sicht demokratischer Differenz auf der Basis gleicher Rechte ist darum nicht etwa alles mögliche akzeptabel, alles beliebig oder gleichgültig. Ein demokratischer Differenzbegriff stellt vielmehr klare Kriterien der Urteilsbildung zur Verfügung: All jene Tendenzen, die monistisch, totalitär, hegemonial, ausbeuterisch und diskriminierend die Gleichberechtigung des Differenten zu zerstören trachten, können aus dieser Sicht nur bekämpft werden. Vielfalt realisiert sich erst in klarer Stellungnahme gegen herrscherliche Übergriffe. Sie ist der Vision der Gerechtigkeit verpflichtet. Ihre Anstrengungen sind parteilich und ethisch motiviert. Jeder Versuch, mit dem Verweis auf Vielfalt Hierarchien legitimieren zu wollen (wie das zum Beispiel Rassisten gegen Asylrecht und hegemoniale Machteliten in der Abwehr gegen Menschenrechtsforderungen praktizieren), steht im Gegensatz zur egalitären Differenzkonzeption. Pluralität und Universalität finden so zueinander. Demokratische Politik und Pädagogik müssen jeweils situationsspezifisch klären, welche Gleichheiten und welche Differenzen sie wollen. Aus meiner Sicht müssen die Angehörigen der inferiorisierten Gruppen nach wie vor Gleichheit anstreben im Hinblick auf die Verteilung materieller Ressourcen und im Hinblick auf gesellschaftliche Macht- und Einflußmöglichkeiten. Auch das kulturell Sichtbar-Werden der Differenz ist ein Akt der Gleichberechtigung: Die unsichtbar Gemachten realisieren gleiches Recht im Hinblick auf Repräsentiert-Sein, Wertgeschätzt-Sein und nicht mehr Diskriminiert-Sein in kulturellen Symbolsystemen. Zukunftsperspektiven bleiben dabei offen für die Freiheiten der Einzelnen und der Gemeinschaften in denen sie sich zusammenfinden.

Nach diesem Versuch einer Annäherung an einen demokratischen Differenzbegriff, der vorläufig fragmentarischen und experimentellen Charakter hat, soll im letzten Abschnitt dieser Arbeit gezeigt werden, wie sich diese Prämissen pädagogisch konkretisieren lassen.

4. Elemente einer Pädagogik der Vielfalt

Am Ende dieser Studie stellt sich die Aufgabe, den Ertrag aus den in den einzelnen Kapiteln vorgestellten theoretischen und historischen Forschungen sowie den Erkenntnissen aus drei pädagogischen Arbeitsfeldern zusammenfließen zu lassen. Die gewonnenen heterogenitätstheoretischen Einsichten sollen nun im Hinblick auf Schulbildung konkret werden und thesenartig als Elemente einer Pädagogik der Vielfalt vorgestellt werden.

Die folgenden 17 Thesen sind dem Ziel verpflichtet, für alle Schülerinnen- und Schülergruppen auf den unterschiedlichen Ebenen der Schulpädagogik den gleichberechtigtigten Zugang zu den materiellen und personellen Ressourcen der Schule zu schaffen, um auf der Basis solcher Gleichberechtigung die je besonderen, vielfältigen Lern- und Lebensmöglichkeiten zu entfalten. Dieses Ziel der gleichberechtigten Teilhabe an den Ressourcen von Bildungsinstitutionen gilt für alle Einrichtungen des Bildungswesens. In den Thesen sollen also die von Axel Honneth[11] dargelegten drei Dimensionen der Anerkennung berücksichtigt und für pädagogische Kontexte modifiziert werden: die Dimension der Anerkennung der einzelnen Person in intersubjektiven Beziehungen, die Dimension der Anerkennung gleicher Rechte, hier auch gleicher institutioneller Zugänge und die Dimension der Anerkennung der Zugehörigkeit zu (sub-)kulturellen Gemeinschaften.

Überblick:

1. Selbstachtung und Anerkennung der Anderen
2. Übergänge: Kennenlernen der Anderen
3. Entwicklungen zwischen Verschiedenen
4. Kollektivität: Gemeinsamkeit zwischen Menschen mit ähnlichen Erfahrungen
5. Innerpsychische Heterogenität
6. Begrenztheit und Trauerarbeit – Entfaltung und Lebensfreude
7. Prozeßhaftigkeit
8. Keine Definitionen
9. Keine Leitbilder
10. Aufmerksamkeit für die individuelle und kollektive Geschichte
11. Aufmerksamkeit für gesellschaftliche und ökonomische Bedingungen
12. Achtung vor der Mitwelt
13. Didaktik des offenen Unterrichts, Lernentwicklungsberichte
14. Grenzen, Rituale und Regeln
15. Kinderelend oder ‚Störungen als Chance'?
16. Selbstachtung und Anerkennung der Anderen in der Rolle der Lehrerinnen und Lehrer
17. Verschiedenheit und Gleichberechtigung als institutionelle Aufgabe

1. Selbstachtung und Anerkennung der Anderen

»Ich bin nicht Du und ich weiß Dich nicht«[12] – so läßt sich eine Haltung beschreiben, die Ausgangspunkt aller Pädagogik der Vielfalt ist. Wir gehen aus

---

11 Vgl. Honneth 1992 und Kap. II, 5.
12 Vgl. Michael Lukas Moeller: Die Liebe ist das Kind der Freiheit, Reinbek 1986, 11: »Ich bin nicht du und ich weiß dich nicht«, auf diese Weise kennzeichnet Moeller ein Prinzip seiner Theorie der »guten Beziehung«. Er bezieht vehement gegen Kolonialisierung aller Art, auch zwischen Einzelnen, Stellung.

von der Getrenntheit und Heterogenität aller Einzelnen, die sich in den je einzigartigen unwiederholbaren Lebensgeschichten in ihren sozialen und kulturellen Kontexten herausgestaltet. Die Achtung vor der Einzelpersönlichkeit der Kinder und Jugendlichen ist ein Prinzip, das Parteilichkeit der Lehrenden für die Einzelnen begründet und als zentrales Bildungsziel vermittelt werden soll. Anerkennung der Einzelpersönlichkeiten kann Selbstachtung, liebevolle Selbstwahrnehmung, Fähigkeit zur Artikulation der eigenen Erfahrung und des eigenen Willens und zum Handeln im eigenen Interesse bewirken. Das Bildungsziel der Selbstachtung gilt für jede, für jeden, gilt darum immer für mich und für die Anderen. Selbstachtung und Anerkennung der Anderen gehen hervor aus der einen Haltung des Respekts, die das gleiche Recht auf Lebensglück für die Verschiedenen gelten läßt. Sowohl der Bereitschaft zur Selbstentwertung und Selbstunterwerfung als auch zur Überheblichkeit, Unterdrückung und Gewalt gegen andere steht dieses Prinzip entgegen.

Die Auswirkungen dieses Bildungsziels für Kinder und Jugendliche können sehr verschieden sein: Angesichts der vorherrschenden Mädchensozialisation legt es Mädchen Selbstachtung und die Möglichkeit, sich von anderen abzugrenzen, also auch sich gegen Übergriffe zu wehren, nahe. Angesichts der vorherrschenden Jungensozialisation legt es Jungen nahe, die Grenzen anderer anzuerkennen. Der Respekt vor den kulturell und subkulturell bedingten Differenzen der Einzelnen bedeutet den Abbau ethnozentrischer bzw. rassistischer Diskriminierung, sowie des bei diskriminierten Gruppen verbreiteten Selbsthasses. Selbstachtung und Anerkennung der Anderen bringt natürlich die Konsequenz einer Anerkennung der Vielfalt der Lernniveaus, Lernstile, Lerntempi in der Klasse mit sich, erlaubt die Wahrnehmung winziger Lernbewegungen eines schwerstbehinderten Kindes und eines hochbegabten Kindes. Dieses Bildungsziel der Pädagogik der Vielfalt richtet sich an beide Seiten, an die Angehörigen inferiorisierter und dominierender Gruppen, an Mädchen und Jungen, an Kinder kultureller Minderheiten und Mehrheiten, an behinderte und nichtbehinderte Kinder. Für seine Verwirklichung sind angesichts der gegensätzlichen Ausgangsbedingungen unterschiedliche Lernprozesse erforderlich.

2. Übergänge: Kennenlernen der Anderen

Wenn die Haltung der Anerkennung von Getrenntheit und Einmaligkeit der Einzelpersonen das Klima einer Lerngruppe bestimmt, entsteht Gemeinsamkeit. Aus Subjektivität entsteht Intersubjektivität. Die Aufmerksamkeit einer jeden, eines jeden für die eigene Besonderheit weckt die Fähigkeit, auch der Besonderheit der Anderen gewahr zu werden. Gemeinsamkeit stellt sich her durch ‚Prozesse des Übergangs zwischen den Heterogenen', deren theoretische Voraussetzungen in den Abschnitten zur Frage gleichberechtigter Beziehungen (in Kapitel II) erarbeitet wurden. Ein Name solcher ‚Brücken' heißt Neugierde. Der Wunsch, kennenlernen zu wollen, läßt die Einmaligkeit der Einzelnen bestehen und versucht, sie in ihrer Eigendynamik zu begreifen. Individualität ist im Verständnis der Pädagogik der Vielfalt kein Gegensatz zu Gemeinsamkeit. Selbstachtung und Anerkennung der Anderen läßt erst wirkliche Gemeinsamkeit entstehen. Solche Gemeinsamkeit setzt sich zusammen durch den Kontakt zwischen den Verschiedenen, sie wird nicht erreicht durch Angleichung der Verschiedenen aneinander oder an eine übergeordnete Vorgabe. Eigene Erfahrungen zum Ausdruck bringen, mitteilen und zuhören, zuschauen, was bei anderen vorgeht, was sie empfinden, lernen, was für sie wichtig ist. – Gesprächskreise sind die zur Zeit vor allem in der neueren Grundschulpädagogik wieder kultivierte Form, Gemeinsamkeit zu stiften, in der Individualität nicht stört, sondern wachsen kann. Wenn Gesprächskreise von der Lehrerin angeleitet werden mit der Frage danach, was für jedes einzelne Kind heute wichtig ist, wenn Freiarbeit beginnt mit der Frage, was jedes einzelne Kind heute lernen möchte und dabei auch passives Nichtstun erlaubt ist, so finden Annäherungen unter Berücksichtigung von Grenzen statt.

3. Entwicklungen zwischen Verschiedenen

Einander wahrnehmen und kennenlernen gibt in den unterschiedlichsten Bildungseinrichtungen vom Kindergarten bis zur Gruppenarbeit in der Erwachsenenbildung über alle Schulstufen Impulse, Neues zu probieren und sich weiterzuentwickeln. Wenn verschiedene Menschen einander kennenlernen, eröffnen sich neue Handlungsperspektiven. Die Anwesenheit eines schwerstbehinderten Kindes, das vor allem durch Körperkontakt in Beziehung zu anderen tritt, veranlaßt zum Streicheln, zu Zärtlichkeit. Fortgeschrittene Schüler und Schülerinnen können anderen, die beim Rechnen, Lesen, sportlichen Übungen usw. noch nicht so weit sind, etwas beibringen und lernen dabei selbst. Die Begegnung mit Anderen, die etwas anderes können, ist eine wichtige Herausforderung für kognitives und emotionales Wachstum. Die Erfahrung der Koedukation und der hierarchisch organisierten Jahrgangsklasse so wie manche Erfahrungen der Ausländerpädagogik lehren aber, daß das nicht naturwüchsig so ist. Wenn nicht Lehrkräfte ein Klima der Akzeptanz der Verschiedenheit schaffen, ist immer damit zu rechnen, daß nicht Entwicklungsprozesse durch wechselseitige Anregungen in Gang kommen, sondern daß die mächtigen Traditionen des Rassismus, der Frauenfeindlichkeit und der Behindertendiskriminierung sich Bahn brechen und sich verfestigen und so neue Entwicklungen blockieren.

4. Kollektivität: Gemeinsamkeit zwischen Menschen mit ähnlichen Erfahrungen

Der Zusammenhang von Selbstachtung und Anerkennung Anderer gilt nicht nur im Hinblick auf Einzelne, sondern auch im Hinblick auf Gruppen von Einzelnen mit gemeinsamen Erfahrungen. Im Austausch zwischen Verschiedenen kommt es vor, daß Einzelne beim Zuhören erkennen ‚Das habe ich auch schon einmal erlebt.' Für die Möglichkeit eigene Erfahrungen in Worte zu fassen, zu verstehen und als Teil der eigenen Existenz zu erkennen erschließt das Wiedererkennen im Anderen neue Dimensionen. In der Pädagogik der Vielfalt hat darum neben der Anerkennung der Verschiedenheit zwischen Einzelnen auch die Anerkennung kollektiver Verschiedenheit zwischen Gruppen Platz. Gruppengemeinsamkeiten dürfen aber nicht von außen zugeschrieben und nicht durch gruppeninterne Hierarchien erzwungen werden, so daß Einzelne der Gruppe subsumiert werden, sondern es wird ihnen Raum gewährt, sich zu zeigen, zu entwickeln und zu verändern, sich gegebenenfalls auch wieder aufzulösen. Pädagogik der Vielfalt fördert Gruppenbildungen zwischen Mädchen und zwischen Jungen, zwischen Kindern aus dem gleichen Kulturkreis, zwischen Kindern mit ähnlichen Erfahrungen mit Behinderungen, weil Emanzipation immer auch ein kollektiver Porzeß ist. Deren Gestaltung und Dauer muß situativ flexibel entschieden werden. Als ein Musterbeispiel kann hier die Bildung von Mädchengruppen für Computerkurse gelten. Weitergehende organisatorische Trennungen finden sich in Schulmodellen, wo an eine Gesamtschule oder an ein Gymnasium ein Schulzweig für Kinder und Jugendliche mit einer speziellen Behinderung angegliedert ist, wie z.B. in der Heinrich Hertz-Schule in Hamburg, die blinde und sehbehinderte Schülerinnen und Schüler aufnimmt. Diese Lösung wurde auch vorgeschlagen für den Unterricht mit Gehörlosen, da ihnen so eine quasi bi-kulturelle Bildung mit später Wahlmöglichkeit, ob sie in der lautsprachlichen oder gebärdensprachlichen Welt leben wollen, ermöglicht wird.

Schulen für in dieser oder jener Hinsicht homogene Gruppen müßten aus der Sicht der Pädagogik der Vielfalt ebenfalls nicht prinzipiell ausgeschlossen sein, sofern sie demokratischen Grundsätzen verpflichtet und auch für andere Kinder offen sind. Das gilt eher für Sekundarstufen, wohl kaum für die Primarstufe. Das Erproben vielfältiger Schulmodelle, auch von Mädchenschulen mit emanzipatorischer Zielsetzung oder Schulen für Angehörige einer Kultur können mit neuen Erfahrungen die Pädagogik bereichern und dürfen nicht von vornherein unter Verdacht gestellt werden, alte Ausgrenzungen wiederzubeleben. Sicher liegen solche Formen wegen ihrer monistischen Ausrichtung nicht in der engeren Wahl der Vielfaltspädagogik, aber sie müßte eigentlich auch dem Schulpluralismus eine Chance geben. Keine der Formen der homogenen Gruppenbildung, angefangen von kleinen Tischgruppen bei innerer Differenzierung über Arbeitsgemeinschaften, Klassen und Schulzweige für Menschen mit ähnlichen Erfahrungen darf aber zu Isolation und Separation führen. Die getrennt gewonnenen Erkenntnisse gilt es zurückzuführen in die gemischte Gemeinschaft, diese damit zu konfrontieren und weitere gemeinsame und getrennte Schritte zuzulassen. Fundamentalistische Separierungsforderungen von Eltern, legitimiert mit dem Vielfaltsargument, müssen stets abgelehnt werden, wenn ihre Realisierung zur Unterdrükkung der Kinder beitragen kann, z.b. wenn sie von Klassenfahrten oder vom Sportunterricht ausgeschlossen werden sollen. Kollektivität berücksichtigen bedeutet in der Pädagogik der Vielfalt, Kinder und Jugendliche in ihrem historisch-kulturellen Gewordensein zu verstehen. Zugleich kritisiert die Pädagogik der Vielfalt die im Namen von Kollektivität praktizierten Separierungen und Repressionen.

5. Innerpsychische Heterogenität

Selbstwahrnehmung und Selbstachtung, Andere wahrnehmen und achten sind sehr schwer zu erreichende Ziele, denen hohe Abwehr entgegensteht. Wir alle erhalten unsere psychische Stabilität indem wir schmerzliche, gefährliche, verpönte und verbotene Empfindungen verdrängen und sie dann unbewußt delegieren und sie im Anderen idealisieren, verachten, bekämpfen. Wenn wir Angst haben vor unserem Tod, halten wir uns fern vor Sterbenden, wenn wir Angst haben um eigene körperliche Unversehrtheit, ängstigen wir uns in der Nähe von Menschen mit Behinderungen, wenn wir eigene Schmerzen nicht wahrhaben können, verachten wir Menschen die leiden, wenn wir uns nicht trauen, wütend zu werden, bewundern wir Menschen, die aggressiv sind.

Selbstwahrnehmung fördern bedeutet, daß neben der Aufmerksamkeit für bereits bekannte Seiten der Person auch Aufmerksamkeit für verdrängte Gefühle entsteht, daß nichtbehinderte Kinder ihre Behinderungen sehen lernen, Jungen ihre Kleinheitsgefühle, Mädchen ihre Agressivität und Kinder mit einer Behinderung ihren Zorn und ihre Traurigkeit darüber. Das Gewahrwerden all dieser widerprüchlichen und abgelehnten Seiten der eigenen Persönlichkeit ist die Kehrseite des Kennenlernes und Achtens der Anderen. Pädagogik der Vielfalt bedeutet Aufmerksamkeit für solche innerpsychische Heterogenität und eröffnet den manchmal schmerzlich, manchmal beglückend erlebbaren Zugang zum Reichtum vielfältiger Empfindungen, der sich in Texten, Bildern, Musik und Tanz artikulieren kann. Ansätze dazu aber werden sich nur entwickeln lassen, wenn gerade auch soziokulturell benachteiligte Kinder vom Schulanfang an die Erfahrung der Zugehörigkeit und des Anerkanntseins machen; fehlt diese Erfahrung, bleibt vielen kaum etwas anderes übrig, als schmerzliche oder angstvolle Persönlichkeitsanteile zu verdrängen und sich in Gestalt von rassistischen, sexistischen und behindertenfeindlichen Aktionen Erleichterung zu verschaffen suchen.

Die Aufmerksamkeit für auch durch widersprüchliche Lebenslagen entstehende innerpsychische Heterogenität ist in diesem Zusammenhang so wichtig, weil eine große Zahl der Lernenden nicht ohne weiteres einer dominierenden *oder* einer inferiorisierten Gruppe zugeordnet werden kann. So können, um nur zwei Beispiele zu nennen, einige Jungen als deutsch und männlich *dominierenden* Gruppen, als subproletarisch und schulversagend zugleich *inferiorisierten* Gruppen angehören; einige Mädchen hingegen können als deutsch *dominierenden* und als weiblich, subproletarisch und schulversagend zugleich *inferiorisierten* Gruppen angehören. Gerade in diesen komplexen Mischungen und allen möglichen anderen Mischungen sind Konfliktpotentiale zu lokalisieren.

Wenn heterogene Persönlichkeitsanteile in Bildungsprozessen nicht ausgegrenzt werden sollen, so geht es neben der Aufmerksamkeit für Gefühle auch um die Integration von Leiblichkeit, für die in der Integrationspädagogik sowie in der innovativen Grundschulpädagogik insgesamt vielfältige Vorschläge gemacht werden.

6. Begrenztheit und Trauerarbeit – Entfaltung und Lebensfreude

‚Ich bin in einer kulturellen Umwelt aufgewachsen und in anderen nicht. Ich bin weiblich oder männlich aufgewachsen, verfüge nicht über die Erfahrungen des anderen Geschlechts, ich habe in meiner Lebensgeschichte Behinderung, Leiden, Einschränkung, Scheitern erlebt, habe auch geirrt und Fehler gemacht.' – Die Arbeit an der Realisierung solcher Wahrheiten, die in *jeder* Existenz wesentlich sind, nennt die Psychoanalyse ‚Trauerarbeit'. Pädagogik der Vielfalt kann ohne Trauerarbeit, die mit dem Wissen um Begrenztheit einhergeht, nicht auskommen. Nur so kann sie der Illusion widerstehen, mit der Vielfalt menschliche Begrenztheit überwinden zu können. Es ist aber nicht möglich, Leid- und Grenzerfahrungen ungeschehen machen zu können. Möglich ist die Akzeptanz der lebensgeschichtlich erfahrenen ethnozentrischen, geschlechts-spezifischen und behindernden Begrenztheiten im riskanten, schwierigen und schmerzlichen Prozeß der Trauerarbeit. Die Pädagogik muß eine Form finden, Kindern solche Trauerarbeit zu ermöglichen, etwa wie dies in einigen Integrationsklassen, wie in Kapitel V geschildert, bereits geschieht. Die paradoxe Wirkung der Trauerarbeit ist, daß die Akzeptanz der Begrenztheitserfahrung nicht einengt, sondern wenn Schmerz und Zorn darüber bewußt werden durften, kann sich der Blick öffnen für die Potentiale, die vorhanden sind und für die realen Möglichkeiten der Entgrenzung.

7. Prozeßhaftigkeit

Ein Bildungsziel wie Selbstachtung und Anerkennung der Anderen läßt sich nicht funktional lehren, nicht ausschließlich durch Appelle und Unterrichtsinhalte vermitteln. Prozeßhaftigkeit ist nur denkbar als eigenständiger Weg jedes einzelnen Kindes, der von Erwachsenen gestützt und begleitet wird. Niemand kann absehen, wann ein rollstuhlfahrendes Kind sich entschließt, den anderen das ungefragte Herumschieben zu untersagen mit einem klaren ‚Ich will das nicht', wann ein bis dahin unablässig hilfsbereites Mädchen den Mut findet zu sagen: ‚Jetzt nicht, ich möchte meine Arbeit fortsetzen', wann ein Junge sich traut, zu weinen oder fürsorglich zu sein und wieviele Male ein Kind einen Handlungsablauf mit einem Montessorimaterial wiederholen muß, ehe es zum nächsten Lernschritt übergehen kann. Den Schritt selber tun, das ist wirkliche Aneignung, nicht weil es vom Erwachsenen gewollt war. Eine alte zentrale Erkenntnis der Reformpädagogik, neu belebt durch die Integrationspädagogik – ein Herzstück der Pädagogik der Vielfalt! Die Regelschule verstößt strukturell dagegen mit Schäden bei den Kindern, deren natürliche Lernfähigkeit zerstört wird.

8. Keine Definitionen

Pädagogik der Vielfalt geht aus von der ‚Unbestimmbarkeit der Menschen', sie kann darum nicht diagnostizieren, ‚was jemand ist', noch ‚was aus ihr oder ihm werden soll'. Sie wendet sich gegen alle Verdinglichungen in Gestalt von Definitionen, was ein Mädchen, ein Junge, ein Verhaltensgestörter, eine Türkin ... sei. Wenn Personen charakterisiert werden sollen, dann in ihrer Entwicklungsdynamik und in ihrem Umweltkontext. Nur in ihrer Prozeßhaftigkeit und Umweltinterdependenz lassen sich Personen adäquat beschreiben. Daraus leiten sich Maximen für Bewertungen und Gutachten ab.

9. Keine Leitbilder

Offenheit für die Heterogenität der Schülerinnen und Schüler sowie für ihre nicht vorausbestimmbaren eigenen Lernprozesse verbietet das Aufstellen von verbindlichen Leitbildern. Ich kann nicht stellvertretend festlegen, was sie einmal werden sollen. Dazu gehört, daß auch ihre Emanzipationswege oder ihre kulturelle Zugehörigkeit nicht von wohlmeinenden Pädagoginnen und Pädagogen vorgezeichnet werden sollen. Der Verzicht auf Leitbilder erfordert ein aufmerksames Umdenken in der Pädagogik und erübrigt viele Zieldiskussionen. Wenn das im Übrigen ja allseits proklamierte Lernziel der Autonomie ernst genommen werden soll, so ist das Aufstellen von Leitbildern für eine unbekannte Zukunft einer jüngeren Generation schlechterdings unverträglich mit dem Aufstellen von Leitbildern seitens einer älteren Generation.

Kindern und Jugendlichen sollte nicht gezeigt werden, was aus ihnen werden soll, sie brauchen vielmehr Begleitung und Unterstützung auf dem schwierigen Weg der Gestaltung ihres eigenen Lebens. Unterstützung geschieht im Rahmen einer solchen Erziehung zur Mündigkeit durch das Herstellen von Freiräumen für eigene Erfahrungen im pädagogischen Alltag und für eigenständige Lebensplanungen, Anleitung zur Reflexion von Erfahrungen, Eröffnen von Zugang zur Reflexion der eigenen Lebensgeschichte und ihrer kulturellen, kollektiv-historischen Hintergründe, Vermittlung von Wissen über gesellschaftliche, ökonomische Bedingungen sowie das Angebot zur Auseinandersetzung mit einer klar abgegrenzten, eigene Positionen vertretenden parteilichen Persönlichkeit der Lehrerin oder des Lehrers.

10. Aufmerksamkeit für die individuelle und kollektive Geschichte

‚Wie bin ich geworden, was ich jetzt bin?', ‚Wie ist die Gesellschaft geworden, was sie jetzt ist?' – solche Fragen nach den Biographien und nach kulturellen und gesellschaftlichen historischen Entwicklungen sind wesentlicher Bestandteil der Pädagogik der Vielfalt. Je tiefer das Verständnis für die lebensgeschichtlichen und geschichtlichen Hintergründe ist, umso freier und verantwortlicher können neue Lebensperspektiven entwickelt werden. Geschichte als Frauengeschichte und Männergeschichte, als Geschichte der verschiedenen Kulturen, Spurensuche, Geschichte von unten, diese neuen Ansätze bieten die Möglichkeit, verschüttete Aspekte des Gewordenseins aufzuarbeiten, einschließlich der verdrängten Fragen nach Schuld und Tätern und Opfern in der Geschichte.

11. Aufmerksamkeit für gesellschaftliche und ökonomische Bedingungen

Politische Bildung, Einblick nehmen in gesellschaftliche Machtstrukturen und ökonomische Verhältnissse ist für den Kampf um Gleichberechtigung unerläßlich. Denn eine demokratische Vorstellung vom Zusammenleben der Verschiedenen ist ohne ökonomische und politische Demokratisierung auf nationaler und internationaler Ebene undenkbar. Die Umverteilung der vorhandenen ökonomischen Ressourcen zugunsten der ökonomisch benachteiligten Bevölkerungsgruppen und Staaten ist eine Voraussetzung zur Entfaltung von Vielfalt. An dieser Stelle hat die politische Bildung, u.a. wie sie während der Bildungsreform ausformuliert wurde, in der Pädagogik der Vielfalt ihren Ort.

12. Achtung vor der Mitwelt[13]

Pädagogik der Vielfalt impliziert die respektvolle ‚dialogische' Annäherung nicht nur an andere Menschen, sondern auch an die Mitwelt in Biologie, Physik, Chemie, Geographie und in den Polytechnischen Fächern. Eine solche Haltung wird auch im Alltag, im ‚Handelnden Unterricht' konkret, z.B. durch

---

13 Vgl. Helmut Schreier (Hg.): Kinder auf dem Wege zur Achtung vor der Mitwelt, Heinsberg 1992; Martin Wagenschein u.a.: Kinder auf dem Wege zur Physik, Stuttgart 1973.

fächerübergreifende Projekte in Schulgärten, -teichen, -labors, -werkstätten, -küchen. Sie orientiert sich am ökologischen Denken und ermöglicht ökologisches Lernen. Eine gemeinsame Wertvorstellung ist grundlegend: die Liebe zum Leben in seiner Vielfalt.

13. Didaktik des Offenen Unterrichts, Lernentwicklungsberichte

Didaktische Möglichkeiten der Pädagogik der Vielfalt finden sich im Erfahrungsschatz der alten und neuen Reformpädagogik: Fächerübergreifende Projekte, Freiarbeit, Wochenplanarbeit, Frontale Phasen, Gesprächskreise, gleitender Unterrichtsbeginn, verbale Beurteilungen, Individualisierung und Differenzierung mit Hilfe eines reichhaltigen Materialangebots und werkstattartiger Klassenraumgestaltung. Diese Didaktik läßt sich zusammenfassend bezeichnen als eine ‚freiraumlassende Didaktik', die Strukturen, Rituale, Angebote an Wissen und Arbeitsweisen bereitstellt, als Rahmen, der eigenständige Entwicklungen begünstigt. Sie ist eine permanente Arbeit am Problem der Passung, also an der Abstimmung zwischen den Voraussetzungen beider Seiten, dem Entwicklungsstand der Schülerinnen und Schüler und den inhaltlichen und methodischen Angeboten der Pädagogik. Derartiger Offener Unterricht[14] ist darum bemüht, daß jede und jeder Einzelne auf der je individuellen Entwicklungsstufe zur optimalen Entfaltung der unterschiedlichen Fähigkeiten kommen kann und trägt Sorge für die Gemeinsamkeit aller in der Klasse.

Pädagogik der Vielfalt ist unvereinbar mit traditionellen Ziffernzeugnissen. Die Kompetenzen jedes Kindes sollten vielmehr genau beschrieben werden, auch sollten Kinder lernen, den erreichten Stand ihrer Fähigkeiten zu kennen und selbst zu verbalisieren.

Die heutige innovative Grundschulpädagogik[15] hat wohl mehr als jede andere pädagogische Strömung belegt, daß es alltäglich möglich ist, für die Heterogenität von Schülerinnen und Schülern offen zu sein. Sie gewinnt bereits Einfluß auf die Pädagogik der Sekundarstufen.[16]

14. Grenzen, Rituale und Regeln

Offener Unterricht mit der Anerkennung der Einzelnen und der Freiheiten der Freien Arbeit läßt sich keinesfalls, wie bereits angedeutet, quasi natur-

---

14 Wulf Wallrabenstein: Offene Schule – Offener Unterricht. Ratgeber für Eltern und Lehrer, Reinbek 1991.
15 Vgl. die Publikationen des Arbeitskreises Grundschule. Vgl. auch: Akademie der Pädagogischen Wissenschaften/Institute für Bildungsforschung und Erziehungswissenschaften (Hg.): Unterstufe/Grundschule in Ost und West, Berlin 1990; Uwe Hameyer/Roland Lauterbach/Jürgen Wiechmann (Hg.): Innovationsprozesse in der Grundschule, Bad Heilbrunn 1991.
16 Werner G. Mayer: Freie Arbeit in der Primarstufe und in der Sekundarstufe bis zum Abitur, Heinsberg 1992.

wüchsig realisieren. Er setzt vielmehr ein dichtes Geflecht aus vorgegebenen und aus gemeinsam erarbeiteten Regeln und Transparenz, Vorhersehbarkeit, Sicherheit und Verläßlichkeit gewährenden Ritualen voraus. Grenzen setzen und Grenzen respektieren lernen sind zentrale Bildungsziele der Pädagogik der Vielfalt, ohne die die Haltung der Selbstachtung und Anerkennung der Anderen keinen Boden hat. (Pädagogik der Vielfalt hat hier starke Berührungspunkte mit ‚community education', ohne jedoch deren Emphase hauptsächlich fürs rationalistische Argumentieren zu teilen.)

15. Kinderelend oder ‚Störungen als Chance'?

In der Integrationspädagogik, in der Feministischen Pädagogik, in der Interkulturellen Pädagogik erscheinen die am schwersten lösbaren Probleme als ‚Verhaltensstörungen'. Verhaltensgestörte, die selbst unter den Bedingungen integrativer Pädagogik nicht unterrichtet werden können, Mädchen, die wegen (meist unbekannten) sexuellen Mißbrauchs auffällig werden, gewalttätige Jungen, durch wechselvolles Migrationsschicksal desorientierte Kinder – Leiden von Kindern und ihre regressiven und aggressiven Verarbeitungsformen bestimmen den pädagogischen Alltag. Armut, vor allem durch Arbeitslosigkeit und instabile Familienverhältnisse verschärfen dieses Kinderelend. Diese Probleme erfordern besondere Aufmerksamkeit, wenn Pädagogik der Vielfalt ihren eigenen Zielen gerecht werden will. Einzelne Schritte können dabei sein: Kontinuität in der Klassenleitung, so daß Kinder stabile Beziehungen aufbauen können; Supervision für die Lehrkräfte; Doppelbesetzung in einer großen Anzahl von Klassen; Schulsozialarbeit; Intensivbetreuung (1:1) bei besonders gravierenden Störungen; Aufmerksamkeit und Handeln zur Verhinderung von Gewalt vor allem durch Kinder und Jugendliche gegen Mädchen, aber auch gegen andere Jungen.

16. Selbstachtung und Anerkennung der Anderen in der Rolle der Lehrerinnen und Lehrer

Das Prinzip der Selbstachtung und der Anerkennung der Anderen und alle weiteren daraus abgeleiteten Elemente gelten auch für die Position der Lehrerinnen und Lehrer in der Pädagogik der Vielfalt.

Daraus folgt, daß die Verschiedenheit der Aufgaben zwischen Lehrenden und Lernenden bewußt gemacht und klar ausgesprochen werden sollte.

Lehrerinnen und Lehrer sind Angehörige einer Kultur, haben persönliche Wahlen getroffen, vertreten politische Optionen. Sie können solche Überzeugungen klar als ihre Entscheidung vor den Lernenden vertreten. Sie können sie als eigene Wahl deutlich machen und, die Grenze zu den Schülerinnen und Schülern respektierend, auch deren Wahlmöglichkeit klarstellen. Sinngemäß könnte das so klingen: ‚Ich habe mich entschieden ein Kind zu bekommen und bin drei Jahre nicht berufstätig gewesen, das war meine Entscheidung. Wie sind Deine Wünsche und Lebensbedingungen, was möchtest Du tun?' Lehrerinnen und Lehrer vertreten auch ein pädagogisches Konzept und die Institution Schule, haben eine Machtposition inne, auch dies gilt es klarzustellen und nicht zu verschleiern. Das könnte so klingen: ‚Ich finde es nicht gut, wenn Du Dein Bild zerreißt, ich möchte es lieber an die Wand hängen und anschauen. Ich glaube, es ist nicht gut für Dich, wenn Du das tust.' Eine solche Aussage ist eine parteiliche Stellungnahme, die immer noch eine Wahlmöglichkeit läßt. In anderen Situationen ist aber auch klare Machtausübung unerläßlich: ‚Ich erlaube nicht, daß Du ihn verletzt und werde es verhindern.' oder: ‚Ich schalte die Polizei ein gegen eine gewalttätige Jugendbande an unserer Schule.' Solches Einschreiten sind letzte Mittel, sie gehören aber zur Verantwortung der Erwachsenen. Wenn sie offen gemacht wird, haben die Angehörigen der jungen Generation die Chance, in der Auseinandersetzung damit Eigenständigkeit zu entwickeln.

Selbstachtung und Anerkennung der Anderen, daraus folgt für die Lehrkräfte auch das erklärte Recht auf die Sorge für das eigene Wohlbefinden. Nur Lehrer und Lehrerinnen, die dies tun, können auch wirklich für das Wohlergehen der Kinder und Jugendlichen sorgen. Wenn es den Lehrern schlecht geht, sie viel krank sind, so ist solcher Stress ein Indiz dafür, daß die Schulsituation gestört ist. ‚Störungen als Chance' zu begreifen kann helfen, Schulsituationen neu zu verbessern.

In der Pädagogik der Vielfalt ist Kooperation zwischen verschiedenen Fachleuten unerläßlich, gleich welche konkreten Formen an einzelnen Orten dafür entwickelt werden. Grundschullehrerinnen, Sonderschullehrer, Lehrerinnen aus verschiedenen Kulturen, Sozialpädagogen, Teams aller Art müssen zusammenarbeiten. Kooperationsfähigkeit ist ein wesentliches Lernziel für alle Lehrenden. Kooperieren will gelernt sein! Die in Einrichtungen der Sozialarbeit, wo Teamarbeit vorherrscht, längst übliche Supervision muß an Schulen eingeführt werden. Sie ist der Weg, Konfliktfähigkeit zu erlernen. Selbstachtung, Anerkennung der Anderen, Akzeptanz der persönlichen Heterogenität, der eigenen Begrenztheit und Arbeit an der Abwehr verpönter Persönlichkeitsanteile – diese Elemente der Pädagogik der Vielfalt sind selbst Inhalte der notwendigen Selbsterfahrungsarbeit in professionellen Supervisionsgruppen.

17. Verschiedenheit und Gleichberechtigung als institutionelle Aufgabe

Pädagogik der Vielfalt kann, trotz der vielen informellen Eigenaktivitäten von Lehrkräften, die längst in ihrem Sinne aktiv sind, nur gedeihen, wenn institutionelle Bedingungen des gleichen Rechts auf Bildung erfüllt sind. Die Schulformen der Wahl sind die *eine* Grundschule für *alle* Kinder und die integrierte Gesamtschule, die auch jene Schülerinnnen und Schüler nicht mehr ausschließt, die bisher die Sonderschulen besuchen. In der Primarstufe und Sekundarstufe I ist integrierter Unterricht im Klassenverband, das zeigen die Ergebnisse der Integrationsforschung, die wichtigste Unterrichtsform. Gleichzeitig darf dieses Prinzip nicht dogmatisch durchgesetzt werden. Ausnahmen sind z.b. denkbar für Kinder der gehörlosen Gebärdensprachler. Bei allen Formen äußerer Differenzierung muß bewußt dafür Sorge getragen werden, daß Kontaktmöglichkeiten zwischen allen bestehen und daß Diskriminierungen sich nicht verfestigen können. Es muß genau geprüft werden, ob in Einzelfällen Nationalschulen und geschlechtsspezifische Schulen eingerichtet werden, sofern diese sich demokratischen Prinzipien verpflichten.

Schulen brauchen zur Abstimmung mit den örtlichen Besonderheiten einen breiten rechtlichen Spielraum für eigenverantwortliche Entscheidungen, als ‚Gemeindeschulen' können sie Eigencharakter entwickeln. Freiwilligkeit bei der Bildung von Lehrer-Teams muß gewährleistet sein. Unterschiedliche Bezahlung im Team muß abgebaut werden. Weibliche, ausländische und behinderte Personen müssen in allen Statusgruppen anteilsgemäß vertreten sein. Auf allen Ebenen der Verwaltungshierarchie bis hin zur Ministerialbürokratie müssen institutionelle Einrichtungen zur Realisierung der Pädagogik der Vielfalt geschaffen werden (Frauenbeauftragte, Ausländerbeauftragte, Integration der Regel- und Sonderschulabteilungen, Kooperation zwischen all diesen Stellen).

Diese Thesen sind als ein Diskussionsbeitrag zu lesen, sie lassen viele Fragen offen, sind nicht widerspruchsfrei, sie stellen vielmehr Reflexionsarbeit an Widersprüchen und offenen Fragen dar. Eine dieser widersprüchlichen Fragen heißt: Wie können wir, die verschiedenen Pädagoginnen und Pädagogen, die verschiedenen Kinder und Jugendlichen, die Weisheit des alten chassidischen Satzes »In jedermann ist etwas kostbares, das in keinem anderen ist«[17] verstehen lernen und begreifen, daß gerade so Gemeinsamkeit entstehen kann? Wie können wir eine solche Einsicht uns zu eigen machen und mit unseren Erkenntnissen verbinden? Die Neufassung: In jeder Frau ist etwas kostbares, das in keiner anderen ist, weckt ganz andere Vorstellungen. Weitere Variationen sind gefragt, eine lautet z.B.: In jedem Kind mit einer Behinderung ist etwas kostbares, das in keinem anderen ist.

Gleiches gilt für *jedes* Mädchen, *jeden* Jungen, aus welchen Kulturen auch immer sie kommen.

---

17 Moeller 1986, 32.

VII. Literaturverzeichnis

Aab, Johanna/Pfeiffer, Thilo/Reiser, Helmut/Rockemer, Hans-Georg: Sonderschule zwischen Ideologie und Wirklichkeit, München 1974.
Abdullahi An Na'im: Toward an Islamic Reformation, Syracuse 1990.
Abé, Ilse u.a.: Kritik der Sonderpädagogik, Gießen 1973.
Adorno, Theodor W.: Erziehung zur Mündigkeit, Frankfurt/M. 1975.
Adorno, Theodor W. u.a.: Der autoritäre Charakter. Studien über Autorität und Vorurteil, Frankfurt/M. 1977.
Adorno, Theodor W.: Negative Dialektik, Frankfurt/M. 1980.
Akademie der Pädagogischen Wissenschaften/Institute für Bildungsforschung und Erziehungswissenschaften (Hg.): Unterstufe /Grundschule in Ost und West, Berlin 1990.
Akademie für pädagogische Entwicklung und Bildungsreform (Hg.): Kann Schule gerechter werden?, München 1980.
Akkent, Meral/Frayer, Nermin/Schütze, Yvonne: Geschwisterbeziehungen in türkischen und deutschen Familien, in: Sellach 1985, 117-175.
Akpinar, Ünal/Lopez-Blasco, Andrés/Vink, Jan: Pädagogische Arbeit mit ausländischen Kindern und Jugendlichen. Bestandsaufnahme und Praxishilfen, München 1974.
Albrecht-Heide, Astrid: Grundzüge der Migrantenkinderforschung in der Bundesrepublik Deutschland, Berlin 1979.
Albrecht-Heide, Astrid: Männliche Helden – weibliche Tränen, in: Büttner, Christian/ Ende, Aurel (Hg.): Die Rebellion der Mädchen, Weinheim und Basel 1986, 51-54.
Alker, H.R./Rusett, B.M.: Indices for Comparing Inequality, in: Meritt, R.L./Stein Rokkan (Hg.): Comparing Nations, New Haven/London 1966, 349-372.
Allerbeck, Klaus R./Hoag, Wendy: Jugend ohne Zukunft?, München 1985.
Altstaedt, Ingeborg: Lernbehinderte: Kritische Entwicklungsgeschichte eines Notstandes. Sonderpädagogik in Deutschland und Schweden. Isolation oder Integration, Reinbek 1977.
Antor, Georg Zum Verhältnis von Gleichheit und Verschiedenheit in der pädagogischen Förderung Behinderter, Zeitschrift für Heilpädagogik 1/1988, 11-20.
Appel, Christa/Eberlein, Ute/Müller, Ulrike/Prengel, Annedore/Schmid, Pia/Schultz, Brigitte/Sitals, Gisela/Willführ, Corinna: Frauenforschung sichtbar machen. Dokumentation der Frauenwoche am Fachbereich Erziehungswissenschaften der Universität Frankfurt im Januar 1985, Frankfurt/M. 1985.
Arbeitsgruppe am Max-Plank-Institut für Bildungsforschung (Hg.): Das Bildungswesen in der Bundesrepublik Deutschland. Ein Überblick für Eltern, Lehrer, Schüler, Reinbek 1984.
Arbeitsgruppe Schulforschung (Hg.): Leistung und Versagen, München 1980.

Arendt, Hannah: Rahel Varnhagen. Lebensgeschichte einer deutschen Jüdin aus der Romantik, München und Zürich 1981.
Arendt, Hannah: Elemente und Usprünge totaler Herrschaft, München 1986.
Arin, Chihan: Plädoyer für kulturellen Pluralismus. Zu Akkulturationsprozessen der Subkulturen aus der Türkei, in: Ästhetik und Kommunikation 57-58/1984, 175-196.
Asendorf, Christoph: Ströme und Strahlen. Das langsame Verschwinden der Materie um 1900, Gießen 1989.
Askenasy, H.: Sind wir alle Nazis? Zum Potential der Unmenschlichkeit, Frankfurt/M. 1979.
Auernheimer, Georg: Handwörterbuch zur Ausländerarbeit, Weinheim und Basel 1984. (a)
Auernheimer, Georg: Kultur, Identität und Interkulturelle Erziehung, in: Demokratische Erziehung 12/1984, 23-26. (b)
Auernheimer, Georg: Der sogenannte Kulturkonflikt. Orientierungsprobleme ausländischer Jugendlicher, Frankfurt/M. 1988.
Auernheimer, Georg: Kulturelle Identität – ein gegenaufklärerischer Mythos?, in: Das Argument 3/1989, 381-394.
Auernheimer, Georg (Hg.): Einführung in die Interkulturelle Erziehung, Darmstadt 1990.
Bach, Heinz: Integration, in: Bach, Heinz (Hg.): Pädagogik der Geistigbehinderten (Handbuch der Sonderpädagogik Bd.5), Berlin 1976, 196-207.
Bach, Heinz: Grundbegriffe der Behindertenpädagogik, in: Bleidick 1985, 3-24.
Badinter, Elisabeth: Ich bin Du. Die neue Beziehung zwischen Mann und Frau oder die androgyne Revolution, München 1987.
Badische Landesbibliothek (Hg.): Gottlieb Konrad Pfeffel. Satiriker und Philanthrop (1736-1809), Karlsruhe 1986.
Baker, David/Lenhardt, Gero: Ausländerintegration, Schule und Staat, in: Kölner Zeitschrift für Soziologie und Sozialpsychologie 40/1988, 40-61.
Bardorff, Alexander: Integration geistig Behinderter in den USA unter besonderer Berücksichtigung von Schule und Gemeinde. Unveröffentl. Diplomarbeit, Frankfurt/M. 1986.
Barz, Monika/Maier-Strömer, Susanne: Schlagen und geschlagen werden, in: Brehmer, Ilse (Hg.): Sexismus in der Schule, Weinheim 1982, 279-287.
Bast, Christa Weibliche Autonomie und Identität. Untersuchungen über die Probleme von Mädchenerziehung heute, Weinheim und München 1988.
Batelaan, Pieter: Die pädagogische Funktion des Unterrichts in einer multikulturellen Gesellschaft, in: Borrelli/Hoff 1988, 10-19.
Baumgardt, Ursula: König Drosselbart und C.G. Jungs Frauenbild. Kritische Gedanken zu Anima und Animus, Olten 1987.
Beauvoir, Simone de: Das andere Geschlecht, Reinbek 1987.
Beck, Ulrich: Risikogesellschaft. Auf dem Weg in eine andere Moderne, Frankfurt/M. 1986.
Beck-Gernsheim, Elisabeth: Das halbierte Leben. Männerwelt Beruf. Frauenwelt Familie, Frankfurt/M. 1985.
Becker, Egon: Paradoxien kultureller Modernisierung, in: Müller-Rolli 1987, 33-51.
Becker, Volker/Fellinger, Eva/Hell-Schmidt, Traudel/Limam, Annette/Loxat, Herrmann/Meister, Hans/Reiche, Ruth/Schnitzler, Petra/Theis, Christiane/Trittelvitz,

Annette: Zweiter Zwischenbericht des Projektes ‚Dezentrale Einführung und Unterstützung der gemeinsamen Föderung und Erziehung behinderter und nichtbehinderter Kinder im Elementarbereich' Nr.45. Universität des Saarlandes, Saarbrücken 1988.

Becker-Schmitt, Regina/Knapp, Gudrun-Axeli: Geschlechtertrennung – Geschlechterdifferenz. Suchbewegungen sozialen Lernens, Bonn 1987.

Beer, Ursula (Hg.): Klasse Geschlecht: Feministische Gesellschaftsanalyse und Wissenschaftskritik, Bielefeld 1987.

Begemann, Ernst: Die Erziehung der soziokulturell benachteiligten Schüler. Zur erziehungswissenschaftlichen Grundlegung der ‚Hilfsschulpädagogik', Hannover 1970.

Begemann, Ernst: Theoretische und institutionelle Behinderungen der Integration?, in: Eberwein 1988, 142-149.

Belenky, Mary Field/Clinchy, Blythe Mc Vicker/Tarule, Jill Mattuck: Das andere Denken. Persönlichkeit, Moral und Intellekt der Frau, Frankfurt/M./New York 1989.

Bender-Szymanski, Dorothea/Hesse, Herrmann G.: Migrantenforschung. Eine kritische Analyse deutschsprachiger empirischer Untersuchungen aus psychologischer Sicht, Köln 1987.

Benhabib, Seyla/Nicholson, Linda: Politische Philosophie und die Frauenfrage, in: Fetscher, Iring/Münckler, H. (Hg.): Pipers Handbuch der politischen Ideen, Zürich 1987, 513-562.

Benhabib, Seyla: Der verallgemeinerte und der konkrete Andere. Ansätze zu einer feministischen Moraltheorie, in: List/Studer 1989, 454-487.

Benhabib, Seyla: Die Debatte über Frauen und Moraltheorie – eine Retrospektive, in: Kulke/Scheich 1992, 139-148.

Benhabib, Seyla/Butler, Judith/Cornell, Drucilla/Fraser, Nancy (Hg.): Der Streit um Differenz. Feminismus und Postmoderne in der Gegenwart, Frankfurt/M. 1993.

Benjamin, Jessica: Die Fesseln der Liebe: Zur Bedeutung der Unterwerfung in erotischen Beziehungen, in: Feministische Studien 2/1985, 10-33.

Benjamin, Jessica: From Object to Subject. Vom Objekt zum Subjekt – Denkformen und Erlebnisweisen der Geschlechter, in: Prengel 1987, 75-93.

Benjamin, Jessica: Herrschaft – Knechtschaft: Die Phantasie von der erotischen Unterwerfung, in: List/Studer 1989, 511-538.

Benjamin, Jessica: Die Fesseln der Liebe. Psychoanalyse, Feminismus und das Problem der Macht, Frankfurt/M. 1990.

Benner, Dietrich/Göstemeyer, Karl-Franz: Postmoderne Pädagogik: Analyse oder Affirmation eines gesellschaftlichen Wandels?, in: Zeitschrift für Pädagogik 1/1987, 61-82.

Berendt, Joachim Ernst: Über Weltmusik, in: Trouillet, Jean/Pieper, Werner (Hg.): Weltbeat, Löhrbach 1988, 15-21.

Berg, Christa: Die Okkupation der Schule. Eine Studie zur Aufhellung gegenwärtiger Schulprobleme an der Volksschule Preußens (1872-1900), Heidelberg 1973.

Berichte vom Kölner Kongreß (Nov. 78) ‚Feministische Theorie und Praxis in sozialen und pädagogischen Berufsfeldern', in: Beiträge zur feministischen Theorie und Praxis 2/1979.

Berliner Pädagoginnengruppe: Feministische Mädchenarbeit, in: Beiträge zur feministischen Theorie und Praxis 2/1979, 87-96.

Beschel, E.: Der Eigencharakter der Hilfsschule, Weinheim 1960.
Bettelheim, Bruno: Die symbolischen Wunden: Pubertätsriten und der Neid des Mannes, Frankfurt/M. 1982.
Bierhoff-Alfermann, Dorothee: Androgynie. Möglichkeiten und Grenzen der Geschlechterrollen, Opladen 1989.
Bilden, Helga: Geschlechtsspezifische Sozialisation, in: Hurrelmann, Klaus/Ulich, D.: Handbuch der Sozialisationsforschung, Weinheim und Basel 1980, 777-812.
Bilden, Helga: Geschlechtsspezifische Sozialisation, in: Klaus Hurrelmann und Dieter Ulich (Hg.): Neues Handbuch der Sozialisationsforschung, Weinheim und Basel 1991, 279-301.
Birnstiel, Eckart: Zwischen zwei Kulturen – Die Schule der Berliner Hugenotten, in: Mitteilungen und Materialien der Arbeitsgruppe Pädagogisches Museum, Nr. 25, Berlin 1987, 100-142.
Bitterli, Urs: Die ‚Wilden' und die ‚Zivilisierten'. Grundzüge einer Geistes- und Kulturgeschichte der europäisch-überseeischen Begegnung, München 1976.
Bittner, Günther: Die Verachtung der »Weiber« – Über die Motive der Misogynie bei Grundschülern und überhaupt, in: Valtin 1985, 125-132.
Bizimana, Nsekuye: Müssen die Afrikaner den Weißen alles nachmachen? Kritik der weißen Gesellschaft. Alternativen für die Entwicklung in der Dritten Welt, Berlin 1985.
Blaschke, Jochen/Greussing, Kurt (Hg.): ‚Dritte Welt' in Europa, Frankfurt/M. 1980.
Bleidick, Ulrich: Zum Begriff der Behinderung in der sonderpädagogischen Theorie, in: Bürli, Alois (Hg.): Sonderpädagogische Theoriebildung, Vergleichende Sonderpädagogik, Luzern 1977, 25-38.
Bleidick, Ulrich: Metatheoreische Überlegungen zum Begriff der Behinderung, in: Zeitschrift für Heilpädagogik 7/1978, 408-415.
Bleidick, Ulrich: Pädagogik der Behinderten, Berlin 1983.
Bleidick, Ulrich (Hg.): Theorie der Behindertenpädagogik – Handbuch der Sonderpädagogik Bd. 1, Berlin 1985.
Bleidick, Ulrich: Freiheit und Gleichheit im Bildungswesen für Behinderte, in: Thalhammer, M. (Hg.): Gefährdungen des behinderten Menschen im Zugriff von Wissenschaft und Praxis. Anfragen an Sondererziehung und Therapie, München 1986, 13-37.
Bleidick, Ulrich: Betrifft Integration: behinderte Schüler in allgemeinen Schulen, Berlin 1988.
Bloch, Ernst: Naturrecht und menschliche Würde, Frankfurt/M. 1961.
Blochmann, Elisabeth: Das »Frauenzimmer« und die »Gelehrsamkeit«. Eine Studie über die Anfänge des Mädchenschulwesens in Deutschland, Heidelberg 1966.
Block, Irene/Pfister, Gertrud/Rieger, Ursula u.a. (Hg.): Feminismus in der Schule: Berichte – Analysen – Meinungen, Berlin 1985.
Boban, Ines/Hinz, Andreas/Wocken, Hans: Warum Pädagogen aus der Arbeit in Integrationsklassen aussteigen, in: Wocken u.a. 1988, 275-334.
Bochnick, Peter A.: Die mächtigen Diener: die Medizin und die Entwicklung von Frauenfeindlichkeit und Antisemitismus in der europäischen Geschichte, Reinbek 1985.
Bock, Gisela/Duden, Barbara: Arbeit aus Liebe – Liebe aus Arbeit. Zur Entstehung der Hausarbeit im Kapitalismus, in: Frauen und Wissenschaft. Beiträge zur Berliner Sommeruniversität, Berlin 1977, 118-190.

Bock, Gisela: Historische Frauenforschung: Fragestellungen und Perspektiven, in: Hausen, Karin: Frauen suchen ihre Geschichte, München 1983, 22-60.

Bolte, Karl Martin/Hradil, Stefan: Soziale Ungleichheit in der Bundesrepublik Deutschland, 4. Auflage, Opladen 1984.

Boos-Nünning, Ursula/Hohmann, Michael/Reich, H.: Schulbildung ausländischer Kinder, Bonn 1976.

Boos-Nünning, Ursula: Muttersprachliche Klassen für ausländische Kinder – Eine kritische Diskussion des bayerischen ‚offenen Modells‘, in: Deutsch lernen 2/1981, 40-70.

Boos-Nünning, Ursula/Hohmann, M./Reich, H.H./Witteck, F.: Aufnahmeunterricht – Muttersprachlicher Unterricht – Interkultureller Unterricht, München 1983.

Boos-Nünning, Ursula: Ausländische Lehrer, in: Auernheimer 1984, 229-230.

Boris, Dieter/Biver, Nico/Imbusch, Peter/Kampmann, Uta (Hg.): Schuldenkrise und Dritte Welt, Köln 1987.

Bornheim, Ulrike: Irgendwie über Nach hab' ich gedacht, ich werd' Lehrerin. Zur Berufswahl von Primatstufenstudentinnen, in: päd extra und demokratische Erziehung 9/1989, 16-18.

Borrelli, Michele: Interkulturelle Pädagogik – ‚Exotik‘-Pädagogik?, in: Ausländerkinder. Forum für Schule und Sozialpädagogik 18/1984, 5-50.

Borrelli, Michele: Prinzipien in der politischen Bildungsarbeit mit ausländischen und deutschen Schülern. Deutsche Vereinigung für Politische Bildung (DVPB) (Hg.): Politisches Lernen. ‚Gast‘-arbeiter im Unterricht, Dortmund 1985, 27-43.

Borrelli, Michele (Hg.): Interkulturelle Pädagogik: Positionen – Kontroversen – Perspektiven, Baltmannsweiler 1986. (a)

Borrelli, Michele: Interkulturelle Pädagogik als Pädagogische Theoriebildung: Hypothesen zu einem (neuen) Bildungsbegriff, in: Borelli 1986, 8-36. (b)

Borrelli, Michele: Gegen den affirmativen Charakter von Kultur und Bildung. Interkulturelle Pädagogik: Theorie und Praxis, in: Borrelli/Hoff 1988, 20-36. (a)

Borrelli, Michele/Hoff, Gerd (Hg.): Interkulturelle Pädagogik im internationalen Vergleich, Baltmannsweiler 1988. (b)

Borries, Bodo von: Frauengeschichte – Mode, Sekte, Wende?, in: Brand, Inge u.a. (Hg.): Feminin – Maskulin. Konventionen, Kontroversen, Korrespondenzen. Jahresheft aller pädagogischen Zeitschriften des Friedrichs Verlags 7/1989, 76-82.

Böttger, Barbara: Das Recht auf Gleichheit und Differenz. Elisabeth Selbert und der Kampf der Frauen um Art. 311 Grundgesetz, Münster 1990.

Bourdieu, Pierre/Passeron, Jean-Claude: Die Illusion der Chancengleichheit, Stuttgart 1971.

Bourdieu, Pierre: Die feinen Unterschiede. Kritik der gesellschaftlichen Urteilskraft, Frankfurt/M. 1982.

Bourdieu, Pierre: Ökonomisches Kapital, kulturelles Kapital, soziales Kapital, in: Kreckel, R. (Hg.): Soziale Ungleichheiten, Soziale Welt, Sonderband 2, Göttingen 1983, 183-198.

Bracken, Helmut von: Vorurteile gegen behinderte Kinder, ihre Familien und Schulen, Berlin 1981.

Braun, Christina von: Nichtich: Logik Lüge Libido, Frankfurt/M. 1988.

Brehmer, Ilse: Zur Geschichte weiblicher Bildung, in: Evangelische Akademie Hofgeismar (Hg.): Grundschule – Frauenschule. Frauenwelt und Männernormen in der Grundschule, Hofgeismar 1985, 6-50.

Brehmer, Ilse: Koedukation in der Diskussion dieses Jahrhunderts, in: Kindermann, Gisela u.a. (Hg.): Frauen verändern Schule, Berlin 1987, 34-63. (a)
Brehmer, Ilse: Die allgemeine Bildung der Frauen. Versuch einer historischen Rekonstruktion, in: Zeitschrift für Pädagogik 21/1987, 213-220. (b)
Bronfenbrenner, Uri: Wie wirksam ist kompensatorische Erziehung? Stuttgart 1974.
Brückner, Margrit: Die janusköpfige Frau. Lebensstärken und Beziehungsschwächen, Frankfurt/M. 1987.
Brüggemann, Theodor/Ewers, Hans-Heino: Handbuch der Kinder- und Jugendliteratur, Stuttgart 1982.
Brumlik, Micha: Ausländerfeindlichkeit und Rassismus – Zur Geschichte eines menschenfeindlichen Deutungsmusters, in: Hamburger 1983, 95-105.
Buber, Martin: Das dialogische Prinzip, Heidelberg 1984.
Buch, Andrea/Heinecke, Birgit u.a.: An den Rand gedrängt. Was Behinderte daran hindert, normal zu leben, Reinbek 1980.
Buchner, W.: Mädchenerziehung und Mädchenunterricht, in: Rein, W.: Enzyklopädisches Handbuch der Pädagogik, Bd. 4, Langensalza 1897, 628-647.
Budde, Herrmann/Klemm, Klaus: Der Teilarbeitsmarkt Schule in den neunziger Jahren. Gutachten i.A. der Max Traeger Stiftung, Frankfurt/M. 1986.
Bungart, Karl: Gleichheit der Bildungschancen, in: Herlitz, Hans-Georg (Hg.): Von der wilhelminischen Nationalerziehung zur demokratischen Bildungsreform Frankfurt/M. 1987.
Buschbeck, Helene/Ernst, K./Rebitzki, M.: (K)eine Schule wie jede andere. Vom Tempelhofer Projekt zu neuen Lernformen, Weinheim und Basel 1980.
Butler, Judith: Das Unbehagen der Geschlechter, Frankfurt/M. 1991.
Byaz, A. u.a. (Hg.): Integration – Anpassung an die Deutschen, Weinheim 1984.
Campe, Joachim H.: Väterlicher Rath für meine Tochter. Ein Gegenstück zum Theophron (1796), Paderborn 1988.
Chahoud, Tatjana: Zur Bildungs- und Schulsituation der Polnischen Minderheit in Berlin/Preußen, in: Mitteilungen und Materialien Nr.25 der Arbeitsgruppe Pädagogisches Museum, Berlin 1987, 143-190.
Chisholm, Lynne: Die gesellschaftliche Situation von Mädchen als Unterrichtsthema: Bericht aus einem englischen Modellprojekt der Schulforschung und Lehrerbildung, in: Prengel 1987, 57-73.
Chorodow, Nancy: Das Erbe der Mütter. Psychoanalyse und Soziologie der Geschlechter, München 1985.
Christ, Klaus/Hildeschmitt, Anne/Meister, Hans/Sander, Alfred/Theis, Christiane u.a.: Ökosystematische Beratung. Berichte aus dem Projekt ‚Integrationsorientierte Frühberatung'. Arbeitsberichte aus der Fachrichtung Allgemeine Erziehungswissenschaft der Universität des Saarlandes, Bd.35, Saarbrücken 1986.
Christadler, Marieluise: Die ‚Nouvelle Droite' in Frankreich, in: Fetscher, Iring: Neokonservative und ‚Neue Rechte', Frankfurt/M. 1983, 163-215.
Cixous, Hélène: Die Weiblichkeit in der Schrift, Berlin 1980.
Clarke, John: Jugendkultur als Widerstand, Frankfurt/M. 1979.
Cloerkes, Günther: Die Problematik widersprüchlicher Normen in der sozialen Reaktion auf Behinderte, in: Vierteljahresschrift für Heilpädagogik und ihre Nachbargebiete 1984, 25-40.
Cloerkes, Günther: Einstellung und Verhalten gegenüber Behinderten, Berlin 1985.

Cohn, Ruth C.: Von der Psychoanalyse zur Themenzentrierten Interaktion, Stuttgart 1983.
Cohn-Bendit, Daniel und Thomas Schmid: Heimat Babylon. Das Wagnis der multikulturellen Demokratie, Hamburg 1992.
Conradt, Sylvia/Heckmann-Janz, Kirsten: »Du heiratest ja doch« – Achtzig Jahre Schulgeschichte von Frauen, Frankfurt/M. 1985.
Craft, M. (Hg.): Education and Cultural Pluralism, London 1984.
Cummins, J: Zweisprachigkeit und Schulerfolg. Zum Zusammenwirken von linguistischen, soziokulturellen und schulischen Faktoren auf das zweisprachige Kind, in: Die Deutsche Schule 3/1984, 187-198.
Cuomo, Nicola: ‚Schwere Behinderungen' in der Schule. Unsere Fragen an die Erfahrung, Bad Heilbrunn 1989.
Czock, Heidrun/Radtke, Frank Olaf: Der heimliche Lehrplan der Diskriminierung, in: päd-extra 10/1984, 34-39.
Dahrendorf, Ralf: Reflektionen über Freiheit und Gleichheit, in: Hamburger Jahrbuch für Wirtschafts- und Gesellschaftpolitik IV/1959, 57-81.
Dahrendorf, Ralf: Über den Ursprung der Ungleichheit unter den Menschen, Tübingen 1966.
Dann, Otto: Gleichheit, in: Brunner, Otto/Conze, Werner/Koselleck, Reinhart (Hg.): Geschichtliche Grundbegriffe. Historisches Lexikon zur politisch-sozialen Sprache in Deutschland, Bd. 2, Stuttgart 1975, 997-1046.
Dann, Otto: Gleichheit und Gleichberechtigung. Das Gleichheitspostulat in der alteuropäischen Tradition und in Deutschland bis zum ausgehenden 19. Jahrhundert, Berlin 1980.
Dauzenroth, Erich: Kleine Geschichte der Mädchenbildung. Der verbotene Baum oder die Erziehung des anderen Geschlechts, Wuppertal u.a. 1971.
Demmer-Dieckmann, Irene: Zum Stand der Realisierung schulischer Integration im Schuljahr 1987/1988 in der Bundesrepublik Deutschland und West-Berlin, in: Behindertenpädagogik 1/1989, 49-97.
Deppe-Wolfinger, Helga: Behindert und abgeschoben. Zum Verhältnis von Behinderung und Gesellschaft, Weinheim 1983. (a)
Deppe-Wolfinger, Helga (Hg.): Italien: Gemeinsame Erziehung behinderter und nichtbehinderter Kinder. Exkursionsgruppe Bologna (unveröffentlicht), Frankfurt/M. 1983. (b)
Deppe-Wolfinger, Helga: Die gemeinsame Erziehung von behinderten und nichtbehinderten Kindern. Überlegungen zur bildungsökonomischen und bildungspolitischen Funktion integrativer Schulversuche, in: Behindertenpädagogik 4/1985, 392-406. (a)
Deppe-Wolfinger, Helga: Tutti uguali – tutti diversi oder: Die gemeinsame Schule für behinderte und nichtbehinderte Kinder in Italien, in: Demokratische Erziehung 2/1985, 16-19. (b)
Deppe-Wolfinger, Helga: Die gemeinsame Erziehung behinderter und nichtbehinderter Kinder – Zum Menschenbild einer neuen bildungspolitischen Bewegung, in: Federlin, Wilhelm-Ludwig/Weber, Edmund (Hg.): Unterwegs für die Volkskirche. Festschrift für Dieter Stoodt zum 60. Geburtstag, Frankfurt/M. 1987, 87-101.
Deppe-Wolfinger, Helga: Zum Widerspruch von Politik und Pädagogik, in: Eberwein 1988, 18-23. (a)

Deppe-Wolfinger, Helga: Bildung und Behinderung in verschiedenen Gesellschaften, in: Kemler, Herbert (Hg.): Behinderung und Dritte Welt. Annäherung an das zweifach Fremde, Frankfurt/M. 1988, 7-14. (b)

Deppe-Wolfinger, Helga/Prengel, Annedore/Reiser, Helmut: Integrative Pädagogik in der Grundschule, Bilanz und Perspektiven der Integration behinderter Kinder in der Bundesrepublik Deutschland 1976-1988, München 1990.

Deuber-Mankowsky, Astrid: Von neuen Welten und weiblichen Göttern. Zu Luce Irigarays ‚Ethique de la différence sexuelle', in: Conrad, Judith/Konnertz, Ursula (Hg.): Weiblichkeit in der Moderne. Ansätze einer feministischen Vernunftkritik, Tübingen 1986, 62-74.

Deuber-Mankowsky, Astrid: Weibliche Sexualität und Selbstsorge, in: Konnertz, Ursula (Hg.): Zeiten der Keuschheit. Ansätze feministischer Vernunftkritik, Tübingen 1988, 26-35.

Deuber-Mankowsky, Astrid/Ramming, Ulrike/Tielsch, E. Walesca: 1789/1989 – Die Revolution hat nicht stattgefunden. Dokumentation des V. Symposions der Internationalen Assoziation von Philosophinnen, Tübingen 1989.

Deutscher Bildungsrat: Empfehlungen der Bildungskommision: Zur pädagogischen Förderung behinderter und von Behinderung bedrohter Kinder und Jugendlicher, Bonn 1973.

Deutscher Bildungsrat: Gutachten und Studien der Bildungskommision Sonderpädagogik 2, Stuttgart 1974.

Deutscher Bundestag (Hg.): Verbesserung der Chancengleichheit von Mädchen in der Bundesrepublik (6. Jugendbericht). Zur Sache, Themen parlamentarischer Beratung, Probleme der Frau in unsere Gesellschaft (1), Bonn 1984.

Deutsches Jugendinstitut (Hg.): Projektgruppe ‚Integration von behinderten Kindern mit besonderen Problemen' – Projektergebnisse: Resumée und Empfehlungen, in: Gemeinsames Leben 6/1985, 1-27.

Devereux, Georges: Angst und Methode in den Verhaltenswissenschaften, München 1967.

Devereux, Georges: Normal und anormal. Aufsätze zur Allgemeinen Ethnopsychiatrie, Frankfurt/M. 1974.

Devereux, Georges: Ethopsychoanalyse, Frankfurt/M. 1978.

Devereux, Georges: Frau und Mythos, München 1986.

Di Carlo: Interkulturalismus in der Migration, in: Caritas 2/1987, 76-83.

Dick, Anneliese: Kommentierte Bibliographie: Rolle und Bild der Frau in deutschen Schulbüchern (Teil 1); Zusammenstellung veröffentlichter Unterrichtsmaterialien zur Darstellung der Frau im Unterricht aller Schulstufen (Teil 2). Hessisches Institut für Bildungsplanung und Schulentwicklung, Wiesbaden 1986.

Dickopp, Karl-Heinz: Erziehung ausländischer Kinder als pädagogische Herausforderung. Das Krefelder Modell, Düsseldorf 1982.

Dickopp, Karl-Heinz: Begründungen und Ziele einer multikulturellen Erziehung – Zur Konzeption einer transkulturellen Pädagogik, in: Borrelli 1986, 37-48.

Die Grünen (Hg.): ‚Leben mit Kindern – Mütter werden laut'. Dokumentation des Kongresses vom 22./23.11.86 Gedanken zur Mütterpolitik, Bonn 1987.

Die Grünen (Hg.): Wo liegt der Frauen Glück? Neue Wege zwischen Beruf und Kindern, Köln 1988.

Die Reichsschulkonferenz 1920. Ihre Vorgeschichte und Vorbereitung und ihre Verhandlungen. Amtlicher Bericht, erstattet vom Reichsministerium des Innern,

Leipzig 1921. Unveränd. Neudruck als Bd. 3 der Reihe ‚Deutsche Schulkonferenzen', Glashütten 1972.

Dietze, Lutz: Integration oder wie verfassungswidrig sind die Sonderschulen in Nordrhein-Westfalen? (Eigenverlag: Dortmunder Elterninitiative ‚Gemeinsam leben, gemeinsam lernen – gegen Aussonderung behinderter Kinder' e.V.) Dortmund 1987.

Dietze, Lutz: Rehabilitationsrecht und Normalisierungsprinzip – Praktische Bedeutung für die Integrationspädagogik, in: Eberwein 1988, 104-113.

Dolto, Francoise: Zwiesprache von Mutter und Kind. Die emotionale Bedeutung der Sprache, München 1988.

Dönhoff, Knut/Itzfeld, Ingrid: Eine Analyse des zahlenmäßigen Verhältnisses von Jungen und Mädchen in Schulen für Lernbehinderte, in: Zeitschrift für Heilpädagogik 4/1976, 215-225.

Dreyer, Annette/Göbel, Manfred/Reile, Eva/Schlüter, Hedwig/Wahler, Otmar: Warum nicht so? Geistigbehinderte in Dänemark, Solms 1981.

Duden, Barbara: Das schöne Eigentum. Zur Herausbildung des bürgerlichen Frauenbildes an der Wende zum 18. zum 19. Jahrhundert, in: Kursbuch 47/1977): Frauen 125-158.

Ebert, Joachim/Herter, Jürgen/Thomas, Helga: Überlegungen zur interkulturellen Bildung und Erziehung. Schlußfolgerungen aus einem Berliner Schulversuch zur Integration türkischer Schüler, in: Bildung und Erziehung 3/1987, 271-283.

Eberwein, Hans (Hg.): Fremdverstehen sozialer Randgruppen: Ethnographische Feldforschung in der Sonder- und Sozialpädagogik. Grundfragen, Methoden und Anwendungsbeispiele, Berlin 1987.

Eberwein, Hans (Hg.): Behinderte und Nichtbehinderte lernen gemeinsam. Handbuch der Integrationspädagogik, Weinheim und Basel 1988. (a)

Eberwein, Hans: Integrationspädagogik als Weiterentwicklung (sonder)pädagogischen Denkens und Handelns, in: Eberwein 1988a, 45-53. (b)

Eberwein, Hans: Zur dialektischen Aufhebung der Sonderpädagogik, in: Eberwein 1988a, 343-345. (c)

Edschmid, Ulrike: Was heißt Feminismus in der Schule, in: Beiträge zur feministischen Theorie und Praxis 2/1979, 81-86.

Effe-Stumpf, Gertrud/Kublik, Maria/Thomas, Christine u.a.: Werden sie Menschen in der eigentlichen Bedeutung des Wortes: Plädoyer für ein allgemeinbildendes Curriculum ‚Frauengeschichten – Frauengeschichte', in: Neue Sammlung 5/1984, 16.

Eich, Klaus-Peter: Schulpolitik in Nordrhein-Westfalen 1945-1954 (Düsseldorfer Schriften zur neueren Landesgeschichte und zur Geschichte Nordrhein-Westfalens, Bd. 20), Düsseldorf 1987.

Eigler, H. u.a.: Quantitative Entwicklungen: Wem hat die Bildungsexpansion genutzt?. Jahrbuch der Schulentwicklung, Band 1, Weinheim 1980, 45-73.

Ellger-Rüttgart, Sieglind: Zur historischen Argumentation einer ‚kritischen' Sonderpädagogik. Darstellung und Kritik, in: Zeitschrift für Heilpädagogik 27/1976, 534-549.

Ellger-Rüttgart, Sieglind: Historiographie der Erziehung von Behinderten, in: Bach, Heinz u.a. (Hg.): Handbuch der Sonderpädagogik Bd. 1, Theorie der Behindertenpädagogik, Berlin 1985, 87-125.

Ellger-Rüttgart, Sieglind: Kritiker der Hilfsschule als Vorläufer der Integrationsbewegung, in: Eberwein 1988, 38-44.

Eltern für Integration (Hg.): 4. Bundeselterntreffen im Nov. 1985 in Saarbrücken, Saarbrücken 1985.
Eltern für Integration (Hg.): 5. Bundeselterntreffen am 9/10.5.87 in der Universität Hamburg, Programm (vervielfältigtes Manuskript), Hamburg 1987.
Emmert, Sabine/Christiana Klose/Kirsten Langmaack/Pia Schmid/Brigitte Schulz (Hg.): Frauen im interdisziplinären Diskurs. eine interdisziplinäre Bibliographie 1988-1993, Frankfurt/M. 1993.
Enders-Dragässer, Uta/Brehmer, Ilse (Hg.): Die Schule lebt – Frauen bewegen die Schule. Dokumentation der 1. Fachtagung in Gießen 1982 und der 2. Fachtagung in Bielefeld 1983: Frauen und Schule, München 1984.
Enders-Dragässer, Uta/Stanzel, Grabriele (Hg.): Frauen Macht Schule – Dokumentation der 4. Fachtagung der AG Frauen und Schule, Frankfurt/M. 1986.
Enders-Dragässer, Uta/Fuchs, Claudia: Interaktionen der Geschlechter. Sexismusstrukturen in der Schule, Weinheim und Basel 1989.
Engel, Uwe/Hurrelmann, Klaus: Bildungschancen und soziale Ungleichheit, in: Müller-Rolli 1987, 77-97.
Erdheim, Mario: Die gesellschaftliche Produktion von Unbewußtheit. Eine Einführung in den ethnopsychoanalytischen Prozeß, Frankfurt/M. 1984.
Erlasse in den Bundesländern: Zu gemeinsamer Unterrichtung behinderter und nichtbehinderter Schüler und zur Zusammenarbeit von Allgemeinen Schulen und Sonderschulen, in: Zeitschrift für Heilpädagogik 5/1987, 364-366.
Erler, Gisela Anna: Frauenzimmer. Für eine Politik des Unterschieds, Berlin 1985.
Esser, Hartmut: Aspekte der Wanderungssoziologie. Assimilation und Integration von Wanderern, ethnischen Gruppen und Minderheiten. Eine handlungstheoretische Analyse, Darmstadt 1980.
Essinger, Helmut/Uçar, Ali (Hg.): Erziehung in der multikulturellen Gesellschaft, Baltmannsweiler 1984. (a)
Essinger, Helmut: Fremde Werte lernen, in: betrifft: erziehung 4/1984, 30-34. (b)
Essinger, Helmut/Bilge Kula, Onur: Pädagogik als interkultureller Prozeß. Beiträge zu einer Theorie interkultureller Pädagogik, Felsberg 1987. (a)
Essinger, Helmut/Bilge Kula, Onur (Hg.): Thesen zur bilingualen Erziehung, in: Lernen in Deutschland 1/1987, 8-9. (b)
Ewinkel, Carola/Hermes, Gisela u.a. (Hg.): Geschlecht: behindert – besonderes Merkmal: Frau. Ein Buch von behinderten Frauen, München 1985.
Fabry, Ewald: Integration behinderter Kinder und der Elternwille, in: Wocken/Antor 1987, 19-36.
Faulstich-Wieland, Hannelore (Hg.): Abschied von der Koedukation? Frankfurt/M. 1987.
Fechler, Hans: Sonderpädagogik in der Grundschule, in: Sonderschule in Niedersachsen 1/1987, 50-64.
Fehrs, Jörg: Jüdische Erziehung und Jüdisches Schulwesen in Berlin 1671 bis 1942, in: Mitteilungen und Materialien Nr.26 der Arbeitsgruppe Pädagogisches Museum, Berlin 1988, 145-188.
Fend, Helmut: Schulqualität – Die Wiederentdeckung pädagogischer Gestalten, in: Neue Sammlung 4/1988, 537-547.
Ferber, Christian von/Thimm, Walter: Integration geistig Behinderter durch Normalisierung der Hilfen. Bericht über ein Forschungsprojekt, Oldenburg 1982.

Fetscher, Iring: Neokonservative und ‚Neue Rechte'. Der Angriff gegen Sozialstaat und liberale Demokratie in den Vereinigten Staaten, Westeuropa und der Bundesrepublik, München 1983.

Feuser, Georg: behinderte pädagogik – behindernde pädagogik – verhinderte pädagogik. Beiheft 3-5 der Vierteljahresschrift Behindertenpädagogik, Oberbiel 1977.

Feuser, Georg: Integration – die gemeinsame Tätigkeit (Spielen/Lernen/Arbeit) am gemeinsamen Gegenstand/Produkt in Kooperation von behinderten und nichtbehinderten Menschen, in: Behindertenpädagogik 2/1982, 86-105.

Feuser, Georg/Meyer, Heike: Integrativer Unterricht in der Grundschule – Ein Zwischenbericht, Solms-Oberbiel 1987.

Feuser, Georg: Aspekte einer integrativen Didaktik unter Berücksichtigung tätigkeitstheoretischer und entwicklungspsychologischer Erkenntnisse, in: Eberwein 1988, 170-178.

Finkielkraut, Alain: Die Niederlage des Denkens, Reinbek 1989.

Fischer, Kurt Gerhard: Die Gesänge sind verstummt, in: Nitschke 1982, 83-91.

Flaake, Karin: Das Schmerzliche der eigenen Grenzen. Probleme von Lehrerinnen im Beruf, in: Frauen und Schule 19, Berlin 1987, 11-13.

Flaake, Karin: Die Angst vor der eigenen Stärke, in: Kreienbaum, Maria Anna (Hg.): Frauen Bilden Macht. Dokumentation des 7. Fachkongresses Frauen und Schule, Dortmund 1989, 121-131.

Flaake, Karin/Vera King (Hg.): Weibliche Adoleszenz. Zur Sozialisation junger Frauen, Frankfurt/M./New York 1992.

Flitner, Andreas: Gerechtigkeit als Problem der Schule und als Thema der Bildungsreform, in: Zeitschrift für Pädagogik 1/1985, 1-26.

Foucault, Michel: Wahnsinn und Gesellschaft. Eine Geschichte des Wahns im Zeitalter der Vernunft, Frankfurt/M. 1969.

Foucault, Michel: Überwachen und Strafen. Die Geburt des Gefängnisses, Frankfurt/M. 1976.

Foucault, Michel: Sexualität und Wahrheit. Der Wille zum Wissen, Frankfurt/M. 1977.

Fox-Keller, Evelyn: Liebe, Macht und Erkenntnis, München und Wien 1986.

Franck, Norbert: »...dem Kaiser kein ‚Zins geben'«. Zur (Schul-) Geschichte der Sinti und Roma in Berlin/Preußen. Mitteilungen und Materialien Nr.25 der Arbeitsgruppe Pädagogisches Museum, Berlin 1987, 5-39.

Frankfurter Frauenschule (Hg.): Autonome Frauenbildungsarbeit am Beispiel der Frankfurter Frauenschule. Eine wissenschaftliche Studie. Über weibliches Begehren sexuelle Differenz und den Mangel im herrschenden Diskurs, Frankfurt/M. 1989.

Fraser, Nancy: Falsche Gegensätze, in: Benhabib 1993, 64-84.

Frederiksen, Elke (Hg.): Die Frauenfrage in Deutschland 1865-1915. Texte und Dokumente, Stuttgart 1981.

Freire, Paulo: Pädagogik der Unterdrückten. Bildung als Praxis der Freiheit, Hamburg 1977.

Freud, Anna: Das Ich und die Abwehrmechanismen, München 1982.

Freudenreich, August: ‚Heilpädagogischer Service Betrieb' oder: Was hat der Sonderschullehrer in der Grundschule verloren?, in: Zeitschrift für Heilpädagogik 2/1987, 141.

Frevert, Ute (Hg.): Bürgerinnen und Bürger. Geschlechterverhältnisse im 19.Jh. (Kritische Studien zur Geschichtswissenschaft; Bd.77), Göttingen 1988.

Friedeburg, Ludwig von: Bildungsreform in Deutschland. Geschichte und gesellschaftlicher Widerspruch, Frankfurt/M. 1989.
Friesenhahn, Günther J.: Zur Entwicklung interkultureller Pädagogik. Koblenz 1988.
Fuchs, Hans-Werner/Poschl, Klaus-Peter: Reform oder Restauration? Eine vergleichende Analyse der schulpolitischen Konzepte und Maßnahmen der Besatzungsmächte 1945-1949, München 1986.
Führ, Christoph: Schulen und Hochschulen in der Bundesrepublik Deutschland (Studien und Dokumentation zur deutschen Bildungsgeschichte, Bd. 39), Köln und Wien 1989.
Galliani, Luciano: Situation und Probleme der Sonderpädagogik in Italien, in: Zeitschrift für Heilpädagogik 4/1982, 193-203.
Gamm, H.: Der Faschismuskomplex und die Sonderpädagogik, in: Zeitschrift für Heilpädagogik 34/1983, 789-797.
Gamm, Gerhard: Wahrheit und sprachlicher Ausdruck. Vom Versuch Adornos das Verschiedene zu denken, in: Kimmerle, Heinz (Hg.): Das Andere und das Denken der Verschiedenheit. Amsterdam 1987, 159-167.
Garbe, Christine: Sophie oder die heimliche Macht der Frauen, in: Brehmer, Ilse/Jacobi-Dittrich, Juliane/Kleinau, E./Kuhn, A. (Hg.): Frauen in der Geschichte IV. »Wissen heißt leben...«. Beiträge zur Bildung von Frauen im 18. und 19. Jahrhundert, Düsseldorf 1983, 65-87.
Gebauer, Klaus: Islamische Tradition, Integration und politisches Bewußtsein – einige Überlegungen und Folgerungen, in: Scheron, Bodo/Scheron, Ursula: Politisches Lernen in Deutschland, Düsseldorf 1984, 67-76.
Geheeb, Paul: Koedukation als Grundlage der Erziehung, in: Andreesen, Alfred: Das Landerziehungsheim, Leipzig 1926, 110-112; wieder in: Pfister 1988, 215-218.
Gehrecke, Siegfried: Familien von Hilfsschulkindern in den Großstädten der Bundesrepublik. Meisenheim/Glan 1958.
Gehrmann, Petra und Birgit Hüwe: Forschungsprofile der Integration von Behinderten. Bochumer Symposion 1992. Essen 1993.
Geiss, Immanuel: Geschichte des Rassismus, Frankfurt/M. 1988.
Gemeinnützige Gesellschaft Gesamtschule: Zur integrativen Förderung von Schülern mit abweichendem Lern- und Sozialverhalten. Teil I. Arbeitsmaterialien 1/1976, Teil II. Projektberichte Arbeitmaterialien 5/76. Bochum 1976.
Gerhard, Ute: Verhältnisse und Verhinderungen. Familie und Verhältnisse der Frauen im 19.Jahrhundert, Frankfurt/M. 1978.
Gerhard, Ute: Anderes Recht für Frauen? – Feminismus als Gegenkultur, in: Gessner, V. (Hg.): Gegenkultur und Recht. Baden-Baden 1985, 209-226.
Gerhard, Ute: Menschenrechte auch für Frauen – der Entwurf der Olympe de Gouges, in: Kritische Justiz 2/1987, 127-140.
Gerhard, Ute/Mechtild Jansen/Andrea Maihofer/Pia Schmid/Irmgard Schultz (Hg.): Differenz und Gleichheit. Menschenrechte haben (k)ein Geschlecht, Frankfurt/M. 1990.
Gerhard, Ute: Gleichheit ohne Angleichung. Frauen im Recht, München 1990.
Gerhardt, Marlis: Kein bürgerlicher Stern, nichts, nichts konnte mich je beschwichtigen. Essay zur Kränkung der Frau. Neuwied 1982.
Gerspach, Manfred: Wider die Makellosigkeit. Gedanken zur Integration des Unvollkommenen, in: Behindertenpädagogik 2/1986, 168-175.

Gesamtschul-Kontakte: Tagungsprogramm, in: Zeitschrift der Gemeinnützigen Gesellschaft Gesamtschule 1/1989, 12.
Gesetz Nr. 1200 zur Änderung von Vorschriften auf dem Gebiet des Schulrechtes, vom 4.6.1986, in: Amtsblatt des Saarlandes 1986, 477.
GEW Gewerkschaftstag 1983 – Angenommene Anträge, Frankfurt/M. 1984.
GEW: Integration fördern statt behindern. Erfahrungen aus der Integration behinderter Kinder in Kindergärten und Schulen. Dokumentation der Bundesfachtagung der Gewerkschaft Erziehung und Wissenschaft vom 27-29. Sept. 1985 in Worms. Im Brennpunkt. Frankfurt/M. 1986.
GEW – Landesverband Hessen (Hg.): Katharina und Tim. Integration in Bad Sooden-Allendorff. Dokumentation, Frankfurt/M. 1988.
Gildemeister, Regine: Geschlechtsspezifische Sozialisation. Neuere Beiträge und Perspektiven zur Entstehung des ‚weiblichen Sozialcharakters‘, in: Soziale Welt 39/1988, 486-503.
Gildemeister, Regine und Angelika Wetterer: Wie Geschlechter gemacht werden. Die soziale Konstruktion der Zweigeschlechtlichkeit und ihre Reifizierung in der Frauenforschung, in: Knapp, Gudrun Axeli/Wetterer, Angelika (Hg.): Traditionen Brüche. Entwicklungen feministischer Theorie, Freiburg 1992, 201-254.
Gildemeister, Regine: Die soziale Konstruktion von Geschlechtlichkeit, in: Ostner, Ilona/Lichtblau, Klaus (Hg.): Feministische Vernunftkritik. Ansätze und Traditionen, Frankfurt/M. 1992, 220-253.
Giles, J. R.: Hin zum Grundprinzip des Multikulturalismus, in: Nitschke 1982, 67-73.
Gillespie, Patricia H./Fink, Albert H.: The Influence of Sexism on the Education of Handicapped Children, in: Exceptional Children 3/1974.
Gilligan, Carol: Die andere Stimme. Lebenskonflikte und Moral der Frau, München 1984.
Glesche, Siegrid/Sachse, Dagmar (Hg.): Frauen verändern Lernen. Dokumentation der 6. Fachtagung der AG Frauen und Schule. Kiel 1986.
Glock, Christa: Ermittlung einer Bildungskonzeption in der Arbeit mit Frauen nach P. Freire, München 1985.
Glowka, Detlef/Krüger, Bernd/Krüger-Potratz, Marianne: Über einige Schwierigkeiten mit der ‚multikulturellen Erziehung‘, in: Vergleichende Erziehungswissenschaft 17/1987, 5-26.
Glowka, Detlef/Krüger, Bernd: Die Ambivalenz des Rekurses auf Ethnizität in der Erziehung, in: Vergleichende Erziehungswissenschaft – Informationen, Berichte, Studien 19/1988, 4-20.
Göbel, Richard: Verschiedenheit und gemeinsames Lernen. Königsstein 1981.
Goffmann, Erving: Asyle. Über die soziale Situation psychiatrischer Patienten und anderer Insassen (engl. 1961), Frankfurt/M. 1981.
Göpfert, Hans: Ausländerfeindlichkeit durch Unterricht. Konzeptionen und Alternativen für Geschichte, Sozialkunde und Religion, Düsseldorf 1985.
Grabrucker, Marianne: »Typisch Mädchen...«. Prägung in den ersten drei Lebensjahren. Ein Tagebuch, Frankfurt/M. 1986. (a)
Grabrucker, Marianne: Statt Apelle an die Mädchen – ein Wort an die Jungen, in: Frauen und Schule, Berlin 1986. (b)
Greiffenhagen, Martin: Das Dilemma des Konservatismus in Deutschland, Frankfurt/M. 1986.

Greven-Aschoff, Barbara: Die bürgerliche Frauenbewegung in Deutschland 1894-1933, Göttingen 1981.
Greverus, Ina Maria: Ethnizität und Identitätsmanagment, in: Schweizerische Zeitschrift für Soziologie 7/1981, 223-232.
Greverus, Ina Maria: Plädoyer für eine multikulturelle Gesellschaft, in: Nitschke 1982, 23-27.
Greverus, Ina Maria: Kultur und Alltagswelt. Eine Einführung in Fragen der Kulturanthropologie, München 1987.
Griese, Hartmut M. (Hg.): Der gläserne Fremde. Bilanz und Kritik der Gastarbeiterforschung und der Ausländerpädagogik, Opladen 1984.
Gruen, Arno: Der Verrat am Selbst. Die Angst vor Autonomie bei Mann und Frau, München 1986.
Grunder, Hans-Ulrich: »Wir fordern alles«. Weibliche Bildung im 19.Jahrhundert – Die Konzepte einiger anarchistischer und bürgerlicher Pädagoginnen. Grafenau 1988.
Gültekin-Neumann, Neval: Die Macht der anatolischen Frau, in: Sellach, Brigitte (Hg.): Das Vertraute im Spiegel des Fremden (ISS-Materialien, 32), Frankfurt/M. 1985, 39-73.
Guzzoni, Ute: Selbsterhaltung und Anderssein. Ein Beitrag zur Kritischen Theorie, in: Ebeling, H. (Hg.): Beiträge zur Moderne, Frankfurt/M. 1976, 314-345.
Guzzoni, Ute: Identität oder nicht. Zur kritischen Theorie der Ontologie, Freiburg/München 1981.
Guzzoni, Ute: Wendungen. Versuche zu einem nicht identifizierenden Denken, Freiburg/München 1982.
Guzzoni, Ute: Das Andere und das Denken der Verschiedenheit, in: Kimmerle, Heinz (Hg.): Das Andere und das Denken der Verschiedenheit. Amsterdam 1987, 373-387.
Haeberlin, Urs/Bless, Gérard/Moser, Urs: Wirkungen separierender und integrierender Schulformen auf schulleistungsschwache Schüler. Nationalfondsprojekt 2. Zwischenbericht 1988 (Heilpädagogisches Institut der Universität Freiburg/Schweiz), Freiburg 1988.
Haeberlin, Urs: Die Integration von leistungsschwachen Schülern. Ein Überblick über empirische Forschungsergebnisse zu Wirkungen von Regelklassen, Integrationsklassen und Sonderklassen auf ‚Lernbehinderte‘, in: Zeitschrift für Pädagogik 37/1991, 167-189.
Hagemann-White, Carol: Sozialisation: weiblich-männlich? Opladen 1984.
Hagemann-White, Carol: Thesen zur kulturellen Konstruktion der Zweigeschlechtlichkeit, in: Schaeffer-Hegel/Wartmann 1984, 137-139.
Hagemann-White, Carol/Rerrich, Maria (Hg.): FrauenMännerBilder. Männer und Männlichkeit in der feministischen Diskussion. Frauenforschung in den Sozialwissenschaften 2. Bielefeld 1988.
Halbritter, Maria: Schulreformpolitik in der britischen Zone von 1945-1949 (Studien und Dokumentationen zur deutschen Bildungsgeschichte, Bd.13), Weinheim und Basel 1979.
Haller, Ingrid: Integration und Probleme kultureller und sozialer Identitätsfindung ausländischer Kinder/Jugendlicher, in: Scheron, Bodo/Scheron, Ursula: Politisches Lernen mit Ausländerkindern, Düsseldorf 1984, 47-63.
Hamburger, Franz u.a. (Hg.): Sozialarbeit und Ausländerpolitik. (Neue Praxis – Sonderheft 7), Darmstadt/Neuwied 1983.

Hamburger, Franz: Erziehung in der Einwanderungsgesellschaft, in: Borrelli 1986, 142-157.
Hamburger, Franz: Der Kulturkonflikt und seine pädagogische Kompensation. Mainz 1988.
Hamburger, Franz: Von der Ausländerpädagogik zur interkulturellen Erziehung. Probleme der Pädagogik im Umgang mit dem Fremden, in: Günter Eifler und Otto Saame (Hg.): Das Fremde. Aneignung und Ausgrenzung. Eine interdisziplinäre Erörterung, Wien 1991, 35-58.
Hameyer, Uwe/Roland Lauterbach/Jürgen Wiechmann (Hg.): Innovationsprozesse in der Grundschule. Bad Heilbrunn 1991.
Hänsel, Dagmar/Ortmann, Hedwig: Kompensatorische Vorschulerziehung und sozialer Aufstieg, in: Zeitschrift für Pädagogik 17/1971, 431-452.
Hansen, Georg: Über den Umgang der Schule mit Minderheiten, Weinheim und Basel 1986.
Haupt, Ursula: Die schulische Integration von Behinderten, in: Bleidick 1985.
Hausen, Karin: Die Polarisierung der ‚Geschlechtscharaktere', in: Rosenbaum, Heidi (Hg.): Seminar Familie und Gesellschaftsstruktur, Frankfurt/M. 1978, 161-191. (Zuerst in: Conze Werner (Hg.): Sozialgeschichte der Familie in der Neuzeit Europas, Stuttgart 1976, 363-393.)
Hausen, Karin: Einleitung, in: Dies.: Frauen suchen ihre Geschichte, München 1983, 7-20.
Hausen, Karin: Patriarchat. Vom Nutzen und Nachteil eines Konzepts für Frauengeschichte und Frauenpolitik, in: Journal für Geschichte 5/1986, 12-21.
Hausen, Karin (Hg.): Wie männlich ist die Wissenschaft? Frankfurt 1986. (b)
Hausen, Karin: »... eine Ulme für das schwankende Efeu«. Ehepaare im Bildungsbürgertum. Ideale und Wirklichkeiten im späten 18. und 19. Jahrhundert, in: Frevert 1988, 85-117.
Heidelberger Manifest, in: Frankfurter Rundschau vom 4.März 1952.
Heimannsberger, Barbara/Schmidt, Christoph: Das kollektive Schweigen: Nazivergangenheit und gebrochene Identität, Heidelberg 1988.
Heinemann, Manfred: Die Assimilation fremdsprachiger Schulkinder durch die Volksschule in Preußen um 1880, in: Bildung und Erziehung 1/1975, 53-69.
Heinemann, Manfred (Hg.): Umerziehung und Wiederaufbau. Die Bildungspolitik der Besatzungsmächte in Deutschland und Österreich, (Veröffentlichungen der Historischen Kommision der Deutschen Gesellschaft für Erziehungswissenschaft, Bd. 5), Stuttgart 1981.
Heinrich, Klaus: Dahlemer Vorlesungen, tertium datur. Eine religionsgeschichtliche Einführung in die Logik, Frankfurt/M. 1981.
Heinrich, Klaus: Geschlechterspannung und Emanzipation, in: Das Argument 4, 1962, 22-25.
Heinrichs, Hans Jürgen: Einleitung zu: Leiris, Michel: Die eigene und die fremde Kultur. Frankfurt/M. 1985.
Heinsohn, Gunnar/Knieper, Rolf/Steiger, Otto: Menschenproduktion. Allgemeine Bevölkerungslehre der Neuzeit, Frankfurt/M. 1979.
Heitger, Marian: Über den Begriff der Normativität in der Pädagogik, in: Bildung und Erziehung 1/1975, 53-69.
Heitger, Marian/Breinbauer, Ines (Hg.): Innere Schulreform. Reform für das Kind und seine Bildung, Wien, Freiburg, Basel 1981.

Hellbrügge, Theodor: Die Vorzüge der Montessoripädagogik für die gemeinsame Erziehung behinderter und nichtbehinderter Kinder, in: Eberwein 1988, 189-196.
Hentig, Hartmut von: Aufwachsen in Vernunft. Kommentare zur Dialektik der Bildungsreform, Stuttgart 1981.
Hentig, Hartmut von: Die Menschen stärken, die Sachen klären. Ein Plädoyer für die Wiederherstellung der Aufklärung, Stuttgart 1985.
Hentig, Hartmut von: ‚Humanisierung'. Eine verschämte Rückkehr zur Pädagogik? Andere Wege zur Veränderung der Schule, Stuttgart 1987.
Hepp, Carona: Avantgarde. Moderne Kunst, Kulturkritik und Reformbewegungen nach der Jahrhundertwende, München 1987.
Herrmann, Ulrich: Erziehung und Schulunterricht für Mädchen im 18. Jahrhundert, in: Wolfenbüttler Studien zur Aufklärung, Bd. III, Wolfenbüttel 1976, 101-127.
Herrmann, Ulrich: Historische Bildungsforschung und Sozialgeschichte der Bildung. Programme – Analysen – Ergebnisse, Weinheim 1991.
Hessische Landeszentrale für politische Bildung (Hg.): Freiheit – Gleichheit – Schwesterlichkeit. Männer und Frauen zur Zeit der Französischen Revolution, Wiesbaden 1989.
Hetzner, Renate/Stoellger, Norbert: Geistigbehinderte in der allgemeinen Schule?, in: Behindertenpädagogik 4/1985, 406-417.
Hetzner, Renate: Schulleistungen der Schüler in Integrationsklassen, in: Projektgruppe Integrationsversuch 1988, 251-254
Heydorn, Heinz Joachim: Ungleichheit für alle. Zur Neufasssung des Bildungsbegriffs. Bildungstheoretische Schriften, Frankfurt/M. 1980.
Heyer, Peter/Meier, Richard: Zur Lehrerbildung für die integrationspädagogische Arbeit an Grundschulen, in: Eberwein 1988, 337-342.
Heyer, Peter u.a.: Aktueller Stand der Integration in den Bundesländern, in: Die Grundschulzeitschrift 6/1990, Heft 58, 22-25.
Heyer, Peter/Preuss-Lausitz, Ulf/Zielke, Gitta: Wohnortnahe Integration. Gemeinsame Erziehung behinderter und nichtbehinderter Kinder in der Uckermark-Grundschule in Berlin, Weinheim 1990.
Hillermann, H./Hügli, A.: Monismus, in: Ritter, Joachim/Gründer, Karlfried: Historisches Wörterbuch der Philosophie, Bd. 6, Darmstadt 1976, 132-136.
Hinz, Andreas: Schwerstbehinderte in Integrationsklassen, in: Wocken/Antor 1987, 307-314.
Hinz, Andreas/Wocken, Hans: Der Schulversuch im Überblick, in: Wocken u.a. 1988, 13-24.
Hippel, Theodor Gottlieb von: Über die bürgerliche Verbesserung der Weiber (1792) Anhang: Nachlaß über weibliche Bildung (Berlin 1801), Vaduz 1981.
Höck, Manfred: Die Hilfsschule im Dritten Reich, Berlin 1979.
Hoffmann, Barbara/Opperskalski, Michael/Solmaz, Erden: Graue Wölfe, Koranschulen, Idealistenvereine, Türkische Faschisten in der Bundesrepublik, Köln 1981.
Hoffmann, Barbara: Korankurse, in: Auernheimer 1984, 223-224.
Hoffmann, L./Even, H.: Soziologie der Ausländerfeindlichkeit. Zwischen nationaler Identität und multikultureller Gesellschaft, Weinheim 1984.
Hofstaedter, Douglas R.: Gödel, Escher, Bach – ein endloses Geflochtenes Band, Stuttgart 1985.
Hohmann, Michael: Interkulturelle Erziehung – Versuch einer Bestandsaufnahme, in: Ausländerkinder in Schule und Kindergarten 4/1983, 4-8.

Hohmann, Michael/Reich, H.H. (Hg.): Interkulturelle Erziehung in Europa, Münster 1989.
Höhn, Karl: Integration in den Bundesländern, in: Deppe-Wolfinger/Prengel/Reiser 1990, 47-146.
Holsbawm, Eric J.: Sozialrebellen. Neuwied 1962.
Holsten, W./Lorenz, R.: Monismus, in: Galling, Kurt (Hg.): Die Religion in Geschichte und Gegenwart. Handwörterbuch für Theologie und Religionswissenschaft. Tübingen 1960, 1099-1102.
Honegger, Claudia (Hg.): Die Hexen der Neuzeit. Studien zur Sozialgeschichte eines kulturellen Deutungsmusters, Frankfurt/M. 1978.
Honegger, Claudia/Heintz, Bettina (Hg.): Listen der Ohnmacht. Zur Sozialgeschichte weiblicher Widerstandsformen, Frankfurt/M. 1981.
Honegger, Claudia: Aufklärerische Anthropologie und die Neubestimmung der Geschlechter. Manuskript, Frankfurt/M. 1989.
Honneth, Axel: Der Affekt gegen das Allgemeine. Zu Lyotards Konzept der Postmoderne, in: Merkur 1984, 893-902.
Honneth, Axel: Integrität und Mißachtung. Grundmotive einer Moral der Anerkennung, in: Merkur 501/1990, 1043-1054.
Honneth, Axel: Kampf um Anerkennung. Zur moralischen Grammatik sozialer Konflikte, Frankfurt/M. 1992.
Hopf, Gerd: Unterricht in Klassen mit ausländischen Kindern, Weinheim 1984.
Horkheimer, Max/Adorno, Theodor W.: Dialektik der Aufklärung, Frankfurt/M. 1979.
Horstkemper, Marianne: Schule, Geschlecht und Selbstvertrauen: eine Längsschnittstudie über Mädchensozialisation in der Schule (Veröffentlichungen der Max-Traeger-Stiftung, 4), Weinheim/München 1987.
Horstkemper, Marianne u. Luise Wagner-Winterhager (Hg.): Mädchen und Jungen – Männer und Frauen in der Schule, in: Die Deutsche Schule, 1. Beiheft 1990.
Hössl, Alfred: Integration behinderter Kinder in Schweden, München 1982.
Hössl, Alfred: Entwicklungen integrativer Erziehung im Elementarbereich, in: Eberwein 1988, 114-123.
Hüfner, Klaus/Naumann, Jens: Konjunkturen der Bildungspolitik in der Bundesrepublik Deutschland, Bd.I: Der Aufschwung 1960-1967, Stuttgart 1977.
Hüfner, Klaus/Naumann, Jens/Köhler, Helmut/Pfeffer, Gottfried: Konjunkturen der Bildungspolitik in der Bundesrepublik Deutschland, Bd. II: Hochkonjunktur und Flaute: Bildungspolitik in der Bundesrepublik 1967-1980, Stuttgart 1986.
Hurrelmann, Klaus: Kinder der Bildungsexpansion, in: Zeitschrift für Sozialisationsforschung und Erziehungssoziologie 3/1983, 291-310.
Hurrelmann, Klaus: Soziale Ungleichheit und Selektion im Erziehungssystem, in: Strasser, H./Goldthorpe, J. H. (Hg.): Die Analyse sozialer Ungleichhheiten, Opladen 1985, 48-69.
Hurrelmann, Klaus/Rodax, Klaus/Spitz, Norbert: Koedukation – Jungenschule auch für Mädchen? Alltag und Biographie von Mädchen, Bd. 14, Opladen 1986.
Hurrelmann, Klaus: Schulversagen aus soziologischer Perspektive, in: Vierteljahresschrift für Heilpädagogik und ihre Nachbargebiete 4/1988, 327-334.
Hurrelmann, Klaus: Der politische Protest des ‚unteren Drittels'. Gedanken über die Ursachen der Gewalt gegen Ausländer, in: Pädagogik 2/1993, 39-44.
Iben, Gerd (Hg.): Das Dialogische in der Heilpädagogik, Mainz 1989.

Illich, Ivan: Genus. Zu einer historischen Kritik der Gleichheit, Reinbek 1983.
Imhof, Margret: Mädchen – Jungen. Veränderungen der Geschlechterbeziehung im Zusammenhang mit der Selbsterfahrungsarbeit in der Grundschule, in: Prengel 1987, 255-271.
Ingenkamp, Karlheinz: Zur Problematik der Jahrgangsklasse, Weinheim/Berlin/Basel 1969.
Integrative Montessori-Schule Münsterland e.V. (Hg.): gemeinsam leben lernen – Konzept und Erfahrungen. Integrative Montesorri-Schule Münsterland e.V. Borken 1984.
Irigaray, Luce: Das Geschlecht das nicht eins ist. (Paris 1977) Berlin 1979.
Irigaray, Luce: Speculum. Spiegel des anderen Geschlechts, Frankfurt/M. 1980.
Irigaray, Luce: Sur l'éthique de la différence sexuelle, Paris 1985.
Irigaray, Luce: Zur Geschlechterdifferenz, Wien 1987.
Jacobi-Dittrich, Juliane: Einleitung, in: Hippel, Theodor Gottlieb von: Über die bürgerliche Verbesserung der Weiber. Vaduz 1981, IX-L.
Jacobi-Dittrich, Juliane: Die Bedeutung der Geschlechterdifferenz für die pädagogische Theoriebildung. Elisabeth Blochmann und Herrmann Nohl, in: Prengel 1987, 137-150.
Jacobi-Dittrich, Juliane/Kelle, Helga: Erziehung jenseits pariarchaler Leitbilder? Probleme einer feministischen Erziehungswissenschaft, in: Feministische Studien 1/1988, 70-87.
Jacobi-Dittrich, Juliane: Geschichte der Mädchenbildung. Erfolgsgeschichte oder Wiederholung der Chancenungleichheit?, in: Brand, Inge u.a. (Hg.): Feminin – Maskulin. Konventionen, Kontroversen, Korrespondenzen. Jahresheft aller pädagogischen Zeitschriften des Friedrichs Verlags 7/1989, 59-63.
Jantzen, Wolfgang: Behinderung und Faschismus. Zum 30. Jahrestag der Befreiung vom Hitler-Faschismus, in: Behindertenpädagogik 14/1975, 150-169.
Jantzen, Wolfgang: Sozialgeschichte der Behinderung, München 1982.
Jantzen, Wolfgang Sozialgeschichte des Behindertenbetreuungswesens. Deutsches Jugendinstitut, München 1983.
Jencks, Christopher: Chancengleichheit, Reinbek 1973.
Jorkowski, Renate: Spezifische Probleme ausländischer Mädchen in der deutschen Schule. Hessisches Institut für Bildungsplanung und Schulentwicklung. Sonderreihe, Heft 23, Wiesbaden 1986.
Jouhy, Ernest: Bleiche Herrschaft – dunkle Kulturen. Essays zur Bildung in Nord und Süd, Frankfurt/M. 1985.
Jung, Ruth: Von der Brüderlichkeit zur Schwesterlichkeit – Olympe de Gouges, Streiterin für Frauenrechte, Manuskript, Frankfurt 1989.
Kaiser, Astrid: Mädchen und Jungen – eine Frage des Sachunterrichts? Ergebnisse eines Forschungsprojekts, in: Valtin 1985, 52-64.
Kaiser, Astrid: Bildung für Mädchen und Jungen, in: Zeitschrift für Pädagogik, Beiheft 21, 1987, 231-237.
Kalb, Peter E.: Wir sind alle Ausländer, Weinheim 1983.
Kalpaka, Annita: Handlungsfähigkeit statt ‚Integration'. Schulische und außerschulische Lebensbedingungen und Entwicklungsmöglichkeiten griechischer Jugendlicher, München 1986. (a)
Kalpaka, Annita/Räthzel, Nora: Die Schwierigkeit nicht rassistisch zu sein, Berlin 1986. (b)

Kamper, Dietmar: Aufklärung – was sonst?, in: Merkur 436/1985, 535-540.
Karger, Ernst/Thomas, Helga: Ausländische Schülerinnen und Schüler, in: Recht der Jugend und des Bildungswesens 2/1986, 103-116.
Kasztantowicz, Ulrich (Hg.): Wege aus der Isolation. Konzepte und Analysen der Integration Behinderter in Dänemark, Norwegen, Italien und Frankreich, Heidelberg 1982.
Kasztantowicz, Ulrich/Frendeborg, Brigitta/Metz-Langhammer, Sabine/Obermann, Elke/Müller, Richard G.E.: Isolation oder Integration, in: Heilpädagogische Forschung 2/1984, 221-231.
Kauermann-Walter, Jaqueline/Kreienbaum, Maria Anna/Metz-Göckel, Sigrid: Formale Gleichheit und diskrete Diskriminierung: Forschungsergebnisse zur Koedukation. Jahrbuch der Schulentwicklung Bd. 5, Weinheim 1988, 157-158.
Kehl, Ulla: Bildungspolitische Diskussionen und Entscheidungen im Hamburger Sonderschulwesen 1970-1983, in: Wocken, Hans/Antor, Georg (Hg.): Integrationsklassen in Hamburg. Solms 1987, 27-62.
Kelly-Gadol, Joan: Did women have a Renaissance?, in: Bridenthal, Renate/Claudia Koonz (Hg.): Becoming visible. Women in European history. Boston 1977, 139ff.
Kempski, Jürgen: Recht und Politik, Stuttgart 1965.
Kettler, Johanna: Gleiche Bildung für Mann und Frau, in: Schröder, Hannelore (Hg.): Die Frau ist frei geboren. Texte zur Frauenemanzipation. Bd.II, 1870-1918, München 1981, 228-252. (Zuerst in: Für Frauenglück. Vorträge, Aufsätze, Petitionen. Weimar 1891.)
Key, Ellen: Das Jahrhundert des Kindes. Königstein 1978.
Kimmerle, Heinz (Hg.): Das Andere und das Denken der Verschiedenheit. Akten eines internationalen Kolloquiums. Amsterdam 1987.
Kindermann, Gisela/Mauersberger, Barbara/Pilwousek, Ingelore (Hg.): Frauen verändern Schule, Berlin 1987.
Klafki, Wolfgang: Erziehungswissenschaft als kritisch-konstruktive Theorie: Hermeneutik – Empirie – Ideologiekritik, in: Zeitschrift für Pädagogik 17/1971, 351-385.
Klafki, Wolfgang: Restaurative Schulpolitik 1945-1950 in Westdeutschland. Das Beispiel Bayern, in: Klafki, Wolfgang: Aspekte Kritisch Konstruktiver Erziehungswissenschaft: Ges. Beiträge zur Theorie-Praxis-Diskussion, Weinheim und Basel 1976, 253-299.
Klafki, Wolfgang: Zur pädagogischen Bilanz der Bildungsreform, in: Die deutsche Schule 74/1982, 339-352.
Klafki, Wolfgang: Neue Studien zur Bildungstheorie und Didaktik, Weinheim 1985.
Klafki, Wolfgang: Kann Erziehungswissenschaft zur Begründung pädagogischer Zielsetzungen beitragen? – Über die Notwendigkeit, bei pädagogischen Entscheidungsfragen hermeneutische, empirische und ideologiekritische Untersuchungen mit diskursethischen Erörterungen zu verbinden, in: Röhrs, Hermann/Scheuerl, Hans (Hg.): Richtungsstreit in der Erziehungswissenschaft und pädagogische Verständigung. Wilhelm Flitner zur Vollendung seines 100. Lebensjahres am 20. August 1989 gewidmet, Frankfurt/M. 1989, 147-159.
Klauer, Karl/Reinartz, Anton (Hg.): Sonderpädagogik in allgemeinen Schulen. Handbuch der Sonderpädagogik Bd. 9, Berlin 1978.
Klee, Ernst: Behindert. Über die Enteignung von Körper und Bewußtsein. Ein kritisches Handbuch, Frankfurt/M. 1980.

Klee, Ernst: ‚Euthanasie' im NS-Staat. Die ‚Vernichtung lebensunwerten Lebens', Frankfurt/M. 1985.

Klein, Ferdinand: Schulische Integration des Kindes mit geistiger Behinderung. VDS-Mitteilungen Rheinland-Pfalz 1/1985, 2-12.

Klein, Gabriele/Kreie, Gisela/Kron, Maria/Reiser, Helmut/Ziller, Hannes: Miteinander leben. Behinderte und nichtbehinderte Kinder im Kindergarten, in: Der Hessische Sozialminister (Hg.): Der Hessische Sozialminister informiert, Reihe Kindergarten 6, 1986.

Klemm, Klaus: Bildungsplanung, in: Auernheimer 1984, 92-95.

Klemm, Klaus/Rolff, Hans-Günther/Tillmann, Klaus-Jürgen: Bildung für das Jahr 2000. Bilanz der Reform, Zukunft der Schule, Frankfurt/M. 1985. (a)

Klemm, Klaus: Interkulturelle Erziehung – Versuch einer Eingrenzung, in: Die Deutsche Schule 3/1985, 176-187. (b)

Klemm, Klaus: Bildungsexpansion und ökonomische Krise, in: Zeitschrift für Pädagogik 6/1987, 823-839.

Klinger, Cornelia: Andere Leiden – Andere Kämpfe. Überlegungen zu einem andersartigen Verständnis von Differenz im Feminismus, in: Kommune 9/1988, 6-10.

Klink, J. G. (Hg.): Geschichte der Heilpädagogik, Bad Heilbrunn 1966.

Klose, Christiana: Kurzfassung und Ergebnisse der Studie ‚Zur Situation von Mädchen in der offenen Jugendarbeit in Hessen': Interviews mit Mädchen und Pädagoginnen zu Fragen des Weiblichen Lebenzusammenhangs; Teil I: Menstruation – Liebe – Sexualität. Bevollmächtigte der Hessischen Landesregierung für Frauenangelegenheiten, Hessische Mädchenstudie, 3, Kurzfassung, Wiesbaden 1986.

Knab, Doris: Mädchenbildung, in: Speck, J./Wehle, G. (Hg.): Handbuch pädagogischer Grundbegriffe, Bd.2, München 1970, 57-92.

Knapp, Gudrun-Axeli: Das Konzept ‚weibliches Arbeitsvermögen' – theoriegeleitete Zugänge, Irrwege, Perspektiven, in: Frauenforschung 4/1988, 8-19.

Knapp, Gudrun-Axeli: Die vergessene Differenz, in: Feministische Studien 1/1988, 12-31.

Knobloch, Heinz: Herr Moses in Berlin. Ein Menschenfreund in Preußen. Das Leben des Moses Mendelssohn, Berlin 1987.

Kobi, Emil E.: Modelle und Paradigmen in der heilpädagogischen Theoriebildung, in: Bürli, Alois (Hg.): Sonderpädagogische Theoriebildung, Vergleichende Sonderpädagogik. Luzern 1977, 11-24.

Koerner, Renate: Eltern gegen Aussonderung. 1. Bundesweites Treffen von Elterninitiativen gegen Aussonderung von Kindern mit Behinderung (Selbstverlag), Schenefeld 1985.

Koerner, Renate: Warum wir die Frage »... um was für Behinderungen handelt es sich bei ihren Kindern?« nicht mehr hören können, in: Wocken, Hans/Antor, Georg (Hg.): Integrationsklassen in Hamburg. Solms 1987, 13-16.

Kohlberg, Lawrence: Philosophische und pädagogische Untersuchungen zur Moralentwicklung, in: Kohlberg, Lawrence: Gesammelte Schriften, Bd.1, Frankfurt/M. 1988.

Köhler, Helmut/Zymek, Bernd: Chancengleichheit für Frauen durch Bildungsvorteile. Daten und Erklärungsansätze zum steigenden Schulbesuch der Mädchen an Realschulen und Gymnasien, in: Die Deutsche Schule 1/1981, 50-63.

König, Eckard: Bilanz der Theorieentwicklung in der Erziehungswissenschaft, in: Zeitschrift für Pädagogik 36/1990, 919-936.

Kort, F.: Die ‚Normalisierung' der Schule. Zur Schulhygienebewegung in der zweiten Hälfte des 19. Jahrhunderts, in: Zeitschrift für Pädagogik 29/1983, 769-782.

Kramer, Rita: Maria Montesorri. Leben und Werk einer großen Frau. Mit einem Vorwort von Anna Freud, Frankfurt/M. 1987.

Kraul, Margret: Geschlechtscharakter und Pädagogik: Mathilde Vaerting (1884-1977), in: Zeitschrift für Pädagogik 4/1987, 475-489.

Kraul, Margret: Gleichberechtigung im Spannungsfeld zwischen Emanzipation und Geschlechtscharakter: Höhere Mädchenbildung im 19. Jahrhundert, in: Recht der Jugend und des Bildungswesens 1/1988, 36-46.

Krause, Michela: Die Pädagogik Maria Montessoris – Ein Ausweg aus der Problematik koedukativer Erziehung?, in: Glesche, Sigrid u.a. (Hg.): Frauen verändern Lernen. Kiel 1988, 94-98.

Kreckel, R. (Hg.): Soziale Ungleichheiten, Göttingen 1983.

Kreie, Gisela: Integrative Kooperation. Über die Zusammenarbeit von Sonderschullehrer und Grundschullehrer, Weinheim und Basel 1985.

Kremendahl, Hans: Pluralismustheorie in Deutschland. Entstehung, Kritik, Perspektiven. Leverkusen 1977.

Kron, Maria: Kindliche Entwicklung und die Erfahrung von Behinderung, Frankfurt/M. 1988.

Kroppenberg, Dieter: Gemeinsamer Unterricht von behinderten und nichtbehinderten Schülern in der Grundschule (Schulversuch des Landes Rheinland-Pfalz in der Hartenberg-Grundschule Mainz und der Keune-Grundschule Trier), in: Gewerkschaft Erziehung und Wissenschaft (Hg.): Im Brennpunkt. Integration fördern statt behindern. 23 Frankfurt/M. 1986, 23ff.

Krüger, Heidemarie/Röhner, Charlotte: Frauen und Schulleitung, in: Evangelische Akademie Hofgeismar (Hg.): Grundschule – Frauenschule. Frauenwelt und Männernormen in der Grundschule, Bd. 223. Hofgeismar 1985, 116-139.

Krüger, Heinz-Hermann: Erziehungswissenschaft im Spannungsfeld von Kontinuitäten und Zäsuren der Moderne, in: Krüger 1990, 7-22.

Krüger, Heinz-Hermann (Hg.): Abschied von der Aufklärung. Perspektiven der Erziehungswissenschaft, Opladen 1990.

Krüger, Hildegard/Breeke, Ernst/Nowack, Kuno: Gleichberechtigungssatz. Kommentar, München-Berlin 1958.

Krüger-Potratz, Marianne: Die problematische Verkürzung der Ausländerpädagogik als Subdisziplin der Erziehungswissenschaft, in: Hamburger 1983, 172-182.

Krüger-Potratz, Marianne: Ausländerpädagogik, Interkulturelle Erziehung und Vergleichende Erziehungswissenschaft – Anmerkungen zu einer neuen Sicht auf ein altes Forschungsfeld, in: Vergleichende Erziehungswissenschaft 17/1987, 116-127. (a)

Krüger-Potratz, Marianne: Interkulturelle Studien – Interkulturelle Erziehung. Ein Überblick über wichtige Informationsquellen, in: Vergleichende Erziehungswissenschaft 17/1987, 250-284. (b)

Krüger-Potratz, Marianne: Anderssein gab es nicht – Ausländer und Minderheiten in der DDR, Münster 1991.

Kugel, R.B./Wolfensberger, W.: Changing Patterns in Residental Services for the Mentally Retarded, Washington 1971.

Kuhn, Annette u.a. (Hg.): Frauen in der Geschichte. Bd. I-VII, Düsseldorf 1979f.

Kuhn, Annette: Die Frauenbildungspolitik der bürgerlichen Frauenbewegung. Ein Rückblick auf das Lebenswerk von Helene Lange, in: Frandsen, Dorothea u.a. (Hg.): Frauen in Wissenschaft und Politik, Düsseldorf 1987, 179-191.

Kühne, Peter: Bedingungen und Ziele der schulischen Sozialisation von Arbeiterkindern ausländischer Nationalität, in: Die deutsche Schule 12/1980, 707-718.

Kulke, Christine/Scheich, Elvira (Hg.): Rationalität und sinnliche Vernunft. Frauen in der patriarchalen Gesellschaft, Berlin 1985.

Kulke, Christine: Die Kritik der instrumentellen Rationalität – ein männlicher Mythos, in: Kunneman/de Vries 1989, 128-149.

Kulke, Christine/Scheich, Elvira (Hg.): Zwielicht der Vernunft. die Dialektik der Aufklärung aus der Sicht von Frauen. Pfaffenweiler 1992.

Kunneman, Harry/de Vries, Hent (Hg.): Die Aktualität der ‚Dialektik der Aufklärung'. Zwischen Moderne und Postmoderne, Frankfurt/M./New York 1989.

Küpper, Erika: Die höhere Mädchenschule, in: Jeismann, K.E. (Hg.): Handbuch der deutschen Bildungsgeschichte, München 1987, 180-191.

Kurnitzky, Horst: Triebstruktur des Geldes. Ein Beitrag zur Theorie der Weiblichkeit, Berlin 1980.

Lakoff, Sanford A.: Equality in Political Philosophy, Cambridge/Mass. 1964.

Landsberg, Johann Wolfgang: Rassenwahn gestern und heute, in: betrifft: erziehung 1/1985, 22-29.

Lane, Harlan: Mit der Seele hören. Die Geschichte der Taubheit, München/Wien 1988.

Lange, Helene: Organisches und mechanisches Prinzip in der Mädchenbildung, in: Kampfzeiten, Bd.2 1911, 67-68.

Langenmayr, Arnold: Diskriminierung von Mädchen in Erziehungsberatungsstellen, Frankfurt/New York 1980.

Lau, Gisela/Lau, Wolf-Dieter (Hg.): Jenny darf nicht in die Oberschule, Berlin 1987.

Leber, Alois: Der Wilde von Avreyon und sein Lehrer, in: Kindheit 1/1981, S.27-39.

Leiris, Michel: Die eigene und die fremde Kultur, Frankfurt/M. 1985.

Lengerke, Christiane von: Sexismus in der Schule, in: Frauen und Wissenschaft. Beiträge zur Berliner Sommeruniversität 1977, 84-89.

Lenninger, H.: Assimilation oder eigenständige Entwicklung?, in: Das Parlament 2/1981, 35-36.

Lenzen, Dieter: Mythos, Metapher und Simulation. Zu den Aussichten systematischer Pädagogik in der Postmoderne, in: Zeitschrift für Pädagogik 1/1987, 41-60.

Libreria delle donne di Milano: Wie weibliche Freiheit entsteht, Berlin 1988.

Liegle, Ludwig: Kulturvergleichende Ansätze in der Sozialisationsforschung, in: Hurrelmann/Ulich 1980, 197-225.

Liegle, Ludwig: Kulturvergleichende Ansätze in der Sozialisationsforschung, in: Hurrelmann/Ulich 1991, 215-230.

Lipp, Wolfgang: Kulturtypen, Kulturelle Symbole, Handlungswelt. Zur Plurivalenz von Kultur, in: Kölner Zeitschrift für Soziologie und Sozialpsychologie 1979, 450-484.

List, Elisabeth: Homo politicus – Femina privata, in: Conrad/Konnertz 1986, 75-95.

List, Elisabeth/Studer, Herlinde (Hg.): Denkverhältnisse. Feminismus und Kritik, Frankfurt/M. 1989.

Loewenberg, P.: Antisemitismus und jüdischer Selbsthaß. Eine sich wechselseitig verstärkende sozialpsychologiosche Doppelbeziehung, in: Geschichte und Gesellschaft 5/1979, 455-475.

Loewenstein, R.: Psychoanalyse des Antisemitismus, Frankfurt/M. 1968.
Lohmann, Christa: Die integrierte Schule für alle muß Reformziel bleiben, in: Die Deutsche Schule 4/1988, 472-475.
Lorber, Judith/Farrell, Susan A. (Ed.): The Social Construction of Gender. Sage Publications, Newbury Park, London/New Delhi 1991.
Lorber, Judith: Dismantling Noah's Ark, in: Lorber/Farrell 1991, 355-369.
Lorenz, R./Holsten, W.: Monismus, in: Galling, Kurt (Hg.): Die Religion in Geschichte und Gegenwart, Bd. 4. Tübingen 1960, 1100-1102.
Lorenzer, Alfred: Materialistische Sozialisationstheorie, Frankfurt/M. 1973.
Lorenzer, Alfred: Das Konzil der Buchhalter. Die Zerstörung der Sinnlichkeit, Frankfurt/M. 1981.
Luban, Ottokar: Der Integrationsversuch aus der Sicht eines Schulpolitikers, in: Projektgruppe Integrationsversuch 1988, 328-330.
Ludwig, Harald: Möglichkeiten der Montessoripädagogik zur schulischen Förderung des ausländischen Kindes, in: Katholische Bildung 3/1983, 141-154. (a)
Ludwig, Harald: Anregungen zur Ausländerpädagogik. Montessori-Pädagogik und Ausländerpädagogik, in: Welt des Kindes 1983, 303-311. (b)
Ludwig, Harald: Gemeinwesen orientierte Schule. Ein Ansatz für eine moderne ‚Lebensschule', in: Erziehungswissenschaft, Erziehungspraxis 3/1986, 35-39.
Lukács, Georg: Die Zerstörung der Vernunft, Berlin 1954.
Lyotard, Jean-François: Der Widerstreit, München 1987.
Maihofer, Andrea: Ansätze zur Kritik des moralischen Universalismus. Zur moraltheoretischen Diskussion um Gilligans Thesen zu einer ‚weiblichen' Moralauffassung, in: Feministische Studien 1/1988, 32-52. (a)
Maihofer, Andrea: Menschenrechte haben kein Geschlecht, in: Vorgänge 94, 4/1988, 79-92. (b)
Maihofer, Andrea: Rekonstruktion von Gilligans Thesen zu einer ‚weiblichen' Moralauffassung als Kritik herrschender Moral, in: Kulke/Scheich 1992, 127-137.
Maikowski, Rainer: Begleitforschung zwischen Innovationshilfe und wissenschaftlicher Dokumentation – Erfahrungsbericht aus dem Integrationsversuch an der Fläming-Grundschule in Berlin (unveröffentlichtes Manuskript), 1984.
Maikowski, Rainer/Podlesch, Wolfgang: Zur Sozialentwicklung behinderter und nichtbehinderter Schüler, in: Projektgruppe Integrationsversuch 1988, 232-250. (a)
Maikowski, Rainer: Integration in der Sekundarstufe I – Behinderte und Nichtbehinderte lernen gemeinsam, in: Eberwein 1988, 154-159. (b)
Malson, Lucien/Itard, Jean/Mannoni, Octave: Die wilden Kinder, Frankfurt/M. 1976.
Mansfeld, Cornelia: Zum Verhätnis von Ausländerfeindlichkeit und Frauenfeindlichkeit, in: Informationsdienst zur Ausländerarbeit 1/1985, 68-73.
Marburger, Helga: Schulische Sexualerziehung bei türkischen Migrantenkindern. Bern 1987.
Marcuse, Herbert: Der eindimensionale Mensch. Studien zur Ideologie der fortgeschrittenen Industriegesellschaft. Neuwied 1967.
Marx, Karl: Das Kapital, MEW Bd. 23, Berlin 1961.
May, Rollo: Power and Innocence. New York 1980.
Mayer, Werner G.: Freie Arbeit in der Primarstufe und in der Sekundarstufe bis zum Abitur. Heinsberg 1992.
Meier, Richard/Heyer, Peter: Grundschule – Schule für alle Kinder. Voraussetzungen und Prozesse zur Entwicklung integrativer Arbeit, in: Eberwein 1988, 179-189.

Meister, Hans u.a.: Fortbildung von Pädagogen zu Stützpädagogen für die Integration behinderter Kinder in Kindergarten und Schule, in: Vierteljahresschrift für Heilpädagogik und ihre Nachbargebiete (VHN) 2/1987, 156-163.

Meister, Klaus/Krämer, Herbert: Innovation als Aufgabe, Voraussetzung und Wirkung integrativer Pädagogik, in: Eberwein 1988, 320-325.

Meißner, Klaus/Heß, Erik (Hg.): Integration in der pädagogischen Praxis. Auf dem Weg zur Nichtaussonderung von Kindern und Jugendlichen mit Behinderungen. Bericht über den Kongreß der Diesterweg Hochschule vom 16. bis 18. Oktober 1987 in Berlin, Berlin 1988.

Menne, Albert: Identität, Gleichheit, Ähnlichkeit, in: Ratio 4/1962, 44-53.

Mernissi, Fatema: Die Sultanin, Hamburg 1991.

Mernissi, Fatema: Der politische Harem. Mohammed und die Frauen, Frankfurt/M., Basel, Wien 1992.

Mertens, Andrea: Stellungnahme zur Kontroversdiskussion Bender-Szymanski & Hesse und Boos-Nünning, in: Empirische Pädagogik 4/1988, 367-373.

Mettke, Jörg R.: Eltern als Integrationsantreiber vom Dienst, in: Muth, Jacob u.a. (Hg.): Behinderte in allgemeinen Schulen. Essen 1982, 31-41.

Metz-Göckel, Sigrid/Müller, Ursula: Der Mann. Die Brigitte-Studie, Weinheim und Basel 1986.

Metz-Göckel, Sigrid: Licht und Schatten der Koedukation. Eine alte Debatte neu gewendet, in: Zeitschrift für Pädagogik 4/1987, 455-474.

Metz-Göckel, Sigrid/Maria Anna Kreienbaum: Herkömmliche Geschlechterpolarisierung und neue Differenzierungen, in: päd extra 1/1991, 16-18.

Meulenbelt, Anja: Scheidelinien. Über Sexismus, Rassismus und Klassismus, Reinbek 1988.

Miedaner, Lore: Leben wie andere – behinderte Kinder in Dänemark. Deutsches Jugendinstitut, München 1982.

Mies, Maria: Die Französische Revolution und der Abstieg der Frauen, in: Kommune 6/1989, 6-9.

Milani-Comparetti, Adreano: Integration – Wunsch und Wirklichkeit, in: Buch/Heinecke 1980, 137-145.

Milani-Comparetti, Adreano/Roser, Ludwig O.: Förderung der Normalität und der Gesundheit in der Rehabilitation – Voraussetzungen für die reale Anpassung behinderter Menschen, in: Wunder, M./Sierck, U. (Hg.): Sie nennen es Fürsorge – Behinderte zwischen Vernichtung und Widerstand, Berlin 1982, 77-88. (a)

Milani-Comparetti, Adreano/Roser, Ludwig O.: Förderung der Gesundheit und der Normalität in der Rehabilitation – Voraussetzungen für die Integration Behinderter, in: Forum für Medizin und Gesundheitspolitik vom 19. Juni 1982, 18-26. (b)

Milani-Comparetti, Adreano: Von der ‚Medizin der Krankheit' zu einer ‚Medizin der Gesundheit'. Fachtagung Frankfurt/M. vom 15.-17.5.85 (unveröffentlichtes Manuskript), Frankfurt/M. 1986.

Milani-Comparetti, Adreano: Grundlagen der Integration behinderter Kinder und Jugendlicher in Italien, bearbeitet von Helmut Reiser, in: Behindertenpädagogik 3/1987, 227-234.

Mitter, Wolfgang/Swift, James (Hg.): Erziehung und die Vielfalt der Kulturen (Bildung und Erziehung, Beiheft 2/I-II, Köln/Wien 1985. (a)

Mitter, Wolfgang: Education and the diversity of cultures: Some introductory remarks, in: Bildung und Erziehung, Beiheft 2/I-II/1985, 3-14. (b)

Möckel, Andreas: Selbständigkeit und Isolation der Hilfsschule in der Weimarer Republik, in: Heinemann, Manfred (Hg.): Sozialisation und Bildungswesen in der Weimarer Republik, Stuttgart 1976, 117-130.
Möckel, Andreas: Geschichte der Sonderpädagogik unter besonderer Berücksichtigung der Schule für Lernbehinderte. Fernuniversität Hagen 1979. (a)
Möckel, Andreas: Scheitern und Neuanfang in der Erziehung – Vorbemerkungen zu einer Geschichte der Heilpädagogik, in: Sonderpädagogik 9/1979, 118-126. (b)
Möckel, Andreas: Die besondere Grund- und Hauptschule. Von der Hilfsschule zum Kooperativen Schulzentrum, Heidelberg 1981.
Möckel, Andreas: Die Funktion der Sonderschulen und die Forderung der Integration, in: Eberwein 1988, 30-37. (a)
Möckel, Andreas: Geschichte der Heilpädagogik, Stuttgart 1988. (b)
Möckel, Andreas: Die Ursprünge des dialogischen Prinzips bei Martin Buber, Franz Rosenzweig und Eugen Rosenstock-Huessy, in: Iben 1989, 7-22.
Moeller, Michael Lukas: Die Liebe ist das Kind der Freiheit, Reinbek 1986.
Moeller, Michael Lukas: Die Wahrheit beginnt zu zweit. Das Paar im Gespräch, Reinbek 1988.
Moeller-Gambaroff, Marina: Emanzipation macht Angst, in: Kursbuch 47: Frauen, Berlin 1977, 1-25.
Mollenhauer, Klaus: Korrekturen am Bildungsbegriff?, in: Zeitschrift für Pädagogik 33/1987, 1-20.
Moore, Barrington: Soziale Ursprünge von Diktatur und Demokratie, Frankfurt/M. 1969.
Mückenberger, Ulrich/Claus Offe/Ilona Ostner: Das staatlich garantierte Grundeinkommen – ein sozialpolitisches Gebot der Stunde, in: Hans Leo Krämer und Claus Leggewie (Hg.): Wege ins -Reich der Freiheit, Berlin 1989, 247-278.
Mühl, Heinz: Integration von Kindern und Jugendlichen mit geistiger Behinderung, Berlin 1987.
Mühlen-Achs, Gitta: Feministische Kritik der Schul- und Unterrichtsforschung, in: Prengel 1987, 173-185.
Müller, Holger: Integration aus der Sicht der Schulbehörde, in: Wocken 1988, 25-48.
Müller, Klaus E.: Die bessere und die schlechtere Hälfte. Ethnologie des Geschlechterkonflikts, Frankfurt/M./New York 1984.
Müller, Rudolf Wolfgang: Geld und Geist. Zur Entstehungsgeschichte von Identitätsbewußtsein und Rationalität seit der Antike, Frankfurt/M./New York 1981.
Müller, Walter/Mayer, Karl-Ulrich: Chancengleichheit durch Bildung. Deutscher Bildungsrat Bd.42 Stuttgart 1976.
Müller-Rolli, Sebastian (Hg.): Das Bildungswesen der Zukunft, Stuttgart 1987.
Mumsen, Dagmar: Der Hamburger Modellversuch und die Grundschule Nettelnburg, in: GEW (Hg.): Integration fördern statt behindern. Im Brennpunkt 1986, 16-19.
Münder, Johannes/Slupik, Vera/Schmitt-Bott, Regula: Rechtliche und politische Diskriminierung von Mädchen und Frauen (Alltag und Biographie von Mädchen, Bd. 4), Opladen 1984.
Muth, Jakob/Kniel, Adrian/Topsch, Wilhelm (Hg.): Schulversuche zur Integration behinderter Kinder in den allgemeinen Unterricht (Deutscher Bildungsrat, Materialien zur Bildungsplanung, Heft 6), Braunschweig 1976.

Muth, Jakob/Kniel, Adrian/Topsch, Wilhelm (Hg.): Schulversuche zur Integration behinderter Kinder in den allgemeinen Unterricht. Deutscher Bildungsrat (Materialien) zur integrativen Förderung in der Regelschule, Weinheim 1981.
Muth, Jacob u.a.: Behinderte in allgemeinen Schulen. Essen 1982.
Muth, Jacob: Die Empfehlungen des Deutschen Bildungstaates und ihre Wirkung, in: Die Grundschule 10/1983, 15-19.
Muth, Jacob: Integration von Behinderten. Über die Gemeinsamkeit im Bildungswesen. Essen 1986.
Muth, Jacob: Zur bildungspolitischen Dimension von Integration, in: Eberwein 1988, 11-18.
Nadig, Maya: Die verborgene Kultur der Frau. Ethnopsychoanalytische Gespräche mit Bäuerinnen in Mexiko, Frankfurt/M. 1986. (a)
Nadig, Maya: Zur ethopychoanalytischen Erarbeitung des kulturellen Raums der Frau, in: Psyche 3/1986, 193-219. (b)
Nagl-Docekal, Herta: Das heimliche Subjekt Lyotards, in: Frank, Manfred/Raulet, Gerard/van Reijen, Willem (Hg.): Die Frage nach dem Subjekt, Frankfurt/M. 1988, 230-246.
Naumann, Jens: Entwicklungstendenzen des Bildungswesens der Bundesrepublik Deutschland im Rahmen wirtschaftlicher und demographischer Veränderungen, in: Max-Plank-Institut für Bildungsforschung, Projektgruppe Bildungsbericht, Bildung in der Bundesrepublik Deutschland. Daten und Analysen Bd.1, Stuttgart 1980, 21-102.
Nave-Herz, Rosemarie/Cornelißen, Waltraud: Geschichte der Frauenbewegung in Deutschland, in: Brand, Inge, u.a. (Hg.): Feminin – Maskulin. Konventionen, Kontroversen, Korrespondenzen. Jahresheft aller pädagogischen Zeitschriften des Friedrichs Verlags 7/1989, 54-58.
Nestvogel, Renate: Kann die Aufrechterhaltung einer unreflektierten Mehrheitskultur eine Aufgabe öffentlicher Erziehung sein?, in: Zeitschrift für Pädagogik, Beiheft 23, Weinheim und Basel 1988 39-49.
Nieke, Wolfgang: Multikulturelle Gesellschaft und interkulturelle Erziehung. Zur Theoriebildung in der Ausländerpädagogik, in: Die deutsche Schule 4/1986, 462-473.
Nietzsche, Friedrich: Zur Genealogie der Moral, in: Karl Schlechta (Hg.): Werke III, Frankfurt 1969.
Nitschke, Volker (Hg.): Multikulturelle Gesellschaft – multikulturelle Erziehung, Stuttgart 1982.
Nölleke, Brigitte: In alle Richtungen zugleich. Denkstrukturen von Frauen, München 1985.
Nowak, Christiane/Stoellger, Norbert: Fläming-Schüler... und was dann? Zur Problematik der Fortsetzung gemeinsamer Schulerziehung für behinderte und nichtbehinderte Schüler in der Gesamtschule, in: Preuss-Lausitz, Ulf u.a.: Integrative Förderung Behinderter in pädagogischen Feldern Berlins, Berlin 1985, 97-103.
Nowak, Christiane/Stoellger, Norbert: Integration nach der Grundschule. Zur Problematik der Fortsetzung gemeinsamer Schulerziehung für behinderte und nichtbehinderte Schüler in der Gesamtschule, in: GEW (Hg.): Integration fördern statt behindern. Im Brennpunkt, Frankfurt/M. 1986, 28-30.
Nunner-Winkler, Gertrud: Chancengleichheit und individuelle Förderung, Stuttgart 1971.

Nunner-Winkler, Gertrud (Hg.): Weibliche Moral. Die Kontroverse um eine geschlechtsspezifische Ethik, Frankfurt/M. 1991.
Nyssen, Elke u. Bärbel Schön: Traditionen, Ergebnisse und Perspektiven feministischer Schulforschung, in: Zeitschrift für Pädagogik 6/1992, 855-871.
Oelkers, Jürgen: Die Wiederkehr der Postmoderne, in: Zeitschrift für Pädagogik 1/1987, 21-40.
Oelkers, Jürgen: Öffentlichkeit und Bildung – ein künftiges Mißverhältnis?, in: Zeitschrift für Pädagogik 5/1988, 579-599.
Oguntoye, Katharina/Opitz, May/Schultz, Dagmar (Hg.): Farbe bekennen. Afro-deutsche Frauen auf den Spuren ihrer Geschichte, Frankfurt/M. 1992.
Ortmann, Hedwig: Überlegungen zum Begriff der Chancengleichheit, in: Keim, Wolfgang (Hg.): Gesamtschule – Bilanz ihrer Praxis, Hamburg 1976, 115-128.
Ostner, Ilona: Einleitung: Differenzen – unendlich ungleiche?, in: Ilona Ostner und Klaus Lichtblau (Hg.): Feministische Vernunftkritik. Ansätze und Traditionen, Frankfurt/M./New York 1992, 7-25.
Ottemeier-Glücks, Franz-Gerd und Annedore Prengel: Jungen suchen Männlichkeit. Soziales Lernen als schwierige Aufgabe der Jungenerziehung, in: Renate Valtin und Gertrud Pfister (Hg.): Mädchen stärken. Probleme der Koedukation in der Grundschule (Beiträge zur Reform der Grundschule Bd. 90), Frankfurt/M. 1993.
Pass-Weingartz, Dorothee/Erler, Gisela (Hg.): Mütter an die Macht, Reinbek 1989.
Perels, Joachim: Der Gleichheitssatz zwischen Hierarchie und Demokratie, in: Perels, Joachim (Hg.): Grundrechte als Fundament der Demokratie, Frankfurt/M. 1979, 69-95.
Pestalozzi, Johann Heinrich: Lienhard und Gertrud. Ein Buch für das Volk, 2 Bde. (1781/1783), Berlin/Leipzig 1927.
Pfister, Gertrud: Die Geschichte der Koedukation – eine Geschichte des Kampfes um Wissen und Macht, in: Pfister 1988, 10-37. (a)
Pfister, Gertrud (Hg.): Zurück zur Mädchenschule? Pfaffenweiler 1988. (b)
Piaget, Jean: Das moralische Urteil beim Kinde, Frankfurt/M. 1973.
Picht, Georg: Die deutsche Bildungskatastrophe, Analyse und Dokumentation, Olten und Freiburg i. Br. 1964.
Pinl, Claudia: Vom kleinen zum großen Unterschied. ‚Geschlechter-differenz' und konservative Wende im Feminismus, Hamburg 1982.
Podlech, Adalbert: Gehalt und Funktionen des allgemeinen verfassungsrechtlichen Gleichheitssatzes, Berlin 1971.
Podlesch, Wolfgang: Das Zwei-Pädagogen-System an der Fläming-Grundschule, in: GEW (Hg.): Im Brennpunkt. Integration fördern statt behindern, Frankfurt/M. 1986, 38.
Poppe, Marianne: Binnendifferenzierung und Unterrichtsinhalte, in: GEW (Hg.): Integration fördern statt behindern. Im Brennpunkt, Frankfurt/M. 1986, 42-46.
Prengel, Annedore: Vom Schweigen und Schreiben der Lehrerinnen. Beck, J./Boehnke, H. (Hg.): Jahrbuch für Lehrer 5, Reinbek 1980, 113-121.
Prengel, Annedore: Was ist besonders an der Situation der Sonderschülerinnen? Erste Schritte von Frauenforschung in der Sonderpädagogik, in: Brehmer, Ilse (Hg.): Sexismus in der Schule, Weinheim und Basel 1982, 202-214.
Prengel, Annedore: Schulversagerinnen – Versuch über diskursive, sozialhistorische und pädagogische Ausgrenzungen des Weiblichen. Dissertation, Gießen 1984.

Prengel, Annedore/Wirbel, Ute: Abschied von der Abhängigkeit. Zur historischen und biographischen Entmachtung der Frauen, in: Beiträge zur feministischen Theorie und Praxis, ‚Neue Heimat Therapie' 17/1986, 69-82.

Prengel, Annedore: Das hierarchische Geschlechterverhältnis ist ein traditionelles. Zur Notwendigkeit der Institutionalisierung schulbezogener Frauenforschung, in: Enders-Dragässer, Uta u.a. (Hg.): Frauen Macht Schule. Dokumentation der 4. Fachtagung der AG Frauen und Schule, Frankfurt/M. 1986, 25-30. (a)

Prengel, Annedore: Erziehung zur Gleichberechtigung. Eine vernachlässigte Aufgabe der Allgemeinen und der Politischen Bildung, in: Die deutsche Schule 4/1986, 417-425. (b)

Prengel, Annedore: Konzept zum Vorhaben: Verwirklichung der Gleichstellung von Schülerinnen und Lehrerinnen an Hessischen Schulen, Teil B, in: Hessisches Institut für Bildungsplanung und Schulentwicklung, Sonderreihe Heft 21, Konzeptionelle Planungen der Untersuchungen des Feministischen Interdisziplinären Forschungsinstituts, Wiesbaden 1986, 21-53. (c)

Prengel, Annedore: Gleichheit und Differenz der Geschlechter. Zur Kritik des falschen Universalismus der Allgemeinbildung, in: Zeitschrift für Pädagogik, Beiheft 21, Weinheim und Basel 1987, 221-230. (a)

Prengel, Annedore: Ist Integration der Untergang der Sonderpädagogik?, in: Brücken bauen. Sonderschule aus der Isolation. Dokumentation GEW – Sonderschultag 28.10.1987. Rüsselsheim 1987, 1-9. (b)

Prengel, Annedore/Schmid, Pia/Sitals, Gisela/Willführ, Corinna (Hg.): Schulbildung und Gleichberechtigung. Dokumentation zum internationalen Symposium des Arbeitskreises Frauenstudien am 20. und 21. Juni 1986, Fachbereich Erziehungswissenschaften der Johann-Wolfgang-Goethe-Universität, Frankfurt/M. Frankfurt/M. 1987. (b)

Prengel, Annedore: Utopie wäre ein Miteinander des Verschiedenen. Zum strukturellen Zusammenhang zwischen der Integration Behinderter, der feministischen Pädagogik und der interkulturellen Erziehung, in: Vierteljahresschrift für Heilpädagogik und ihre Nachbargebiete 4/1988, 370-378. (a)

Prengel, Annedore: Wie masochistisch sind Frauen? Eine feministisch – psychoanalytische Kritik der Porno-Debatte, in: Frauen und Schule Nov./1988, 18-23. (b)

Prengel, Annedore: Zur Dialektik von Gleichheit und Differenz in der Integrationspädagogik, in: Eberwein, Hans (Hg.): Behinderte und Nichtbehinderte lernen gemeinsam, Handbuch der Integrationspädagogik, Weinheim und Basel 1988, 70-74. (c)

Prengel, Annedore: Verschiedenheit und Gleichberechtigung in der Grundschulpädagogik, Ms. Paderborn 1989. (a)

Prengel, Annedore: Kollektivität der Behinderten – Ein brisantes Thema für die Integrationspädagogik?. in: Behindertenpädagogik 2/1989, 197-203. (b)

Prengel, Annedore: Subjektive Erfahrungen mit Integration. Untersuchung mit qualitativen Interviews, in: Deppe-Wolfinger/Prengel/Reiser 1990, 147-258. (a)

Prengel, Annedore: Statistische Daten aus Integrationsprojekten 1976-1986, in: Deppe-Wolfinger/Prengel/Reiser 1990, 35-40. (b)

Prengel, Annedore: Integration als pädagogisches Paradigma, in: Deppe-Wolfinger/ Prengel/Reiser 1990, 273-291. (c)

Prengel, Annedore: Mädchen und Jungen in Integrationsklassen an Grundschulen. Einige Forschungsergebnisse zur Sozialisation der Geschlechter unter den Bedingungen integrativer Pädagogik, in: Horstkemper, Marianne/Wagner-Winterhager, Luise (Hg.): Die Deutsche Schule, 1. Beiheft 1990, 32-43.(d)

Prengel, Annedore: Der Beitrag der Frauenforschung zu einem anderen Blick auf die Erziehung von Jungen, in: Sozialmagazin 7-8/1990 36-47. (e)

Prengel, Annedore: Erziehung von Mädchen und Jungen. Plädoyer für eine demokratische Differenz, in: Pädagogik 7-8/1990, 40-44. (f)

Prengel, Annedore: Gleichheit versus Differenz – eine falsche Alternative im feministischen Diskurs, in: Ute Gerhard u.a 1990. (g)

Prengel, Annedore: Verschiedenheit und Gleichberechtigung in der Sozial- und Sonderpädagogik, in: Sozialmagazin 10/1992, 34-41.

Prengel, Annedore: Sind Mädchen die Integrationshelferinnen par excellence? – Mädchen im Modernisierungsprozeß, in: Gehrmann u. Hüwe 1993, 54-62.

Preuss-Lausitz, Ulf: Fördern ohne Sonderschule; Konzepte und Erfahrungen zur integrativen Förderung in der Regelschule, Weinheim und Basel 1981.

Preuss-Lausitz, Ulf: Statt Sonderschulen: Schulen ohne Aussonderung. Über das Konzept einer gemeindenahen integrierten Schule, in: päd-extra 5/1982, 17-20. (a)

Preuss-Lausitz, Ulf: Die vielfältige Schule für alle Kinder, in: Behinderte in Familie, Schule und Gesellschaft 2/1982, 14-20. (b)

Preuss-Lausitz, Ulf: Der Gedanke der Gemeindeschule/Stadtteilschule, in: Valtin, Renate u.a. (Hg.): Gemeinsam leben – gemeinsam lernen, Frankfurt/M. 1984, 148-151.

Preuss-Lausitz, Ulf: Nichtaussonderung schulschwacher/behinderter Kinder aus Regelschulen, in: Fernuniversität Hagen, Kurs 3985. Hagen 1985.

Preuss-Lausitz, Ulf: Sonderschule – Schule in der Krise?, in: Rolff, Hans-Günther/Klemm, Klaus/Tillmann, Klaus Jürgen (Hg.): Jahrbuch der Schulentwicklung, Bd. 4 , Weinheim 1986, 102-124.

Preuss-Lausitz, Ulf: Auf dem Weg zu einem neuen Bildungsbegriff, in: Hansmann, Otto/Marotzki, Winfried (Hg.): Diskurs Bildungstheorie: Systematische Markierungen. Rekonstruktion der Bildungstheorie unter Bedingungen der gegenwärtigen Gesellschaft, Weinheim 1988, 401-418. (a)

Preuss-Lausitz, Ulf: Zum Stand der Integrationsforschung, in: Eberwein 1988, 241-247. (b)

Preuss-Lausitz, Ulf: Die Kinder des Jahrhunderts. Zur Pädagogik der Vielfalt im Jahr 2000, Weinheim und Basel 1993.

Projektgruppe Integrationsversuch (Hg.): Das Fläming-Modell. Gemeinsamer Unterricht für behinderte und nichtbehinderte Kinder an der Grundschule, Weinheim und Basel 1988.

Prokop, Ulrike: Weiblicher Lebenszusammenhang, Frankfurt/M. 1977.

Prokop, Ulrike: Die Freundschaft zwischen Katharina Elisabeth Goethe und Bettina Brentano. Aspekte weiblicher Tradition, in: SFBF e.V. (Hg.): Materialienband 2. Vorträge aus der Frankfurter Frauenschule: Facetten feministischer Theoriebildung, Frankfurt/M. 1987, 39-84.

Prokop, Ulrike: Die Einsamkeit der Imagination. Geschlechterkonflikt und literarische Produktion um 1770, in: Brinker-Gabler, Gisela (Hg.): Deutsche Literatur von Frauen. Erster Band. Vom Mittelalter bis zum Ende des 18. Jahrhunderts, München 1988, 325-365.

Prokop, Ulrike: Die Konstruktion der idealen Frau. Zu einigen Szenen aus den ‚Bekenntnissen' des Jean-Jaques Rousseau, in: Feministische Studien 1/1989, 86-121.

Prokop, Ulrike: Die Illusion vom großen Paar, 2 Bde., Frankfurt/M. 1992.
Radbruch, Gustav: Rechtsphilosophie, Stuttgart 1950.
Radtke, Frank-Olaf: Magische Praxis-Ursprünge und Folgen der Maßnahmenpädagogik, in: Mitter/Swift 1985, 469-484.
Radtke, Frank-Olaf: Zehn Thesen über die Möglichkeiten und Grenzen interkultureller Erziehung, in: Zeitschrift für Pädagogik, 23. Beiheft, 1988, 50-56.
Radtke, Frank-Olaf: Multikulturalismus und Erziehung, in: Rainer Brähler und Peter Dudek (Hg.): Jahrbuch für interkulturelles Lernen 1991. Fremde – Heimat, Frankfurt/M. 1992.
Rang, Adalbert: Historische und Gesellschaftliche Aspekte der Gesamtschule, in: Zeitschrift für Pädagogik 14/1968, 1-20.
Rang, Brita: Zur Geschichte des dualistischen Denkens über Mann und Frau. Kritische Anmerkungen zu den Thesen von Karin Hausen zur Herausbildung der Geschlechtscharaktere im 18. und 19.Jahrhundert, in: Dalhoff, Jutta u.a. (Hg.): Frauenmacht in der Geschichte, Düsseldorf 1986, 194-205. (a)
Rang, Brita: Männlicher Bewußtseinsdiskurs und existentielles Weiblichkeitskonzept. Zur Thematisierung und Konstituierung des weiblichen Subjekts in der Pädagogik des späten 18. und frühen 19. Jahrhunderts, in: Argument 155/1986, 86-92. (b)
Reese-Schäfer, Walter: Lyotard zur Einführung, Hamburg 1988.
Rehbein, Jochen: Perspektive Muttersprache, in: Kalpacka/Räthzel 1986, 104-119.
Reich, Klaus-Peter: Schulpolitik in Nordrhein-Westfalen 1945-1954 (Düsseldorfer Schriften zur neueren Landesgeschichte und zur Geschichte Nordrhein-Westfalens, Bd.20), Düsseldorf 1987.
Reichmann-Rohr, Erwin: Formen der Ausgrenzung aus historischer Sicht, in: Eberwein 1988, 24-30.
Reichwein, Regine: Die Funktionalisierung des Verdrängten im Konzept der Autopoiese, in: Gestalt-Therapie 1/1989, 30-46.
Reinartz, Anton/Sander, Alfred (Hg.): Schulschwache Kinder in der Grundschule, Weinheim 1982.
Reinke, Ellen: Die Analyse der Angst vor dem Anderen und ihre Grenzen, in: Soziologische Revue (Sonderheft 2), 1987, 25-29.
Reiser, Helmut/Gutberlet, Michael/Klein, Gabriele/Kreie, Gisela/Kron, Maria: Sonderschullehrer in Grundschulen. Ergebnisse eines Schulversuchs zur integrativen Betreuung bei Lern- und Verhaltensstörungen, Weinheim und Basel 1984.
Reiser, Helmut/Klein, Gabriele/Kreie, Gisela/Kron, Maria: Integration als Prozeß, in: Sonderpädagogik Vierteljahresschrift 3-4/1986, 115-122, 154-160.
Reiser, Helmut: Integration behinderter Kinder in Kindergarten und Grundschule, in: Forschung Frankfurt 4/1987, 28-34. (a)
Reiser, Helmut/Klein, Gabriele/Kreie, Gisela/Kron, Maria: Integrative Prozesse im Kindergarten. Über die gemeinsame Erziehung von Behinderten und Nichtbehinderten, München 1987. (b)
Reiser, Helmut: Nichtaussonderung bei Lern- und Verhaltensbeeinträchtigungen – eine Zwischenbilanz bisheriger Integrationsversuche, in: Eberwein 1988, 248-255.
Reiser, Helmut: Überlegungen der Bedeutung des Integrationsgedankens für die Zukunft der Sonderpädagogik, in: Deppe-Wolfinger/Prengel/Reiser 1990, 291-311.
Rendtdorff, Barbara: Zum theoretischen und historischen Hintergrund und Kontext des Projekts Frankfurter Frauenschule. Bewegung – Beginn – Symbol und Ort.

Autonome Frauenbildungsarbeit am Beispiel der Frankfurter Frauenschule. Eine wissenschaftliche Studie. Über weibliches Begehren, sexuelle Differenz und den Mangel im herrschenden Diskurs, Frankfurter Frauenschule, Hamburger Allee 45, Frankfurt/M. 1989

Richter, Helmut: Subkulturelle Segregation zwischen Assimilation und Remigration – Identitätstheoretische Grundlegungen für einen dritten Weg in der Ausländerpolitik, in: Hamburger 1983, 106-125.

Riemeck, Renate: Lehrer und Schule – Randprobleme des demokratischen Staates?, in: Herrlitz, H.-G. (Hg.): Von der wilhelminischnen Nationalerziehung zur demokratischen Bildungsreform. 90 Jahre Die Deutsche Schule. Eine Auswahl. 195-205 Frankfurt/M. 1987, 195-205. Zuerst in: Die Deutsche Schule 48/1956, 344-353.

Rockemer, Hans-Georg: Integration statt Isolation. Für eine integrative Erziehung von Schülern mit abweichendem Lern- und Sozialverhalten. Diss, Frankfurt/M. 1977.

Rodax, Klaus/Hurrelmann, Klaus: Die Bildungsbeteiligung der Mädchen und Frauen, in: Zeitschrift für Sozialisationsforschung und Erziehungssoziologie 6/1986, 138-146.

Rodax, Klaus (Hg.): Strukturwandel der Bildungsbeteiligung 1950-1989. Eine Bestandsaufnahme im Spiegel der amtlichen Bildungsstatistik (Wege der Forschung Bd. 645), Darmstadt 1989.

Roebke, Christa: Ein Jahr integrierte Klasse. In Bonn gehen behinderte und nichtbehinderte Kinder gemeinsam zur Schule, in: Die Lebenshilfe-Zeitung 3/1982.

Rohde-Dachser, Christa: Psychoanalytische Theorien über die Differenz der Geschlechter, in: Psyche 3/1989, 193-218.

Rohr Barbara: Mädchen, Frau, Pädagogin. Texte zu Problemen der Persönlichkeitsentwicklung, Köln 1984.

Röhrs, Herrmann: Die Schulen der Reformpädagogik – Glieder einer kontinuierlichen Internationalen Bewegung, in: Ders. (Hg.) : Die Schulen der Reformpädagogik heute. Handbuch reformpädagogischer Schulideen und Schulwirklichkeit, Düsseldorf 1986, 13-64.

Röhrs, Herrmann: Schlüsselfragen der inneren Bildungsreform. Entwicklungen, Tendenzen, Perspektiven, Frankfurt/M. 1987.

Rolff, Hans-Günther: Sozialisation und Auslese durch die Schule, Heidelberg 1967.

Rolff, Hans-Günther/Nyssen, Elke: Sozialisation und Auslese durch die Schule. 5. überarbeitete und erweiterte Auflage Heidelberg 1972.

Rolff, Hans-Günther: Chancengleicheit, in: Lenzen, Dieter (Hg.): Enzyklopädie Erziehungswissenschaft, Bd.1, Stuttgart 1983, 361-364.

Romey, Stefan: Der (un)aufhaltsame Aufstieg der Eugenik im Sonderschulwesen, in: de Lorrent, Hans-Peter/Ullrich, Volker (Hg.): Der Traum von der freien Schule – Schule und Schulpolitik in Hamburg während der Weimarer Republik, Hamburg 1988, 315-329.

Römhild, Regina: Wider die ‚deutsche Sicht' in der Migrantenforschung. Eine kulturanthropologische Stellungnahme, in: Empirische Pädagogik 4/1988, 373-378.

Rosenberger, Manfred: Eltern kämpfen gegen die Aussonderung ihrer Kinder, in: Demokratische Erziehung 1/1986, 28-31. (a)

Rosenberger, Manfred: Der Berliner Verein Eltern für Integration – ein Modell für eine Landesarbeitsgemeinschaft, in: GEW (Hg.): Integration fördern statt behindern, Frankfurt/M. 1986, 46. (b)

Roser, Ludwig O.: Schule ohne Aussonderung in Italien, in: Deppe-Wolfinger 1983, 155-161.
Roser, Ludwig O.: Die Förderung der Normalität der behinderten Kinder, in: Preuss-Lausitz, Ulf (Hg.): Integrative Förderung Behinderter in pädagogischen Feldern, Berlin 1985, 72-86.
Roser, Ludwig O.: Gegen die Logik der Sondereinrichtung, in: Behinderte in Familie, Schule und Gesellschaft 2/1987.
Rossanda, Rossana: Zur Frage einer weiblichen Kultur, in: Feministische Studien 1/1989, 71-85.
Roth, Heinrich (Hg.): Begabung und Lernen. Deutscher Bildungsrat. Gutachten und Studien der Bildungskommission, Stuttgart 1968.
Ruddick, Sara: Mütterliches Denken. Für eine Politik der Gewaltlosigkeit, Frankfurt/M./New York 1993.
Ruhloff, Jörg: Bildung und nationalkulturelle Orientierung, in: Ders.: Aufwachsen im fremden Land. Probleme und Perspektiven der ‚Ausländerpädagogik', Frankfurt/M. 1982, 177-194.
Ruhloff, Jörg: Zur Diskussion ‚Ausländerpädagogik' als pädagogische Spezialdisziplin, in: Zeitschrift für Pädagogik, 18. Beiheft 1983, 295-296.
Ruhloff, Jörg: Ausländersozialisation als kulturüberschreitende Bildung? Borrelli 1986.
Rühmkorf, Eva: Lautes Nachdenken über getrennten Unterricht von Mädchen und Jungen, in: Frankfurter Rundschau vom 19 Sept. 1989, 11.
Rürup, Reinhard: Emanzipation und Antisemitismus. Studien zur ‚Judenfrage' der bürgerlichen Gesellschaft, Frankfurt/M. 1987.
Sacks, Oliver: Die Revolution der Gehörlosen, in: Freibeuter, Vierteljahresschrift für Kultur und Politik 38/1988, 3-6.
Sander, Alfred: Schulschwache Kinder in Grundschule oder Sonderschule? Untersuchungen zur unterrichtlichen Effizienz der Lernbehindertenschule, in: Reinartz/Sander 1982, 121-139.
Sander, Alfred: Zum Problem der Klassifikation in der Sonderpädagogik: Ein ökologischer Ansatz, in: Vierteljahresschrift für Heilpädagogik und ihre Nachbargebiete 1/1985, 15-31.
Sander, Alfred: Zur ökosystematischen Sichtweise in der Sonderpädagogik. Erfahrungen und Überlegungen aus einem Frühförderprojekt, in: Eberwein, Hans (Hg.): Fremdverstehen sozialer Randgruppen, Berlin 1987, 207-221.
Sander, Alfred/Christ, Klaus/Fuchs, Isolde/Hildeschmitt, Anne/Jung, Joachim/Krämer, Herbert/Molaro-Phillipi, Iris/Raidt, Peter: Behinderte Kinder und Jugendliche in Regelschulen. Jahresbericht 1987 über schulische Integration im Saarland, Köln 1988. (a)
Sander, Alfred: Behinderungsbegriffe und ihre Konsequenzen für die Integration, in: Eberwein 1988, 75-82. (b)
Sandfuchs, Uwe: Umrisse einer Interkulturellen Erziehung, in: Die Neue Gesellschaft, Frankfurter Hefte 12/1986, 1147-1152.
Sarimski, Klaus: Interaktion mit behinderten Kleinkindern. Entwicklung und Störung früher Interaktionsprozesse, München 1986.
Savier, Monika/Wildt, Carola: Rockerbräute, Treberinnen und Schulmädchen – zwischen Anpassung und Gegenwehr. Ein Beitrag über die Diskriminierung von Mädchen, in: Kursbuch 47: Frauen, Berlin 1977, 161-173.

Savier, Monika/Wildt, Carola: Mädchen zwischen Anpassung und Widerstand. Neue Ansätze zur feministischen Jugendarbeit, München 1978.
Schaeffer-Hegel, Barbara: Frauen und Macht: der alltägliche Beitrag der Frauen zur Politik des Patriarchats, Berlin 1984. (a)
Schaeffer-Hegel, Barbara/Wartmann, Brigitte (Hg.): Mythos Frau. Projektionen und Inszenierungen im Patriarchat, Berlin 1984. (b)
Schaeffer-Hegel, Barbara: Feministische Wissenschaftskritik: Angriffe auf das Selbstverständliche in den Geisteswissenschaften, in: Schaeffer-Hegel/Wartmann 1984, 36-60. (c)
Schaeffer-Hegel, Barbara: Plädoyer und Thesen für ein feministisches Bildungskonzept, in: Prengel 1987, 121-129.
Schaeffer-Hegel, Barbara: Vater Staat und seine Frauen. Über den Beitrag der politischen Philosophie zum Ausschluß der Frauen aus der Politik, in: Aus Politik und Zeitgeschichte, Beilage zur Wochenzeitung ‚Das Parlament' B42/1988, 20-42. (a)
Schaeffer-Hegel, Barbara: Die verborgene Bildung der Frauen. Plädoyer für ein offensives Bildungskonzept, in: Das Argument, Sonderband 148/1988: Bildung und Erziehung, 5-21. (b)
Schaeffer-Hegel, Barbara: Die Freiheit und Gleichheit der Brüder. Weiblichkeitsmythos und Menschenrechte im politischen Diskurs um 1789, in: Deuber-Mankowski, Astrid/Ramminger, Ulrike/Thielsch, Valesca (Hg.): 1789/1989. Die Revolution hat nicht stattgefunden. Tübingen 1989, 51-64.
Schäfer, Wolfram: Von ‚Kammermohren', ‚Mohren' – Tambouren und ‚Ost-Indianern'. Anmerkungen zu Existenzbedingungen und Lebensformen einer Minderheit im 18. Jahrhundert unter besonderer Berücksichtigung der Residenzstadt Kassel, in: Fremdsein – Minderheiten und Gruppen in Hessen: Hessische Blätter für Volks- und Kulturforschung, neue Folge 23/1988, 35-79.
Schäfer, Wolfram: Die Situation der Sinti zur Zeit der französischen Revolution. Manuskript. Marburg 1989.
Schatzker, Chaim: Jüdische Jugend im zweiten Kaiserreich, Frankfurt/M. 1988.
Scheinhardt, Saliha: Religiöse Identität oder Re-Islamisierung? – Koranschulen in der Türkei und in der BRD, in: Ausländerkinder 3/1980, 48-58.
Scheron, Bodo/Scheron, Ursula: Politisches Lernen mit Ausländerkindern, Düsseldorf 1984.
Schildmann, Ulrike: Lebensbedingungen behinderter Frauen. Aspekte ihrer gesellschaftlichen Unterdrückung. Gießen 1983.
Schleiermacher, Fr. D. E.: Ideen zu einem Katechismus der Vernunft für edle Frauen, in: Athenäum 1/1798, 2. Stück, 109-111.
Schlesier, Renate: Die totgesagte Vagina. Zum Verhältnis von Psychoanalyse und Feminismus. Eine Trauerarbeit, in: Wartmann, Brigitte (Hg.): Weiblich – Männlich. Kulturgeschichtliche Spuren einer verdrängten Weiblichkeit, Berlin 1980, 111-133.
Schlömerkemper, Jörg: Bildung für alle. Über das Verhältnis von Egalität und Bildung, in: Die deutsche Schule 4/1986, 405-416.
Schlömerkemper, Jörg/Winkel, Klaus: Lernen im Team-Kleingruppen-Modell. Biographische und empirische Versuche zum sozialen Lernen in der IGS-Göttingen. Glismar/Frankfurt/Bern 1987.
Schlömerkemper, Jörg: Integration der Versager. Zur sozialen Interaktion zwischen Versagern und Erfolgreichen, in: Vierteljahresschrift für Heilpädagogik und ihre Nachbargebiete 1988, 322-326.

Schmauch, Ulrike: Kommentierte Bibliographie zum Thema Weibliche Sozialisation in Schule und Gesellschaft: Vorstudie zur Realisierung der Gleichberechtigung von Schülerinnen und Lehrerinnen in den hessischen Schulen. (Hessisches Institut für Bildungsplanung und Schulentwicklung) Wiesbaden 1986.

Schmauch, Ulrike: Kettenreaktionen im Verhältnis der Geschlechter. Zum Zusammenhang von ökonomischen und psychosexuellen Veränderungen im Geschlechterverhältnis, in: Prengel 1987, 95-117.

Schmauch, Ulrike: Anatomie und Schicksal. Zur Psychoanalyse der frühen Geschlechtersozialisation, Frankfurt/M. 1987. (a)

Schmauch, Ulrike: Entdämonisierung der Männer – eine gefährliche Wende in der Frauenbewegung?, in: SFBF e.V. (Hg.): Materialienband 1 – Vorträge aus der Frankfurter Frauenschule – Facetten feministischer Theoriebildung, Frankfurt/M. 1987, 33-39. (b)

Schmid, Pia: Zeit des Lesens – Zeit des Fühlens: Anfänge des deutschen Bildungsbürgertums, Berlin 1985.

Schmid, Pia: Hausfrau, Gattin, Mutter: zur bürgerlichen Definition von Weiblichkeit um 1800 im Spiegel einiger deutschsprachiger Zeitschriften, in: Appel 1985, 185-204.

Schmid, Pia: Das Allgemeine, die Bildung und das Weib. Zur verborgenen Konzipierung von Allgemeinbildung als allgemeiner Bildung für Männer, in: Tenorth, Heinz-Elmar (Hg.) : Allgemeine Bildung. Analysen zu ihrer Wirklichkeit, Versuche über ihre Zukunft, Weinheim/München 1986, 202-214. (a)

Schmid, Pia/Weber, Christine: Von der »wohlgeordneten Liebe« und der »so eigenen Wollust des Geschlechtes«: zur Diskussion weiblichen Begehrens zwischen 1730 und 1830, in: Dalhoff, Jutta u.a. (Hg.): Frauenmacht in der Geschichte: Beiträge des Historikerinnentreffens 1985 zur Frauengeschichtsforschung, Düsseldorf 1986, 150-165. (b)

Schmid, Pia: Wesen statt Wissen. Zu Voraussetzungen bürgerlicher Konzepte von Mädchenbildung, in: Prengel 1987, 131-135.

Schmid, Pia: Bürgerliche Theorien zur weiblichen Bildung. Klassiker und Gegenstimmen um 1800, in: Hansmann, Ulrich/Marotzki, Winfried (Hg.): Diskurs Bildungstheorie II: Problemgeschichtliche Orientierungen, Weinheim 1989, 537-559.

Schnorrenberg, Krista/Völkl, Karin: Die Anpassung an das allgemein Männliche, in: Pfister 1988, 61-72.

Schöfthaler, Traugott: Kultur in der Zwickmühle zwischen Relativismus und Universalismus, in: Das Argument 139/1983, 333-347.

Schöfthaler, Traugott/Goldschmitt, Dietrich (Hg.): Soziale Struktur und Vernunft. Jean Piagets Modell entwickelten Denkens in der Diskussion kulturvergleichender Forschung, Frankfurt/M. 1984. (a)

Schöfthaler, Traugott: Multikulturelle Erziehung und Transkulturelle Erziehung – zwei Wege zu kosmopolitischen kulturellen Identitäten, in: Internationale Zeitschrift für Erziehungswissenschaft 1/1984, 11-24. (b)

Schöler, Jutta: Schule ohne Aussonderung in Italien. Eine Exkursionsgruppe berichtet von ihren Erfahrungen, Berlin 1983.

Schöler, Jutta (Hg.): ‚Italienische Verhältnisse' insbesondere in den Schulen von Florenz, Berlin 1987. (a)

Schöler, Jutta: Die Arbeit von Milani-Comparetti und ihre Bedeutung für die Nicht-Aussonderung behinderter Kinder in Italien und in der Bundesrepublik Deutschland, in: Behindertenpädagogik 1/1987, 2-16. (b)

Schöler, Jutta: An den Fähigkeiten des behinderten Kindes müssen wir uns orientieren, in: päd-extra & demokratische Erziehung 2/1988, 12-17. (a)
Schöler, Jutta: Einzelintegration – Alternative oder Lückenbüßer, in: Meißner, Klaus/ Heß, Erik (Hg.): Integration in der pädagogischen Praxis, Berlin 1988, 112-124. (b)
Schreier, Helmut (Hg.): Kinder auf dem Wege zur Achtung vor der Mitwelt. Heinsberg 1992.
Schuchardt, Erika: Schritte aufeinander zu. Soziale Integration Behinderter durch Weiterbildung. Zur Situation in der Bundesrepublik Deutschland. Bad Heilbrunn 1987.
Schuchardt, Erika (Redaktion)/Bundesminister für Bildung und Wissenschaft (Hg.): Wechselseitiges Lernen. Dokumentation des Weiterbildungskolloquiums und der Ausstellung ‚Schritte aufeinander zu'; mit Behinderten und Nichtbehinderten, am 8/9.12.1986 in Bonn, Bonn 1988.
Schultz, Brigitte/Weber, Christina/Klose, Christiana/Schmid, Pia: Frauen im pädagogischen Diskurs. Eine interdisziplinäre Bibliographie 1984-1988, Frankfurt/M. 1989.
Schultz, Dagmar: Sozialisation von Mädchen in Familie und Schulwesen, in: Frauen und Wissenschaft. Beiträge zur Berliner Sommeruniversität 1977, 74-83.
Schultz, Dagmar: Ein Mädchen ist fast so gut wie ein Junge. 2 Bde, Berlin 1978, 1979.
Schwarzer, Alice (Hg.): Das neue Emma-Buch, München 1986.
Schwendter, Rolf: Theorie der Subkultur, Frankfurt/M. 1978.
Seeland, Suzanne: Better dead than coed? Die Situation der Frauen-Colleges in den USA, in: Pfister 1988, 87-98.
Sellach, Brigitte: Das Vertraute im Spiegel des Fremden. Forschungsberichte aus einem Projekt mit Frauen in der Türkei (ISS-Materialien 32), Frankfurt/M. 1985.
Shorter, Edward: Der weibliche Körper als Schicksal. Zur Sozialgeschichte der Frau, München 1984.
Sichtermann, Barbara: Weiblichkeit. Zur Politik des Privaten, Berlin 1983.
Sichtermann, Barbara: Wer ist wie? Über den Unterschied der Geschlechter, Berlin 1987.
Sienknecht, Helmut: Die Einheitsschule. Geschichtliche Entwicklung und gegenwärtige Problematik, Weinheim/Berlin/Basel 1968.
Sierck, Udo/Radtke, Nati (Hg.): Die Wohltäter-Mafia: vom Erbgesundheitsgericht zur Humangenetischen Beratung, Hamburg 1984.
Simmel, Monika: Erziehung zum Weibe. Mädchenbildung im 19.Jahrhundert, Frankfurt/M. 1980.
Simon-Hohm, Hildegard: Afrikanische Sozialisation im Widerspruch zwischen modernen und traditionellen Gesellschaftsformen. Bedeutung und Konsequenzen für den Schulerfolg, in: Mitter/Swift 1985, 601-614.
Singer, Peter: Praktische Ethik. (Cambridge 1979) Stuttgart 1984.
Slupik, Vera: Rechtliche Probleme der Diskriminierung von Mädchen und Frauen in der Schule, in: Enders-Dragässer/Brehmer 1984, 32-46.
Sohn-Rethel, Alfred: Warenform und Denkform, Frankfurt/M. 1978.
Solarova, Svetluse (Hg.): Geschichte der Sonderpädagogik, Stuttgart 1983.
Sommer, Theo (Hg.): Menschenrechte. Das uneingelöste Versprechen. Zeit-Punkte Nr. 2, Hamburg 1993.
Speck, Otto: System Heilpädagogik. Eine ökologisch reflexive Grundlegung, München/Basel 1988.

Spender, Dale: Frauen kommen nicht vor. Sexismus im Bildungswesen, Frankfurt/M. 1985.
Steinbrügge, Lieselotte: Das moralische Geschlecht. Theorien und literarische Entwürfe über die Natur der Frau in der französischen Aufklärung, Weinheim und Basel 1987.
Steiner-Khamsi, Gita: Multikulturelle Bildungspolitik in der Postmoderne, Opladen 1992.
Stern, Daniel: Mutter und Kind, Stuttgart 1979.
Stoehr, Irene: Die gemäßigte Frauenbewegung: Argumentation im Schatten des Geldmangels. Von der Not der Mädchenbildung zur Tugend der Koedukation, in: Frauen und Schule 9/1985, 11-15.
Stoehr, Irene: Mütterfeminismus – ein alter Hut? Die Frauenbewegung und die Mütterfrage seit der Jahrhundertwende, in: Pass-Weingartz/Erler 1989.
Stoellger, Norbert: Behinderte und nichtbehinderte Kinder in gemeinsamen Klassen der Fläming-Grundschule in Berlin, in: Deppe-Wolfinger 1983, 170-194.
Stübig, Frauke: Erziehung zur Gleichheit. Die Konzepte der ‚education commune' in der Französischen Revolution, München 1979.
Stübig, Frauke: Gegen die »Vorurteile der Unwissenheit und die Tyrannei der Stärke«. Der Kampf für Frauenbildung und Mädchenbildung Antoine de Condorcet, in: Zeitschrift für Pädagogik, 24. Beiheft, 1989, 133-146.
Sucharowski, Wolfgang/Lieb, Barbro/Kaak, Silke/Nehlsen, Lisbeth: Verhalten zwischen Verständigung und Verstehen. Kommunikationsanalysen zum gemeinsamen Unterricht von behinderten und nichtbehinderten Kindern in der Grundschule. Erster Forschungsbericht zum Schulversuch ‚Integrationsklassen' in Schleswig-Holstein 1986-1988. Kiel 1989.
Sucharowski, Wolfgang/Nehlsen, Lisbeth/Lieb, Barbro: Zur Entstehungsgeschichte der Integrationsklassen in Schleswig-Holstein seit dem Schuljahr 1985/86. Berichte und Dokumentation 4. Landesinstitut Schleswig-Holstein für Praxis und Theorie der Schule, 1988.
Süßmuth, Rita: Abgedrängt in die Subkultur. Junge Frauen zwischen Arbeitslosigkeit und Selbsthilfe, in: Mitter/Swift 1985, 663-676.
Tellidis, Eleftherios: Griechische Schulen in NRW: Von der Alternative von heute zur Isolation von morgen?, in: Lernen in Deutschland 4/1985, 139-140.
Tenorth, Heinz-Elmar: Kulturbegriff und schulische Bildungspraxis – Über einige Widersprüche zwischen ‚interkulturellem' Anspruch und pädagogischer Praxis, Frankfurt 1989.
Thalhammer, Manfred: Tendenzen der Professionalisierung in der Arbeit mit geistig Behinderten aus pädagogischer Sicht, in: Geistige Behinderung 3/1983, 190-203.
Theunissen, Georg: Möglichkeiten und Grenzen der Integration hospitalisierter schwergeistig- und mehrfachbehinderter Erwachsener in die Gemeinde – dargestellt und ausgewertet am Beispiel der Rheinischen Heilpädagogischen Heime, in: Behindertennpädagogik 2/1987, 138-149.
Theweleit, Klaus: Männerphantasien 2 Bde, Frankfurt/M. 1977/1978.
Thimm, Walter: Das Normalisierungsprinzip. Eine Einführung. Marburg 1984.
Thimm, Walter: Behinderung als Stigma. Überlegungen zu einer Paradigma-Alternative, in: Sonderpädagogik 4/1985, 149-157. (a)
Thimm, Walter/Ferber, C. von/Schiller, B./Wedekind, R.: Ein Leben so normal wie möglich führen. Zum Normalisierungskonzept in der Bundesrepublik Deutschland und in Dänemark. Marburg 1985. (b)

Thomas, Helga: Ausländische Schülerinnen und Schüler, in: Recht der Jugend und des Bildungswesens (2) 1986, 103-116.
Thomas, Helga: Integration ausländischer Schüler in Gesamtschulen. Wissenschaftliche Begleitung zum Modellversuch. Zusammenfassung, in: Gesamtschul-Informationen 3-4/1987, 9-55.
Thönessen, Werner: Frauenemanzipation. Politik und Literatur der deutschen Sozialdemokratie zur Frauenbewegung 1863-1933, Frankfurt/M. 1969.
Thürmer-Rohr, Christina: Vagabundinnen: Feministische Essays, Berlin 1987.
Tillman, Hans Jürgen: Zwischen Euphorie und Stagnation. Erfahrungen mit der Bildungsreform, Hamburg 1987.
Tillmann, Klaus-Jürgen: Sozialisationstheorien. Eine Einführung in den Zusammenhang von Gesellschaft, Institution und Subjektwerdung, Reinbek 1989.
Tornieporth, Gerda: Studien zur Frauenbildung. Ein Beitrag zur historischen Analyse lebensweltorientierter Bildungskonzeptionen, Weinheim und Basel 1977.
Trömel-Plötz, Senta (Hg.): Gewalt durch Sprache. Die Vergewaltigung von Frauen in Gesprächen, Frankfurt/M. 1984.
Trommer-Krug, Luitgart/Krappmann, Lothar: Soziale Herkunft und Schulbesuch. Eine Zusammenstellung von Daten aus der amtlichen Statistik und aus empirischen Untersuchungen über die soziale Herkunft von Schülern an Allgemeinbildenden Schulen, in: Max-Plank-Institut für Bildungsforschung, Projektgruppe Bildungsbericht: Bildung in der Bundesrepublik Deutschland. Daten und Analysen, Bd.1: Entwicklung seit 1950, Stuttgart 1980, 216-281.
Turkle, Sherry: Die Wuschmaschine. Der Computer als zweites Ich, Reinbek 1986.
Twellmann, Margit (Hg.): Die deutsche Frauenbewegung. Ihre Anfänge und erste Entwicklung. Quellen 1843-1889 (Marburger Abhandlungen zur politischen Wissenschaft, Bd.17/II), Meisenheim am Glan 1972. (a)
Twellmann, Margit (Hg.): Die deutsche Frauenbewegung. Ihre Anfänge und erste Entwicklung (Marburger Abhandlungen zur politischen Wissenschaft Bd.17/I), Meisenheim am Glan 1972. (b)
Twellmann, Margit: Die deutsche Frauenbewegung. Ihre Anfänge und erste Entwicklung 1843-1889, Kronberg 1976.
Tyrell, Hartmann: Geschlechtliche Differenzierung und Geschlechterklassifikation, in: Kölner Zeitschrift für Soziologie und Sozialpsychologie 38/1986, 450-489.
Uygur, Nermi: Sprache, Kultur und Erziehung: Eine Besinnung über die gegenwärtige Multikulturalität in Westeuropa, in: Mitter/Swift 1985, 29-53.
Valtin, Renate/Sander, Alfred/Reinartz, Anton (Hg.): Gemeinsam leben – gemeinsam lernen. Behinderte Kinder in der Grundschule. Konzepte und Erfahrungen, Frankfurt/M. 1984.
Valtin, Renate/Warm, Ute: Frauen machen Schule: Probleme von Mädchen und Lehrerinnen in der Grundschule. Beiträge zur Reform der Grundschule, 61/62, Arbeitskreis Grundschule, Frankfurt/M. 1985.
Vogt, Heide: Lernziel Gleichberechtigung. Hinweise und Anregungen für Schule und Unterricht. Leitstelle Gleichstellung der Frau, Hamburg 1986.
Wagenschein, Martin u.a.: Kinder auf dem Wege zur Physik, Stuttgart 1973.
Waldeck, Ruth: Der rote Fleck im dunklen Kontinent, in: Zeitschrift für Sexualforschung 4/1988, 337-350.
Wallrabenstein, Wulf: Offene Schule – Offener Unterricht. Ratgeber für Eltern und Lehrer, Reinbek 1991.

Walzer, Michael: Sphären der Gerechtigkeit. Ein Plädoyer für Pluralität und Gleichheit, Frankfurt/M. 1992.
Warzecha, Birgit: Die Mädchengruppe erlaubt ‚Verbotenes', in: Frauen und Schule 18/1987, 12-16.
Warzecha, Birgit: Ausländische verhaltensgestörte Mädchen im Grundschulalter. Eine Prozeßstudie über heilpädagogische Unterrichtsarbeit, Frankfurt/M. 1990.
Weber, Rita: Katholiken in der Berliner Diaspora. Öffentliche und private katholische Schulen in Berlin, in: Mitteilungen und Materialien Nr. 26 der Arbeitsgruppe Pädagogisches Museum, Berlin 1988, 70-144.
Weippert, Georg: Das Prinzip der Hierarchie, Hamburg 1932.
Weishaupt, Horst/Weiß, Manfred/von Reccum, Hasso/Hang, Rüdiger: Perspektiven des Bildungswesen der Bundesrepublik Deutschland. Rahmenbedingungen, Problemlagen, Lösungsstrategien (Gesellschaft und Bildung, Bd.12), Baden-Baden 1988.
Weiss, Fritz Joachim: Schulabgänger aus der Sekundarstufe II mit Hochschulreife 1970 bis 1984, in: Rodax, Klaus (Hg.): Strukturwandel der Bildungsbeteiligung 1950-1989. Eine Bestandsaufnahme im Spiegel der amtlichen Bildungsstatistik, Darmstadt 1989, 142-165.
Wellmer, Albrecht: Sperrgut. Ludwig Wittgenstein – Theodor W. Adorno: Schwierigkeiten der Rezeption samt Nähe und Ferne, in: Frankfurter Rundschau vom 5. August 1989, ZB 3.
Welsch, Wolfgang: Unsere postmoderne Moderne, Weinheim 1987.
Wiese, Klaus: Von den Schulen der russischen Emigranten zur nationalsozialistischen Ostschule, in: Mitteilungen und Materialien Nr. 26 der Arbeitsgruppe Pädagogisches Museum, Berlin 1988, 5-69.
Wilke, Karin: Hinter meinen Vorbehalten standen uneingestandene Ängste, in: Valtin 1984, 187-188.
Wilms, Wolf Rüdiger: Statt Aussonderung von Behinderten: Lernen in der integrativen Schule, in: Das Parlamemt 1983, 3-12.
Windelband, Wilhelm: Über Gleichheit und Identität, Heidelberg 1910.
Winnicott, D.W.: Von der Kinderheilkunde zur Psychoanalyse, Frankfurt/M. 1983.
Winnicott, D.W.: Familie und individuelle Entwicklung, Frankfurt/M. 1984.
Winter, Michael: Compendium Utopiarum. Typologie und Bibliographie literarischer Utopien, 1. Teilband: Von der Antike bis zur deutschen Frühaufklärung, Stuttgart 1978.
Winter, Christa: Integral im Kinderzimmer. Sophie Kovalevsky, in: Frauen und Schule 11/1988, 14-17.
Witte, Bernd: Walter Benjamin – Der Intellektuelle als Kritiker: Untersuchungen zu seinem Frühwerk, Stuttgart 1976.
Wocken, Hans/Antor, Georg (Hg.): Integrationsklassen in Hamburg. Erfahrungen – Untersuchungen – Anregungen. Solms 1987.
Wocken, Hans: Eltern und schulische Integration, in: Wocken/Antor 1987, 125-202. (a)
Wocken, Hans: Schulleistungen in Integrationsklassen, in: Wocken/Antor 1987, 276-305. (b)
Wocken, Hans: Integrationsklassen in Hamburg, in: Wocken/Antor 1987, 65-89. (c)
Wocken, Hans: Soziale Integration Behinderter Kinder, in: Wocken/Antor 1987, 203-275. (d)
Wocken, Hans: Schulleistungen in heterogenen Lerngruppen, in: Eberwein 1988, 255-260. (a)

Wocken, Hans/Antor, Georg/Hinz, Andreas (Hg.): Integrationsklassen in Hamburger Grundschulen. Bilanz eines Modellversuchs, Hamburg 1988. (b)

Wocken, Hans: Bewältigung von Andersartigkeit. Untersuchungen zur sozialen Distanz in verschiedenen Schulen, in: Gehrmann/Hüwe 1993, 86-106.

Wolf-Graaf, Anke: Frauenarbeit im Abseits. Frauenbewegung und weibliches Arbeitsvermögen, München 1981.

Wolfensberger, W.: The principle of normalization in human services. Toronto 1972.

Wunder, Dieter: Politik der Bildungsreform – Überlegungen zu den Möglichkeiten einer linken Volkspartei, in: Braun, Karl-Heinz/Wunder, Dieter (Hg.): Neue Bildung, Neue Schule, Weinheim und Basel 1987, 243-259.

Wunder, M./Sierck, U. (Hg.): Sie nennen es Fürsorge – Behinderte zwischen Vernichtung und Widerstand, Berlin 1982.

Young, Iris Marion: Humanismus, Gynozentrismus und feministische Kritik, in: List/Studer 1989, 37-65.

Zetkin, Clara (Redaktion)/Ihrer, Emma: Die Gleichheit. Zeitschrift, Stuttgart 1892-1923.

Zetkin, Clara: Zur Geschichte der proletarischen Frauenbewegung Deutschlands, Frankfurt/M. 1971.

Zeuch-Wiese, Ilona: Bericht über die böhmischen Schulen in Berlin und Rixdorf 1753-1909, in: Mitteilungen und Materialien Nr.25 der Arbeitsgruppe Pädagogisches Museum, Berlin 1987, 47-98.

Zielke, Gitta: Einsatz von Sonderpädagogen/innen in integrativ arbeitenden Grundschulen, in: Eberwein 1988, 227-234.

Zinser, Hartmut: Der Mythos des Mutterrechts. Verhandlungen von drei aktuellen Theorien des Geschlechterkampfes, Frankfurt/M. 1981.

Danksagungen

Der Paderborner Künstlerin Artemis Herber bin ich sehr dankbar, daß sie für das Titelbild dieses Buches die Montage gestaltet hat.

Besonders freue ich mich, daß Otto Dann vom Historischen Seminar der Universität zu Köln, Autor des grundlegenden Werkes »Gleichheit und Gleichberechtigung« (Berlin 1980), das Vorwort geschrieben hat.

Ulf Preuss-Lausitz und Barbara Schaeffer-Hegel haben wesentlichen Anteil an diesem Buch, sie betreuten die erste Fassung, die als Habilitationsschrift dem Fachbereich Erziehungs- und Unterrichtswissenschaften der TU Berlin vorgelegen hat, dafür sei ihnen herzlich gedankt.

Ich danke Jörn Garber, Dietmar Haubfleisch, Friederike Heinzel, Juliane Jacobi und Pia Schmid für ihre Kritik und für weiterführende Hinweise.

Martina Brähler, Michaela Brooksieck, Helga Deppe-Wolfinger, Michael Ewert, Marion Hemme-Kreutter, Birgit Hüwe, Sabine Kraft, Mechthild Noé, Nicole Publikowsky, Helmut Reiser, Angela Rösel, Kerstin Schröfel, Jana Siegel und Dorothee Wolf danke ich für ihre Unterstützung.

Jörg-W. Link danke ich für die Erstellung der Druckvorlage.

Schließlich möchte ich noch Elke König herzlich danken für die Erstellung des Manuskripts und umfassende Hilfe bei der Literaturbeschaffung.

A.P.